Gakken

きめる！KIMERU SERIES　GE

［きめる！共通テスト］

# 地理
*Geography*

著＝山岡信幸（東進ハイスクール）

## introduction

# はじめに

　以前、新聞に「オレンジジュース値上げ」の見出しがありました。「地球温暖化に関連し、ブラジルのオレンジ畑がさとうきび畑に変わり、オレンジは品不足」という記事です（3倍になったオレンジの国際価格はその後落ち着きました）。この内容が「すっ」とわかるにはさまざまな理解が必要です。「ブラジルでは、温暖な気候を好むオレンジの生産がさかん」「温暖化対策でバイオ燃料が注目されている（原料の植物は、温室効果ガスの$CO_2$を吸収して育つ）」「石油資源に乏しかったブラジルでは、さとうきび原料のバイオエタノールが実用化されている」…。

　ブラジルに代わり、中国でオレンジ生産量が増えて世界一になりました。しかし、「人口も世界一の中国では、国内消費量が多くそれほど輸出には回らず、国際価格が上昇」…と深読みが続きます。こんな世界の結びつきを総合的に学べる科目が「地理」なんです。日常生活と世界をリンクさせる「地理」を選択したキミはえらい！

　けれど、地理といえば「覚えるのがメンドい」、逆に「暗記科目だから一夜漬けで…」とも思われがち。　→違うんです！　全部誤解。もちろん、共通テスト地理にも最低限の知識は必要ですが（この本の中でもちゃんと整理してあります）、もっと大切なのは「理解」です。共通テスト地理は、「基本の知識を使ってその場で考えさせる問題」を出す「地理的思考力」のテストなのです。

　では、その「地理的思考力」とやらをどう学べばよいか？　その問いへの答えがこの本です。解説は、あえて「要点だけ」に絞っていません。一見ヨブンな要素がたっぷり。でも、読み進めると、そのヨブンがさまざまな事項をつなげて、オレンジの話のような知識のネットワークが生まれます。「あれっ、これって、あれと関連している！」という感覚が自然と芽生えてくる、それが地理的なセンスなのです。

　練習問題もたくさん載せました。よく考えてつくられた過去問を丁寧に解くことも、地理的思考力を得るのに役立ちます。この本は、あなたにとって共通テスト対策の最終兵器になるはず（国公立二次・私大対策にも使えると自負しています）。「地理をやろう」と決めた今がチャンス。さあ、いっしょに始めましょう！

東進ハイスクール講師　山岡信幸

## how to use this book
# 本書の特長と使い方

**① 基礎から始めて、共通テスト対策**

本書では共通テスト対策の土台となる基本的な知識を覚えやすいように整理して解説しています。さらに、「ここできめる！」のコーナーでは共通テストで問われる着眼点をレクチャーします。各講義を読んだ後には、講末の実戦的な練習問題を解くことで段階的に共通テスト対策を進めることができます。

**② 重要ポイントが一目でわかるビジュアル**

知識の理解と記憶を助けるイラストや図解、地図をふんだんに盛り込みました。また、大切なポイントを捉えやすいように、地図はわかりやすく簡略化しています。一見難しい概念も、理解しやすいように、イラストや図版で表しました。

**③ 講末の確認問題で理解度を確認**

29個ある講義の終わりには、実戦的な練習用として合計300題以上の問題を掲載しています。（※旧テストのセンター試験の問題や、一部想定問題も含む）
共通テストに頻出の、「基本の知識を使ってその場で考えさせる問題」も、豊富に掲載しました。それぞれの問題には出来るだけ丁寧な解説をつけていますので、問題を解くだけでなく、解説を必ず読んで自分のものにしてください。

**④ 取り外し可能な別冊で、チェック＆復習**

共通テスト地理の要点・キーワードを一問一答形式でチェックできます。本冊のもくじと連動した配列なので、本冊の学習と並行して、効果的に活用してください。

contents

# もくじ

はじめに ……………………………………………………… 2

本書の特長と使い方 ……………………………………… 3

共通テスト　特徴と対策はこれだ！ …………… 8

# CHAPTER 1　系統地理 編

## SECTION｜1｜自然環境—地形と気候

第 1 講　地形のなりたち ………………………………… 18

第 2 講　気候のなりたち ………………………………… 40

第 3 講　環境と生活 ……………………………………… 58

## SECTION｜2｜農林水産業／資源

第 4 講　農牧業のなりたち ……………………………… 72

第 5 講　世界の農牧業 …………………………………… 84

第 6 講　水産業・林業・鉱業など …………………… 100

## SECTION 3 工業生産と流通

第 7 講　工業のなりたち ……………………………………… 112
第 8 講　世界の工業地域 ……………………………………… 120
第 9 講　交通と通信 …………………………………………… 134
第 10 講　貿易・産業の国際化 ……………………………… 144

## SECTION 4 生活と文化／地図

第 11 講　生活文化 ……………………………………………… 154
第 12 講　村落と都市・都市問題 …………………………… 170
第 13 講　地図と地理情報 …………………………………… 186
第 14 講　地形図の読み方 …………………………………… 202

## SECTION 5 現代世界の課題

第 15 講　国家と国家機構 …………………………………… 216
第 16 講　人種と民族 ………………………………………… 230
第 17 講　人口と人口問題 …………………………………… 262
第 18 講　地球環境問題 ……………………………………… 278

# CHAPTER 2　地誌 編

## SECTION ┃ 6 ┃ アジア・アフリカ

第 **19** 講　東アジア ……………………………………………… 292
第 **20** 講　東南アジア ………………………………………… 308
第 **21** 講　南アジア・西アジア ……………………………… 324
第 **22** 講　アフリカ …………………………………………… 340

## SECTION ┃ 7 ┃ ヨーロッパ

第 **23** 講　ヨーロッパ ………………………………………… 354
第 **24** 講　ロシアと周辺諸国 …………………………………… 378

## SECTION ┃ 8 ┃ アメリカ・オセアニア

第 **25** 講　アングロアメリカ …………………………………… 390
第 **26** 講　ラテンアメリカ ……………………………………… 408
第 **27** 講　オセアニア …………………………………………… 422

## SECTION | 9 | 日本

第 28 講　日本(1) ………………………………………… 434
第 29 講　日本(2) ………………………………………… 446

さくいん ……………………………………… 462
別冊　重要キーワードチェック

# 共通テスト
# 特徴と対策はこれだ！

**巻頭特集**

みなさんは、共通テストの地理ではどのような問題が出題されるか知っていますか？

センター試験の地理と同じような、○×式や記号選択式の問題だと聞きました！
あと…、共通テストでは、他のテストとは違って、思考力や表現力などの有無が問われるんじゃないですか？

ほほう。

とはいえ、共通テストとはいっても、結局、地理は知識の暗記でなんとかなるのかなって思っています。

そうですね。それぞれの見方は間違いとはいいませんが、半分当たっていて半分外れている感じです。

えっ、どういうことですか？

正誤判定の設問や記号を選ぶ問題（極論すれば、マーク式である以上、すべては選式です）が多いのは確かですが、それほど単純な作りにはなっていません。
確かに共通テストでは、==思考力・判断力・表現力をさまざまな方法で試す問題==が出題されますが、過去のセンター試験や国公立二次試験、私大の問題でも思考力を試す問題は多く出題されており、共通テストだけの特徴ではありません。
英語の単語や数学の記号のように最低限覚えなければならない項目があるのは確かですが、それだけでは解けないように設問が工夫されています。

うーん。まだイメージがわかないなあ…。

出題する側はどう考えているのでしょうか。ちょっとのぞいてみましょう。大学入試センターが公表した「出題教科・科目の問題作成の方針」

のうち、「地理」の項にはこのように書いてあります。

「地理に関わる事象を多面的・多角的に考察する過程を重視する。地理的な見方や考え方を働かせて、地理に関わる事象の意味や意義、特色や相互の関連を多面的・多角的に考察したり、地理的な諸課題の解決に向けて構想したりする力を求める。問題の作成に当たっては、思考の過程に重きを置きながら、地域を様々なスケールから捉える問題や、地理的な諸事象に対して知識を基に推論したり、資料を基に検証したりする問題、系統地理と地誌の両分野を関連付けた問題などを含めて検討する。」

『大学入学者選抜に係る大学入学共通テスト問題作成方針』（強調は筆者）

硬い文章でピンとこないかもしれませんが、ポイントをまとめてみましょう。

地理に関わることがら（地球上で起きていることのうち、地図上に表現できること）を題材にして、

## POINT
❶ ことがらの持つ意味や役割、ことがらどうしの対比・関連づけ、ことがらに潜む問題点などを考えながら見抜く力
❷ 知識の活用や資料の分析によって、「地理的な見方や考え方（←これがキーワード！）」を順序よく働かせる力

が試される、ということです。

また、**系統地理**（「気候」「産業」などテーマ別の地理）、**地誌**（「アジア」「アフリカ」など地域別の地理）といった学習項目を前提にしながら、それらが断片的なバラバラの知識ではなく、「理解のネットワーク」となっているように求められています。

へえ〜、覚えるだけじゃダメなんですね！

地理は「暗記科目」と誤解されることが多く、たくさんの地名や用語、統計データを覚えてしまえばなんとかなると思われがちですが、少なくとも共通テスト地理の問題を作る人（だけでなく、ほとんどの地理のセンセイたち）は、「そのやり方」ではなんとかならない問題を作ろうとガンバっているのです。そのやり方、つまり単なる膨大な量の暗記は、

大変に効率が悪いし、やっていてツマラナイ（ツマラナイから余計に効率が下がる）し、どうせ忘れてしまうので、将来役に立たなくなってしまいます。だからこそ、そうではない問題を作ろうとしているんですね。

では、具体的にどのような問題が出題されるのか、いくつかみてみましょう。（以下の問題は「共通テスト試行問題」より引用、一部改変）

(1) 世界各地の気候は様々な背景によって影響を受ける。次の図1中のサ～スは、図2中のE～Gのいずれかにおける1月および7月の降水量を示したものである。図1のサ～スについて述べた下の文中の下線部について、正誤の組み合わせとして正しいものを、①～⑧のうちから一つ選べ。

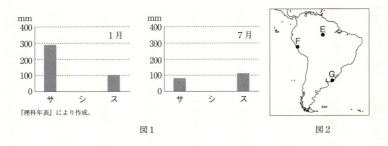

図1　　　　　　　　　　　　　図2

サ：1月に降水量が多く7月にも降水がみられることから、北東貿易風と南東貿易風の収束帯などの影響を受ける地点Eだろう。
シ：両月ともに降水量がほぼ記録されていないことから、高い山脈の風下側に位置するなどの影響で、低地の気温も低く雲が発達しにくい地点Fだろう。
ス：両月ともに降水がみられるが、大きく変化しないことから、寒気と暖気の境界に生じる前線などの影響を受ける地点Gだろう。

|   | ① | ② | ③ | ④ | ⑤ | ⑥ | ⑦ | ⑧ |
|---|---|---|---|---|---|---|---|---|
| サ | 正 | 正 | 正 | 正 | 誤 | 誤 | 誤 | 誤 |
| シ | 正 | 正 | 誤 | 誤 | 正 | 正 | 誤 | 誤 |
| ス | 正 | 誤 | 正 | 誤 | 正 | 誤 | 正 | 誤 |

🧑 うわっ！？

👨 この問題は試行時の平均正答率が約**12%**という難問ですから、いま分からなくても心配は要りません。しかし、共通テストの特徴や方向性をよく表した問題といえます。
　まず目を引くのは、問題の構成がやや複雑なことです。**グラフと地図上の地点を組み合わせるだけなら良くあるパターン**で、過去のセンター試験でも頻出でした。しかし、この問題ではさらに**文章の正誤判定**に結びつけています。世界中の都市の気候データを覚えていれば（そんなの無理ですが）、記号の組み合わせはできます。しかし、それでも正解にはたどり着かないのです。

🧑 えっ、覚えていたとしても！？

👨 しかも、判定する文章は「どうしてその組み合わせになるのか」の理由づけを述べたものです。先ほどの問題の作成方針にあった「**思考の過程**」を重視していることが分かりますね。出題者は世界の気候区分を暗記してほしいのではなく、「どのような場所で雨が多いのか／少ないのか」という「**地理的な見方や考え方**」を求めているのです。

🧑 へぇ～！

👨 「最低限の知識」として、赤道の位置は知っておきましょう（右図）。Eはほぼ赤道上です。赤道付近は暖められた大気が上昇する低圧帯、赤道からやや離れた南北の地域は、赤道で上昇した大気が循環し、下降する高圧帯です。地表の風は気圧の高い方から低い方に吹くので、南北の高圧帯から赤道に風が吹き集まりますが、これが地球の自転の影響で東寄りの風になり、「貿易風」と呼ばれるのです。赤道で上昇する大気は雲を作り、大量の雨を降らします（→サは正文）。

　Gの辺りは日本と同じ温帯ですが、低緯度側の暖気と高緯度側の冷気が接して前線を作るところです。前線では暖気が冷気の上に乗り上げる形で上昇気流となって雲を作ります（→スは正文）。「湿った大気が上昇すると雲ができて雨が降る」は共通のメカニズムですね。

🧑 ふむふむ。

👨 Fは沿岸部で水蒸気は多いし、赤道にも近いのに、降水量はほぼゼロ。

どういうわけでしょう。実は、Fの沖合には大きな寒流が流れていて、これが大気を冷やして上昇気流ができないのです。それで年中乾燥する「海岸砂漠」が発達しています（→シは誤文）。
よって、正解は**③**。

うわ〜！そんなふうに考えるんですね。

私大入試などでは、その寒流の名前（ペルー海流）や、砂漠の名前（アタカマ砂漠）などを答えさせる問題も見かけますが、共通テストでは「**地理的な見方や考え方**」の方が大切だということがよく分かりますね。もちろん、地名などが不要なわけではないけれど、それらの知識だけでは共通テストは解けないのです。次も、どうぞ考えてみてください。

(2) 資源使用量の変化とともに製鉄所の立地は変化してきた。次の図1は、仮想の地域を示したものであり、下の枠は地図中の凡例および仮想の条件である。このとき、図2中のア〜ウは、1900年前後、1960年前後、2000年前後のいずれかにおける鉄鋼生産国の製鉄所の立地場所を示したものである。輸送費の観点から年代順で立地の変化を考えたとき、年代とア〜ウとの正しい組合せを、あとの**①**〜**⑥**のうちから一つ選べ。

＜凡例および仮想の条件＞
- ■石炭、▲鉄鉱石・・・坑道掘り
- □石炭、△鉄鉱石・・・露天掘り
- 図中の◎は貿易港をもつ都市を示している。
- 1970年代以降、坑道掘りは産出量が減少する一方、露天掘りは産出量が増加して、図中の南東側の国が資源輸出国となったとする。
- 表は、鉄鋼製品1トン当たりの石炭と鉄鉱石の使用量の推移を示している。

表　鉄鋼製品1トン当たりの石炭と鉄鉱石の使用量の推移（単位：トン）

|  | 1901年 | 1930年 | 1960年 | 1970年 | 2000年 |
|---|---|---|---|---|---|
| 石　炭 | 4.0 | 1.5 | 1.0 | 0.8 | 0.8 |
| 鉄鉱石 | 2.0 | 1.6 | 1.6 | 1.6 | 1.5 |

図2

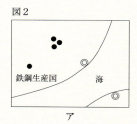 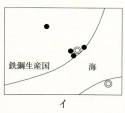 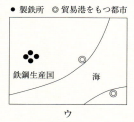

● 製鉄所　◎ 貿易港をもつ都市

ア　　　　　　　　イ　　　　　　　　ウ

|  | ① | ② | ③ | ④ | ⑤ | ⑥ |
|---|---|---|---|---|---|---|
| 1900年前後 | ア | ア | イ | イ | ウ | ウ |
| 1960年前後 | イ | ウ | ア | ウ | ア | イ |
| 2000年前後 | ウ | イ | ウ | ア | イ | ア |

🧑‍🦱 これまた、答えにたどり着くまでがめんどうな問題ですね。「共通テストは記号を選ぶだけだから楽勝」という甘い考えが間違っていることが分かると思います。内容的にも、鉱山や工業都市の名前をいくら覚えていても解けないことは明白ですね。仮想国を題材に、**「地理的な見方や考え方」**そのものを試しているわけです。丸暗記の知識は役に立たず、与えられた資料中の情報をいかに分析し、考察するかにかかっています。

🧑 えっ！　まさか仮想の国が出てくるなんて！

🧑‍🦱 表から分かるように1900年頃の製鉄には大量の石炭を必要としていました。4＋2＝6トンの資源から製品は1トンしかできないのですから、製鉄所は、鉄鋼を消費する大都市に建てて重い資源を産地から大都市まで輸送するより、石炭産地の近くに建てて軽い製品にしてから大都市に輸送する方が全体の輸送費が少なくてすみます（→1900年前後＝ウ）。1960年頃になると、資源のうち石炭より鉄鉱石の割合が高くなりますから、製鉄所の多くは国内の鉄鉱石産地周辺に移動します（→1960年

前後＝ア）。
その後は、坑道掘りよりも生産コストの安い露天掘りが可能な外国からの輸入資源に依存するようになり、輸送に適した貿易港周辺に立地が移動したわけです（→2000年前後＝イ）。
よって正解は⑤。
このような考え方を工業立地論といいます。落ち着いて考えれば難しくないものの、このような考え方に触れたことのない受験生は慌ててしまうかも、ですね（試行時の正答率はビミョーな約60％）。

🧒 わたしは慌てちゃいます…。

🧑 ラストもう1問！

(3) 2国間での人口移動には、送出国と受入国のそれぞれの国内における状況も影響する。次の図は、オーストラリア・ニュージーランドと太平洋島嶼国との間の人口移動を引き起こす要因について、送出国と受入国とでまとめたものである。送出国と受入国とにおける人口移動の要因として適当でないものを、図中の①〜⑧のうちから二つ選べ。ただし、解答の順序は問わない。

| 送出国 | | 受入国 |
|---|---|---|
| ① 居住環境の悪化<br>② 雇用機会の不足<br>③ 少子高齢化<br>④ 人口増加 |  | ⑤ 相対的に高い賃金<br>⑥ 多文化主義<br>⑦ デジタルデバイド<br>⑧ 労働力不足 |

🧑 さあ、これは形式的にはシンプルだけど、内容はどうでしょう？
この問題は「オセアニア地誌」に関する大問の一つとして出題されていたけど、問題内容は必ずしも教科書の「オセアニア」の章で学ぶものではありません。ここでも、「**地理的な見方や考え方**」（また出た！）がちらつきますね。8つの選択肢はただの用語にすぎませんが、ただ言葉を覚えているだけではダメで、与えられた課題に応じて意味や意義を考えなくてはならないのです。

🧒 むむっ…！？

オセアニア諸国のうち、オーストラリアとニュージーランドは国土が広く産業も発達した先進国ですが、太平洋島嶼国は人の住める面積の小さい発展途上国です。このような場合は、発展途上国から先進国への人口移動が中心になることは分かるでしょう。つまり、「送出国＝太平洋島嶼国、受入国＝オーストラリア・ニュージーランド」です。

**発展途上国（送出国）**では、高い④人口増加を示しますが、産業が未発達で②雇用機会（働く場所）が不足するため、他国に「出かせぎ」する必要があるのです。最近では地球温暖化の影響でさんご礁の島国が水没の危機にさらされており、このような①居住環境の悪化も移住の要因になります。

一方、**先進国（受入国）**では、③少子高齢化による⑧労働力不足に直面しており、⑤相対的に高い賃金を背景に途上国からの移民を受け入れてこの不足の解消を図ります。また、かつては白人優位の政策を取っていたオーストラリアやニュージーランドも、現在では多様な民族の共存を図る⑥多文化主義に転換しており、アジア・太平洋地域からの移民受け入れに積極的です。

ということで、③少子高齢化は、送出国ではなく、受入国の側の要因ですね。また、⑦デジタルデバイドとは、情報化社会における地域間の情報量の格差や、個人間の情報へのアクセス頻度の格差などを表す語で、ここでは関係ありません。（→正解は③・⑦。）

「少子高齢化」「多文化主義」「デジタルデバイド」…いずれも入試によく出る用語ですが、その意味や意義をしっかり理解して、初めて役に立つのです。また、この問題は地誌の問題でありながら、系統地理で学ぶ用語の理解を必要としています。**系統地理を学習するときには地誌を、地誌を学習するときには系統地理を**意識しつつ、関連づけて学ぶことが重要なのです。

 なるほど〜、ちょっとわかってきたような気がします！

 さて、3問ほど体験してもらいましたが、なんとなく「共通テストの地理」が見えてきたのではないでしょうか。このような特徴を持つテストに立ち向かう上で、どのような学習が必要かというと、

**POINT**
❶ 「なぜ」「どうして」を大切にして
❷ 系統地理と地誌を結びつけながら
❸ 地理的な見方・考え方を育てる

ということになります。

はい！！

この参考書「**きめる！　共通テスト地理**」では、これらの目標を掲げて、できるだけ **丁寧にリクツや考え方を説明** しながら、系統地理・地誌の各分野で **必要十分な知識** をまんべんなく整理しました。あえて、同じことを系統地理と地誌の両方のページで違った角度から触れて、**事項や用語の意味・意義が立体的に把握できる** ように工夫しました。文字をギッシリ詰め込まず、図や表もできるだけシンプルなものを数多く入れて（多少ページ数は増えてしまいましたが）、**初めて地理を学習する人** にも抵抗感がないように配慮しました。**力試しのための問題** もたっぷり掲載してあります（別冊の問題集まで！）。

よ〜し、やる気になってきました！

共通テストの地理は甘くみてはなりませんが、正しい戦い方をすれば十分に勝ち目のある相手です。本書を上手に利用して「**地理的な見方・考え方**」を養ってくれれば、それは共通テストだけでなく、将来の生活にも役立ってくれることでしょう。

# Chapter 1
## 系統地理編

この章でまなぶこと

| Section-1 | 自然環境—地形と気候 | 18 |
| Section-2 | 農林水産業／資源 | 72 |
| Section-3 | 工業生産と流通 | 112 |
| Section-4 | 生活と文化／地図 | 154 |
| Section-5 | 現代世界の課題 | 216 |

Section-1　自然環境─地形と気候

# 第❶講
# 地形のなりたち

>> 「地形」とは？

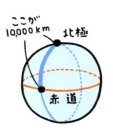

　まずは、すべての「地理的なことがら」の舞台となる地球表面の形＝**地形**について学習しましょう。ここでは「サイズ」と「時間」のスケールが大切です。

　地球の全周はちょうど **4万 km** というキレイな数字です（厳密には少し端数がつきます）。実は、偶然ではありません。18世紀の末、革命のさなかのフランスで「北極から赤道までの距離の1,000万分の1を1mとする」と、メートル法を定めたのです（現在は光速を用いた定義になっています）。

　次の入試問題をみてください。

ア～ウの太線のうち、地球上の距離が最長のものは【　　】で、およその距離は【　　】km。

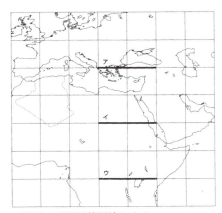

緯線・経線は10°間隔。正距円筒図法による。

**解答** ウ、2,200

**解説**

　地球儀を思い浮かべれば、最も長い緯線は **0 度の緯線**、つまり**赤道**だとわかります。これはあとの単元で学びますが、アフリカ大陸中央部を通る**ウ**が赤道です。

　さて、問題は距離のほうですが、「地球 1 周 4 万 km」を知っていれば、赤道上の経度差 1 度あたりは 4 万 ÷ 360 ＝ 約 **110 km**、したがって 20 度分は 2,200 km とわかります。

　先ほど「地形の学習ではサイズと時間のスケールが大切」といいましたが、それはどういう意味でしょうか？

　たとえば、ハワイ諸島は毎年 3 〜 5 cm ずつ日本に近づいているといいます。これは、ハワイ諸島が乗っかっている岩盤（プレート）が動いているからですが、100 年経ってもせいぜい 5 m じゃないかと思うかもしれません。しかし、地球の年齢は約 46 億歳、「時間」のスケールが桁はずれなのです。年 4 cm としても、たった（？）5 億年で 2 万 km、地球を半周できる距離です。

　このようなことから、世界中の大陸は過去の移動によって分裂や衝突を何度も繰り返してきたことがわかるのです。この大きな動きが、大山脈・列島・海溝などの「**大地形**」とよばれる大規模な地形をつくってきました。そして、大地形の上には水や風などが作り出した身近なスケールの「**小地形**」があって、わたしたちの生活の舞台となっているのです。視界を広げたり狭めたりしながら地形の学習を進めていきましょう。

## >> 地球のプロフィール

### ❶ 地球の大きさ・広さ

地球の全周は前々ページで説明したように **4万 km** です。すると半径は約 **6,400 km**、表面積は約 **5.1 億 km²** と計算されます。そして、海と陸の面積比は **7：3** です。

**北半球・南半球**という言い方は知っているでしょうが、陸の割合が最大の**陸半球**（海陸比 5：5）、海の割合が最大の**水半球**（海陸比 9：1）というのもあります。

**補足** 陸半球の中心はフランス**西部**（ナント）で、水半球の中心は南太平洋の**アンティポディーズ諸島**です。陸半球と水半球の中心は、それぞれが互いの**対蹠点**（地球の反対側）となります。

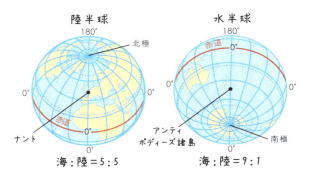

## ❷ 経緯線

地表面上の位置をあらわすための座標系を**経緯度**といいます。簡単にいえば、地球上の住所を示す「番地」です。経は織物のたて糸、緯はよこ糸のことです。

### [ 経線 ]

**経線**は**両極を通る線**のことで、**子午線**ともいいます。イギリスのロンドン郊外にある**旧グリニッジ天文台**を通る経線を0度の経線「**本初子午線**」と定め、ここから**東経・西経を180度**ずつとります。東西180度の経線は太平洋上で重なります。

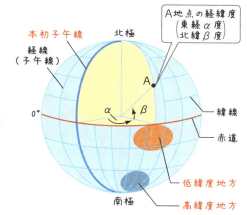

**補足** ＊子午線
子は「ねずみ」、午は「うま」。つまり十二支を方位にあてたときの北と南を指しています（太陽が南に昇る時刻が正午）。したがって、子午線とは南北を結んだ経線のことです。

### [ 緯線 ]

**緯線**とは、地軸と直交する面による切り口です。緯線どうしは**平行**で、**0度の緯線**が**赤道**です。北緯・南緯を90度ずつとり、90度地点は**北極点・南極点**です。極付近を**高緯度地方**、赤道付近を**低緯度地方**という言い方は覚えておきましょう。

## 回帰線と極圏

### [ 回帰線 ]

季節によって太陽の高度が変化するのは、地軸が公転面に垂直な方向から23.4度傾いているからです。**南・北緯23.4度**線を**回帰線**といいます。南北回帰線の間の地域では、太陽が天頂に来る日があります。回帰線上では夏至（南回帰線では冬至）の日です。

> **補足** ＊回帰線砂漠
> 回帰線の通る緯度帯は**亜熱帯高圧帯**（→p.42）にあたります。そのため、大陸の**回帰線付近**には**砂漠**が多く分布しています。

### [ 極圏 ]

**南・北緯66.6度**以上を**極圏**といいます。北極圏と南極圏ですね。極圏では、冬に1日中太陽が昇らない時期があります。これを**極夜**といいます。逆に、**夏には1日中太陽が沈まない**時期があります。これが有名な**白夜**です。

> **補足** 極圏に近い高緯度地方でも日の出前や日没後に薄明かりが続き、これも白夜ということがあります。

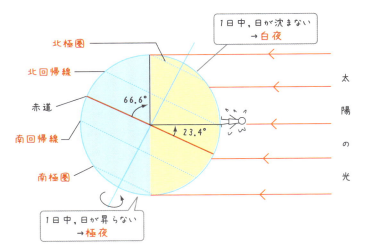

補足　＊「回帰線 23.4 度」と「極圏 66.6 度」について

　回帰線の緯度は厳密には 23 度 26 分ですが、経緯度は「60 進法」で 1 度＝60 分ですから、26 分＝26／60 度≒0.4 度、なので 23 度 26 分≒23.4 度となります。ついでに、極圏の緯度は 90－23.4＝66.6。「にーさんし・ろくろくろく」で覚えやすいですね。

ここできまる！
緯度　―　赤道 **0** 度、両極 **90** 度
　　　└　回帰線 **23.4** 度、極圏 **66.6** 度

## ≫ 2つの「地形をつくる力」

### ❶ 内的営力

　地球の内部から働いて地形をつくる力を**内的営力**といいます。これは地表をでこぼこにする働きを持っています。広い範囲がゆるやかに上下する**造陸運動**、**断層**や**褶曲**（→p.29）によって山地をつくる**造山運動**、さらに火山活動を含みます。

### ❷ 外的営力

　地球の外側から働いて地形を変える力を**外的営力**といいます。これは地表を平らにならす働きを持っています。雨・風・川・氷河などによる**風化・侵食・運搬・堆積**作用のことです。

### ❸ 大陸移動説

　アフリカ大陸と南アメリカ大陸の海岸線をみると、まるでパズルのようにかみ合います。このことから、100 年近く前にドイツの気象学者**ウェーゲナー**は「大陸は移動して今のかたちになった」と考えました。しかし、大陸を動かす力の存在が証明されず、彼の考えは受け入れられませんでした。

## ④ プレートテクトニクス

ウェーゲナーの死から何年もたって、地球内部で高温に溶けたマントルの対流が、上に乗った硬い板状の岩石層（**プレート**）を動かすことがわかりました。

プレートは、ひび割れた卵の殻のように、10数枚に分かれて地球の表面を覆っています。また、プレートどうしの境界付近は、地形の変化が激しい**変動帯**です。

▲海洋の「広がる境界」

### [ 広がる境界 ]

**広がる境界**では、マントルが上昇しプレートを両側に広げます。大陸の場合は**大地溝帯**、海の場合は海底の大山脈（**海嶺**）ができます。

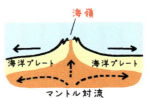

▲広がる境界の断面図

> 補足　大西洋中央海嶺を作っている「広がる境界」が通るアイスランドでは、地溝の裂け目（ギャオ）、火山、温泉が多く、**地熱発電**がさかんです。

### [ 狭まる境界 ]

**狭まる境界**は、プレートが互いにぶつかり合うところです。そのなかでも、大陸プレートの下に海洋プレートが沈みこむところでは、日本列島のような**弧状列島（島弧）**と、**海溝**ができます。

大陸プレートどうしが衝突すると、褶曲と断層によって大山脈ができます。世界最高峰を持つ**ヒマラヤ山脈**は、インド半島がユーラシア大陸にぶつかってできたのです。

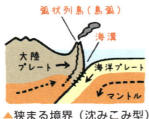

▲狭まる境界（沈みこみ型）の断面図

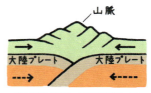

▲狭まる境界（衝突型）の断面図

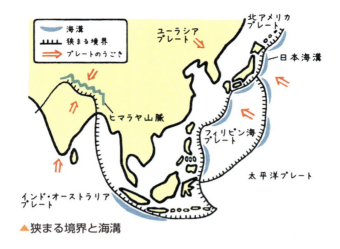

▲狭まる境界と海溝

[ ずれる境界 ]

**ずれる**境界では、両側のプレートが水平方向に横ずれを起こします。

北アメリカ大陸西岸（カリフォルニア州）の**サンアンドレアス断層**や、トルコ北部の**北アナトリア断層**では、地震災害がくり返されています。

▲世界の主なプレートの分布

| | | 陸では | 海では |
|---|---|---|---|
| ここできめる! | 広がる境界 | 大地溝帯 | 海嶺（海底山脈） |
| | 狭まる境界 | 大山脈 | 海溝と弧状列島 |

### ⑤ 地震と災害

地震は、**活断層**に沿って岩盤がずれ動いて発生します。プレートどうしの押し合いへしあいで、岩盤の中にひずみが溜まっており、このストレスが岩盤の弱いところに集中するのです。

地震が最も多く発生するのは、**プレート境界**です。とくに沈みこみ型の狭まる境界では、海洋プレートに引きずられて圧縮された大陸プレートが、バネのように跳ねて海底の活断層を動かし、**津波**も起こします（**海溝型地震**）。2004年の**スマトラ沖地震**（インド洋大津波）や2011年の**東北地方太平洋沖地震**（東日本大震災）は、このメカニズムで生じました。

一方、内陸の**プレート内部**で活断層が動くと、震源に近い地域に大きな被害をもたらします（**直下型地震**）。1995年の**兵庫県南部地震**（阪神淡路大震災）や、2008年の四川大地震などがこれにあたります。

## >> 大地形

### ① 安定陸塊

**安定陸塊**とは、先カンブリア時代に形成された最も古い地盤です。プレートの境界から遠く、現在では変動をほとんど受けません。**楯状地**（盾状地）と**卓状地**に大別されます。

▶楯状地では、長年の侵食による露出した岩盤が、西洋の「盾」を伏せたようにみえます。

▶卓状地は、海底にあった時代に堆積した水平な地層によって、「卓（テーブル）」のように平らになった地表です。

 **安定陸塊には豊富な鉄鉱石が存在する**

補足

＊安定陸塊と鉄鉱石
　先カンブリア時代の海には多くの鉄イオンが存在しました。植物が誕生して光合成によって酸素が生じると、鉄イオンは酸化鉄として海底に沈澱し、鉄鉱の層をつくったのです。

＊ゴンドワナランド
　地球上には、はじめ1つの大陸（パンゲア）しかなかったものが、プレート移動によって、中生代には北のローラシアと南のゴンドワナに、ゴンドワナ大陸はさらに今のアフリカ・オーストラリア・南アメリカ・南極の各大陸やインド亜大陸などに分裂していったと考えられています。

## ❷ 古期造山帯

　**古期造山帯**は、古生代の造山運動でつくられた山脈のある地域です。ロシアの**ウラル山脈**や、アメリカ合衆国の**アパラチア山脈**などが代表的な古期造山帯の山脈ですが、いずれも"山脈"というには、あまりにも低くてなだらかな地形をしています。これは長い間の侵食の結果です。

 **石炭産地の多くは古期造山帯にみられる**

補足　古生代には、巨大なシダ植物たちが世界中に茂っていました。この植物が堆積、炭化したものが石炭です。

> **補足** 中国西部のテンシャン山脈やクンルン山脈などは、古期造山帯の山脈ですが、ヒマラヤ山脈を作ったプレート衝突（→p.24）の影響を受けて高く険しい地形になりました（復活山脈）。

### ❸ 新期造山帯

**新期造山帯**というのは、最近の造山運動でつくられた山脈のある地域で、プレートの境界に沿っているため、**火山帯や地震帯と重なり**ます。**アルプス＝ヒマラヤ造山帯**と**環太平洋造山帯**の2つです。

環太平洋造山帯は、その名のとおり太平洋を取り囲む位置にあります。日本もその一部で、火山や地震が多いですね。日本のような「列島」というのは、海水を抜いた状態を考えればわかりますが、海底から高くそびえる山脈です。

### 新期造山帯の新しい地層には大油田が存在しやすい

> **補足** 油田は褶曲した地層の背斜部にみられやすく、新期造山帯のうち新生代の若い地層には大油田が生じやすくなります。また、マグマの作用でできる銅・銀など非鉄金属の鉱床は火山帯に多く、アンデス山脈の国チリは銅鉱の生産世界一です。

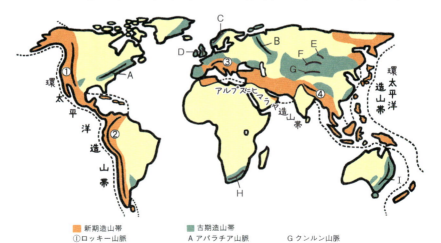

■ 新期造山帯
① ロッキー山脈
② アンデス山脈
③ アルプス山脈
④ ヒマラヤ山脈

■ 古期造山帯
A アパラチア山脈
B ウラル山脈
C スカンディナビア山脈
D ペニン山脈
E アルタイ山脈
F テンシャン山脈

G クンルン山脈
H ドラケンスバーグ山脈
I グレートディヴァイディング山脈
※E～Gは復活山脈

▲古期造山帯と新期造山帯

## ≫ 山地のでき方

### ❶ 褶曲と断層

山地のなりたちはさまざまです。大きく分けると、**褶曲**や**断層**によるものと、**火山活動**によるものに分類できます。

> 補足　日本には多くの**活断層**（活動する可能性のある断層）があるため、地震によって地表の形が変わることがあります。

▶褶曲とは、いわば地表の「しわ」です。たとえばプレートの**狭まる境界**で、横からの力で地層が変形したのが、ヒマラヤ山脈のような**褶曲山脈**です。

▶断層とは地層の「ずれ」です。断層によって区切られた高い部分は**断層山地**や地塁山地などといいます。逆に、低い部分は**地溝**といいます。

> 補足　細長く連なる地溝を**地溝帯**といいます。**アフリカ大地溝帯**など。

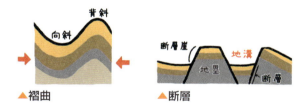

▲褶曲　　▲断層

### ❷ 火山

**火山**は、主に**プレート境界**で多くみられます（例外として、ハワイのようにプレート中心部のホットスポットにもあります）。

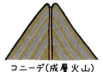

コニーデ（成層火山）

火山はマグマの粘性によってさまざまな形になります。たとえば、富士山のような美しい円錐形のものを**成層火山（コニーデ）**といいます。

> 補足　粘性が低い玄武岩質のマグマは楯状火山（ハワイ島など）・溶岩台地（インドのデカン高原など）をつくり、粘性の高い流紋岩質のマグマはドーム状の溶岩ドーム（溶岩円頂丘）（北海道の昭和新山など）をつくります。

また、噴火による爆発や陥没でカルデラとよばれる凹地をつくったり、せき止め湖をつくったりすることもあります。
　火山の噴火は、**溶岩**の流出・**火砕流**の発生・**火山灰**の降下などでさまざまな災害をもたらします。一方で**地熱**や温泉、火山灰土壌、美しい景観などの恩恵を与えてもくれます。

> **補足**　**火砕流**とは、火山の噴出物が高温の火山ガスとともに山麓まで流れ落ちる現象です。1991年の雲仙普賢岳（長崎県）の噴火では大規模な火砕流が発生し、43名の死者をともなう被害が生じました。

## ≫ 平野のいろいろ

　平野の種類は大きく2つに分けられます。古い陸地が長い間に平らになった**侵食平野**と、削られた土砂が河川によって運ばれて積もった**堆積平野**です。

### ❶ 侵食平野

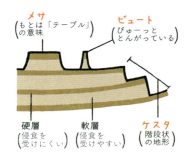

　侵食平野のうち、古い時代に積もった地層が水平なままで長い間侵食を受けてできた広大な平地を**構造平野**といいます。また、長年の侵食で山地の起伏が小さくなった広大な平原を**準平原**といいます。
　侵食平野の地層には、侵食されやすい軟らかい層と、侵食されにくい硬い層があります。硬い層が長年の侵食から取り残されることで、**メサ**、**ビュート**、**ケスタ**といった特徴のある地形ができます。

> **補足**　ケスタは急崖と緩斜面が組み合わさった地形です。パリ盆地東部のシャンパーニュ地方では、ケスタの急崖を利用したブドウ栽培とワインづくり（シャンパン）が有名です。

### ❷ 堆積平野

堆積平野は、**沖積平野**(沖積低地)と**台地**(1万年以上前の古い沖積平野が台地になったもの)、海岸平野(→p.213 ⑩)に区別されます。

河川には**侵食・運搬・堆積**の3作用があります。山地では、下方に侵食する下刻作用で**V字谷**(断面がV字形をした谷)をつくり、土砂を下流に運搬し、堆積させます。**沖積平野**とは、このうち堆積作用でつくられつつある「新しい」平野です。沖積平野はできる位置によって、次のように分類されます。

[ 扇状地 ]

▶川が山地から流れ出る谷口に土砂が堆積してできます。上空からみると、下流に向かって扇のように広がっています(→p.211 ⑤)。

▶上流から順に**扇頂・扇央・扇端**とよびます。粒の大きい土砂が堆積しているので、川の水は扇頂部で地面にしみこみ、扇央では**伏流**とよばれる地下の水流になり、地表では**水無川**になります。この地下水は扇端で湧き水となって再び地表にあらわれます。

> 補足 上流で大雨が降ると、浸透しきらない水が扇央で氾濫するため、水無川にも堤防がつくられます。しかし堤防内では土砂の堆積が進んで、川底がかさ上げされるため氾濫の危険が増えます。そこで堤防が高められ、川底がさらにかさ上げされます。川底がまわりの平野部よりもずっと高くなった河川を**天井川**といいます。

[ 氾濫原 ]

▶傾斜の小さい場所では、川の流れはわずかな高低を追いかけてぐにゃぐにゃと曲がります。これを**蛇行**といいます。

▶洪水時に川が氾濫して直線的な流れができると、蛇行河川の一部が取り残されて**三日月湖**(河跡湖)ができます。

▶ また氾濫時には、両岸に粒の大きい土砂が堆積して自然の堤防をつくります。この **自然堤防** の外側は **後背湿地** とよばれ（➡p.212 ⑧）、粒の小さい粘土状の土砂が堆積します。

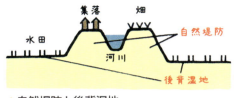

▲自然堤防と後背湿地

## [ 三角州（デルタ）]

川が海に流れこむ河口付近では、流れが弱まり堆積作用が強まるため、上流で堆積せずに運ばれてきた粒の小さい粘土状の土砂が積もって、低湿地をつくります。これが **三角州** です。その形がギリシャ文字の △ に似ていることから **デルタ** ともよばれます。

| 補足 | 実際の三角州は、河川の運搬・堆積作用や、海の流れの強さなどの関係によって **円弧状**、鳥の足あとのような **鳥趾状**、尖った三角形の **カスプ状** など、さまざまな形になります。

## ③ 堆積平野とくらし

新期造山帯の日本には構造平野は存在せず、平野のほとんどは世界的にみれば小規模な **堆積平野** です。そこは、古くから稲作などの農業と結び付いた人々の生活の場でした。

▶ 扇状地付近の伝統的な集落は、水を得やすい **扇頂** と **扇端** に集中します。扇頂部には、山と里を結ぶ交易地

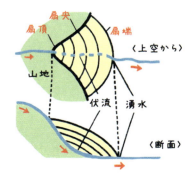

として**谷口集落**が発達する場合があります。下流側（扇端）では、湧き水を利用して集落が帯状につくられています。

▶一方、**扇央**は水はけのよい土地なので水田にしづらく、開発がおくれました。繭から生糸を作る養蚕がさかんだった時代には桑畑が目立ち、今では畑や果樹園などに利用されます（ポンプによる上水道を利用できる現代の新しい住宅地は、扇央にも開発されるようになっています）。

▶氾濫原や三角州では、洪水から逃れるように周囲より小高い自然堤防の上に集落ができました。

▶後背湿地は水田に利用されました。ただし、田んぼとはいっても年中水びたしというわけではありません。機械化のためにも、排水路などの整備が必要になります。また、洪水を防ぐ治水の進んだ現代では、後背湿地にも新興住宅地が開かれています。

▶その他、内陸部の**河岸段丘**（川沿いの谷底が堆積と侵食を繰り返してできる「ひな壇」のような地形➡p.211 ⑥）や、台地・丘陵などの水が得にくい条件の悪い土地でも、人々は工夫と努力で耕地として利用してきました。

近年では、工業用地やニュータウン、大規模な公共施設などに開発されることが多くなっています。

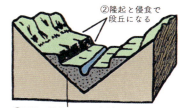

▲河岸段丘

---

**侵食平野**…構造平野・準平原など大規模なもの

**堆積平野**
- **沖積平野**…扇状地・氾濫原・三角州（デルタ）
- **台地**…古い沖積平野が隆起

系統地理編《自然環境―地形と気候》

Chapter 1

## >> 海岸の地形

海岸の地形には、陸地の下降や海面上昇による**沈水海岸**、陸地の隆起や海面低下による**離水海岸**などがあります。

### ① 沈水海岸

沈水海岸には、ギザギザした海岸線の**リアス海岸**、**フィヨルド**、ラッパ型の広い入り江である**エスチュアリー**（三角江）などがあります。

▶リアス海岸は、おぼれ谷が連続する海岸。おぼれ谷とは、河川に削られた**V字谷**が沈水したもの。日本の**三陸海岸**など。

▶フィヨルドは、氷河に削られ断面がU字形をした谷が海に沈んだ海岸。深く長い入江になります。ノルウェー西岸、チリ南部、ニュージーランド南島などでみられます。

▶エスチュアリーは、河口付近の低地が沈水したラッパ状の入り江。エルベ川、セントローレンス川、ラプラタ川など。

> 補足　リアス海岸はスペイン北西岸のリアス地方（あるいは入り江を意味する ria）が語源です。リアス海岸では湾の奥ほど狭くて浅いので、津波が押し寄せると被害が大きくなります。

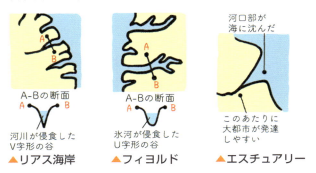

▲リアス海岸　▲フィヨルド　▲エスチュアリー

### ② 離水海岸

離水海岸とは、浅い海底が陸化してできる**海岸平野**などです。波が砂をうち寄せて、海岸線と並行する**浜堤**とよばれる小高い土地ができます。離水と海岸の侵食が繰り返されると**海岸段丘**（→p.213 ⑨）ができます。河岸段丘の海バージョンですね。

### ❸ 砂浜海岸

海岸では、沿岸の流れによる堆積地形がみられることもあります。

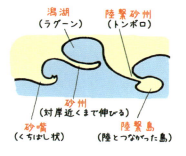

▶ 岸から伸びた砂地が**砂嘴**、砂嘴が対岸近くまで伸びたものが**砂州**、砂州が沖の島まで届くと**陸繋砂州**（**トンボロ**）です。

▶ 砂州で海が切りとられて**潟湖**（**ラグーン**）をつくることもあります。

▶ 河川上流でのダム建設で土砂供給量が減ると、砂浜海岸の侵食が進みます。コンクリート製の消波ブロック（テトラポッド）は、この侵食を防ぐために置かれているのです。

## >> 特徴ある地形

### ❶ 氷河地形

**氷河**とは大きな氷の塊が川のように動くものです。

▶ 範囲の広い**大陸氷河**（氷床）と、高い山にできる**山岳氷河**があります。

▶ 今では南極とグリーンランドだけでみられる大陸氷河ですが、氷河期には、

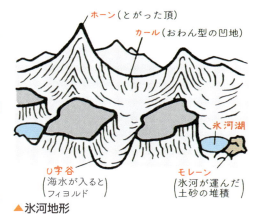

▲氷河地形

バルト楯状地やカナダ楯状地など広い範囲を覆っていました。

▶ 山岳氷河は各地にみられ、氷河期の日本でも日本アルプスや北海道にあったようです（今もごく一部に残っています）。氷河によって削られた跡や、運ばれた土砂が、氷河期の終わった現代にさまざまな地形を残しているのです。

## ❷ カルスト地形

石灰岩は炭酸カルシウムが主成分なので、弱酸性の地下水や雨水に触れると溶けます（**溶食**という）。**カルスト地形**は、この石灰岩が溶食されてできた地形です。

▶地表面には溶食による凹地（**ドリーネ**）ができ、地下には**鍾乳洞**とよばれる洞穴ができます。ドリーネが結合・拡大すると**ウバーレ**が形成され、さらに結合・拡大すると**ポリエ**が形成されます。

▶山口県の**秋吉台**は、日本最大のカルスト地形として有名です。中国のコイリン（桂林）には**タワーカルスト**とよばれる塔のような石灰岩の台地が形成され、観光地となっています。

> 補足　東ヨーロッパのスロベニアにあるカルスト地方が語源です。なお、石灰岩はセメント原料となるため、秋吉台のある山口県や**秩父**（埼玉県）では**セメント工業**が発達しています。

▲カルスト地形

カレンフェルトは、溶食を受けた石灰岩の突起物が林立する地形です。遠くからみると羊の群れのようです。

## ❸ 乾燥地形

強い乾燥による不毛の土地が**砂漠**です。砂漠というと砂丘のような**砂砂漠**をイメージしがちですが、世界の砂漠の大半は岩や石がゴロゴロする岩石砂漠や礫砂漠です。

> 補足　風による侵食・運搬作用によって**砂丘**が形成されます。

砂漠の河川には、ごくたまに雨が降ったとき以外は水のない**ワジ**（かれ川）、雨の降る別の地域から砂漠に流れてくる**外来河川**、湖に流れこむ**内陸河川**などがあります。内陸河川のゴールとなる湖（内陸湖）は、はげしい蒸発によって塩分濃度の高い**塩湖**になります。

> **補足** 外来河川の例…アフリカのナイル川・ニジェール川、西アジアのティグリス川・ユーフラテス川、中央アジアのアムダリア川・シルダリア川など。

　氷河の末端や砂漠から砂よりも細かい粒子が風に飛ばされて、別の湿潤な地域に堆積したものを**レス**といいます。中央アジアや黄土高原（中国）から日本に飛んでくる**黄砂**もその一例です。

### ❹ さんご礁地形

　暖かくて浅い海には、さんごなどの生物の分泌物や遺骸が集まって**さんご礁**という石灰質の岩がつくられます。

▶海面の上昇により、**裾礁→堡礁→環礁**の順に形が変化します。南西諸島や小笠原諸島にみられる日本のさんご礁は大半が裾礁です。

▶ツバル・モルディブなどのさんご礁の国々では、美しいさんご礁が観光資源となっていますが、高波の被害を受けやすく、地球温暖化による海面上昇で水没する危険性もあります。

▶**グレートバリアリーフ**（オーストラリア北東部の世界最大の堡礁→p.423）や石垣島などでは、さんご礁の白化が問題となっています。

> **補足** カルスト地形は、さんご礁が隆起などによって陸地になったものです。

- 中央の島（陸地）が沈んだり水面が上昇したりするにつれて変化していく。
- さんご礁の海中部分ではさんごの分泌物や遺骸が石灰岩化している。

## 確認問題に挑戦!

図中の太線は、主なプレート境界の位置をあらわしている。図中 A〜D の地域・海域を説明した文として適当でないものを、下の①〜④のうちから1つ選べ。

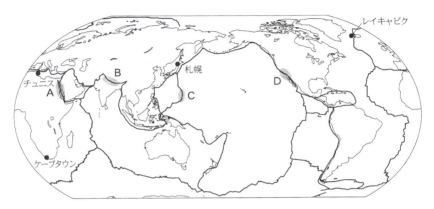

United States Geological Survey の資料などにより作成。

① A 海域は、広がるプレート境界にあり、アフリカ東部の地溝帯の一部が沈水したものである。
② B 地域は、狭まるプレート境界にあり、プレートどうしが衝突し、大山脈が形成されている。
③ C 海域は、広がるプレート境界にあり、地球内部からマグマが上昇して、海嶺が形成されている。
④ D 地域は、ずれるプレート境界にあり、両プレートが水平方向にずれる断層が形成されている。

正解は ③  C海域は、太平洋プレートがフィリピン海プレートの下に沈みこむ「狭まる境界」。マリアナ海溝(世界最深の −10,920 m のチャレンジャー海淵を含む)がある。①Aの紅海は、アフリカ大地溝帯の一部。②インド=オーストラリアプレートがユーラシアプレートに衝突、ヒマラヤ山脈などを形成。④サンアンドレアス断層は、横ずれ型のトランスフォーム断層。

次の各文の正誤を答えなさい。

1 パリの対蹠点はキューバ付近である。

2 ハワイ諸島西方の海域には、水没したかつての火山島が、プレートの移動方向に連なってみられる。

3 北アメリカ大陸東岸沿いの海域には、海洋プレートの沈みこみによって形成された海溝がみられる。

4 インド洋中央部には、地下から上昇したマグマによってつくられた海嶺がみられる。

5 アフリカ大陸は主に安定陸塊からなるが、南部に新期造山帯の山脈が位置し、そこで地震・火山活動が活発である。

6 ヒマラヤ山脈には火山が多数分布し、火山噴火が多発している。

7 ウラル山脈では、活発な隆起運動が生じている。

8 扇状地の河川では氾濫を防ぐため堤防を建設し、天井川が形成されることがある。

9 河川は山麓で流速が低下し、扇状地の堆積物は主に粘土になる。

10 スペイン北西岸では、河川の刻む谷が沈水して形成されたリアス海岸がみられる。

1✕（パリもキューバも北半球。キューバではなくニュージーランド付近。） 2◯（北西方向に海山群が連なっている。ハワイ諸島も火山島である。） 3✕（大陸西岸から大西洋中央海嶺までが、1つのプレートであり、この海域に海溝はみられない。） 4◯（インド洋中央海嶺のこと。プレートの広がる境界である。）5✕（南部にあるのは古期造山帯のドラケンスバーグ山脈。新期造山帯は北部のアトラス山脈。） 6✕（大陸プレートの衝突するところでは、地殻が厚いためマグマが地表まで上昇しない。） 7✕（ウラル山脈は古生代に造山運動を受けた古期造山帯。） 8◯（扇央部の河川はふだんは伏流するが、洪水時には氾濫しやすい。堤防があると河床が上がる。） 9✕（扇状地は河川全体の中では上流。よって粒の大きい砂礫が中心。） 10◯（V字谷が沈水した多くの入り江〈リア〉が連続しており、リアスの語源となっている。）

# 第❷講
## 気候のなりたち

### >> 気候とその原因
#### ❶ 気候

　天気予報で「明日の午前中は雨です」などというのは「気候」ではありません。

　**気候**とは、「本州では6～7月ごろに雨が多い」などのように、ある地域で毎年繰り返される大気の総合的な状態のことです。気候は、**気候要素**（気温・降水量・湿度・風など）の組み合わせによってあらわされます。

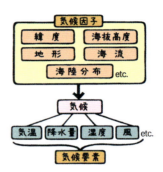

#### ❷ 気候を左右するもの

　地球上にはいろいろな気候が存在しますが、それにはさまざまな理由があります。**緯度のちがい**（緯度によって太陽エネルギーを受けとる量がちがう）、**海抜高度**（高いところは気温が低い）、**地形**、**海流**（暖流と寒流）、**陸と海の比熱のちがい**（陸は温まりやすく冷めやすいが、海は温まりにくく冷めにくい）などの**気候因子**がその地域の気候をつくっていくのです。

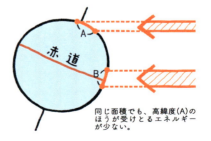

▲緯度による太陽エネルギーのちがい

#### ❸ 気温

　気温は低緯度ほど高いのが基本ですが、**気温が最も高い地域は**

**赤道よりも少し北半球側**にずれます。これは、温まりやすい岩石（陸地）が北半球のほうに多いからです。低緯度でもアンデス山脈やエチオピア高原などの高山地帯では気温は低めで、1年じゅう春のような**常春気候**になります。

気温については、**1日の最高気温と最低気温の差（日較差）**や、**1年の最暖月と最寒月の平均気温の差（年較差）**も重要です。日較差・年較差とも、内陸で大きく、海岸で小さくなります（陸と海の比熱のちがいを考えてください）。

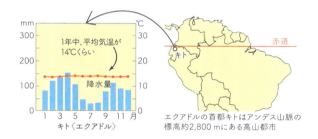

エクアドルの首都キトはアンデス山脈の標高約2,800mにある高山都市

## ④ 降水量

雨が降るためには、①**水蒸気**、②**上昇気流**が必要です。

▶水分の多い空気が上昇すると、冷えて水滴が生まれ、雲になります。海から遠い内陸部は、水蒸気が少ないため、雨も少ないのですが、たとえ海が近いところでも、雲が発生するために必要な上昇気流がなければ、雨はやはり少ないのです。

▶夏の夕立を考えてみてください。地表近くの空気が、昼間、太陽に熱せられた地面で温められて上昇し、雲をつくるのです。

低気圧では上昇気流が生まれ、雲ができて、やがて雨が降ります。

ほかにも雨が多くなるケースをあげておきましょう。
- 山に風が吹き斜面に沿って上昇する場合
- 暖気と寒気が接する**前線**（日本など温帯の降水に多いパターン）
- 吹き込んだ大気が上昇する低気圧（**熱帯低気圧**など）

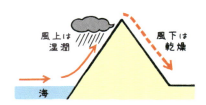

山の斜面に吹きつけられた風は、上昇気流となって雲をつくります。その雲は雨を降らせますが、山を越えて吹きおろす風は乾燥したものになります。

## 気圧帯と大気の大循環

低緯度地方は太陽の熱を多く受けとり、高緯度地方は少ない熱しか受けとりません。このアンバランスを解消するために大気は循環します。これを**大気の大循環**といいます。

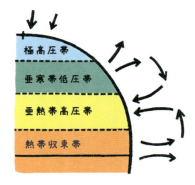

▶赤道付近は常に上昇気流が発生し、**低圧帯**になっています（**熱帯収束帯（赤道低圧帯）**）。1年中「夏の夕立」のような状態で降水量は多くなります。

▶赤道低圧帯で上昇した空気が下降するのが、**亜熱帯（中緯度）高圧帯**といわれる地域です。雲ができないため雨が少なく乾燥します。この「**雨の降らない亜熱帯高圧帯**」は覚えておいてください。

▶亜熱帯高圧帯の高緯度側は逆に低圧帯（亜寒帯低圧帯）で降水量は多くなり、さらに高緯度の極地方では**極高圧帯**が形成されます。

高圧帯は**乾燥**、低圧帯は**多雨**（湿潤）

## ⑥ 風の流れ

亜熱帯高圧帯からは下降気流が吹き出しますが、地球の自転の影響で、低緯度側では東風（**貿易風**）、高緯度側では西風（**偏西風**）と、年中一定した風向きになります。赤道付近には南北の**亜熱帯高圧帯**からの**南東および北東の貿易風**が吹き寄せられて集まる（収束する）ので、赤道低圧帯のことを「**熱帯収束帯**」と呼ぶのです。

> 補足　「一定の風向き」になるのは地球の自転が原因です。進行方向に向かって北半球では右、南半球では左に力が加わります。

大陸の東岸でも上空に偏西風は吹いていますが、その気候に大きな影響を与えているのは、地表に吹く**季節風**（**モンスーン**）です。夏は、熱せられやすい陸地では気流が上昇し低圧になるため海から陸へ風が吹きますが、冬は逆に、高圧となった陸から海へと風向きが逆転するのです。

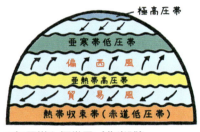

▲気圧帯と恒常風（北半球）

季節風は、世界最大の大陸であるユーラシア大陸東岸の東アジア～南アジアで発生しやすく、この地域は**モンスーンアジア**とよばれています。

▲西岸と東岸のちがい

大陸西岸には**偏西風**、大陸東岸には（偏西風と）**季節風**

## ❼ 海洋の影響

### [ 海流 ]

　大気の大循環による風の流れは、海洋表層の水の流れをつくります。これが**海流**です。貿易風や偏西風などの風向に応じて、北半球では時計回り、南半球では反時計回りの海流が生じています。

　海流は、低緯度の熱エネルギーを高緯度へ運ぶ役割を持っています。低緯度から高緯度へ流れるのが**暖流**、高緯度から低緯度へ流れるのが**寒流**で、それぞれ沿岸の気候に大きな影響を与えています。

▼世界の海流

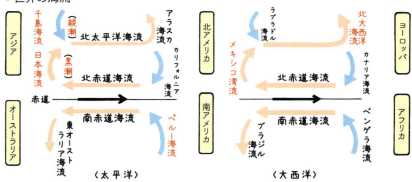

赤字の海流は名前を覚えておきましょう。共通テストでは海流名まで問われることは少ないのですが、各項目の説明中によく出てきます。

補足　＊海洋の大循環

　風による海流は表層の浅い部分の話で、深海には冷たい**深層流**が流れています。北大西洋などで沈みこんだ深層流は、世界の深海底をゆっくりと循環し、熱帯の海域で**湧昇流**として表層に出てきます。

## [ 海と陸の分布 ]

　繰り返しになりますが、海洋は温まりにくく冷えにくい、大陸は温まりやすく冷えやすい。このことから、同じ緯度帯でも沿岸部と内陸部では気候にちがいが生じます。

▶**海洋性気候**は、**湿潤**で、**日較差・年較差が小さく**、高緯度でも温和になるなど、おだやかな特徴を示します。

▶**大陸性気候**は、**乾燥**し、**日較差・年較差が大きく**なります。夏は暑く、冬の寒さが厳しいのが特徴です。

## [ 西岸と東岸 ]

　１年じゅう偏西風が吹いている中緯度帯では、大陸の西岸と東岸で大きく気候が異なります。

▶**西岸気候**は、風上の海の影響が強いので、年間の気温や降水量の変動が小さい、安定した**海洋性気候**になります。

▶**東岸気候**は、大陸が偏西風の風上にあるので、海岸地域であっても**大陸性気候**になるうえ、前に出てきたように季節風の影響も強く受けるため、季節による変化の大きい気候となります。

## >> ケッペンの気候区分

### ❶ 区分の基準

　**気候区分**の方法としては、ドイツの気候学者**ケッペン**（1846 ～ 1940）によるものがよく知られています。

　ケッペンは**植生**（植物の生育のようす）のちがいに注目しました。そして、「こんな気温と降水量なら植生はこうなる」と、気温と降水量の組み合わせを気候区分の基準にしたのです。

　植生は農業との関係も深く、そこでの人間生活の特徴をよくあらわしています。しかし一方で、気候の原因やなりたちを無視しているという欠点もあります。

## ❷ 大区分

まず、ケッペンは世界の気候を大きく**A〜Eの5つに区分**しました。このA〜Eの順序はおおよそ赤道から極へと並んでいます（右図）。

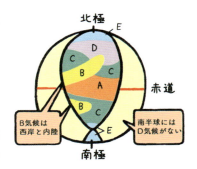

▶降水量よりも蒸発量が多く乾燥している**B（乾燥帯）**と、夏でも**10℃未満**という**E（寒帯）**は、樹林の育たない気候帯です。

▶その他は樹林のある気候で、気温の高いほうから順に**A（熱帯）**、**C（温帯）**、**D（亜寒帯）**となります。

> **補足** 亜寒帯は**冷帯**ともいいます。亜寒帯の「亜」は「何かの次」という意味ですから、寒帯の次に寒いところ、ということです。ただし、寒帯の沿岸部よりも亜寒帯の内陸部の方が、冬の気温は低くなりがちです。

## ❸ A（熱帯）の区分

▶赤道上は**年中高温**（最寒月の平均気温が18℃以上）で、しかも上昇気流で雲ができるため**雨がたくさん降り**（最少雨月の降水量が60mm以上）、地表は密林に覆われます。これが**熱帯雨林気候（Af）**です。

> **補足** 大文字の A に小文字の f を添えて Af とあらわします。f は feucht（湿潤）で、「**年中雨が降ること**」を意味します。「Ame が furu」と覚えましょう。

▶Afの周辺では、太陽の低い季節（北半球では1月ごろ）に「**雨の降らない亜熱帯高圧帯**」が移動してくるため、その時期だけ乾燥します。この**雨季と乾季**に分かれる気候が**サバナ気候（Aw）**です。

▶AfとAwの中間的な気候が**熱帯モンスーン気候（Am）**で、弱い乾季を持ちます。

> **補足** w は「winter（冬）に乾燥する」ことを意味します。

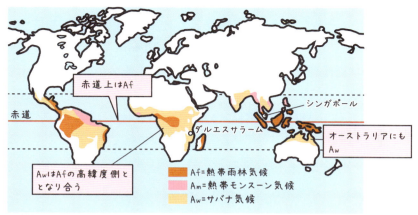

▲熱帯の分布

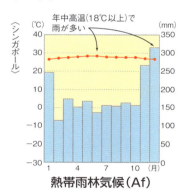

熱帯雨林気候（Af）

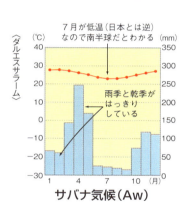

サバナ気候（Aw）

- 熱帯雨林気候（Af）は暑くて１年じゅう雨が多い
- サバナ気候（Aw）には雨季と乾季がある

## ❹ B（乾燥帯）の分布

　乾燥帯かどうかは降水量と蒸発量との関係で決まるので、厳密な判定基準は難しいのですが、だいたい年間 **500 mm** を下回る程度の降水量ならば乾燥帯です。そのうち、さらにその半分の約 **250 mm** 未満の降水量なら、**砂漠気候（BW）** になります。砂漠気候の周りには、**ステップ気候（BS）** が「輪郭」のようにあらわれます。そこでは、1 年のうち一時期だけ亜熱帯高圧帯から解放されて雨が降るので、草原（**ステップはロシア語の草原**）が育つのです。

> **補足**　樹林のない B（乾燥帯）と E（寒帯）では 2 文字目も大文字で書きます。

### 砂漠のなりたち

| 砂漠 | なりたち | 例 |
|---|---|---|
| 亜熱帯高圧帯の砂漠 | 下降気流のため雲ができません。**南北回帰線**付近に分布しています。 | サハラ砂漠・グレートサンディー砂漠（オーストラリア） |
| 内陸の砂漠 | 海から遠いので水分が少なくなります。大陸の中央部に分布しています。 | タクラマカン砂漠・ゴビ砂漠 |
| 海岸砂漠 | 沖を流れる**寒流**の影響で大気が冷やされ**上昇気流**ができません。 | アタカマ砂漠・ナミブ砂漠 |
| 大山脈の風下の砂漠 | 風上側で**上昇気流**が雲をつくり雨を降らすので、風下側は**乾燥**します。 | パタゴニア（アルゼンチン）・コロラド砂漠（アメリカ） |

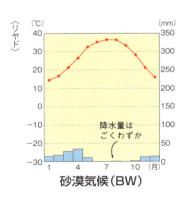

砂漠気候（BW）

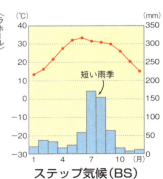

ステップ気候（BS）
低緯度では夏、高緯度では冬に短い雨季がある

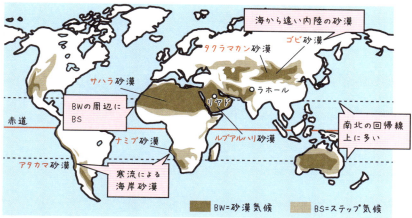
▲乾燥帯の分布

 砂漠気候（BW）の周りは、草原のステップ気候（BS）

### ❺ C（温帯）の区分

▶ 大陸東岸で熱帯のサバナ気候（Aw）に接する地域は、サバナ同様に**冬に乾燥**する**温暖冬季少雨気候（Cw）**です。降雨のパターン（夏多雨・冬少雨）が似ている両者の差は、気温の高低だけです。

▶ **季節風**（モンスーン）や**前線**、**熱帯低気圧**などの影響で**年中降水量**が多く、しかも夏の暑さが厳しくなる日本の大部分を含むのが、**温暖湿潤気候（Cfa）**です。

> 補足　f は年中多雨、a は夏の高温（最暖月平均気温が 22℃以上）を表します。

> 補足　中緯度の暖気と寒気の境目に生じる**温帯低気圧**は、**温暖前線**や**寒冷前線**を伴い、偏西風の影響で西から東に動きます。

> 補足　**熱帯低気圧**は赤道からやや離れた暖海上で発生、高緯度側に移動して**暴風雨**や**高潮**（海面上昇）の被害をもたらします。東アジアでは**台風**、南アジアでは**サイクロン**、北・中アメリカでは**ハリケーン**と呼びます。

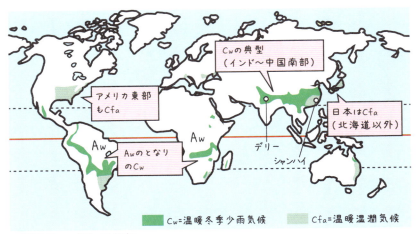

▲ 温帯 Cw・Cfa の分布

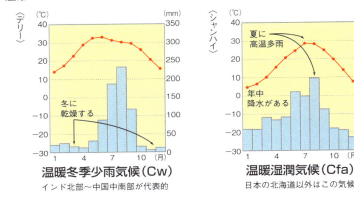

温暖冬季少雨気候（Cw）
インド北部〜中国中南部が代表的

温暖湿潤気候（Cfa）
日本の北海道以外はこの気候

▶ 大陸西岸の乾燥帯にとなり合うところでは、夏の間だけ「雨の降らない亜熱帯高圧帯」がやってきて、まるで砂漠のように乾燥します。世界最大のサハラ砂漠の北にある地中海地方がその代表なので、これを**地中海性気候（Cs）**とよびます。

「出題されやすい」のは"Cs気候"です！

▶ もう少し高緯度側の西岸は低圧帯で、1年じゅう安定して雨が降ります。温まりにくく冷めにくい海から吹いてくる偏西風の影響で、年間の気温の変化が小さい温和な気候になります。これが**西岸海洋性気候（Cfb）**です。

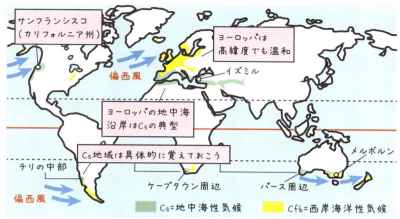

▲ 温帯 Cs・Cfb の分布

s は「summer（夏）に乾燥する」という意味。f は Af などの f と同じ「年中多雨」を、b は夏が涼しいこと（最暖月の平均気温が 22℃未満）をあらわします。

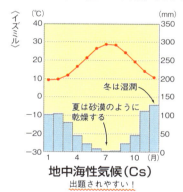

地中海性気候（Cs）
出題されやすい！

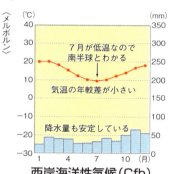

西岸海洋性気候（Cfb）

- 温暖冬季少雨気候（Cw）は「少し涼しいサバナ」
- 地中海性気候（Cs）は夏だけ砂漠になる
- 温暖湿潤気候（Cfa）はムシ暑い夏（＝日本など）
- 西岸海洋性気候（Cfb）は1年間の変化が小さい

## ❻ D（亜寒帯＝冷帯）の区分

　冬の気温が低いのが亜寒帯ですが、夏はけっこう高温です（だから樹林が育つのですね）。つまり**年較差が大きく**なります。また、冬が低温になる原因は「冷めやすい陸地」が強く冷やされるからです。そのため、高緯度の陸地面積が小さい南半球には冷帯がありません。

▶北半球のユーラシア大陸と北アメリカ大陸の高緯度地方の大部分は**亜寒帯（冷帯）湿潤気候（Df）**です。ｆの意味はもうわかりますね。そう、「年中雨が降る」という意味です。これは偏西風が内陸部まで水分を運んでくるからです。

▶ユーラシア大陸の北東部だけは**亜寒帯（冷帯）冬季少雨気候（Dw）**になります。冬の大地で冷やされて重くなった空気は上昇せず、雲をつくりません。この寒気団が南側のヒマラヤ山脈にさえぎられて発達します。海の影響が小さい内陸なので、年較差もとくに大きくなり、この地域で北半球の最低気温が観測されます。（海上にある北極点ではありません！）

> 補足　最低気温を記録した地点を**寒極**といいます。世界の寒極は南極大陸にありますが、北半球の寒極は**シベリア**の**オイミャコン**です。

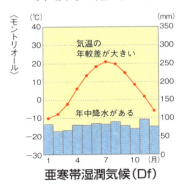
亜寒帯湿潤気候（Df）

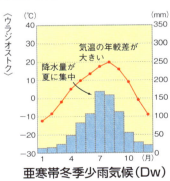
亜寒帯冬季少雨気候（Dw）

- **亜寒帯湿潤気候（Df）**は年中降水
- **亜寒帯冬季少雨気候（Dw）**はユーラシア大陸だけ

## ❼ E（寒帯）の区分

　樹林が育たないほど寒いのが寒帯ですが、とくに１年じゅう氷点下（最暖月の平均気温が０℃未満）の地域は樹林どころか、どんな植物も育たない**氷雪気候（EF）**です。夏の気温が０℃をこえると、氷が溶けてコケなどが生える**ツンドラ気候（ET）**になります。

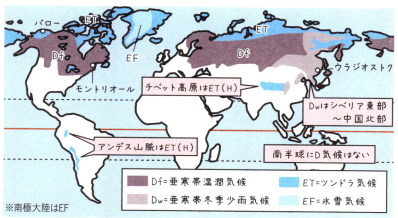

▲亜寒帯・寒帯・高山気候の分布

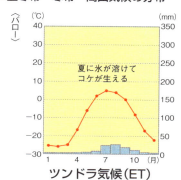

ツンドラ気候（ET）

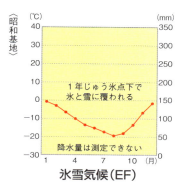

氷雪気候（EF）

## ❽ H（高山気候）

　**高山気候（H）**は、ケッペンの分類にはなかったのですが、後世の学者が付け加えたものです。**アンデスの常春気候**（➡p.41）や**チベット高原**など高山地帯の気候がこれにあたります。

## >> ハイサーグラフ

　ハイサーグラフとは、各月の平均気温と降水量の組み合わせを座標としてプロット（打点）し、月順に線で結んだものです。グラフの形が各気候区の特徴をよくあらわしています。

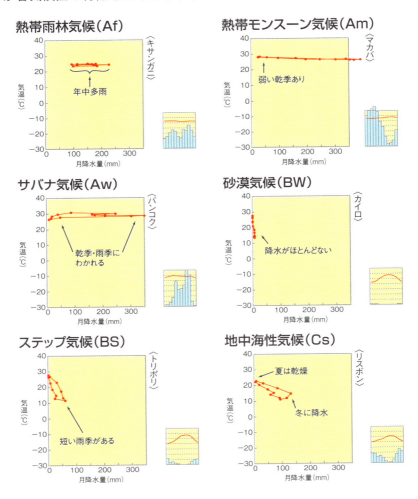

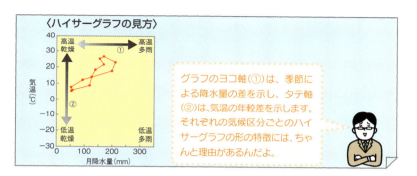

## 温暖冬季少雨気候(Cw)

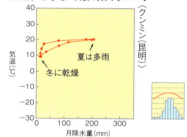
〈クンミン(昆明)〉
夏は多雨
冬に乾燥

## 温暖湿潤気候(Cfa)

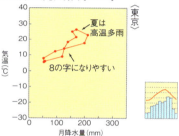
〈東京〉
夏は高温多雨
8の字になりやすい

## 西岸海洋性気候(Cfb)

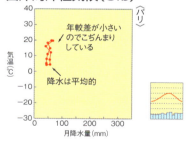
〈パリ〉
年較差が小さいのでこぢんまりしている
降水は平均的

## 亜寒帯湿潤気候(Df)

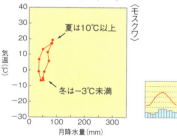
〈モスクワ〉
夏は10℃以上
冬は-3℃未満

## 亜寒帯冬季少雨気候(Dw)

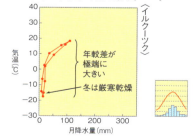
〈イルクーツク〉
年較差が極端に大きい
冬は厳寒乾燥

## ツンドラ気候(ET)

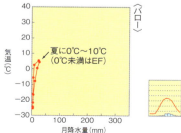
〈バロー〉
夏に0℃~10℃
(0℃未満はEF)

「理科年表」ほか

## 確認問題に挑戦！

地球上の気温は、基本的には緯度に応じて変化するが、海陸の分布、海流、海抜高度などにも強く影響される。図中のア〜ウは、1月の気温について、X〜Zの各緯度ごとに求めた平均気温と、X〜Z上の現地気温を海面更正した値との偏差*を示したものである。ア〜ウにあてはまるものを、それぞれX〜Zから1つずつ選べ。

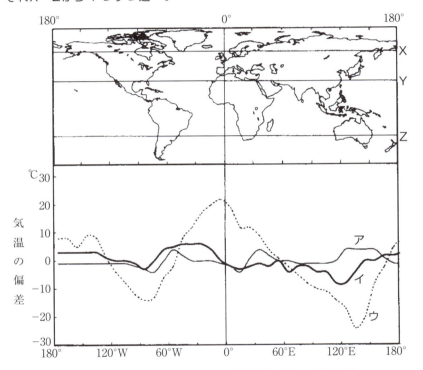

*偏差＝（現地気温を海面更正した値）−（各緯度ごとの平均気温）
『Atmosphere, Weather and Climate』により作成。

**正解はア＝Z　イ＝Y　ウ＝X**　　暖まりやすく冷めやすい大陸と、暖まりにくく冷めにくい海洋の差が解法のポイント。Xは北半球高緯度の偏西風帯だから、冬の大陸西岸は海洋の影響で温和、東部内陸は低温。YとZはいずれも低緯度だが、大陸の多い北半球のほうがわずかに偏差は大きい。アのグラフ中、東経120〜150度で偏差が高くなっている部分は、南半球の夏で暖められたオーストラリア大陸。

次の各文の正誤を答えなさい。

**1** 高圧帯や低圧帯の南北移動は、降水量の季節変化の一因となっている。

**2** 北極付近と赤道付近は、いずれも高圧帯となっている。

**3** 北緯および南緯15度から30度付近に分布する降水量の少ない地域は、亜熱帯高圧帯下にあって上昇気流が発生しにくい。

**4** 北緯30度付近では下降気流が卓越し、湿潤な気候をもたらしている。

**5** 低緯度帯には、南北を走る山脈の存在により、偏西風が山脈を吹きおりて下降気流が卓越し、年中乾燥する地域もある。

**6** インドシナ半島東部では、1月に大陸から低温の北東風が吹き出し、多雪となる。

**7** イタリアの南部では、地中海を越えてアフリカから高温の風が吹きこみ、熱帯雨林が広くみられる。

**8** 南アジアでは、雨季の終わりにベンガル湾にサイクロンが発生して大洪水が頻繁に起こる。

**9** 赤道に近い大陸西岸の低緯度帯では、付近の海水温が相対的に低く、降水の原因となる上昇気流が起こりにくい。

**10** 日本の大部分では、モンスーン交代期に梅雨となり長雨が続き、梅雨明け後は高温多湿な夏となる。

**1**○（地軸の傾きによって、北半球の夏には北に、冬には南に気圧帯が移動し、降水量に影響を与える。）
**2**×（赤道付近は上昇気流が卓越するので低圧帯〈赤道低圧帯、熱帯収束帯〉）　**3**○（下降気流が卓越し、雲が生じない。）　**4**×（下降気流が卓越すると高圧帯〈亜熱帯高圧帯〉となり、雲が生じないので乾燥する。）　**5**×（偏西風は中緯度から高緯度に吹く。山脈風下の砂漠としてはアルゼンチンのパタゴニアが典型。）　**6**×（「〜吹き出し」までは正しい。熱帯のインドシナ半島〈ベトナムなど〉に雪は降らない。）
**7**×（熱帯雨林は赤道上の植生。地中海性気候で夏乾燥するイタリア南部は乾燥に強い硬葉樹林。）
**8**○（サイクロン＝熱帯低気圧〈日本→台風、アメリカ→ハリケーン〉。バングラデシュに高潮の被害。）
**9**○（大陸西岸は、寒流の影響で下層の大気が低温となって大気が安定するため、海岸砂漠を形成。）
**10**○（南の高温多湿な小笠原気団と、北の低温多湿なオホーツク海気団の間に梅雨前線が停滞する。）

# 第❸講
## 環境と生活

## >> 植物帯（植生）

### ❶ 樹木の種類
[ 広葉樹と針葉樹 ]

字の通り、広い葉っぱの広葉樹と、針のような葉っぱの針葉樹です。**広葉樹は熱帯～温帯、針葉樹は温帯～亜寒帯（冷帯）**を中心に分布します。

補足　一般には針葉樹のほうが寒さに強いとされます。

[ 常緑樹と落葉樹 ]

年間を通して常に葉を付けている常緑樹に対し、落葉樹は乾季や冬をむかえると葉を落として乾きや寒さに耐えます。広葉樹と針葉樹それぞれに常緑樹と落葉樹があり、おおよそ気温の高い地域から順に**常緑広葉樹林→落葉広葉樹林→常緑針葉樹林**と並びます。

補足　さらに寒い地域には落葉針葉樹林も分布しますが、その面積はわずかで、その先は樹木のない寒帯です。

### ❷ 植物帯

気候帯に対応して植物帯というものがあります。ケッペンは植生のちがいに着目して気候区分をしたのですから、気候帯と植物帯は密接につながっているのです。

補足　標高が100mほど高くなると、気温は0.5～0.6℃低下します。そのため高山地帯では、ふもと・中腹・山頂で植生が異なります。

[ 熱帯気候の植物帯 ]

▶**熱帯雨林**は、熱帯の常緑広葉樹林です。アマゾン川流域の**セルバ**や、東南アジア・アフリカの**ジャングル**が、**熱帯雨林気候（Af）**地域に広がります。

▶**マングローブ林**は、熱帯の海岸部や河口にみられる森林です（特定の樹種を意味しません）。魚のすみかになります。

▶**サバナ**は、**サバナ気候（Aw）**の草原です。丈の長い草のなかに、ぽつぽつと木が生えています（疎林）。

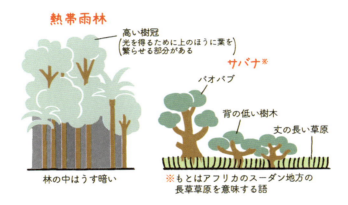

[ 温帯・乾燥帯気候の植物帯 ]

▶**照葉樹林**は、**温暖冬季少雨気候（Cw）**など熱帯に近い温帯に広がる、夏の多雨と冬の乾燥に強い常緑広葉樹林です。

▶**硬葉樹林**は、**地中海性気候（Cs）**に生育する、夏の乾燥に強い常緑広葉樹林です。

> 照葉樹・硬葉樹
> 乾燥に耐えられるように厚く硬い葉を持っています。
> ● 照葉樹…しい・かし・くす・つばき・茶など
> ● 硬葉樹…オリーブ・月桂樹・ユーカリなど

▶**温帯混合林（混交林）**は、広葉樹と針葉樹が混ざった温帯の森林です。
▶**温帯草原**は、降水量がやや少ない温帯にみられる、丈の長い草原（**プレーリー**など）です。
▶**ステップ**（乾燥草原）は、温帯草原と連なる、**ステップ気候（BS）**の丈の短い草原です。

> 補足　プレーリーは、北アメリカ大陸の**ロッキー山脈**東側の大平原に広がる長草草原。小麦などの栽培がさかんな地域です。

[ 亜寒帯(冷帯)・寒帯気候の植物帯 ]

▶**混合林**は、亜寒帯の南部にもみられます。
▶**タイガ**は、亜寒帯（冷帯）に分布する単一または少数の樹種からなる針葉樹林です。
▶**ツンドラ**は、寒帯の**ツンドラ気候（ET）**にみられる、夏にのみコケ類や地衣類が生える植生です。

### 気候帯に対応する植物帯　※以下は主なもの（例外あり）

- Af → 熱帯雨林（**セルバ・ジャングル**など）
- Aw → 長草草原と熱帯疎林（**サバナ**）
- BS → 短草草原（**ステップ**）
- Cw → 照葉樹林
- Cs → 硬葉樹林
- Cfa・Cfb → 温帯混合林
- Df・Dw → 針葉樹林（**タイガ**）

## ≫ 土壌帯

### ❶ 土壌

　岩石が風化によって小さな粒になり（**母材**という）、そこに動植物の遺体（枯れた草など）が完全には分解されないもの（**腐植**）が混ざったものを**土壌**といいます。いわゆる「土」ですね。腐植が多いほど、黒っぽくて養分が豊富な「よい土（肥沃土）」です。

### ❷ 土壌帯の分布

　植物帯と同じく、土壌帯も気候帯に対応して帯状に広がっています。

[ **熱帯の土壌帯** ]

　熱帯では、気温が高いので腐植はすぐに分解され、雨に溶けて流されてしまいます。地表付近に残るのは水に溶けにくい鉄やアルミ分ばかり。そのため錆で**赤い土**になります。これが**ラトソル**です。

> 補足　アルミニウムの原料である**ボーキサイト**は、ラトソルの地域に多く分布しています（→ p.62 図）。

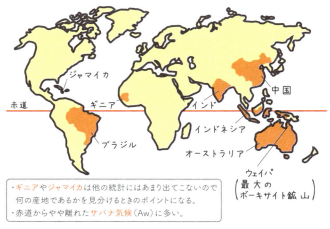

▲ボーキサイトの分布

## [ 乾燥帯の土壌帯 ]

▶乾燥帯のうち、**砂漠気候（BW）**では、強い蒸発で土中の塩分が地表に集まってアルカリ性が強い**砂漠土**になります。

▶やや雨の多い**ステップ気候（BS）**から乾燥ぎみの温帯にかけては、**チェルノーゼム**や**プレーリー土**などの黒くて養分の豊富な**黒色土**が分布します。草原の腐植が多いうえ、雨が少ないので養分が流れないのです。

## [ 温帯の土壌帯 ]

温帯の土壌は、**褐色森林土**です。腐植を含み、黒色土に次いで養分が豊富です。

## [ 亜寒帯(冷帯)の土壌帯 ]

亜寒帯では、地表に積もった落ち葉などの腐植が、低温のために分解されず強い酸性物質となって表層の土壌を漂白します。このようにしてできた灰白色の土壌が**ポドゾル**で、色だけでなく養分も流れ出てしまった土壌です。

## [ 寒帯の土壌帯 ]

寒帯の土壌は、**ツンドラ土**です。1年中凍ったままの地層（**永久凍土**）の上で、こけ類の腐植が進まず強い酸性を示します。

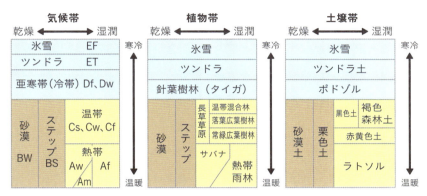

▲気候帯と土壌帯・植物帯との関係

## [ 間帯土壌 ]

気候帯に対応する土壌（成帯土壌）に対して、岩石の性質による影響が強く、気候や植物とは無関係な特徴を示す土壌を「間帯土壌」といいます。

※ロッサは「ばら色」、ローシャは「紫色」の意味。

▲3つの間帯土壌

▶**レス（風積土）**は、大陸氷河の末端や砂漠から風で飛ばされた細かい砂粒が積もったものです。積もった場所で草原の腐植を得ると、**保水性**（水もちの良さ）と**排水性**（水はけの良さ）を兼ね備えた「よい」土壌を作ります。

補足　ヨーロッパの大陸氷河→ハンガリー平原（プスタ）・ウクライナ（チェルノーゼム）
　　　北アメリカの大陸氷河→プレーリー、中央平原
　　　ゴビ砂漠→華北平原（黄土）※日本まで風で運ばれると「黄砂」。

- 赤い**ラトソル**→熱帯・やせ土
- 黒い**チェルノーゼム・プレーリー土**→乾燥〜温帯・肥沃
- 茶色い**褐色森林土**→温帯・肥沃
- 白っぽい**ポドゾル**→亜寒帯・やせ土
- 黒い**レグール土**→デカン高原・綿花
- ばら色の**テラロッサ**→地中海沿岸・オリーブ
- 赤紫の**テラローシャ**→ブラジル高原・コーヒー豆

## ≫ 環境に対応する人間生活

### ❶ 洪水と人間

[ 日本の洪水と対策 ]

　日本は湿潤気候ですが、とくに梅雨や台風の時期に降水が集中します。そのうえ、川は短く急流なので**洪水**が起こりやすいのです。

　昔から、川の上流に森林を育て、遊水池をつくって、急に流量が変化しないような工夫をしてきました。堤防に切れ目を入れて、増水時の流れを周りの空き地に逃がす、**霞堤**とよばれる手法も利用されてきました。

　現代では、上流にダムをつくり、河川は直線的に改修し、下流まで連続した堤防を建設するような治水工事が行われて

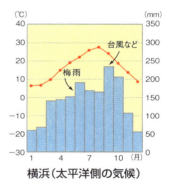

横浜（太平洋側の気候）

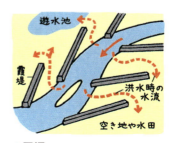

▲霞堤
武田信玄が釜無川（山梨県）につくった「信玄堤」が有名。

います。

　ところが逆に、増水時の河川が短時間に激流となり、大水害を起こしています。そのため、最近は伝統的な治水を見直す動きもあります。

> **補足**　都市化が進んで地表が建物やコンクリートで覆われると、氾濫した河川水や、局地的大雨（ゲリラ豪雨）による水が、短時間に住宅地や地下街などに流れ込みます。そこで、大都市圏では分水路や地下の調整池などが整備されつつあります。

[ エジプトの洪水と対策 ]

　砂漠の国エジプトには、世界一長い**ナイル川**が流れています。湿潤地域に源があり、乾燥地域を貫く外来河川（→ p.36）の例です。上流はサバナ気候（Aw）や温暖冬季少雨気候（Cw）なので、季節によって降水量が大きく変わり、下流のエジプトでは毎年決まった時期に氾濫を起こします。この氾濫が上流から栄養分の豊富な土を運び、流域に堆積させるのです。これがエジプトの農業生産を支えてきました。

　ところが、1970年にソ連の援助で**アスワンハイダム**が建設されると状況は一変します。洪水はなくなり、**水力発電**が産業を生み、**灌漑**（農業に必要な水を人工的に供給）により農地が拡大しました。

　しかし一方で、上流にできた大きな貯水湖は、多くの村を消滅させました（※その際、アブ＝シンベル神殿の遺跡はユネスコによって移築され、これをきっかけに世界遺産が創設されました）。下流では、氾濫がもたらす肥沃な土が失われ、化学肥料が必要になりました。また、河口付近の海岸線が後退し、地中海に流れこむ栄養分の減少は沿岸漁業にも影響を与えました。

> **補足** エジプトの灌漑農業では、綿花や小麦のほか、稲作も行われています。

## [ ダム建設 ]

　アスワンハイダムのような巨大ダム建設は各地で行われましたが、どこでも同じような**環境破壊**が起きています。そのため、先進国ではダム建設が減っています。

> **補足** ヨーロッパでは、コンクリートの護岸をはがしたり、いったん直線的に改修した河川を自然の状態に戻すような取り組みも始まっています。

## ❷ 高地の生活

　気温は高度 100 m ごとに、約 0.5 〜 0.6℃ 下がります。これを**気温の逓減率**といいます。このため、高山地帯では標高のちがいが、気候や植生のちがいを生むことになります。

## [ ヒマラヤ地方 ]

　**新期造山帯のアルプス＝ヒマラヤ造山帯**の中でも最高峰を持つヒマラヤ山脈には、夏にはインド洋から南西の季節風（**モンスーン**）が吹きつけます。このため、上昇気流が雲をつくり、山脈の南側に大量の雨を降らせます。

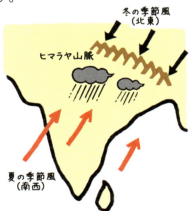

▶インドの**アッサム地方**の近くでは、年降水量が 10,000 mm を超すところがあります（雨が多いといわれる日本の平均降水量が年 1,800 mm 程度です）。

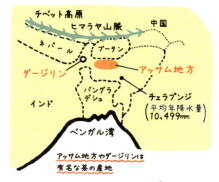

▶逆に、ヒマラヤ山脈北側の風下にあたる**チベット高原**は、**乾燥気候**になります。

▶ヒマラヤ山脈南側の低地は熱帯気候で、常緑広葉樹が茂り、人々は**牛**を飼い、**米やさとうきび**を栽培します。

▶標高が上がると温帯気候になり、植生は落葉広葉樹林に変わり、家畜は**やぎ**、作物は**麦類**が中心になります。

▶高山地帯は亜寒帯（冷帯）型の気候を示し、針葉樹林のなかで人々は**雑穀やじゃがいも**を育て、**羊・やぎ**を飼育します。人の住める限界に近い 3,000m 以上では、**ヤク**が放牧されます（季節によって標高を変える**移牧**がおこなわれています）。さらに標高の高い地域は寒帯のツンドラ気候や氷雪気候で、人の住めない地域です。

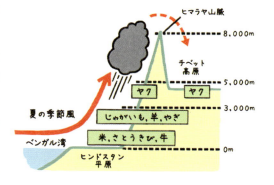

> 補足

　ヤクは、毛の長いウシ科の動物で、寒くて空気の薄い地域でも飼育できます。荷物を運んだり耕地を耕したりする動力として役立っています。また、乳や毛皮を利用するだけでなく、糞は乾かして燃料にします。

▲ヤク　　写真：Juniors Bildarchiv/アフロ

系統地理編《自然環境―地形と気候》

▶ヒマラヤ山脈北側の**チベット高原**は、永久凍土の広がる**ツンドラ地帯**です。チベットの人々も**ヤク**など家畜の放牧によって生活しています。

補足　干上がった湖底から取れる岩塩は、南側の人々との交易に使われています。

## [ アンデス地方 ]

南アメリカ大陸の西側を南北に走る**アンデス山脈**でも、標高によって気候が異なり、それに応じたくらしがみられます。

▶ふもとは熱帯でも、山頂近くは年中涼しく（→p.41）、**高山都市**が発達しています。

▶高地で栽培される**じゃがいも**は、アンデス原産の作物です。

▶**リャマ**や**アルパカ**といったラクダ科の家畜を飼育しています。

アンデスの高山都市
- ボゴタ（コロンビア）
- キト（エクアドル）
- ラパス（ボリビア）

**標高と作物**

| | |
|---|---|
| ハンカ　（4800 m〜） | （氷雪） |
| プナ　（4200〜4800 m） | 牧草→**リャマ・アルパカ**の飼育 |
| スニ　（3500〜4200 m） | **じゃがいも**・雑穀 |
| ケチュア（2300〜3500 m） | **とうもろこし**・麦類 |
| ユンガ　（500〜2300 m） | とうがらし・さとうきび・オレンジ・バナナ |
| チャラ　（0〜500 m） | （海岸砂漠） |

▲リャマ

写真：Photoshot/アフロ

## ❸ 寒冷地域の生活

▶ロシアのウラル山脈より東の、ヨーロッパロシアと極東ロシアに挟まれた地域を**シベリア**といいます。シベリアは偏西風の影響で**亜寒帯（冷帯）湿潤気候（Df）**です。

▶シベリアの東、サハ共和国とアムール州から東側の地域を**極東ロシア**といいます。極東ロシアは**亜寒帯（冷帯）冬季少雨気候（Dw）**で、大陸性の特徴を示します。すなわち、**気温の年較差が大きく、冬の乾燥が強く**なります。

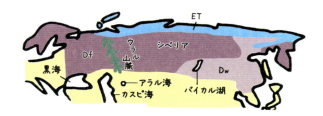

▶南部は広葉樹と針葉樹の混合林が中心ですが、北部は**タイガ**とよばれる針葉樹林です。

▶北極海沿岸は**ツンドラ気候（ET）**になり、夏だけは氷が溶けてこけが生え、**となかい**が放牧されます。地下が**永久凍土**になっているので、建築物は高床式にするなどの工夫が必要です。建物の熱が地面に伝わって凍土が溶けると、建物が傾いたりするからです。

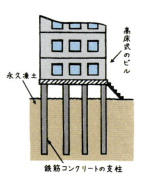

## 確認問題に挑戦!

土壌は、気候や植生、岩石・堆積物、地形などの影響を受けて生成され、このうち気候および植生による影響を強く受けた土壌を成帯土壌とよぶ。図中に▲で示した4地点に共通する成帯土壌の特徴を説明した文として最も適当なものを、下の①〜④のうちから1つ選べ。

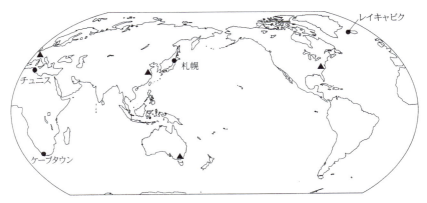

United States Geological Survey の資料などにより作成。

① 鉄やアルミニウムの酸化物が集積した赤色の土壌。

② 表層に腐植層を持ち、中性からやや酸性を示す褐色の土壌。

③ 貧弱な植生のため、腐植層の発達が悪い土壌。

④ 有機物の分解がおそく、水の移動による溶脱が進んだ灰白色の土壌。

正解は ②　▲の4地点は、いずれも降水の多い温帯にある。よって、共通する植生は温帯林(主に落葉広葉樹林)で、土壌は褐色森林土である。褐色森林土は、地表近くは腐植の多い暗い色、下層は褐色(茶色)の土壌で、肥沃度が高く、主に耕地や牧地として利用されている。①は、熱帯に分布するラトソル。③は、寒帯に分布するツンドラ土など。④は、亜寒帯(冷帯)のタイガ地帯に分布するポドゾル。

次の各文の正誤を答えなさい。

**1** 砂漠には、地面が砂だけでなく、小石や岩のかけらに覆われるものや岩盤が露出したものもある。

**2** アフリカの赤道から北緯 20 度までの範囲には、栗色土がみられるステップ地域が分布する。

**3** 南アメリカの赤道から北緯 20 度までの範囲には、ラトソルがみられるサバナ地域が分布する。

**4** ユーラシア大陸北部の永久凍土地帯では、永久凍土が融けて家屋が傾くのを防ぐため、建物を高床式にしている。

**5** レグール土はインドのデカン高原に分布する黒色土壌で、オリーブ栽培がさかんである。

**6** ステップ気候下では、落葉樹林に由来する腐植により、湿潤地域より肥沃な土壌になりやすい。

**7** カナダの北極海沿岸には、針葉樹林（タイガ）が広く分布する。

**8** 乾燥パンパ（南アメリカのステップ地域）では、短い雨季にまとまった雨が降ることから草原が発達し、ヤクの放牧が行われている。

**9** サハラ砂漠の住居は、窓が少なく砂や日差しを防いでいる。

**10** 地中海沿岸域で広く産出される石灰岩は、伝統的な家屋にみられる白壁の建築材料に利用されてきた。

1○（面積で比較すると、砂砂漠よりも、礫砂漠・岩石砂漠のほうが圧倒的に多い。）　2○（栗色土はステップ〈短草草原〉の土壌で、肥沃度はやや低い。）　3○（ベネズエラのオリノコ川流域は、リャノとよばれるサバナ地域である。）　4○（家屋の熱が地面に伝わらないようにする工夫である。）　5×（オリーブではなく綿花栽培。オリーブは地中海沿岸の赤い土壌テラロッサで栽培。）　6×（乾燥帯のステップ気候には樹林は存在しない。ステップの腐植は短草草原に由来する。）　7×（北極海沿岸はコケ類などの植生がみられるツンドラ気候であり、森林は生育しない。）　8×（ヤクはチベット高原に分布するウシ科の家畜。乾燥パンパでは牧羊が中心。）　9○（窓を小さくする工夫は寒冷地でもみられる。）　10○（白壁は地中海地方の観光資源でもある。この地方には石灰岩が風化した土壌テラロッサが分布。）

Section-2　農林水産業／資源

# 第❹講
# 農牧業のなりたち

## >> 農牧業の発達する条件

### ❶ 自然条件

▶**気候**面での条件は、気温・日照時間・降水量（年間 200 〜 300 mm 以上）などです。つまり、作物が育つためには、寒すぎても暑すぎてもだめで、適度に太陽の光も必要です。当然、水も必要になります。また、高地は気温が低くなるので、高山に人が住むアンデス地方でも、高度 3,000 〜 4,000 m くらいが耕作の限界です。作物ごとに栽培限界があるのです。

▶**地形**は平地が適しています。一方、斜面には日当たりや排水がよいという利点があり、果樹や茶の栽培に向いています。

斜面を利用した栽培地

| 果樹 | 茶 |
|---|---|
| ●みかんの段々畑（愛媛県）<br>●扇状地のぶどう・もも畑（山梨県）<br>●ケスタ地形のぶどう畑<br>　（フランス・パリ東部） | ●牧ノ原台地（静岡県）<br>●アッサム地方（インド）<br>●スリランカの南側斜面<br>●ケニアの高原地帯<br>　（ホワイトハイランド） |

▶**土壌**は、チェルノーゼムやプレーリー土などの**黒色土**が適しています。また、**褐色森林土**も悪くありません。一方、熱帯の**ラトソル**や亜寒帯（冷帯）の**ポドゾル**は養分が流れ出てしまっているので、耕作には適しません。

| 成帯土壌 | 分布 | 肥沃度 |
|---|---|---|
| ラトソル（赤色土） | 熱帯(Awなど) | × |
| 砂漠土[※1] | 乾燥帯(BW) | ×× |
| 栗色土 | 乾燥帯(BS) | ○[※2] |
| 黒色土<br>（チェルノーゼム<br>プレーリー土など） | 温帯～乾燥帯 | ◎ |
| 褐色森林土 | 温帯 | ○ |
| ポドゾル（灰白色） | 亜寒帯<br>（タイガ地帯） | × |
| ツンドラ土 | 寒帯(ET) | ×× |

| 間帯土壌 | 分布 | 肥沃度 |
|---|---|---|
| レグール土<br>（黒色） | インドの<br>デカン高原 | ○<br>（綿花） |
| テラローシャ<br>（赤紫色） | ブラジル高原 | ○<br>（コーヒー豆） |
| テラロッサ<br>（バラ色） | 地中海沿岸 | ○<br>（オリーブ） |

※1 色は風化の度合いにより灰白色～赤色
※2 降水量は少ないので灌漑が必要

▲土壌と肥沃度

## ② 社会条件

**チューネン**というドイツの経済学者（1783～1850）は、「**市場までの距離や輸送の条件**で、農業経営のようすが変わる」と考えました。**市場**というのは、農産物が消費される都市部のことです。

都市の中心に近いほど土地代は高くなりますが、輸送費はかからず、新鮮な野菜などを高く売ることができます。そのため、市場に近い土地では、**狭い農地に労力・費用をかける農業**（**集約的農業**）が発達します。

> 補足 近年は輸送機関が発達していますから、都市から遠くても市場に近い土地と似た条件の地域はあります。

逆に、市場から遠いところや、市場への輸送が不便なところでは、**広大な農地や牧草地で大規模に栽培・飼育する農業**（**粗放的農牧業**）が成立します。

いずれにせよ、その土地の条件の下で一番利益が高くなる農業が選ばれるということです。

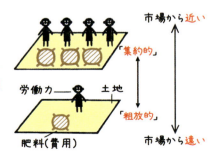

ほかに、元手となるお金（資本）や、栽培のための高い技術があるかどうか、民族ごとの伝統・文化、国家の政治的な方針なども、農業経営のあり方に影響するでしょう。なかでも**土地制度**は、農業のようすを大きく左右する要素です。簡単にまとめておきましょう。

```
土地と農民
　自作農…自分の土地で耕作する農民。
　小作農…地主から土地を借りて耕す農民。地主に支配されやすい。
おくれた土地制度
　地主制…小作農が地主に地代を払って土地を借りること。
　　　　　小作農の立場は弱く、一種の身分制が成立する。
　大土地所有制…広い農園や牧場に、地主が賃金で雇った
　　　　　　　　労働者（農民）を住まわせて生産を行うこと。
```

これらの制度を自作農中心の近代的なしくみに変えることを土地改革（日本では「農地改革」）といいます。

### ❸ 生産性

[ 労働生産性 ]

　労働者1人あたりがある期間にどれだけ生産するかを**労働生産性**といいます。これは、機械化や技術の進歩にともなって向上するものです。

[ 土地生産性 ]

　労働生産性に対して、**土地生産性**とは**農地の面積あたりの生産量**のことです。たとえば、肥料の量が増えれば向上する数値がそれです。両方とも、農業の近代化の度合いを示すデータといえます。

ここで
きめる！
農業の特徴をはかる目安
- 集約度（**集約**的⇔**粗放**的）
- 生産性（**労働生産性**と**土地生産性**）
- 目的（**自給的**・**商業的**〈販売〉・**企業的**〈輸出〉）

## >> 農業の分類

### ❶ 原始的農牧業

[（移動式）焼畑農業]

　森林を焼いた灰を肥料にして**雑穀**や**いも**などの自給的な作物を栽培するのが、**熱帯地方**でみられる（**移動式**）**焼畑農業**です。熱帯の大雨はすぐに養分を流してしまうので、数年ごとに場所を移動しながら焼畑農業を行います。人口増加によって移動周期が短縮されると、森林の再生が追いつかなくなり、**熱帯林の減少**につながることもあります。

> 補足　**雑穀**は稲や麦以外の穀物で、もろこし（ソルガム）、あわ・きび（ミレット）など。

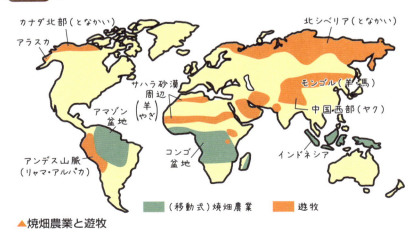

▲焼畑農業と遊牧

## [ オアシス農業 ]

オアシス農業は、砂漠の中の水を得られる場所で灌漑をして行うものです。外来河川や地下水路などの水を利用して小麦・綿花などを栽培します。この農業のシンボルとなるのはなつめやし（デーツ）です。その果実を食べるだけではなく、葉や幹は建築資材にもなります。

▲なつめやし　写真：Alamy/アフロ

> 補足　灌漑は、農業に必要な水を人工的に供給すること。

## [ 遊牧 ]

家畜の餌になる牧草と水を求めて、家畜とともに移動するのが遊牧です。作物が育ちにくいところ、すなわち乾燥草原のステップ（らくだ・やぎ、となかい・羊・馬）、寒冷な北極海周辺（となかい）、アンデス山脈（リャマ・アルパカ）やチベット高原（ヤク）などの高地で行われます。

## ❷ アジア式の自給的農業

### [ 集約的稲作農業 ]

季節風の影響で雨の多いモンスーンアジアでは、沖積平野を中心として、自給用に水田で稲を育て米を作ります。水田は、水を入れ替えて地力のおとろえを防ぐことができます。労働集約的なので、労働生産性は低いが、土地生産性はやや高いです。

### [ 集約的畑作農業 ]

東～南アジアのなかでも、やや雨が少ない地域や気温が低い地域など、稲作がむずかしいところでは、小麦や雑穀・豆類を自給のためにつくります。

▲アジアの農業
北海道西部や中国東北部では品種改良により稲作がさかん。

集約的稲作農業は降水量が年間1,000 mm以上の地域。それ未満の地域では畑作などが行われています。

## ❸ ヨーロッパ式の商業的農業

### [混合農業]

　小麦・ライ麦などの穀物栽培に、飼料作物の栽培と家畜（肉牛・豚など）の飼育を組み合わせたのが混合農業です。中世の三圃式農業が進化したものです。家畜の飼育の比重が高ければ商業性が強くなります。

> 補足　飼料作物は、家畜の餌になる大麦・てんさい・かぶ・とうもろこし・牧草など。
> 三圃式農業は、耕地を3つに分け、それぞれを冬作地・夏作地・休閑地として毎年これを交代させる農法。

### [酪農]

　飼料作物を栽培し、乳牛を飼い、乳製品をつくります。穀物栽培がむずかしい、土地のやせたところで発達します。また、乳牛が暑さに弱いことと牛乳が傷みやすいことから、都市に近い土地のほうが酪農に適しています。都市から遠い酪農地では、牛乳をチーズやバターに加工します。

▲ヨーロッパ式農業

[ 園芸農業 ]

　都市の市場で売るために野菜・果実・花卉などを栽培するのが**園芸農業**です。都市の近くでは集約度の高い**近郊農業**、都市から遠いとトラックなどを利用した**輸送園芸**になります。

近郊農業の例
- 北西ヨーロッパの大都市周辺
- アメリカ合衆国北東部
  （ニューヨークなどの都市域周辺）
- 関東平野（千葉・埼玉など）

輸送園芸の例
- 南ヨーロッパ（ヨーロッパ北西部へ輸送）
- フロリダ半島（アメリカ東海岸へ輸送）
- 高知平野・宮崎平野（東京・大阪へ輸送）
※温暖な気候を活かした農業

[ 地中海式農業 ]

　夏に雨の少ない**地中海性気候（Cs）に合わせた**農業です。夏は乾燥に強い**樹木作物**（**ぶどう・オリーブ**・コルクがしなど）や**柑橘類**、冬は**小麦**を栽培します。

補足　柑橘類は、オレンジ・レモン・グレープフルーツなどのミカン類の総称。

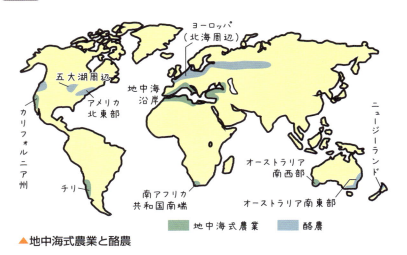

▲地中海式農業と酪農

## ④ 企業的農業

### [ 企業的穀物農業 ]

**企業的穀物農業**は、**小麦などを大規模に栽培し、販売・輸出**します。「商業的」と「企業的」は、市場への出荷を目的とするところは同じですが、「企業的」のほうが、より大規模で、海外への輸出が前提になります。

### [ 企業的牧畜業 ]

**肉牛・羊を大牧場で大規模に飼育し、販売・輸出**します。企業的穀物農業よりも乾燥する地域で行われます。19世紀後半の**冷凍船の発明**によって、ヨーロッパやアメリカ合衆国などの北半球市場向けに輸出できるようになったため、オーストラリア・ニュージーランド・アルゼンチンなど**南半球の企業的牧畜業**が発展しました。

▲企業的穀物農業と企業的牧畜業

### [ プランテーション農業 ]

熱帯・亜熱帯の大農園で、**輸出向けの工芸作物**を商業的に栽培します。かつてヨーロッパ人に植民地として支配された地域で、現地の人々が安い労働力として利用されてきました。

## プランテーション作物※

| 作物 | 原産地 | 現在の主産地 |
|---|---|---|
| コーヒー豆 | アフリカ（エチオピア） | 南アメリカ（ブラジル・コロンビア）、アジア（ベトナム・インドネシア）など |
| さとうきび | インド | ブラジル・インドなど |
| 綿花 | インド・南アメリカ | 中国・インド・アメリカ合衆国・パキスタンなど |
| 天然ゴム | 南アメリカ（アマゾン） | 東南アジア（タイ・インドネシア）など |
| カカオ豆 | 南アメリカ | 西アフリカ（コートジボワール・ガーナ）など |
| 茶 | 東アジア | 中国・インド・ケニア・スリランカなど |
| 油やし（パーム油） | 西アフリカ | 東南アジア（インドネシア・マレーシア）など |

※工業原料となる工芸作物で、樹木作物が多い。

▲コーヒー豆の栽培　写真：Frank Lane Picture Agency/アフロ

## ⑤ 集団制農業

　集団制農業は、旧ソ連や中国の社会主義国における農業を指す言葉です。詳しくは次の第5講でみていきましょう。

- 原始的農業　焼畑・オアシス・遊牧
　　　→熱帯林・砂漠周辺・極地・高山
- 自給的農業　アジア式稲作・アジア式畑作
　　　→モンスーンアジア
- 商業的農業　混合・酪農・園芸・地中海式
　　　→ヨーロッパ・北アメリカ
- 企業的農業　企業的穀物・企業的牧畜
　　　→南北アメリカ・オセアニア

▼世界の農業と土地・労働生産性

※南北アメリカ大陸とオーストラリア大陸を指す。

## 確認問題に挑戦！

世界の農業は、経営規模、生産性などにおいて、地域的特徴がみられる。次の図は、小麦の生産量上位8カ国についての、農業従事者1人当たり農地面積と1ha当たり小麦収量を示したものであり、図中のX～Zは、北アメリカ、西ヨーロッパ、南アジアの3つの地域のいずれかである。X～Zにそれぞれあてはまる地域名を答えよ。

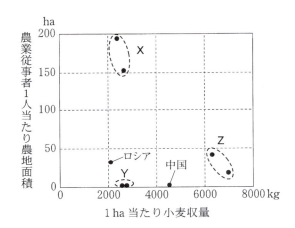

統計年次は、農業従事者1人当たり農地面積が2006年、1ha当たり小麦収量が2007年。
『世界国勢図会』により作成。

正解はX＝北アメリカ　Y＝南アジア　Z＝西ヨーロッパ　Xは1人当たり農地面積が大きく、経営規模が大きな労働生産性の高いアメリカ農業の特徴を示す。Yは労働集約的で土地生産性が低い。機械化がおくれ、多くの家族労働に支えられるアジア式農業の特徴である。Zは経営規模は小さいが、機械化や肥料・農薬の投入で、狭い耕地から高い収穫を得る土地生産性の高い農業。

次の各文の正誤を答えなさい。

1 筑後川流域で野菜生産が増加したのは、米作よりも単位面積あたりの収益が高いためである。

2 イタリアのポー川流域での大規模な稲作と比べると、タイのチャオプラヤ川河口域での集約的稲作のほうが労働生産性は高い。

3 中央アジアのステップでは、焼畑農業とヤクの遊牧が主な生業となっている。

4 ヒマラヤ山脈では稲の品種改良により、人間の常住限界高度まで稲作が行われる。

5 アルプス山脈では雑穀の栽培など、焼畑農業を主体にした農業が営まれてきた。

6 スペインでは酪農が発達しており、山地では移牧もみられる。

7 アメリカ合衆国は世界最大の穀物輸出国であるため、世界の穀物価格に大きな影響をもたらしている。

8 オーストラリアの牧畜業が発達した背景としては、冷凍船の普及によって長距離輸送が可能になったことがあげられる。

9 アフリカの熱帯地域では、輸出農産物の価格が低迷しているため、十分な外貨を獲得できない。

10 中国では市場経済の行きづまりによる穀物生産不足から、小麦中心の集団農場が復活した。

1○（土地集約的な園芸農業は、一般的に収益が高くなる。） 2✕（アジア式稲作は労働集約的なので、労働生産性は低くなる。） 3✕（カザフステップとよばれ、羊などの遊牧と灌漑による綿花栽培がさかんである。） 4✕（南アジアで普及した緑の革命は多収量品種。寒帯同様の高山地帯では稲作は不可能。）5✕（アルプス地方では移牧による酪農が中心。焼畑農業は熱帯地方の農業。） 6✕（スペインは地中海式農業。内容はスイスの説明文。） 7○（穀物相場はシカゴの市場で決まる。穀物の流通は穀物メジャーとよばれる商社が支配している。） 8○（アルゼンチンなど南半球に共通する背景である。） 9○（カカオや落花生などの商品作物は、国際価格の変動が激しいうえ、ほかの地域での生産も増加し、収入の不安定なモノカルチャー経済になっている。） 10✕（集団制農業の行きづまりから市場経済をとり入れ、生産責任制を導入し、生産は増加した。）

# 第❺講
# 世界の農牧業

## >> アジアの農牧業
### ❶ 中国の農牧業

[ 農業の集団化 ]

中国は **1949年**に社会主義国になりました。農村では**人民公社**という組織がつくられ、農民はその社員として働きました。しかし、誰もノルマ以上には働こうとせず、人民公社はゆきづまり、1980年代に解体してしまいました。

アジアの農牧業は、モンスーンアジアの稲作を中心に整理しよう。

[ 農業の自由化 ]

人民公社にかわって、農家がノルマをこえてつくった分は、自分で勝手に市場で売ってよいという制度（**生産責任制**）がとり入れられました。これにより、一部には金持ち農家が生まれましたが、その一方で競争に敗れた多くの農民は、人民公社時代に保障された最低限の収入も得られず、農村内の格差が拡大しました。

[ 農業地域 ]

人口の集中する東部が主な農業地域で、これはさらに**北の畑作**地域と**南の稲作**地域に分けられます。**チンリン山脈**と**ホワイ川**を結ぶ年降水量 **1,000mm** の等値線が、その境界です。

▲中国の主要農業地域

▶ 北部の畑作地域では小麦・とうもろこし（雑穀のこうりゃんや大豆は減少）を栽培します。近年は品種改良によって東北部で稲作が増えています。

▶ 南部の稲作地域では米のほか茶・さとうきび・綿花を栽培します。

▲ 畑作地域と稲作地域

▶ 西部の乾燥地域や高山地域では、**羊**などの**遊牧**と**オアシス農業**（小麦・綿花など）がみられます。高山地域の**チベット高原**では**ヤク**の遊牧がみられます。

▶ 内モンゴルの**ステップ**では**羊**などの**遊牧**がみられ、テント式住居の**パオ**（ゲル）が利用されています。

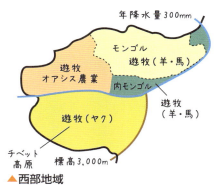

▲ 西部地域

- 東部の農牧業

  北部＝アジア式**畑作**農業（小麦など）

  ↕ **チンリン・ホワイ川線**が南北の境目

  南部＝アジア式**稲作**農業

- 西部の農牧業…**遊牧・オアシス農業**

## ❷ 東南アジアの農牧業

### ［特徴］

東南アジアは季節風（**モンスーン**）の影響が強く、大部分が**アジア式稲作農業**です。また、かつての植民地支配の歴史から、**プランテーション農業**もみられます。

独立後は、一部で灌漑施設を整備し、稲の新しい品種がとり入れられました。このようにして技術改良により農業生産を増やすことを**緑の革命**といいます。

> **補足　緑の革命**
> フィリピンに設置された**国際稲研究所**（IRRI）が開発した稲の新品種は、生産性の高い多収量品種で、これを導入した地域では生産量が向上しました。しかし一方では、灌漑と多くの肥料・農薬が必要となり、農村の貧富の差が拡大しました。

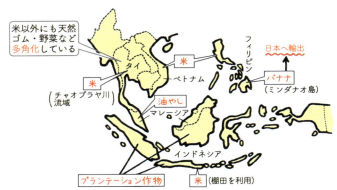

▲東南アジアの農牧業

### ［タイ］

▶**チャオプラヤ川**流域を中心に米作りがさかんです。天水（雨水）を利用する伝統的な**浮稲**づくりもみられるなど、全体的に**粗放的で生産性の低い農業**でしたが、近年は灌漑による乾田化や機械化が進んでいます。タイ

▲浮稲

は生産にかかる費用が安く、中東の産油国やアフリカ諸国向けの**世界的な米輸出国**です。

▶近年では、天然ゴム・野菜・とうもろこし・鶏肉（日本向けには加工して輸出）など多角化が進んでいます。

[ マレーシア ]

▶以前はイギリス人が経営し、インド人移民が働く**天然ゴム**大農園での**プランテーション農業**が中心でした。

▶独立後、合成ゴムの普及で天然ゴムの生産が減り、近年は小規模な農園で**油やし**を栽培しています。

[ インドネシア ]

▶以前はオランダ人による**プランテーション農業**が行われていました。独立後は**農園を国有化**し、**天然ゴム・油やし・さとうきび・コーヒー豆**などを栽培しています。

▶**ジャワ島やバリ島**では斜面を利用した**棚田**もみられます。

[ フィリピン ]

▶稲作のほかに、**さとうきび・ココやし・マニラ麻**などを栽培しています。

▶南部では、アメリカ合衆国や日本の**多国籍企業**が、日本への輸出向けに**バナナ**農園を経営しています。

> 補足　フィリピンの**ルソン島**でも棚田がつくられています。また、フィリピンのバナナは、以前はほとんどが日本に輸出されていましたが、近年は中国・韓国への輸出も増えています。

- **アジア式稲作農業**…近代化がおくれ、労働生産性が低い
- **プランテーション農業**…天然ゴム・油やし・バナナなど

## ❸ 南アジアの農牧業

[ 特徴 ]

　土地改革が不徹底で、イギリス植民地時代の地主制が今も残っています。そのため、近代化のおくれた生産性の低い農業で、農民の多くは貧しいままです。**緑の革命**（→ p.86）により生産は増えましたが、農村の貧富の差は拡大しています。

[ 農業地域 ]

　**年降水量 1,000 mm** の地点を境に、**稲作**地域（ガンジス川下流のデルタ地帯や東西の沿岸地域）と**畑作**地域に分かれます。

▶**アッサム地方**や**スリランカ**の水はけのよい丘陵では**茶**が栽培されています。

▶**レグール土**（黒っぽい土壌）が広がる**デカン高原**では**綿花**の栽培がさかんです。

▶**ガンジスデルタ**では繊維原料の**ジュート**の栽培がさかんです。

▶インダス川上流の**パンジャブ地方**では、灌漑による**小麦**の栽培が行われています。

　補足　**インドの米・小麦**の生産は、それぞれ中国に次いで**世界2位**（2017年）となっています。近年ではタイと並ぶ米の輸出国です。また、インドは牛の頭数がブラジルに次いで世界2位（2017年）ですが、ヒンドゥー教の影響で肉は食べず、牛乳をバターに加工するなどして利用しています。近年は、牛乳・鶏肉など動物性たんぱく質の消費が増えています。

## ❹ 西アジア(〜北アフリカ)の農牧業

アラビア半島には、**ベドウィン**という遊牧民がいます。彼らは衣食住を家畜によってまかなっています。

> 補足　近年は遊牧をやめて都市に定住する人や、牧畜以外の仕事に従事する人も増えてきています。

砂漠周辺では**オアシス農業**がみられます。イランの**カナート**（同様の地下水路を、北アフリカでは**フォガラ**、アフガニスタンでは**カレーズ**、中国（ウイグル民族）では**カンアルチン**と呼びます。）のような地下水路や、エジプトの**ナイル川**、イラクの**ティグリス川・ユーフラテス川**のような**外来河川**の周辺に広がっています。

乾燥気候のはげしい蒸発を避けて地下に水路をつくります。

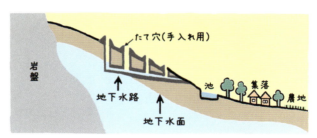

▲カナートのしくみ

---

南アジアの農牧業
→**稲作**と**商品作物**（綿花・茶・ジュートなど）

西アジア（〜北アフリカ）の農牧業
→遊牧と**オアシス農業**

## ≫ 中南アフリカの農牧業

### ❶ 焼畑農業

熱帯地域では**焼畑農業**がみられます。**キャッサバ**（根からデンプンをとる）をはじめとして、**ヤムいも**（長芋のなかま）・**タロいも**（里芋のなかま）・バナナ（甘くないもの）などを自給的に栽培しています。

### ❷ プランテーション農業

熱帯地域でも、交通の便のよい沿岸部や涼しい高原などでは、**プランテーション農業**がみられます。**コートジボワール・ガーナ**（いずれも**ギニア湾岸**）では**カカオ豆**、**エチオピア・タンザニア**では**コーヒー豆**、**ケニア**では**茶**が栽培されます。いずれも輸出用の**商品作物**です。

▲中南アフリカのプランテーション農業

中南アフリカの農牧業
- 原始的農業（**焼畑農業**でイモ類など）
- **プランテーション農業**（カカオ豆・コーヒー豆・茶など）

## ≫ ヨーロッパ・ロシアの農牧業

### ❶ ヨーロッパの農業のあゆみ

▶ヨーロッパの農業はアルプスの南と北で大きく異なります。「南」＝地中海地方では、**二圃式農業**に夏の乾燥に強い作物を組み合わせた地中海式農業が発達しました。「北」＝北西ヨーロッパでは、中世には二圃式から**三圃式農業**へ、さらにこれに牧畜を加えた**混合農業**へと発展しました。また、商業的・工業的に専門化した**酪農**や**園芸農業**も行われるようになりました。

> 補足　二圃式農業は、耕地を2つに分けて、耕作と休閑を毎年交互に繰り返す農法。三圃式農業では、耕地を夏作物・冬作物・休閑地の3つに分けて、これらを3年周期で交代させます。地力回復のために輪作と休閑をとり入れています。

▶18世紀後半から始まった産業革命（工業の発達）により、農村から都市へと人口が移動し、農業はおとろえました。進行する工業化の陰で、農産物を輸入に頼るようになり、アメリカ大陸から安い穀物が入ってきました。

▶現在はEU（ヨーロッパ連合）の**共通農業政策**で、農産物の輸入を制限するようになっています。

▶共通農業政策とは、主な食料をEU内部で自給できるようにEU内の農家を保護し、農業のしくみを改善する政策です。この政策により生産は増え、食料自給率は高まりました。しかし、さまざまな問題も起きています（→ p.225）。

### ❷ ヨーロッパの農業の特徴

畑作と家畜飼育を組み合わせて高い利益を上げる**商業的**な経営で、**土地生産性も労働生産性も高い**のが特徴です。

## ヨーロッパ各国の農業

| 国名 | 混合 | 園芸 | 酪農 | 地中海式 | 特色 |
|------|------|------|------|----------|------|
| イギリス | ○ | ○ | ◎ | | ・農業人口が少ない(働く人の１％)<br>・大規模で生産性の高い経営 |
| フランス | ◎ | ○ | ○ | ○ | ・**ヨーロッパ最大の農業国**<br>・北部は小麦の企業的栽培<br>・中南部は**ぶどう**栽培など |
| ドイツ | ◎ | ○ | ○ | | ・北部は氷河に削られたやせ地<br>　(酪農・**ライ麦・じゃがいも**・豚)<br>・中南部は商業的混合農業 |
| オランダ | | ◎ | ◎ | | ・干拓地(ポルダー)で花卉の栽培など(**園芸農業**) |
| デンマーク | | ○ | ◎ | | ・**酪農**と**畜産**(肉類) |
| スイス | | | ◎ | | ・**移牧**による**酪農**(チーズやバターに加工) |
| スペイン | | ○ | | ◎ | ・**オリーブ・ぶどう・コルクがし**<br>・近年は野菜の輸送園芸農業 |
| イタリア | ○ | | | ○ | ・北部は進んだ混合農業<br>・南部は**地中海式農業**<br>・南部はおくれた土地制度が残る |

ヨーロッパの農牧業

→生産性の高い**商業的**農牧業

(混合農業・酪農・園芸農業・地中海式農業)

## ロシアと周辺の国々の農牧業

[ 集団制農業とその変化 ]

▶社会主義の旧ソ連時代は**集団制農業**でした。

補足　＊集団制農業
　**コルホーズ**(集団農場)や**ソフホーズ**(国営農場)を基盤に農業が行われていました。

▶1991年のソ連解体後は個人による経営が増え、農場の企業化も進んでいます。しかし、生産性の水準は上がらず、生産量は落ちこみました。

▶穀物や畜産は大規模な農業企業による生産が中心ですが、野菜は「**ダーチャ**（菜園のある別荘）」における個人の副業的な生産でまかなわれています。

[ 農業地域 ]

▶国土は広いのですが、自然環境が厳しく、耕地の割合はわずかです。
▶気候（植生・土壌）の南北のちがいに対応して、農業地域は帯状に分かれています。

▼ロシアと周辺の国々の農牧業

ロシアとその周辺の国土は、南北で気候が（植生や土壌も）大きくちがいます。そのちがいに応じて農業が発達しているから、農業地域は帯状に分かれているんですね。

ロシアと周辺の国々の農牧業
→農業地域は帯状に分かれる

## >> 北アメリカの農牧業

### ① アメリカの農業の特徴

▶輸出向けにとうもろこし・小麦・肉牛などを大規模に生産する**企業的農牧業**です。

▶気候（土壌）に合った作物（小麦など）を**単一栽培**する**適地適作**方式です。

▶大規模な経営と機械化により、労働生産性がきわめて高くなります。一方、土地生産性はヨーロッパ先進地域には劣ります。

▶**アグリビジネス**が発達しています。なかでも巨大穀物商社（**穀物メジャー**）が穀物の流通を支配しています。

---

[ 補足 ]

**＊単一栽培（モノカルチャー）**
　ある地域で１種類だけの作物しか栽培しないこと。日本の北陸地方の稲作などもこれにあたります（水田単作地帯）。

**＊アグリビジネス**
　農業関連企業全体をあらわす言葉。農業機械・肥料・農薬の供給から、生産・加工・流通までがビジネスの対象になります。穀物メジャーは、小麦・とうもろこしなどの国際流通を支配する、多国籍の穀物商社のこと。穀物メジャーに代表されるアグリビジネス企業は、食料供給体系（フードシステム）全体に大きな影響力をもっています。

### ② 主な農業地域

　**西経100度**の線が、**年降水量500mm**の等値線とほぼ一致します。この線が農業地域の特色を東西に大きく分けています。

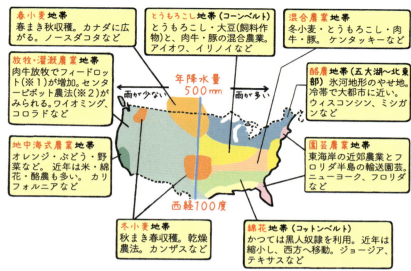

▲アメリカの農牧業地域

※1 **フィードロット**…出荷前の肉牛を飼料で太らせる施設。　写真：小谷田整／アフロ

※2 **センターピボット農法**…乾燥地域でみられる農法。地下水をくみ上げて回転するアームで、円形の農場に水をまいて耕作する。　写真：imagebroker／アフロ

西経100度＝年降水量500mmの線
→このラインで分かれる東西の農牧業のちがいがポイント！

## >> 中南アメリカの農牧業

### ❶ 農業の特徴
**大土地所有制**が残り、都市に住む大地主が農園と貧しい農業労働者を支配しています。**単一栽培**に頼る**モノカルチャー経済**の地域ですが、近年は、さまざまな作物をとり入れ、**多角化**を進めています。

### ❷ 主な国の農業地域
[ ブラジルの農牧業 ]

ブラジルでは、ブラジル高原の**テラローシャ**（赤紫色の土壌）で**コーヒー豆**の生産がさかんに行われており、生産量は世界第1位となっています。近年は、さとうきび（1位）・オレンジ・大豆（2位）・とうもろこし（3位）・肉類（牛肉・鶏肉は2位）など、多角化を進めています。

（統計は2017年）

▲ブラジル・アルゼンチンの農牧業

補足　日本の協力で開発したカンポセラードでは、遺伝子組み換え大豆が大規模に栽培され、搾油用・飼料用として主に中国に輸出されています。

[ アルゼンチンの農牧業 ]

アルゼンチンでは、ラプラタ川流域の草原地帯（**パンパ**）が農業の中心地域です。降水量がやや多い東部の**湿潤パンパ**は、トウモロコシ・肉牛・小麦の**混合農業**、西部の**乾燥パンパ**は肉牛・羊の**企業的牧畜業**です。**冷凍船**の発明や、鉄道建設などによって北半球への輸出向け畜産が発達しました。

## ≫ オセアニアの農牧業

### ❶ 農業の特徴

オーストラリア大陸では、イギリスからの移民によってもたらされた**牧羊**と**小麦**などの**企業的農牧業**が中心です。

### ❷ オーストラリアの農牧業

オーストラリアは「羊の背に乗る国」といわれるほど**牧羊**が発達しています。内陸が砂漠で、その周辺に同心円状に等降水量線が引かれ、農業地域もこれに対応しています。

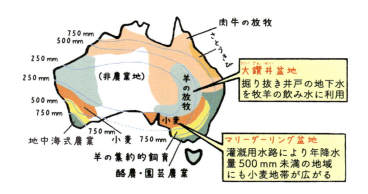

- 中南アメリカの農牧業
  **大土地所有制・モノカルチャー経済→多角化**
- オーストラリアの農牧業
  **企業的農牧業**（小麦・羊・牛の生産）**→輸出中心**

## 確認問題に挑戦！

次の図は、アジア、北アメリカ*、南アメリカ、ヨーロッパにおける小麦、米、とうもろこしおよびその他の穀物のいずれかの全穀物生産量に占める割合を示したものである。ア〜ウは、それぞれ小麦・米・とうもろこしのいずれか、答えよ。

*北アメリカには、メキシコからパナマまでの諸国およびカリブ海諸国が含まれる。

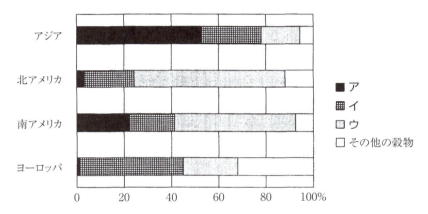

統計年次は1999年。FAO, *Production Yearbook* により作成。

**正解はア＝米　イ＝小麦　ウ＝とうもろこし**　米は季節風の影響で降水量の多いモンスーンアジアを中心に自給的に栽培され、中国・インド・インドネシアなどの人口大国で米作が多い。企業的牧畜がさかんな南北アメリカでは飼料作物としてのとうもろこしの生産が多く、とくにアメリカ合衆国に集中。小麦はフランスなどヨーロッパ地域で伝統的に主食とされてきたが、現在では世界全域で栽培されている。

次の各文の正誤を答えなさい。

**1** 機械化や農薬・高収量品種の導入が進んだため、中国では農家間の所得格差が縮小した。

**2** チャオプラヤ川のデルタでは、洪水が頻繁に発生するため、伝統的で土地生産性の低い自給的稲作が主に行われている。

**3** インドのアッサム地方では、主にコーヒーのプランテーション農業が行われている。

**4** イラン〜アフガニスタンでは、地下水路を用いて自由地下水を導水する伝統的な灌漑農業が行われ、小麦などが栽培されている。

**5** エチオピアは気象災害などで飢餓に直面したが、緑の革命で食料輸出国に変わった。

**6** 牧草地が国土の約4割を占めるイギリスでは牧畜業がさかんであり、ペニン山脈の西側では牧羊、北部と東部では酪農が中心をなしている。

**7** 中央アジアのアムダリア川とシルダリア川流域では、灌漑によってさとうきびの栽培がさかんになったが、一方で、アラル海に流入する水量が極端に減少している。

**8** アメリカ合衆国のグレートプレーンズでは、センターピボット灌漑によるとうもろこしや小麦の栽培が行われてきたが、これによって地下水位が低下している。

**9** アルゼンチンでは穀物が主要な輸出品である。

**10** グレートアーテジアン（大鑽井）盆地では、被圧地下水を利用した大規模灌漑農業による小麦の栽培や、牛や羊の放牧が行われている。

---

**1✕**（生産責任制のもとで、農家間の貧富の差は拡大している。） **2✕**（タイは世界一の米輸出国。かつての浮稲は姿を消しつつあり、商業的な稲作が行われている。） **3✕**（イギリスの植民地だったインドでは、高温多雨の丘陵地でコーヒーではなく茶の栽培がさかん。） **4〇**（地下水路をイランではカナート、アフガニスタンではカレーズとよぶ。） **5✕**（エチオピアは経済援助に依存する最貧国の一つ。アジア中心に導入された緑の革命も無縁。） **6✕**（牧羊は乾燥した東側、酪農は大都市周辺の南部で発達している。） **7✕**（さとうきびではなく綿花。周辺では綿工業が立地した。さとうきびには高温多雨が必要。） **8〇**（センターピボットは地下水をくみ上げて、乾燥地域に散水して農地化する灌漑農法。） **9〇**（小麦などの大規模農園がみられる。大牧場・大農園をアルゼンチンではエスタンシアという。） **10✕**（掘り抜き井戸によって得られる被圧地下水には塩分が含まれ、家畜の飲み水にはなるが、灌漑には向かない。）

# 第❻講
# 水産業・林業・鉱業など

## >> 水産業

### ❶ よい漁場の条件とは

ひと言でいえば、魚の餌である**プランクトン**が豊富な場所です。暖流と寒流のぶつかり合うところ（**潮目**）、海底が浅い**大陸棚**や**バンク**（浅堆）、の2つを覚えておきましょう。

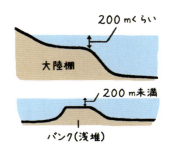

漁業には、「海面漁業」のほかに、湖や川で行う「内水面漁業」もあります。

**水産業の種類**

| | |
|---|---|
| 沿岸漁業 | 領海内、日帰り程度、10トン船未満 |
| 沖合漁業 | 2週間以内、10トン船以上 |
| 遠洋漁業 | 数カ月かけて大型船で出漁 |
| 養殖業 | 水産物を人工的に育てる |
| 栽培漁業 | 稚魚を放流し、成長後にとる |
| その他 | 水産加工、製塩など |

### ❷ 排他的経済水域

各国は、自国の水産資源や海底資源を守るために、沿岸から**200海里**を**排他的経済水域**（**EEZ**）として他国の漁業活動や資源開発を制限しています。

## ❸ 世界の主な漁場

日本海流（**黒潮**）と千島海流（**親潮**）がぶつかる、日本の周辺（太平洋北西部）は、**世界最大の漁場**です。

> 補足　日本の漁業生産量は世界8位（2017年）です。

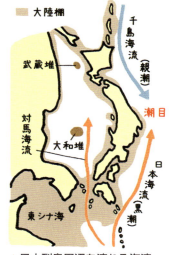

▲日本列島周辺を流れる海流

**世界の漁業生産国** （単位＝チトン、2017年）

| | 生産国 | 生産量 |
|---|---|---|
| 1 | 中国 | 15,577 |
| 2 | インドネシア | 6,736 |
| 3 | インド | 5,450 |
| 4 | アメリカ合衆国 | 5,040 |
| 5 | ロシア | 4,879 |
| 6 | ペルー | 4,185 |

「世界国勢図会2019/20」

　漁業生産量世界一の中国や、インド・バングラデシュなどでは、自給的な内水面漁業もさかんです。また、中国・インドネシア・インド・ベトナムなどでは養殖業の生産量が漁業を上回っています。

　ペルー沖は、寒流の**ペルー海流**の影響で**アンチョビー**（カタクチイワシ）漁がさかんです。これは大部分が飼料用です。たまに、ペルー沖の海面水温が上がって、寒流が弱まる現象（**エルニーニョ現象**→p.102図）が起こると、アンチョビーは不漁になります。

> 補足　＊寒流と漁業
> ①海の深いところを流れる**寒流**は、海底の沈殿物をまき上げるので、**養分が豊富**です。
> ②**潮目**では、この養分がかき混ぜられて、海面近くに上昇します。
> ③ペルー沖では、東風（貿易風）で流された上層の水を補うように、ペルー（フンボルト）海流の冷水がわき上がります（**湧昇流**）。
> ④養分の多い下層の冷たい海水層が上昇すると、光合成により、**植物プランクトン**が繁殖します。

よい漁場の要素
→プランクトンが多い場所（**大陸棚・バンク・潮目・湧昇流**）

▼エルニーニョ現象のしくみ

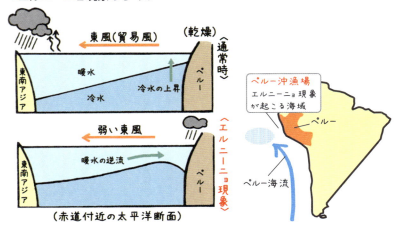

## >> 林業

### ① 森林の役割

▶ **木材**としての利用があります。先進国では**用材**（建築用材・製紙パルプなど）として、発展途上国では**薪炭材**（燃料）として主に利用されています。

この単元は第３講「植生」（→p.58）の復習をしてから読もう。

#### 林業の地域とその特徴

|  | 熱帯林 | 温帯林 | 亜寒帯(冷帯)林 |
|---|---|---|---|
| 樹種 | 常緑広葉樹中心 | 南部は**常緑広葉樹**<br>北部は**混合林**（※） | **タイガ**（針葉樹林） |
| 特徴 | 多くの樹種が混ざり、交通が不便なため、開発がおくれている。日常の煮炊きに使う**薪炭材**中心。近年は用材として先進国に輸出している。 | 市場に近く交通の便がよい場所に分布しているので、古くから開発され、人工林が発達している。 | 建築用材や製紙パルプの原料として有用。森林量が多いうえ、市場に近く、開発が進んでいる。 |
| 分布地域 | 東南アジアでは、**ラワン材**を日本向け建築用材として大量に伐採。**インドネシア・マレーシア**の一部では、**丸太の輸出を禁止**している。 | ヨーロッパでは、都市に近い平地にぶなどの有用林が形成される。<br>（※落葉広葉樹と針葉樹の混合林） | **カナダ**、**ロシア**のシベリア、北ヨーロッパ諸国が**世界の林業の中心**。近年は資源保護のため植林※が行われる。 |

※中国では、著しい環境破壊を食い止めるため、一部の地域で森林伐採の禁止と大規模な植林が行われています。

▶**自然環境を保全**する役割があります。水源を養い、洪水・土壌侵食を防ぎ、空気をきれいにします。また、動植物の貴重なすみかでもあります。レクリエーションの場として、人間に憩いを与えます。

### ❷ 林業の発達する条件
- 産業に役立つ樹種が同じ種類で集まって大量に存在している。
- 木材の加工地や大都市の市場に近く、交通の便が良い。

> 補足　木材伐採量が多いのは**アメリカ・インド・中国・ブラジル・ロシア**など。
> 輸出国は**ロシア・カナダ**・アメリカ・ニュージーランド・スウェーデンなど。
> 輸入国は**中国・アメリカ**・ドイツ・オーストリア・日本など。(2017年)

熱帯＝広葉樹→薪炭材（発展途上国で消費）
亜寒帯＝針葉樹→用材（先進国で消費）

## ≫ エネルギーとエネルギー資源
### ❶ エネルギーの移り変わり
**[ 産業革命 ]**

18世紀後半にイギリスで始まった工業の技術革新を**産業革命**といいます。それ以前は、人力・風力・水力などの**自然エネルギー**を利用していましたが、産業革命による蒸気機関の発明によって、**石炭**が主要エネルギー資源となりました。

**[ エネルギー革命 ]**

1950〜60年代、主要エネルギー資源が**石炭から石油へ**転換したことを**エネルギー革命**といいます。

この単元は「大地形」（→p.26）の復習をしてから読もう。

> 補足　日本では、国内の石炭の生産にかかる費用が高いことから、輸入石炭との競争にやぶれ、北海道や九州にあった炭鉱は次々と閉山しました。「石炭から石油」に加えて「国内炭から輸入炭」の転換が進みました。

## ［石油危機］

1970年代、石油価格が急に上がり、世界的に経済が混乱しました。これが**石油危機（オイルショック）**です。きっかけは、中東（西アジア～北アフリカ地域）の戦争や政変です。中東を中心とする産油国グループ（**OPEC**➡p.227）などが生産量を制限し、原油価格を引き上げたため、先進国は経済的に大きな打撃を受けました。そのため、これ以降は中東以外の油田開発、**省エネルギー**、**代替エネルギー**の開発を進めるようになりました。

> ［補足］ OPECにはサウジアラビア・イラン・イラクなどの中東の国々のほかに、**エクアドル**（南アメリカ）・**ナイジェリア**（中南アフリカ）なども加盟しています。

## ② 電力

石油や石炭のように、自然から直接得られるエネルギーを**一次エネルギー**といいます。これに対し、電力のように一次エネルギーを加工して得られるものを**二次エネルギー**といいます。

**電力の種類**

| | 火力発電 | 水力発電 | 原子力発電 |
|---|---|---|---|
| 発電方法 | 石炭・石油・ガス（化石燃料）を燃やして水を熱し、発生した蒸気でタービンを回す | ダムに貯めた水を落としてタービンを回す | ウランなどの核分裂から熱を得て水を熱し、発生した蒸気でタービンを回す |
| さかんな国 | 電力消費の多い先進工業国（アメリカ合衆国・ドイツ）や、石炭の豊富な国（**中国・インド・オーストラリア**）など | 水資源が豊富な国（**ブラジル・カナダ・ノルウェー**）など | 高度な技術が必要。とくに**フランス**で割合が高い |
| 利点（○）と欠点（×） | ○ 消費地の近くに立地できる　× 資源の枯渇、大気汚染 | ○ 余った電力の利用（揚水式）　× ダム建設による環境破壊。消費地から遠くロスが多い | ○ わずかな資源で高い電力量　× 放射能汚染、事故の危険、廃棄物処理、核兵器拡散 |
| 日本の場合 | 輸入資源により総発電量の約86％（2017年） | 戦前まで主流だった。今は総発電量の1割弱 | 福井・福島などの沿岸部にかたよる。※（注） |

「日本国勢図会2019/20」

※ヨーロッパ諸国を中心に、水力以外の再生可能エネルギー（太陽光・風力・地熱・バイオマスなど）による発電の割合が高まっています。ドイツで約18％、スペインで約23％、デンマークでは約44％が再生可能エネルギーで発電されています。日本はわずか2％です（2016年、バイオ燃料等を除く）。
※（注）以前は原子力が総発電量の約25％（2010年）を占めていましたが、2011年の福島第一原発事故のあと、原発依存度は低下しており、2017年では3.1％に過ぎません。

## ③ エネルギー資源の生産

### [ 石炭 ]

石炭は、**燃料**のほか、**製鉄**の**還元材**として大量に使われます。**良質の石炭は古期造山帯に多く存在**します（→p.27）。

#### 石炭の生産

|  |  |  |
|---|---|---|
| アジア | 中国 | 世界一の生産量を示すが、消費が世界の5割以上を占めており、輸入量も世界最大。 |
| | 日本 | 費用のかかる坑内掘りのため、国内の炭鉱はすべて閉山。輸入に頼る。 |
| | その他 | インド（生産第2位）、**インドネシア**は近年、生産・輸出が急増（生産3位、輸出2位）。 |
| アフリカ | 南アフリカ共和国 | アフリカ南東端に**古期造山帯**が存在する。 |
| ヨーロッパ | ロシアと東欧 | 旧ソ連では、ウクライナなど。東欧ではポーランド（**シロンスク炭田**）。 |
| | その他 | ドイツ・イギリス・フランスなどの先進工業国では、資源が枯渇。輸入が多い。 |
| アメリカ | アメリカ合衆国 | 東部の**古期造山帯**の**アパラチア山脈**など。埋蔵量は世界一。 |
| オセアニア | オーストラリア | 東部の**古期造山帯**の**グレートディヴァイディング山脈**。**輸出量世界一**。 |

（統計は2016年）「世界国勢図会2019/20」

▼ 世界の石炭産地

## [ 石油 ]

石油は、**燃料**のほか、**化学工業**に利用されます。**大油田は新期造山帯**周辺に多く、**西アジアに分布**がかたよっています。

かつては、石油の生産や流通は、国際石油資本（**メジャー**）とよばれる欧米の多国籍企業が支配していました。これに対抗して、産油国自ら資源を管理しようとしたのが **OPEC**（**石油輸出国機構**）です。

### 原油の生産

|  |  |  |
|---|---|---|
| 中東 | サウジアラビア | 生産量は中東最大、輸出量は世界一。ペルシア湾岸に大油田がある。 |
| | その他 | イラン・アラブ首長国連邦・クウェート・イラクなど。**中東の埋蔵量は世界の約5割**。 |
| その他のアジア | 中国 | 生産第6位。東北部のターチン油田など。消費量が多いため輸入も多い（2位）。 |
| | 日本 | ごくわずかに生産するが99.9％は中東などから輸入（4位）している。 |
| | その他 | インドネシア、インド、マレーシアなどで生産。 |
| アフリカ | ナイジェリア | **アフリカ最大の産油国**。ニジェール川のデルタで生産している。 |
| | その他 | アンゴラや北アフリカのアルジェリア・リビア・エジプトなども生産量が多い。 |
| ヨーロッパ | ロシア | **生産量世界一**。輸出は世界第2位。旧ソ連解体後の経済を支える。 |
| | その他 | ノルウェー・イギリスは**北海油田**を有するが、生産低下。 |
| アメリカ | アメリカ合衆国 | 生産量は多い（第2位）が、輸入世界一。シェールオイルの生産が拡大。 |
| | カナダ | オイルサンドの開発をすすめ、生産5位。 |
| | その他 | 中南米では、メキシコ・ベネズエラ（埋蔵量世界一、アメリカへ輸出）・ブラジルなど。 |

（統計は生産2018年、貿易2016年）「世界国勢図会2019/20」

▶世界の原油産地（2018年）

「日本国勢図会2019/20」

### [ 天然ガス ]

　天然ガスは、大気汚染の少ないクリーンエネルギーとして注目されています。日本へは、液化天然ガス（**LNG**）として海上輸送され、ヨーロッパへは、気体のまま**パイプライン**で輸送されます。主な生産国は、**アメリカ合衆国・ロシア・イラン・カナダ・カタール**など。

　アメリカ合衆国を中心に、オイルシェール（頁岩）から抽出するシェールガスの生産が急拡大し、「シェール革命」といわれています。

> 主要資源の上位生産国は覚えてしまおう！
> - 石炭…中国・インド・インドネシア・オーストラリア・ロシア（生産量、2016年）
> - 原油…ロシア・アメリカ合衆国・サウジアラビア・イラク・カナダ（生産量、2018年）

## >> 金属資源など

### ① 鉄鉱石

### [ 開発の歴史 ]

鉄鉱石が最重要！ほかに銅・ボーキサイトなどをチェック。

　18世紀後半より始まった産業革命以降、イギリスなどヨーロッパの鉱山が開発されました。

　20世紀に入り、主要な産地は工業の中心地とともにアメリカ合衆国と旧ソ連に移りました。

| 鉄鉱石の主な産地 | |
|---|---|
| ～19世紀 | ヨーロッパ諸国 |
| 20世紀前半 | 米・ソ2大国 |
| 現在 | 中国・オーストラリア・ブラジル |

### [ 近年の生産状況 ]

　最大の生産国は**オーストラリア**。それに続いて**ブラジル・中国**など、南半球の安定陸塊にある鉱山が中心となっています。

## [ 貿易 ]

　**輸出**は、**オーストラリア**と**ブラジル**だけで、**全世界の4分の3以上**を占めます（2016年）。輸入が多いのは中国・日本・韓国とヨーロッパ諸国です。中国の輸入量が急増しています。

▲世界の鉄鉱石の産地

> 安定陸塊のゴンドワナランドに鉄鉱石の主要産地が多い。第1講「地形のなりたち」→p.18 を思い出してみよう。

## ❷ その他の金属

### [ 銅鉱 ]

　電気をよく通す銅は、主に電気産業に使われます。**銅鉱**は、南アメリカの**チリ**で**全世界の約30％が生産**されています（2015年）。アフリカの内陸、ザンビア〜コンゴ民主の銅地帯（カッパーベルト）の資源は、鉄道で輸出港に輸送されます（→p.135）。

**補足** 貿易の統計では、「銅鉱」は掘り出した資源、「銅」は精錬された製品として区別します。製品の「銅」の生産では中国が第1位、チリは2位（2015年）です。

## [ ボーキサイト ]

アルミニウムの原料で、精錬にたくさんの電力を消費します。熱帯の赤色土ラトソルに多く含まれるため、インドネシア・ブラジル・ギニアなどでも生産が多いのですが、北部の熱帯地域に主産地ウェイパがあるオーストラリアで、全世界の約30％を生産しています（→p.62）。

### ボーキサイトの生産 (2016年)

| | 生産国 | 生産量割合(%) |
|---|---|---|
| 1 | オーストラリア | 30.4 |
| 2 | 中国 | 22.5 |
| 3 | ブラジル | 12.7 |
| 4 | ギニア | 11.7 |
| 5 | インド | 8.8 |

「世界国勢図会2019/20」

### その他の非鉄金属

| すず鉱 | 昔はマレーシアが主産地、今は中国・インドネシアが中心。 |
|---|---|
| 金鉱 | 中国・オーストラリアなど。 |
| 銀鉱 | メキシコ・ペルーなど。 |

▲銅鉱とボーキサイトの産地

## [ レアメタル ]

地球上に存在が少ない、または岩石から取り出しにくい金属の総称です（希少金属）。タングステン・マンガン・ニッケル・クロム・モリブデン・コバルト・レアアース（希土類）など、先端技術（ハイテク）産業には欠かせませんが、中国・南アフリカ共和国・コンゴ民主などに偏って分布しており、安定的な供給が課題です。

## 確認問題に挑戦!

次の図は、漁業活動が行われている海域の区分を示したものであり、下のX〜Zの文は図中のア〜ウのいずれかの海域でみられる水産資源や漁業活動に関わることがらについて述べたものである。X〜Zにあてはまるものを、それぞれア〜ウから1つずつ選べ。

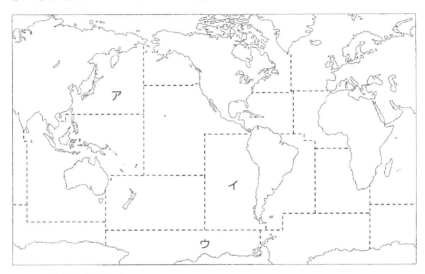

FAOの資料により作成。

X 飼料や肥料の原料としてアンチョビーが大量に漁獲されてきたが、乱獲や気候変動などの影響を受けて漁獲量が不安定である。

Y 世界最大の漁獲規模を誇る好漁場であるが、沿岸諸国の漁業活動の拡大や海洋汚染などにともなう漁獲量の減少が懸念されている。

Z 特定国による大陸沿岸の海域の領有は認められておらず、この海域での漁業活動はほとんど行われていない。

正解はX=イ Y=ア Z=ウ　イの太平洋南東部漁場は、ペルーやチリの沖合で、寒流のペルー海流の湧昇流がもたらすアンチョビー漁がさかん。アの太平洋北西部漁場では、日本周辺の大陸棚や潮目が存在し、魚種が多い世界一の漁場である。ウの南氷洋では、日本による「調査捕鯨」などがわずかに行われてきたが、複数の国が主張する南極の領有権は棚上げとなっており、漁業は活発ではない。

## 次の各文の正誤を答えなさい。

**1** 漁法の改良や栽培漁業の拡大によって、日本国内の漁獲量は増加したため、アジア各国からの水産物輸入量は減少した。

**2** フィンランドには針葉樹林が広がっており、林業や木材加工業がさかんである。

**3** アメリカ合衆国では、かつては豊富な石炭資源をいかした火力発電が中心であったが、現在では原子力発電が総発電量の過半を占める。

**4** ドイツでは、太陽光や風力などのクリーンエネルギーによる発電量が世界有数であるが、石炭などによる火力発電が総発電量の過半を占める。

**5** ブラジルでは、天然ガスによる火力発電が総発電量の過半を占めており、電力の一部は周辺諸国へ輸出されている。

**6** アフリカの熱帯地域では、植民地期の乱開発の結果、重要な地下資源である石炭がほぼ底をついた。

**7** ウクライナでは、ロシアとヨーロッパを結ぶ天然ガスの鉄道輸送網が整備されているが、関税設定をめぐり産油国と経由国との間で紛争が起きている。

**8** 五大湖沿岸で産出される鉄鉱石は、湖を結ぶ河川や運河を利用した水運によって、湖岸の工業地域に運ばれてきた。

**9** チリでは、金が重要な輸出品である。

**10** 先端産業に用いられるニッケルやクロムなどのレアメタルは、埋蔵地域がかたよって分布し、供給体制に不安があるため価格変動が大きい。

---

**1**✕（沖合漁業など日本の漁獲量は激減しており、水産物輸入は増加の一途である。輸入額の大きいエビは東南アジア・南アジアからの輸入が多い。） **2**○（亜寒帯〈冷帯〉には針葉樹林が多い。輸出の2位が紙類となっている。） **3**✕（1979年のスリーマイル島原発事故以降、原発の新設はなく、原子力の割合は約2割。火力が約7割。） **4**○（65%が石炭火力。再生可能エネルギーは大きく伸びている。） **5**✕（パラナ川のイタイプダムなど、水力発電が約65%を占める。） **6**✕（古期造山帯がある南アフリカ共和国（温帯～乾燥帯）などで、今も石炭産出は多い。） **7**✕（天然ガスの地上輸送はパイプラインで行われる。海上では液化したものを専用タンカーで輸送。） **8**○（スペリオル湖西岸のメサビ鉄山の鉄鉱石が、アパラチアの石炭と結び付いて五大湖沿岸やピッツバーグなどの鉄鋼業を立地させた。） **9**✕（チリは銅鉱世界一。金の主な生産国は中国・オーストラリア・アメリカ合衆国。） **10**○（日本では鉱産資源の備蓄、代替資源〈技術〉の開発、輸入先の多角化、「都市鉱山」の見直しなどを進めている。）

Section-3　工業生産と流通

# 第❼講
# 工業のなりたち

## >> 工業の種類

### ❶ 重化学工業

#### [ 重工業 ]

　重工業に含まれるのは、**金属工業**と**機械工業**です。金属工業のなかでも、すべての産業の基礎となる『**産業のコメ**』＝**鉄鋼**をつくる**製鉄業**は、工業国にとってとくに重要です。機械工業は、今の日本の中心的な産業ですね。とくに**自動車**は代表的な工業製品です。

#### [ 化学工業 ]

　化学変化を利用した工業で、**石油化学工業**がその代表です。石油からナフサを取り出し、これを原料に**プラスチック**などをつくり出す素材型の産業です。

**重工業と化学工業**

| | | |
|---|---|---|
| 重工業 | 金属工業 | 鉄鋼業（製鉄業など） |
| | | 非鉄金属（アルミニウム・銅など） |
| | 機械工業 | 一般機械（事務機器・工作機械など） |
| | | 電気機械（テレビ・家電・コンピュータなど） |
| | | 輸送機械（自動車・船舶・航空機など） |
| | | 精密機械（カメラ・時計など）ほか |
| 化学工業 | | 石油化学（プラスチック・合成ゴムなど）・薬品・化学肥料 ほか |

### ❷ 軽工業

　軽工業ということばは、「製品が比較的軽いもの」という意味で使われていました。今では重化学工業に対することばとして、**生活の中で消費される製品**をつくる産業を意味しています。町のパン屋さ

んや豆腐屋さんも、広い意味では軽工業（**食料品工業**）ですね。

軽工業の典型は、戦前の日本を支えた**繊維工業**です。歴史が古く、戦前の日本はこれが中心でした。

| 軽工業 | |
|---|---|
| 食料品工業 | 製粉（小麦などを粉にすること） |
| | 醸造（酒・みそ・しょうゆなど） |
| | 畜産加工・水産加工 ほか |
| 繊維工業 | 製糸（生糸）・紡績（綿糸） |
| | 絹織物・毛織物・綿織物 |
| | 化学繊維（レーヨンなど）ほか |
| 窯業 | 陶磁器・セメント・ガラスなど |
| その他 | 木材加工、製紙・パルプ、雑貨など |

### ❸ 先端技術産業（ハイテク産業）

**エレクトロニクス**（電子工学）、**バイオテクノロジー**（生物工学）などの最先端の科学・技術・知識を活用した産業です。コンピュータなどに用いる**半導体**製品は「**新しい産業のコメ**」です。

注　統計の上では、重化学工業・軽工業のいずれかに含まれます。

### ❹ 生産財工業と消費財工業

製品の用途によって工業を分ける場合もあります。**生産財工業**と**消費財工業**という分け方がそれです。

**生産財**とは、生産者が製品を生産するために使う**原料**や**部品**、**設備**などです。たとえば、シャツを生産するためには、原糸・染色施設・ミシンなどが必要になります。これらが生産財です。そして、これら生産財によってつくられたシャツが**消費財**となるわけです。

- **重化学工業** ── 金属・機械／化学
- **軽工業** ── 食料品・繊維など
- **先端技術産業** ── 電子・生物・新素材など
- 製品による分類 ── **消費財**工業／**生産財**工業

## >> 工業の発達段階

### ❶ 工業の発達

[ 発達の段階 ]

　どこの国でも、工業の内容は**軽工業から重化学工業へ**と発達します。そのため**発展途上国では軽工業中心**になるわけです。日本も戦前は軽工業が中心で、戦後に重化学工業が発展しました。

[ 輸入代替型・輸出指向型 ]

　工業化のおくれた国では、輸入の代わりに国産でまかなうことをめざす**輸入代替型**工業から、海外への輸出を目的にした**輸出指向型**工業へと進みます。アジア NIEs とよばれる韓国・台湾・ホンコン・シンガポールや、タイ・マレーシアなどの東南アジア諸国は、このような段階を経て経済発展をとげています。

### ❷ 重化学工業の進化

▶鉄鋼や石油化学などの**素材型工業**から、機械などの**組立工業**へと進みます。

▶造船・鉄鋼などの「**重厚長大型**」産業から、パソコン・携帯電話などの「**軽薄短小型**」産業へと進みます。「軽薄短小型」産業は、単に軽くて小さくつくればよいというわけではなく、高い技術力が必要になります（**知識集約型・技術集約型**）。

## >> 工業の発達するところ

### ❶ 工業の立地条件

　自然的な条件には、**地形・気候・用水**などがあります。一方、社会的な条件として、**資本**（元手となるお金）**・技術・労働力**、製品を売る**市場・交通**なども必要ですね。

> 補足　たとえば、時計のような精密機械は、湿度が低く空気のきれいなところ、屋外で作業する造船業ならば、雨の少ない気候が適しています。

ウェーバーという学者は、工業の立地に影響の強い要素として**輸送費**と**労働費**（**賃金**）をあげました。工場の経営者は少しでも利益を高めたいので、これらの費用を極力減らそうとします。

> [補足]
>
> ＊輸送費の持つ意味
> 　工場をどこに建てても原料費そのものは変わりませんが、原料や製品の輸送にかかる費用は立地によって変化します。それは、原料と製品で重さがちがうからです。**原料のほうが重い場合**、原料産地の近くに工場を建てて、先に**軽い製品**にしてしまえば、**市場までの輸送費は安上がり**になります。
>
> ＊労働費（賃金）の持つ意味
> 　地域によって支払うべき賃金に差があるため、この要素も立地を決めるには重要です。近年の日本では、国内の工場が**中国などのアジア諸国へ移転**する例が目立ちますが、それは相手国の**安い労働力**が大きな理由ですね。

## ② 工業立地のタイプ

以上のような条件を総合して、工業立地のパターンを分類しておきましょう。

### [ 原料指向型 ]

▶ 製品にすると原料より軽くなるものをつくる工業は、原料産地の近くに立地します。たとえば、かつての**鉄鋼業**では大量の石炭が必要だったので、**炭田の近くに立地**しました。

▶ ほかに、木材を使う**製紙・パルプ工業**、石灰石が原料の**セメント工業**などが、これにあたります。

**内陸から臨海に移転した鉄鋼業**

| | 1トンの銑鉄を<br>つくるのに必要な<br>石炭　　鉄鉱石 | 鉄鋼業の立地 |
|---|---|---|
| 19世紀<br>はじめ | 10トン　2～3トン | 内陸部の**石炭産地**に立地<br>↓ |
| 20世紀<br>はじめ | 4トン　2トン | 一部、**鉄鉱石産地**にも立地<br>↓　　　　　　↓ |
| 現代 | 0.5～0.8トン　1.5トン | 先進国は**臨海部**に立地　　　途上国は**資源産地**に立地<br>（輸入資源に依存）　　　　（ブラジル・中国など） |

## [ 電力指向型 ]

　**アルミニウム精錬業**には、大量の電力が必要です。そのため電気料金の安い地域に立地しやすくなります。

> **補足**　電気料金の高い日本では、アルミニウム精錬業の立地は困難です。日本のアルミ産業は、最終製品を製造する加工専業となっています。

## [ 市場指向型 ]

▶ 清涼飲料水やビールのように、**製品にすると原料より重くなる工業**は、消費地である**都市の周辺に立地**しやすくなります。

▶ かつて、東京にはビール工場がたくさんありました。JR山手線にある恵比寿駅の駅名は、その昔「エビスビール」の工場があった名残りです。

▶ 印刷・出版業のように**情報が必要なもの**や、高級衣類・化粧品など**流行に左右されるもの**も市場近くに立地します。

\*1　1998年に操業停止
\*2　2002年に移転
\*3　2003年に操業停止

▲**首都圏のビール工場**
輸送コストの低下にともなって、首都圏周辺部に移動する傾向にあります。

## [ 労働力指向型 ]

▶ 働く人の**賃金が安い場所**に立地するタイプです。日本国内から中国などに生産が移転した衣料品の縫製や雑貨の生産、東南アジアなどに移転した電気機器の組み立てなどが代表例です。

▶ しかし、労働費が安いとはいえ、海外に工場を移すのは大変なこと。よほど労働費の割合が大きい、すなわち、**たくさんの労働力を必要**とする産業（**労働集約型**）に限られます。

## [ 臨海指向型 ]

▶ 海外からの**輸入資源を大量に利用**する工業の場合、日本ではほとんど例外なく**臨海部に立地**します。**鉄鋼・石油化学**などが、その例です。

▶ ヨーロッパでは、国内の石炭などの資源が枯れたため、かつての**原料指向型**から**臨海指向型**に変化しています。

## [ 臨空指向型 ]

▶ 製品を航空機で輸送することが前提になりますから、**製品が小さく軽いわりに価格が高い**ものをつくるタイプです。

▶ 九州では、空港の周辺に IC（集積回路）工場などの**エレクトロニクス（電子）工業**が立地しています（**シリコンアイランド**）。また、東北自動車道沿いにもIC工場が立地しており、**シリコンロード**とよばれています。

▼臨空指向型の立地（九州）

---

集積と分散
- 集積…限られた地域に工場が集まること。とくに同種の工業が集積すると効率がアップするので、ますます集積が強まります。
- 分散…集積が進みすぎると、用地や用水の不足、労働力の不足（これは賃金の上昇につながる）が起こります。また、公害問題の発生も考えられます。これらの弊害を解消するため、逆に分散する場合もあります。

---

- 原料が重い → **原料**指向型
- 電力が必要 → **電力**指向型
- 製品が重い → **市場**指向型
- 軽くて高価 → **臨空**指向型
- 手間がかかる → **労働力**指向型
- 輸入資源を利用 → **臨海**指向型

※これらの用語は、教科書によって言い方がまちまちです。内容（意味）を理解してください。

## 確認問題に挑戦!

1　次の文章は、工業の立地について述べたものである。文章中の空欄アとイにあてはまる語の正しい組合せを、下の①～④のうちから1つ選べ。

　工業の立地において重視されるものは、工業の種類によって異なる。たとえば、セメント工業は輸送費を考慮して（　ア　）への近接性を重視して立地する傾向が強い。一方、労働集約型工業である（　イ　）は、安価な労働費を重視して立地する傾向が強い。

① アー原料産地　　　　　イー衣服製造業

② アー原料産地　　　　　イー石油化学工業

③ アー消費市場　　　　　イー衣服製造業

④ アー消費市場　　　　　イー石油化学工業


2　1990年代以降における日本の産業の立地動向に関して述べた文として適当でないものを、次の①～④のうちから1つ選べ。

① ソフトウェア産業は、通信手段が高度に発達したため、大都市を離れて自然環境に恵まれた地方小都市に立地する傾向が強い。

② 出版業は、市場との結び付きが強いため、国内の大都市へ立地する傾向が続いている。

③ 自動車工業は、輸出環境の悪化や中国をはじめとする新たな市場の拡大とともに、海外での現地生産が進んでいる。

④ 電機・電子部品製造業は、中国との競争が激しくなり、産業の空洞化が進行している地域もある。


　1 正解は①　　ア＝セメントは石灰石を石炭で焼成して製造する。原燃料に比べ、製品の重量が軽いため、立地が原料産地に近いほうが輸送コストは安い。イ＝生産コストに占める労働費の割合が高い労働集約型工業には、繊維工業や、電気機械の組み立てなどがある。

　2 正解は①　　通信手段が発達しても、ソフトウェアの開発に必要な人材の確保や、情報・知識を得るには大都市に立地することが必要である。②出版業は、情報の集積する東京に集中。③「輸出環境の悪化」とは円高の進行を指す。④人件費の安いアジア諸国に工場が移転している。

次の各文の正誤を答えなさい。

**1** 製品よりも原料の重量のほうがはるかに重い工業は、原料産地に立地する傾向がある。

**2** 魚介類を缶詰に加工する部門は、消費者の多い大都市やその周辺に立地する傾向が強い。

**3** アパレル（衣服）産業のデザイン部門は、流行などに関する各種情報の収集が重要となるため、大都市に立地する傾向が強い。

**4** 新製品の開発に不可欠な製造業の研究開発部門は、静かな環境が重要なので、自然環境に恵まれた山間部に立地する傾向が強い。

**5** 石油化学や石油精製部門は、原料となる石油の輸送に便利な臨海部に立地する傾向が強い。

**6** 製品が軽量で、価格に比べて輸送費の割合が小さい工業は、空港近くに立地することがある。

**7** 電気製品の組立部門は、安価な労働力を得やすい地域に立地する傾向が強い。

**8** 日本の内陸地域では、周辺の山岳地帯の水力発電所整備により豊富な電力が得られ、鉄鋼業の工場が多く立地している。

**9** 日本では1980年代半ば以降には、円高の影響もあり、電機・電子関連の工場が安価な労働力を求めてアジア諸国へ進出した。

**10** 日本では1990年代に入ると、IT技術の進展にともない、これに関連するベンチャー企業が大都市圏に立地するようになった。

1○（セメント工業やかつての鉄鋼業などの原料指向型。このような原料を「重量減損原料」という。）
2×（原料の鮮度が求められるので、原料産地〈魚介類の場合は漁港〉に立地する。）　3○（パリ、ニューヨーク、ミラノ、東京など市場の情報を得やすい大都市に立地する。）　4×（大学やほかの研究機関との連携、人材の確保のために大都市圏に立地することが多い。）　5○（原料と製品の輸送に適した臨海指向型の立地。フランスのマルセイユやフォスなど。）　6○（半導体産業、エレクトロニクス〈電子〉産業などは臨空指向型。）　7○（人件費の割合が高いので労働力指向型となる。日本企業がアジア諸国に進出するのが好例。）　8×（日本の鉄鋼業は資源輸入に有利な臨海部に立地している。鉄鋼業立地と電力との関連は薄い。）　9○（より安価な労働力を求め、アジアNIEs⇒ASEAN諸国⇒中国の順に進出先が移動した。）　10○（ベンチャー企業とは独自の技術や製品で革新的な経営を図る中小企業。情報収集や人材確保などの面から、大都市圏に立地する。）

# 第❽講
# 世界の工業地域

## >> アジアの工業地域

### ❶ 中国

[ 工業のあゆみ ]

　第二次世界大戦後の中国は社会主義国となり、**計画経済**の下で工業化が進行し、内陸でも資源と結び付いた開発が進みました。しかし、人口が多いこともあり、１人あたりの経済レベルは低いままでした。

> **補足**　戦前の中国は、日本の支配下にあった東北部で地下資源が開発されました。しかし工業全体としては、沿岸部に綿工業などがわずかにみられる程度でした。

[ 改革開放政策 ]

　一時の政治的混乱のあと、1970年代後半からは**四つの現代化**と**改革開放**政策が推進されました。先進諸国の技術や資本をとり入れる一方で、計画経済の欠陥を市場システムで補おうとしたのです。

> 四つの現代化
> ①農業
> ②工業
> ③国防
> ④科学技術

　次の２つの改革内容が重要です。
- 市町村や個人が経営する地方企業（**郷鎮企業**）を認めた。
- 南部沿岸に**経済特区**や**経済技術開発区**を設け、外国企業を招き、資本や技術をとり入れた。

## [ 急速な経済成長 ]

　安い労働力を利用した「**世界の工場**」として軽工業を中心に発達し、近年は重化学工業の生産も急速に伸びています。**鉄鋼**・自動車・パソコンなど各分野で世界有数の生産高をあげるようになりました。はじめは輸出向けの工場が中心でしたが、今では経済成長によって拡大した国内市場向けに生産されるようになってきました。

　しかし、急速な成長は環境問題やエネルギー不足などさまざまな弊害も招いています。

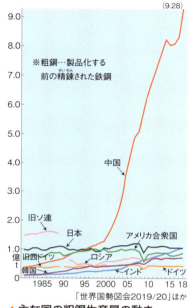

▲ 主な国の粗鋼生産量の動き

▼中国の工業地域

★ =経済特区　①厦門　②汕頭　③深圳　④珠海　⑤海南島

## ② アジア NIEs

NIEs とは、発展途上国の中で工業化が進んだ **新興工業経済地域** のことです。**アジア NIEs** は2カ国（韓国・シンガポール）・2地域（ホンコン・台湾）からなり、その急速な成長から「アジアの四小龍」ともよばれました。

**アジア NIEs の国および地域における特徴**

| | |
|---|---|
| 韓国 | 首都ソウルや東南の沿岸部を中心に成長。アメリカ合衆国や日本との結び付きで工業化を進めてきた。鉄鋼・造船などがさかん。 |
| シンガポール | **中継貿易**※から発達し、現在は電子工業などのハイテク産業が中心。 |
| ホンコン（香港） | イギリス領であったが、中国に返還される。返還前は、改革開放前の中国と資本主義世界との窓口になっていた。**中継貿易**から発達し、現在は加工貿易（工業原料を輸入し、工業製品を輸出する）がさかん。 |
| 台湾 | 中国政府と政治的に対立。コンピュータなどの電子工業が発達。1970年代より**輸出加工区**を設け、中国の経済特区の手本となった。 |

※中継貿易…輸入した商品を一時保管したり、簡単な加工をしたりして再輸出すること。

## ③ 東南アジア

東南アジア諸国は、**輸出加工区**とよばれる特別な工業団地を設け、外国企業の技術と資本（お金）を受け入れて**輸出指向型**の**工業化**を図りました。どの国も**低賃金の労働力**が国際競争の武器です。

### [ タイ ]

農業国ではありますが、先進国の進出により**自動車**の組み立て工業などが発達しています。

### [ マレーシア ]

日本企業などによる**電気機械工業**などが発達しています。また、シンガポールとのつながりも深くなっています。

注　ブルネイは小国ながら石油輸出によって国民1人あたりの経済水準はシンガポールに次ぐレベルですが、工業化は進んでいません。

▲アジア NIEs と東南アジア

> **補足** ＊ベトナムの成長
>
> 社会主義国のベトナムでは、1980年代から**ドイモイ（刷新）政策**によって市場経済を導入し、低賃金労働力を求める外国企業の進出によって**輸出指向型**工業化が進んでいます。BRICsに次ぐ経済成長国として注目されています。

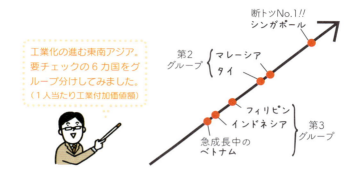

## ❹ インド

インドは、かつて国家による産業の統制が強かったのですが、1990年代からは市場経済と開放政策により先進国の進出を受け入れ、急速に成長しています。

伝統的な**繊維産業**や、資源と結び付いた重工業に加えて、近年はソフト開発を中心に**IT＝情報技術（またはICT＝情報通信技術）産業**が成長しています。

▼インドの工業地域

アジアでは、NIEs → ASEAN →中国→インドの順に、成長の中心が移動している。

## ≫ ヨーロッパの工業地域
### ❶ イギリス
[ 工業のあゆみ ]

▶イギリスでは、ランカシャー地方の綿工業において世界最初の**産業革命**が起こり、「**世界の工場**」とよばれました。

▶2度の大戦を通して、ナンバー1の座はアメリカ合衆国に譲りましたが、近年は**北海油田**の開発、**国営企業の民営化**などにより、経済が回復してきました。

> 補足　＊ランカシャー地方
> 偏西風の風上にあたり、やや降水が多いエリアです。そのため、乾燥すると切れやすい綿花の生産に適していました。また、水力を利用したマニュファクチュア（工場制手工業）の基礎もできていました。

[ 工業地域の変化 ]

　古期造山帯であるペニン山脈の石炭を利用した内陸の工業地域（ミッドランド地方の鉄鋼業など）は、資源が枯れてきました。そのため、輸入資源や北海油田の資源を利用しやすい**臨海部**や、ロンドン近郊の機械・ハイテク工業地域に工業の中心が移りました。

▼イギリスの工業地域

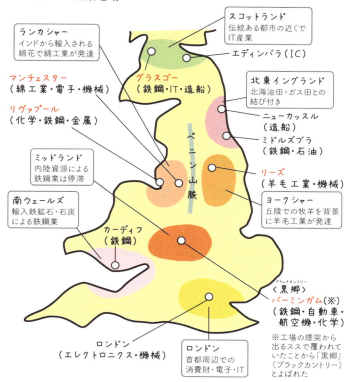

## ❷ ドイツ

[ 工業のあゆみ ]

▶産業革命はイギリスよりおよそ1世紀おくれましたが、第一次世界大戦のころに工業化が進みました。

▶2度の大戦に敗れ、国を東西に分断されましたが、西ドイツは「奇跡の復興」をとげ、高い技術をもとにして世界有数の工業国となりました。

▶1990年の東西ドイツ統一後は、旧東側で工場の閉鎖が相次ぎ、失業者が増えました。

[ ルール地方 ]

ライン川の水運とルール炭田の結び付きで鉄鋼業が発達した、ヨーロッパ最大の工業地域です。近年は資源が減り、地位が下がっています。

▼ドイツの工業地域

補足
ルール地方では、重工業の発展にともなって大気汚染・水質汚濁などの深刻な環境問題が生じました。これに対応し、早くも1960年代から廃棄物処理・リサイクルなどの環境関連産業が生まれ、今ではこの地方の主要な産業の1つとなっています。

## ③ フランス

▶第二次世界大戦後、**産業の国有化**により、EU内では**ドイツに次ぐ工業国**に成長しました。

▶**ロレーヌ地方**の**鉄鉱石**は、**ザール地方**（ドイツ）の**石炭**と結び付き、**鉄鋼業**を生みました。この協力（ECSC〔ヨーロッパ石炭鉄鋼共同体〕➡p.224）が今のEUのもとになりました。しかし、今では資源が枯れています。

▶代わって、**ダンケルク**の鉄鋼業や**マルセイユ**の石油化学工業など、輸入資源を利用する臨海部の工業地域が成長しました。また、南部の**トゥールーズ**では、ヨーロッパ各国の国際分業による**航空機産業**が発達しています。

▼フランスの工業地域

### ❹ その他のヨーロッパ諸国
**[ オランダ ]**

**ライン川**上流の**ルール工業地域**を背景に、臨海部の**ユーロポート**で**化学工業**などが発達しています。

> 補足　ユーロポートは、ロッテルダム港に建設された貿易港です。EUの共同港であり、輸入原油による化学工業都市でもあります。

**[ イタリア ]**

▶北部では、アルプスの**水力発電**や、**天然ガス**を利用した**重化学工業**が発達しています。

▶南部には、南北格差解消のために建設された**タラント製鉄所**があります。

▶ファッション関連やITなどの中小企業が集まる「**第3のイタリア**」が注目されています。

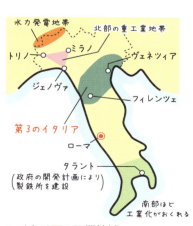

▲イタリアの工業地域

## ❺ ヨーロッパの工業地域のうつりかわり（まとめ）

▶**重工業三角地帯**…北フランス・ルール・ロレーヌを結ぶ古い工業地域です。石炭や鉄鉱石などの内陸資源と結び付いて発達し、第二次世界大戦後の高度経済成長を支えました。

▶**臨海部への移動**…エネルギー革命（石炭から石油への転換）・石油危機や資源の枯渇、産業構造の高度化により、資源輸入に便利な臨海部や、市場と結び付いた大都市周辺へ工業の中心が移動しました。

▶**青いバナナ**…イギリス南部からオランダ・ドイツ・フランスを経てイタリア北部に至る工業ベルトは、大都市が発達し、水陸の交通網で結び付いて産業が発達する、経済水準の高い地帯になっています。その形状とEU旗の色から「青いバナナ（ブルーバナナ）」とよばれています。

▶**ヨーロッパのサンベルト**…工業化がおくれていたスペインからフランス南部・イタリア北部にかけた地中海沿岸部では、近年、エレクトロニクスなどのハイテク産業の集積が進んでおり、アメリカ合衆国のサンベルト（➡ p.130）にちなんで「ヨーロッパのサンベルト」とよばれます。先述の「第3のイタリア」同様、新しい工業地域として注目されています。

▲ヨーロッパの工業地域

## ⑥ ロシア

▶社会主義時代に、各地の資源を結び付ける**コンビナート**（工業地域）や**コンプレックス**（地域生産複合体）を中心に**計画経済**を進めましたが、生産はゆきづまりました。

▶1991年の**社会主義体制の崩壊**による混乱で、工業生産は激減しました。しかし、2000年代に入って、価格が高騰した**原油や天然ガスなどの輸出**によって経済回復が進みました。

▶近年では工業生産も回復しつつあり、**BRICs**（→ p.384）の一員に数えられます。西部の**サンクトペテルブルク**では、ヨーロッパ系や韓国系企業の進出もあって、自動車などの製造業が急成長しています。

▲ロシアと周辺諸国の鉱工業地域

ヨーロッパでは、鉱山と結び付いた内陸の工業地域から、**輸入資源を利用する臨海工業地域**への移動がみられる。

## >> 南北アメリカの工業地域

### ● アメリカ合衆国

[ 特徴 ]

▶豊富な資源と高い技術力が結び付いて、**世界最大の工業力**を持っています。また、巨大な**多国籍企業**（複数の国に工場・研究所・営業所などを持つ企業）が国際的に活動しています。

▶その他、アメリカ合衆国の工業の特徴としては、

- 莫大な軍事支出と結び付いた**軍需産業**の存在
- 巨額の研究開発投資を受け入れる大学との協力（「**産学協同**」）
- 圧倒的な優位に立つバイオテクノロジーなどの**先端技術産業**
- 世界でも高いシェアを誇り、事実上の世界標準となっている**情報通信技術（ICT）**

なども挙げられます。しかし、製造業分野では、賃金の安いメキシコなどへの移転が進んでおり、**産業の空洞化**が問題となっています。

[ 主な工業地域 ]

▶**五大湖沿岸**…**メサビ鉄山**と**アパラチア炭田**を五大湖の水運で結んで発達しました。アメリカ合衆国の重工業の中心ですが、近年は地位が低下し、サンベルト（下記）との対比から、「冷えきった」という意味で**スノーベルト**、**フロストベルト**などとよばれています。

しかし、最近ではかつての製鉄都市**ピッツバーグ**のように先端技術産業（バイオテクノロジーなど）の導入や都市再開発（都心部の環境改善など）によって、新しい工業都市としてよみがえる例もあります。

▶**サンベルト**…**北緯37度より南の工業地域**を指しています。工業用地や労働力・資源が豊富で、第二次世界大戦以降に成長しました。

▶**シリコンヴァレー**…サンフランシスコ郊外のサンノゼ周辺には**エレクトロニクス（電子）工業**が集積し、シリコンヴァレーとよばれています。同じような電子工業の集積地域は各地にみられます。

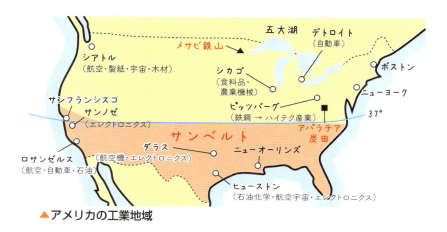

▲アメリカの工業地域

 アメリカ合衆国では、五大湖沿岸の重工業から**サンベルト**の**先端技術（ハイテク）産業**へ、工業の中心が移動している。

## ❷ 中南アメリカ

### [ メキシコ ]

　アメリカとの国境付近に**電気機械工業**などの組立工場が集まっています。部品を輸入し、安い労働力を利用して製品化して再輸出します。日本や欧州の企業も進出し、工場は全土に広がっています。

### [ ブラジル ]

▶ブラジルは、豊かな**鉄鉱石**資源を用いた鉄鋼業や、近年開発が進む**海底油田**の石油を用いた石油化学工業など、ラテンアメリカにおける工業の中心です。国営企業の民営化や**輸出指向型**工業の育成により成長が著しく、**BRICs**の一角を占めています。

▶南部の大都市周辺には、ヨーロッパ系企業の進出による**自動車**組立工業や、高いシェアを誇る**小型航空機**製造業などが立地しています。アマゾン川流域の河港都市**マナオス**には**自由貿易地域**が設定され、外国企業が進出しています。

## 確認問題に挑戦!

図中のア～ウは、自動車(四輪車)生産台数、自動二輪車生産台数、粗鋼生産量のいずれかの指標について、上位10カ国・地域とそれらが世界に占める割合を示したものである。ア～ウにそれぞれあてはまる指標名を答えよ。

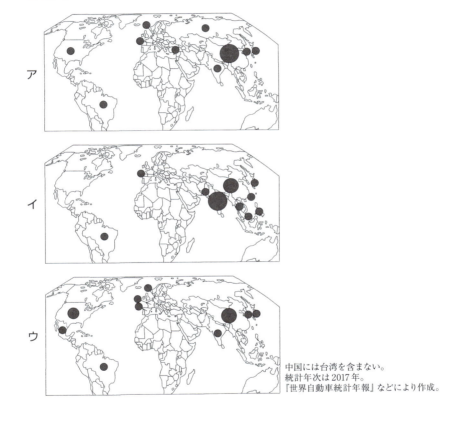

中国には台湾を含まない。
統計年次は2017年。
『世界自動車統計年報』などにより作成。

**正解はア＝粗鋼　イ＝自動二輪車　ウ＝自動車**　アは中国に生産量が集中する。1980年代までは旧ソ連、90年代前半は日本が鉄鋼生産世界一だったが、21世紀に入り中国での生産が急増した。イは、アジア諸国に生産が集中。工業技術の未発達な国でも生産が可能な製品。ウは日米、ドイツなどの先進工業国が中心。最新統計では、中国が世界一で、韓国やブラジルでも生産が増加している。

次の各文の正誤を答えなさい。

**1** テンチン（天津）は、経済技術開発区を持つ直轄市で、首都の外港として機能している。

**2** ホンコン（香港）は、経済特区に指定され、工業化と市街地の拡大が急速に進んでいる。

**3** 韓国では 1970 年代に重化学工業化が進められ、鉄鋼・造船・自動車などの工業が発達した。

**4** フィリピンのマニラ近郊に輸出加工区が設けられ、付近で産出する原油を用いた石油化学工場が多数立地している。

**5** インド南部のバンガロールはソフトウェア産業が発達し「インドのシリコンヴァレー」とよばれる。

**6** ヨーロッパでは、いくつかの国家間で航空機生産の国際分業が行われている。

**7** イタリア南部では衣服やさまざまな機械類を生産する中小企業が集積しており、新たな成長地域として注目されている。

**8** ピッツバーグ（アメリカ合衆国）を中心とする工業地域では、移民労働力を利用した毛織物工業が古くからさかんであり、労働集約的な生産が行われている。

**9** ブラジルでは、外国資本による自動車工場の立地が進んでいる。

**10** 世界の自動車産業は、国境を越えた企業の合併が行われ、先進国への生産活動の集中が進んでいる。

---

**1**○（テンチンは首都ペキン〈北京〉東部の沿岸に位置する港湾都市。綿工業などが立地。） **2**✕（ホンコンは中国の特別行政区で、国際的な金融センター。後半の内容はシェンチェン〈深圳〉。） **3**○（「漢江の奇跡」とよばれる急速な成長を遂げた。ポハンの鉄鋼、ウルサンの造船など。） **4**✕（輸出加工区までは正しい。油田はなく、大資本が必要な石油化学工場も少ない。） **5**○（発達の要因は英語の普及、安い人件費、進んだ理科系教育、アメリカとの時差など。） **6**○（EU各国合弁のエアバス社の航空機は、各国で生産された部品をフランスのトゥールーズで組み立てている。） **7**✕（南部は工業化がおくれている。後半の説明は「第3のイタリア」とよばれる中部〜北東部。） **8**✕（かつては鉄鋼業、近年は再開発によってバイオテクノロジーなど先端技術産業がさかん。） **9**○（先進国企業によるノックダウン生産〈他国で生産された部品を輸入し、現地で組み立てる〉が多い。） **10**✕（前半は正しいが、生産拠点の多くが中国や東南アジアなどの発展途上地域に移転している。）

# 第❾講
# 交通と通信

## ≫ 交通の発達
### ❶ 原始的な交通

　原始的な交通は、アジア・アフリカ・南アメリカの熱帯・乾燥帯や高山地域で今もみられます。人力（人間）や河船のほかに、牛・馬・水牛・ラクダ・となかいなどの家畜の力を用いています。

> 補足　アンデスの高山地方では**リャマ**、チベット高原では**ヤク**を荷役に利用します（→ p.68）。

### ❷ 近代的な交通

　近代的な交通は、「より速く、より大きく」を追い求めて発達しました。18〜19世紀には蒸気機関が登場し、蒸気船や鉄道による世界交通が出現しました。20世紀に入ると自動車と航空機の発達により、世界交通は大きく変化しました。近代的交通機関の発達で、**時間距離**は大きく縮まりました。

> 補足　2地点間の距離を、移動にかかる時間であらわしたものが時間距離です。

明治の末、夏目漱石がロンドン留学のために行った船旅と、現代の航空機による移動を比べてみると、約2ヵ月かかったところが半日に。これが「時間距離の短縮」です。

▲明治の頃と現代の「欧州旅行」

## >> 主な近代的交通機関

### ❶ 鉄道

[ 鉄道交通の歴史 ]

19世紀にイギリスで蒸気鉄道が実用化されてから長い間、鉄道は陸上交通の花形でした。しかし最近では、自動車・航空交通の発達により、その地位は低下しています。

利点
・たくさんの人や物を、遠くまで、速く、安い運賃で運べる
・安全性が高く、運行時間が正確である

欠点
・建設に巨大な費用と高い技術が必要になる
・山地などでは建設がむずかしくなる

[ 大陸横断鉄道 ]

大陸では、内陸部の開発のために、鉄道建設が欠かせません。

▶アメリカ合衆国やカナダで、内陸と東西岸を結ぶ**大陸横断鉄道**は、内陸の農畜産物や地下資源を運んでいます。アメリカ合衆国の鉄道利用は貨物の輸送が中心です。

▶ロシアの**シベリア鉄道**は、森林に覆われたシベリアの開拓と、アジア進出の軍事目的で建設されました。のちに第2シベリア鉄道(**バム鉄道**)も建設されています。

▶アフリカ東部の**タンザン鉄道**は、内陸国ザンビアの銅をダルエスサラーム港まで運ぶためのもので、中国の援助で建設されました。

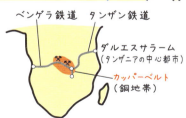

[ 都市間を結ぶ主な高速鉄道 ]

ヨーロッパや日本など国土が狭い国や、人口密度の高い国では、鉄道は旅客(人の輸送)を中心に利用されます。

▶日本の**新幹線**は、世界で最も早く実用化された高速鉄道で、東京~大阪など大都市間の旅客輸送の柱になっています。

▶ ヨーロッパの高速鉄道には、フランスのTGVやドイツのICEなどがあります。
▶ **ユーロスター**は、**ユーロトンネル**（ドーヴァー海峡トンネル）を通り、パリ〜ロンドン間を最速2時間15分で結んでいます。

[ 都市のなかの鉄道 ]

▶ **地下鉄**は、19世紀のロンドンで生まれました。大都市において地上の混雑を減らす役割を果たしています。

▶ かつてさかんだった**路面電車**は、自動車が増えると、その多くが廃止されました。しかし、環境面やバリアフリーの観点ですぐれており、近年では新しい路面電車、**LRT**（Light Rail Transit）が注目されています。

## ❷ 自動車

[ 自動車交通の歴史 ]

　19世紀末にドイツで生まれた自動車は、20世紀に入るとアメリカ合衆国の**フォード**によって**大量生産**されるようになりました。

　近年では、鉄道に代わって、陸上交通の主役になっています。

利点
・小回りが利いて便利
「door to door」の輸送が可能
・人間の行動圏を広げ、行動の自由度を高めた
・工業製品が軽薄短小化している現代では、自動車による小口輸送が重要

欠点
・小型で速度が遅く、大量輸送・長距離輸送には向かない
→自動車の大型化や高速道路などの整備が進み、このような欠点は克服されてきた
・道路の渋滞、大気汚染や騒音などの環境問題、交通事故などを引き起こす危険がある

[ 主な自動車道路 ]

▶ドイツの高速道路**アウトバーン**は、第二次世界大戦時、ヒトラーが軍事目的で建設しました。

▶イタリアの南北を結ぶ**アウトストラーダ＝デル＝ソーレ（太陽道路）**は、開発のおくれた南部を活性化するために建設されました。

▶最も自動車交通が普及したアメリカ合衆国では、全国に網の目のように**フリーウェイ**（高速自動車道路）が発達しています。

▶ブラジルの**アマゾン横断道路**（トランスアマゾニアンハイウェイ）は、セルバを開発する目的で建設されました。しかし、熱帯林破壊の原因となっています（➡p.283）。

[ 都市の交通渋滞の解消 ]

▶ヨーロッパでは、都市の渋滞対策・環境対策として、フライブルク（ドイツ）・ストラスブール（フランス）などで**パークアンドライド**が積極的に導入されています。これは都心部の自動車交通量を減らすため、通勤者が郊外の駅やバス停に自動車を駐車して、鉄道・路線バスなどの公共交通機関に乗り換えるというものです。

▶イギリスなどでは、都心部の道路の通行を有料にする**ロードプライシング**も行われています。

### ❸ 船舶

船舶は古くから、とくに貨物輸送において重要な役割を果たしてきました。船舶は海や川、湖を航路（船の「道」）として貨物輸送を行います。

利点
ほかの交通機関と比べて輸送費がきわめて安い

欠点
速度が遅い

[ 専用船 ]

貨物の輸送においては、運ぶものによってさまざまな専用船が使われています。

▶製造業における国際分業の進展によって、部品や半製品を運ぶのに適した**コンテナ船**の重要性が高まっています。

▶**ホンコン**（香港）や**シンガポール**などの**中継貿易**港には、大規模なコンテナ施設が整備されています。韓国南東部の**プサン**（釜山）は、東アジアのハブ港湾の役割を果たしており、日本の地方港湾向け貨物などが積みかえられています。

**貨物輸送に使われるさまざまな専用船**

| | |
|---|---|
| タンカー | 原油などを運ぶ。 |
| ばら積み船 | 穀物・鉱石・木材などを運ぶ。 |
| コンテナ船 | 規格の決まった箱型容器を運ぶ。海陸の積みかえが簡単だが、港湾施設の整備が必要。 |

| | | |
|---|---|---|
| 海洋 | 北大西洋航路 | 北アメリカとヨーロッパを結ぶ |
| 国際河川 | ライン川 | スイス～フランス・ドイツ国境～ドイツ～オランダ |
| | ドナウ川 | ドイツ～（中・東ヨーロッパ各国）～ルーマニア |
| | アマゾン川 | ペルー～ブラジル |
| | メコン川 | 中国～タイ・ラオス国境～カンボジア～ベトナム |
| 運河 | スエズ運河 | 地中海と紅海～インド洋を結ぶ（2015年に一部複線化し、輸送力が向上した） |
| | パナマ運河 | 太平洋とカリブ海～大西洋を結ぶ（2016年に拡張工事が完成し、輸送力が向上した） |

とくに重要な海洋航路と国際河川、運河について左の表にまとめました。この他、内陸運河も重要です。ヨーロッパやアメリカ合衆国（五大湖周辺）において、河川・湖を結ぶ役割を果たしています。位置関係も大切なので、地図帳などで確認しておきましょう。

## ❹ 航空機

### [ 航空機交通の利点と欠点 ]

▶利点は、とにかく速いことです。よく「世界が小さくなった（＝**時間距離が短縮**された）」といいますが、それはほかならぬ航空機のおかげでしょう。

▶欠点は、運賃が高いことです。また、空港の建設にはさまざまな制約（地形・騒音対策など）があります。

[ 近年の航空輸送 ]

▶航空機での輸送は**旅客**が中心ですが、航空機の大型化にともなって、貨物輸送も増加しています。運賃が高いので、航空貨物は電子製品や精密機械、貴金属など**軽量で高価なもの**や、鮮度が重要な生鮮食料品、花卉などに限られます。

▶航空路線は、**ハブ空港**とよばれる拠点空港から周辺の空港に、自転車のスポークのように放射状に伸びています。ハブ空港は、人や物の流れの拠点となり、周辺に流通センターやハイテク工業団地が立地するなど、高い経済効果を持っています。

▶アジアでは、ハブ空港の地位をめざして、**インチョン**（仁川）・**ホンコン**（香港）・バンコク・シンガポールなどに巨大空港が次々と開業しました。日本の成田国際空港などは、使用料の高さや24時間運用でないことなどがネックとなっています。

[ 主な航路 ]

▶北アメリカとヨーロッパを結ぶ**北大西洋航路**の利用度が高くなっています。

▶アフリカのように陸上交通の整備がおくれた地域では、航空交通のほうが便利な場合があります。

### ❺ パイプライン

　パイプラインは、石油などの流体や天然ガスのような気体をポンプ圧で送る輸送管です。旧ソ連地域〜ヨーロッパ間・中東・アラスカなどで利用されています。

- 陸上交通の中心は鉄道から**自動車**へ移っている
- **船舶**は国際貿易の中心（**貨物**が中心で旅客はわずか）
- **航空機**輸送は旅客・貨物とも割合は小さいが増えている

## >> 世界の通信
### ❶ 通信の発達
[ 発達の歴史 ]

　遠くの人に何かを伝える手段は、郵便から電信・電話・テレックス、そしてファクシミリ・データ通信へと進歩しています。

　みなさんは、当たり前のように携帯メールやメッセージアプリ（LINEなど）のやりとりをしているでしょうが、私の学生時代には考えられなかったことなんです。

　情報のやりとりにおける「**時間距離**」は、ほとんどゼロに近づいています。

[ 情報通信ネットワーク ]

　電信・電話・テレビ信号などの伝送に用いる通信ケーブル網や、**通信衛星**（**CS**）、**放送衛星**（**BS**）、地球観測衛星などの**人工衛星**の利用が、大量の情報伝達を支えています。また、大洋底には光ファイバーの通信ケーブルが通っています。

## ② 情報化社会

### [ 情報化社会の意義 ]

　情報化社会では、情報の質が上がり、量も増えます。人々は情報に依存し、情報産業の重要性が高まります。モノが大切だった**大量消費社会**から、情報（知識）が大切な**脱工業化社会**へと進化したのです。

### [ 情報化社会の進展 ]

　**IT革命**（**情報技術革命**）とは、情報技術の発展によって生じる社会の大きな変化のことです。

　近年、IT産業の役割が急速に高まっています。世界中のコンピュータ通信網を結ぶ巨大ネットワークの**インターネット**は、**IT**の代表的な存在です。

　なお、近年は**ICT**（**情報通信技術**）という言い方も使われます。また、情報通信のネットワークが世界全体を覆っている現代社会を**高度情報社会**とよぶことがあります。

> 補足　インターネット技術は、アメリカ合衆国で軍事技術として生まれました。とくに北ヨーロッパでは、インターネットや携帯電話が早くから普及していました。現在では世界中に普及しています。

### [ 情報化社会の問題点 ]

▶自分に必要な情報、正確な情報の取捨選択が必要になります。

▶インターネットなどを用いた犯罪、電子商取引におけるトラブル、個人情報（プライバシー）の流出・侵害が問題になっています。

▶発展途上国の中には、資金不足からIT革命に取り残されている国・地域があります。また、一国の中でも中央と地方の**情報格差**（**デジタルデバイド**）が広がり、個人単位でも、情報にアクセスできる人々と、そうでない人々の情報格差が広がっています。

# 確認問題に挑戦！

近年は、日常生活の中でも世界との結び付きを実感する機会が多くなった。次の文章は、高校生のサオリさんの日記である。この日記を読み、現代世界の結び付きと交流に関する下の問いに答えよ。

　○月×日　今日、両親がハワイ旅行から帰ってきた。ハワイは多くの観光客で混んでいたらしい。父が空港で撮った写真には、いろいろな国の(a)飛行機が写っていた。私も海外旅行に行きたくなった。

下線部(a)に関して、次の表は、航空旅客輸送量と航空貨物輸送量を国際、国内別に示したものであり、①～④は、アメリカ合衆国、タイ、中国*、日本のいずれかである。①～④にそれぞれあてはまる国名を答えよ。
　*台湾、ホンコン、マカオを含まない。

|  | 航空旅客輸送量〔百万人 km〕 | | 航空貨物輸送量〔百万トン km〕 | |
|---|---|---|---|---|
|  | 国　際 | 国　内 | 国　際 | 国　内 |
| ① | 451,578 | 1,100,387 | 24,727 | 16,865 |
| ② | 97,519 | 94,019 | 9,700 | 985 |
| ③ | 92,947 | 24,184 | 2,367 | 26 |
| ④ | 246,968 | 703,457 | 16,502 | 6,822 |

統計年次は 2017 年。『航空統計要覧』により作成。

**正解は①＝アメリカ合衆国　②＝日本　③＝タイ　④＝中国**　　人口規模や経済水準を参考に考える。①全体に数値が高く、とくに国内での旅客輸送が多い。大都市が分散するアメリカ合衆国では、近距離は自動車、中・長距離は航空機を使う。②アメリカ合衆国に次いで経済水準が高い。③人口規模が小さく国内での輸送量が小さい。④ほかの指標に比べ国内旅客の数値が高いので人口大国とわかる。

次の各文の正誤を答えなさい。

**1** 東アジアでは、日本以外の国・地域でも、高速交通網の基幹となる新幹線・高速鉄道の建設が相次いだ。

**2** アフリカの熱帯地域では、ぬかるみやすい未舗装道路が多く、幹線道路網の整備が不十分である。

**3** オランダは隣接する国々と高速道路で結ばれ、自由な往来が可能である。

**4** ヨーロッパでは、交通渋滞や環境問題に対応して、自動車の利用を抑制したり、路面電車の利用を促進する都市があらわれた。

**5** アメリカ合衆国ではモータリゼーションに対応した店舗立地や生活行動が進んでいるため、旅客輸送では自動車が最も利用されている。

**6** 五大湖の湖岸に立地する都市は、太平洋まで内陸水路で結ばれている。

**7** ユーロポートはヨーロッパ最大の港であり、多くの観光客の玄関口となっている。

**8** 人々の国際的な移動・交流は、航空交通網が地球規模で拡大してきたことにより、船舶よりも航空機に大きく依存するようになった。

**9** 情報通信技術は、地域間で普及の度合いに大きな格差がある。

**10** インターネットは、通信衛星の利用が始まった 1960 年代のアメリカで、すでに家庭まで普及していた。

**1**○（中国〈北京～上海間など〉、台湾〈台北～高雄間〉、韓国〈KTX〉など。）　**2**○（熱帯雨林が広がっている地域の開発は困難である。）　**3**○（EU加盟国間では、国境での検問〈出入国審査〉はなく自由に移動できる。）　**4**○（ドイツの「環境首都」といわれるフライブルクなどでパークアンドライド方式が導入されている。）　**5**○（近距離～中距離移動には自動車、中距離～遠距離移動には航空機を使う。貨物では鉄道の利用度も高い。）　**6**✕（セントローレンス海路を通って「大西洋」と連絡している。）　**7**✕（オランダのロッテルダム港の一部。貨物や資源の取扱量はヨーロッパ最多で、石油化学工業地帯でもある。）
**8**○（近年、航空の自由化やLCC〈格安航空会社〉の参入により、この傾向はさらに拡大している。）
**9**○（先進国と途上国の間にみられるこのような格差をデジタルデバイドという。）　**10**✕（インターネットは60年代に軍事技術として開発され、学術使用を経て、90年代に一般化した。）

# 第❿講
# 貿易・産業の国際化

## >> 貿易のさまざまなかたち
### ❶ 政策による貿易の区別
[ 保護貿易 ]

**保護貿易**とは、**国内の産業を保護**するために、**輸入品に関税**などをかけることです。逆に、輸出品に補助金を出して海外で売りやすくする場合もあります。発展途上国の工業のように成長が不十分

な分野や、日本の農業のようにおとろえつつある分野など、他国との競争にさらしたくない弱い国内の産業を、関税などの壁をつくって守ろうとするわけです。

> 補足　＊ブロック経済
> 世界恐慌（1929年〜）に際し、イギリスやフランスが本国と植民地との間で築いた強い経済関係。このブロックに入れない日本やドイツは、自らのブロックをつくるため、侵略への道を選んだのです。

[ 自由貿易 ]

保護貿易と対になることばが**自由貿易**です。保護策や統制策をとらない貿易政策をいいます。世界中のほとんどの国が何らかの保護貿易政策をとっており、完全な自由貿易国はありません。

> 自由貿易をめざす戦後体制
> ・IMF（国際通貨基金）
> ・IBRD（国際復興開発銀行/世界銀行）
> ・GATT（関税と貿易に関する一般協定）

## [ GATT・WTO ]

　ゆきすぎた保護貿易が、第二次世界大戦の間接的な原因になったといわれます。その反省から、**戦後は自由貿易が重視**されるようになりました。

▶ まず、**GÅTT（関税と貿易に関する一般協定）** が制定されました。加盟国は貿易交渉（ラウンド）を重ね、自由化交渉を行いました。

▶ 1995 年、**WTO（世界貿易機関）** が GATT を発展させる形で発足し、自由貿易のルールづくりのために交渉を続けています。WTO はモノだけでなく、サービス貿易や知的財産権も対象とし、GATT より強い強制力を持っており、経済のグローバル化を押し進めようとしています。

> **補足**　＊GATT のラウンド
>
> 　あるテーマの貿易問題を検討する、連続した会議を**ラウンド**とよびます。8 回目の**ウルグアイ・ラウンド**では多角的な自由化交渉が行われ、農産物について**「例外なき関税化」**をめざし、日本も**米の輸入**を始めることとなりました。

## [ FTA・EPA ]

　WTO の交渉は、世界各国の利害がぶつかり合い、なかなかうまくいきません。どの国も自国の産業を守りたいからです。「先進国が勝手にルールを決めようとしている」という途上国の不満もあります。このような多国間の WTO のゆきづまりから、最近では比較的**合意しやすい 2 国間以上の自由貿易協定（FTA）** を結ぶ動きが目立ちます。日本も、シンガポールなど東南アジア諸国、メキシコなどと FTA を含む **EPA（経済連携協定）** を結んでいます。

> 経済協力のレベル
> ・FTA…自由貿易協定。関税や規制をなくし、貿易を自由にする。
> ・EPA …経済連携協定。FTA を含め、資本・労働力（人的交流）・知的財産権など幅広い経済関係を強める。
> ・RTA…地域貿易協定。FTA に関税同盟（対外的に共通関税を設定し、貿易面で 1 つの国のようにふるまうこと）を加えたもの。

▼日本のFTA・EPA

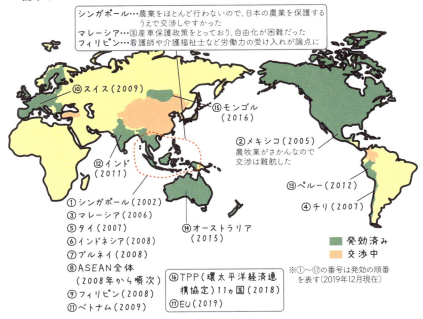

## [ 自由貿易の問題点 ]

「自由」な競争では、先進国の多国籍企業が有利で、発展途上国の弱い産業は抑圧されます。たとえば、途上国の農産物は大企業に買いたたかれ、農園では子どもを含めた働き手が、劣悪な環境で低賃金労働を強いられています。そこで、**フェアトレード**（公正な貿易）による正当な対価を払うことで、途上国における労働者の人権・生活を守ろうとする運動が起きています。

## ❷ 貿易の区分

### [ 垂直貿易 ]

**垂直貿易（垂直分業）** とは、**先進国と発展途上国の貿易の**ことです。経済的な上下関係があるので「垂直」なのですね。先進国は途上国に工業製品を輸出し、途上国から工業原料・燃料や食料品など（これらをまとめて**一次産品**という）を輸入します。途上国は特

定の一次産品（カカオ豆やコーヒー豆などの農産物、石油や銅などの鉱産資源）の輸出に頼る傾向が高く、これを**モノカルチャー経済**といいます。先進国に比べて不安定で弱い構造です。そのため、両者の格差は広がる傾向にあります。

▼開発途上国の輸出品目割合

| 国 | 金額 | 内訳 |
|---|---|---|
| ガーナ（2017年） | 144.0億ドル | 金(非貨幣用) 40.8% / 原油 25.2 / カカオ豆 11.4 / その他 22.6 |
| ベネズエラ（2013年） | 879.6億ドル | 原油 85.1% / 石油製品 その他2.4 / 12.5 |
| チリ（2017年） | 692.3億ドル | 銅鉱 25.3% / 銅 25.3 / 野菜・果実 9.1 / 魚介類 8.1 / その他 32.2 |

「世界国勢図会2019/20」

モノカルチャー経済の例として、ほかにナイジェリアの原油、ザンビアの銅、ボツワナのダイヤモンドなどがあります。

[ 水平貿易 ]

**水平貿易（水平分業）**とは、**先進国どうしの、工業製品を中心とした貿易**のことです。工業製品にもいろいろあるので、それぞれの得意分野の製品を輸出しますが、もちろん国どうしの競合も起きます。この場合、トラブル（**貿易摩擦**）につながることがあります。

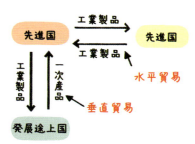

## ❸ 工業と貿易

[ 中継貿易 ]

**中継貿易**とは、**輸入した商品を一時保管**したり、**簡単な加工**をしたりして**再輸出**するやり方です。**ホンコン**や**シンガポール**などの重要港で発達しました。どちらも中国系住民の多いところですね。

> 補足　＊中継貿易の意味
> 社会主義国の中国が改革開放政策を採用する前は、日本・アメリカ合衆国・台湾などの資本主義国（地域）と直接貿易することがむずかしかったため、中継貿易港を間に挟んで取り引きが行われていました。

[ 加工貿易 ]

　**加工貿易**とは、**工業原料を輸入し、工業製品を輸出**する貿易のことです。**日本**や**ドイツ**など、資源は乏しいが高い技術を持つ国でさかんです。

- **保護**貿易⇔**自由**貿易
- **水平**貿易（水平分業）⇔**垂直**貿易（垂直分業）

## >> 日本の貿易と海外投資のうごき

### ❶ 日本の貿易の移り変わり

　第二次世界大戦前は、**綿花**などを輸入し、**繊維製品を輸出**していました。**軽工業の加工貿易**ですね。また、**生糸の輸出**もさかんで、蚕を育てる**養蚕業**は農村の経済を支えていました。

　戦後は、鉱産資源（鉄鉱石・石油など）を輸入し、**工業製品を輸出**する**重化学工業の加工貿易**が中心になりました。

▼輸出入品目の戦前・戦後の比較　　　　　　　　　「日本国勢図会2019/20」ほか

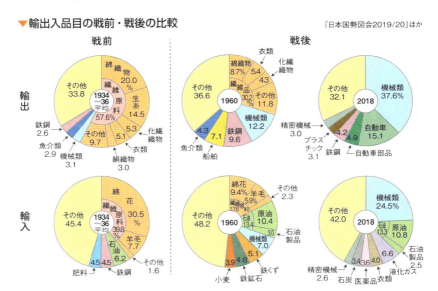

▶主な輸出品は、**繊維製品→鉄鋼・船舶→電気機器→自動車→半導体製品**と変化してきました。

▶貿易相手は、地域別ではアジア、国別では**中国・アメリカ合衆国**の割合が高く、近年は中国との貿易額が急速に伸びています。

▶現在では、原料・燃料のほかに、アジア諸国からの工業製品の輸入が増えています。このため、単純に加工貿易とはよべなくなっています。

では、なぜアジアからの工業製品の輸入が増えているのか。次からみていきましょう。

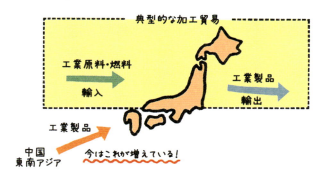

## ❷ 日本企業の海外進出

日本の企業は、1980年代以降、海外への進出を急速に進めてきました。海外進出（対外直接投資）の方法としては、海外に子会社をつくる、外国企業を買収する、外国企業とお金を出し合って合弁会社をつくる、などがあります。

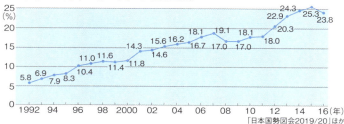

▼海外生産比率の移り変わり（製造業）

「日本国勢図会2019/20」ほか

## [ アメリカ合衆国・EU 諸国への進出 ]

目的は２つあります。

### ▶貿易摩擦をさけるため現地生産を行う

1970年代の石油危機の影響を受け、80年代には燃費のよい日本車がアメリカ合衆国に大量に輸出されました。その結果、アメリカの自動車工場は休業や閉鎖に追いこまれ、多くの失業者を生んだのです。日本の自動車産業は、アメリカでのはげしい「日本たたき」に対応し、現地の労働者を雇って現地生産を増やしました。

### ▶円高が進み、輸出が不利になった

1985年から円高が急に進みました。しかし、現地で生産・販売すれば、通貨どうしの交換比率（為替レート）の影響を受けません。

**円高は輸出に不利！**
　たとえば１ドル＝200円から１ドル＝100円の円高になったとすると、日本で200万円の車のアメリカでの値段は、１万ドルから２万ドルに値上がりします。これでは売れないので、以前の値段のままで売るために、製造にかかるコストを減らさなくてはなりません。

## [ アジア諸国への進出 ]

たくさん必要とされる衣類・雑貨の製造や電気機器の組み立てなどの業種で、部品や工作機械を日本から送り、相手国の**安い労働力**を利用して生産するのが目的です。円高対策にもなります。

製品は、日本に逆輸入されたり、アメリカ合衆国に輸出されたりします。ただし、進出のメリットは下がるので、企業はもっと安い労働力を求めて進出先を変えます。

> **補足**　＊アジアの進出先
> ①はじめは、**アジアNIEs**（韓国・台湾・ホンコン・シンガポール）でした。
> ②次に、タイ・マレーシアなどの**ASEAN諸国**へ移りました。
> ③アジアNIEsやASEAN諸国では、技術レベルが上がり、先端技術製品の生産が可能になりました。
> ④近年は、さらに低賃金を求めて、中国での生産が増えました。
> ⑤中国沿岸部の経済成長が進み、中国内陸部やベトナムなどへの移転も増えています。

企業の海外進出にともない、国内の工場は減り、製造業は衰退します。これが**産業の空洞化**です。国内では、競争力の高い**コンテンツ産業**や独創的な**ベンチャービジネス**を支援するなど、知識・情報・サービスといった付加価値の高い産業の育成が不可欠になっています。

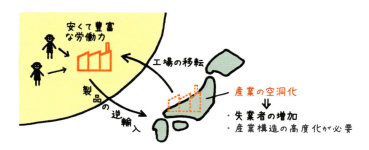

日本の貿易：原料を輸入し工業製品を輸出
→近年は**工業製品の輸入**が増える
　海外進出の目的
→**貿易摩擦**を防ぐ・**円高**に対応する・**安い労働力**を求める

**補足**　＊ODA（政府開発援助）

　ODAとは、先進国の政府が発展途上国に対して行う経済援助。「貧しい隣人に手を差しのべる」という慈善の面もありますが、もちろんオトナの打算や思惑もはたらきます。（1）地理的に近いこと、（2）資源〈例：日本⇒アジア諸国、ヨーロッパ⇒アフリカ産油国〉、（3）歴史的関係〈例：ヨーロッパ⇒旧植民地〉、（4）政治的・軍事的関係〈例：米国⇒かつてのイスラエル・エジプト・イラク〉などです。日本の援助はアジア中心。1960〜80年代は資源輸入先でもあるインドネシア、90年代は中国、2000年代には米国が占領するイラクなどが上位の援助先です。しかし、日本のODAに対しては以前から次のような批判がありました。
①金額は多いが、GNI（国民総所得）に対する割合が小さい。
②条件付きの借款（長期の貸し付け）が多く、贈与が少ない。
③「ひも付き援助」（お金の使いみちを日本企業に限定）が多い。
④援助による開発が、住民の立ちのきなどの問題を起こしている。
⑤アジアにかたより、アフリカの最貧国などへの援助が少ない。
　これらの批判の中には、今もあてはまる部分もあれば（①では国連目標0.7％、先進国平均0.3％に対し、日本は0.28％〈2018年〉）、改善された部分（③の「ひも付き援助」の減少など）もあります。ただ、1990年代には世界一だった援助額が財政難から減少し、2001年に米国に抜かれ、2018年には世界第5位となっています。

## 確認問題に挑戦！

次の図は、日本の自動車製造会社主要3社\*の海外における完成車組立て工場\*\*の分布を国・地域ごとにまとめ、生産開始時期別に示したものであり、ア～ウは、1979年以前、1980～99年、2000～2010年のいずれかである。ア～ウは、それぞれどの時期にあてはまるか答えよ。

\*2009年自動車生産台数上位3社。
\*\*2010年3月時点で存在する工場。合弁・現地資本100％出資を含む。

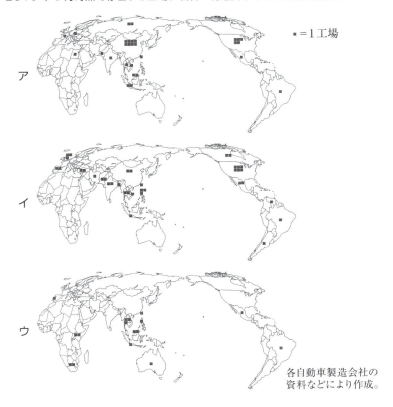

各自動車製造会社の資料などにより作成。

**正解はア＝2000～2010年　イ＝1980～99年　ウ＝1979年以前**　アは中国への進出が多いことから判断。世界の工場として経済成長し、国内市場も伸びつつある現在の中国には世界中のメーカーが生産拠点を置くようになった。イは米欧の立地が多いことから、80年代の貿易摩擦解消のための進出や、その後の円高対策としての進出と結び付ける。ウは立地数が少なく、米欧進出より前。

## 次の各文の正誤を答えなさい。

**1** 日本は高い技術力を背景として工業製品を積極的に輸出し、農産物を大量に輸入する一方、特定の穀物には高い関税をかけてきた。

**2** 中国は巨大な国内消費を背景に、工業製品やエネルギー資源を大量に輸入しており、巨額の貿易赤字をかかえている。

**3** サウジアラビアは豊富で安価な労働力を背景として工業の発展がめざましく、さまざまな資源を大量に輸入しているため、資源の国際価格に大きな影響を与えている。

**4** 日本の食品メーカーがアジアに進出する最大の理由は、良質で安価な労働力を確保できるためである。

**5** 日本の食品メーカーが北アメリカに進出する最大の理由は、土地・建物などが安価なためである。

**6** 日本の企業による海外直接投資の総額は、東南アジア向けよりアフリカ向けのほうが多くなっている。

**7** 日本では近年、食品の安全に関する消費者の関心が高まり、食品の生産国や製造国のちがいに関する情報が表示されるようになった。

**8** 日本のODAの目的の一つは、国づくりに必要な技術移転を促進するために人材養成に協力することである。

**9** 日本のODAの目的の一つは、先進国へ労働者を派遣して母国への送金を奨励し貧困を解決することである。

**10** 日本のODAの目的の一つは、社会・経済基盤整備への投資に協力し経済発展を図ることである。

---

**1**○（特定の穀物とは米。） **2**✕（資源や部品の輸入は多いが、製品輸入は比較的少なく、大量の製品輸出でドイツと並ぶ貿易黒字国。文の内容にあてはまるのはアメリカ合衆国。） **3**✕（経済は石油資源の輸出に依存し、莫大なオイルマネーを背景に、労働力として多くの外国人労働者を受け入れている。） **4**○（近年は、中国などの経済成長により、市場としての魅力も高まっている。） **5**✕（アメリカ合衆国のような先進国では安価とはいえない。最大の理由は販売市場として重要だから。） **6**✕（アフリカは距離的に遠く、産業基盤の整備がおくれており、市場規模も小さい。） **7**○（原産地や遺伝子組み換え食品表示などが義務化されている。） **8**○（教育援助や技術指導は、ODAの中核的な事業である。） **9**✕（この方法では、相手国内の産業の育成がおくれ、経済的な自立に結び付かない。） **10**○（ダムや道路、発電所などの建設といった協力が行われている。）

Section-4 生活と文化／地図

# 第⓫講
# 生活文化

## ≫ 行動のスタイルとレジャー

### ❶ 行動空間の広がり

▶現代は交通機関の発達により、以前に比べて移動にかかる時間がずいぶん短くなりました。これを**時間距離の短縮**といいます。

▶個人の日常生活のなかでは、交通機関のうち、とくに**自動車**が大きな役割を果たすようになっています。このような**車社会化**を**モータリゼーション**といいます。

▶先進国では経済的・時間的なゆとりが増えたこともあり、通勤・通学、買い物、レジャー（余暇活動）などの日常的な行動範囲＝**行動圏**が広がりました。

▼食費支出割合と1人あたり国民総所得

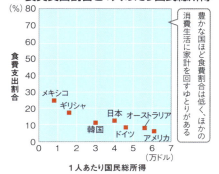

※2017年UNdataなど

▼100人あたり自動車保有台数と1人あたり国民総所得

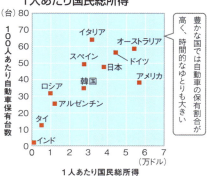

※自動車保有率・国民総所得は2016年
「データブック・オブ・ザ・ワールド2019」

## ❷ 消費行動の変化

買い物行動の変化にともない、売る側も変化してきました。

### [ コンビニエンスストア（コンビニ）]

▶現代人の生活スタイルの変化に合わせて、年中無休で長時間（多くは 24 時間）営業するチェーン店方式の小売店です。

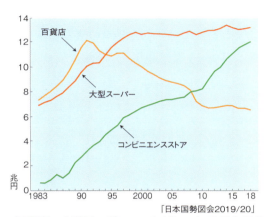

▲百貨店、大型スーパー、コンビニエンスストアの販売額の推移

▶住宅街など生活の身近に立地しています。

▶狭いスペースに多くの品目を並べています。最近は公共料金支払いの代行・チケット販売・ATM などのサービスもあります。

▶豊富で新鮮な品揃えを支えるのは、**POS システム**とトラックによる頻繁な配送です。

> 補足　POS システムは Point of Sales System（販売時点情報管理）の略。商品に付けられたバーコードを、商品を売った時点で読み取り、売り上げや在庫などの情報をコンピュータ処理するしくみです。

▶近年は、人手不足や長時間労働などが問題となっています。

### [ ショッピングセンター ]

▶郊外の主要道路沿いにつくられる、**大型スーパー**を核にした巨大

な商業施設です。モータリゼーションの国、アメリカ合衆国で生まれ、日本にも数多くあります。

▶客は自動車での来店が多く、冷凍食品などをまとめ買いします。1カ所でまとめ買いをする**ワンストップショッピング**が可能なのです。近年は工場から直送される低価格品を売る店が集まった**アウトレットモール**も増えています。

ショッピングセンターは、駅前などにある昔ながらの中心商店街の客を奪っています。日本では、地方経済の落ちこみとも関連して、閉店した店舗の並ぶ「**シャッター通り**」が問題になっています。

> 補足　**＊ショッピングセンターの特徴**
>
> ①**郊外の幹線道路沿い**など、交通条件のよいところに立地します。
> ②広い平置き式の駐車場を持ちます（そのため都心での立地は困難）。
> ③**大型店舗**（キーテナント）といくつかの**専門店**が集まります。
> ④レストランや映画館（※）などの**娯楽施設**が設置されることもあります。
> 　※多くのスクリーンを持つシネマコンプレックス（シネコン）が増えています。

## ［ デパート ］

高価な品揃えをする大型店舗の百貨店（**デパート**）の多くは**都心のターミナル駅近くなど**にあります。店舗数は減少傾向にあります。

## ［ 専門スーパー ］

**郊外の道路沿い**には、衣料品・食料品・住宅関連のスーパーマーケット（**専門スーパー**）が増えています。

## ［ 外食店 ］

外食産業の**ファストフード**店や**ファミリーレストラン**は、食文化の画一化につながると指摘されながらも、世界中に広がっています。

> 買い物行動
> ● 最寄り品…日常的に頻繁に購入する食料品や雑誌、薬品など。
> ● 買いまわり品…専門店やデパートを回って選択する家具や高級衣料など。
> ※最近は、ワンストップショッピングの普及で、最寄り品も数日に一度の購入になっています。

> ここできめる！
> 
> モータリゼーションによる社会・生活の変化
> →**ショッピングセンター**の発達

## ❸ レジャー・余暇活動

[ レジャー・余暇活動の変化 ]

現代の日本では、経済的・時間的なゆとりが増え、加えて交通機関の発達により行動空間が広がったことで、**レジャー（余暇）**や**余暇活動**への欲求が高まっています。

ただ、かつて「エコノミックアニマル」「働きバチ」と揶揄されていた日本人のレジャーは、同じ先進国でもフランスなどのヨーロッパ諸国とはずいぶんちがうようです。

（補足）＊働き方の変化

**フレックスタイム制**やウィークデー休日による通勤ラッシュの回避、通信ネットワークを利用した在宅勤務（テレワーク）や**SOHO**（※）による通勤からの解放など、働き方の多様化によっても余暇は増えます。
※Small Office Home Office の略。自宅をオフィスにする個人事業者。

▼ヨーロッパにおける主な国ごとの観光客受入・送出数

「遊ぶ人」は北から南へ移動していますね。「働く人」（移民）は、逆に南から北への移動が多いのです。

## [ フランスの余暇活動 ]

　フランスやドイツでは労働時間の短縮が進んでいます。夏の長期休暇（**バカンス**）を**リゾート**（保養地・行楽地）でのんびり過ごすという富裕階層の伝統は、高度経済成長期以降の制度化で庶民のものとなりました。このような観光の大衆化を**マスツーリズム**といいます。

▶ フランスでは、夏期休暇と土日を合わせ、年間5週間の有給休暇付与が制度化されています。

### 主な国の労働時間と休日
(2016年)

| | 総実労働時間 | | 年間休日（日） | | |
|---|---|---|---|---|---|
| | 年間 | 週当たり | 週休日 | 年次有給休暇 | 法定休日 |
| 日　本 | 1713 | 37.6 | 104 | 18.2※ | 16 |
| アメリカ | 1783 | 46.2 | ー | 8.0 | 10 |
| イギリス | 1676 | 41.5 | 104 | 25.0 | 8 |
| ド イ ツ | 1363 | 40.0 | 104 | 30.0 | 9 |
| フランス | 1472 | 38.2 | 104 | 25.0 | 11 |

※平均取得日数は9日　　「データブック オブ・ザ・ワールド 2019」

日本の休日日数は、祝日（法定休日）がやや多いものの、労働者の権利である有給休暇の利用が少なくなっています。

▶ 地中海沿岸東南部のリゾートは、以前は限られた人を対象にした高級リゾートでした。しかし今では明るい太陽を求めて、フランスだけでなくイギリス・ドイツ・北欧などから多くの人が集まります。

▲地中海沿岸のリゾート地

▶ スイスやフランスのアルプス山脈周辺には登山やウインタースポーツを楽しむ観光客のための山岳リゾートが発達しています。

## [ 日本の余暇活動 ]

　ヨーロッパ諸国と比べて、日本人のレジャーはどうでしょうか。一度にとれる休日数は少なく、バカンスを楽しめる人も一部ですね。

▶多くの日本人観光客は、年末年始・お盆・GW（ゴールデンウィーク）などの短い休暇に集中して行動します。そのため、混雑や渋滞のなか、短期間に観光地をあわただしくめぐることになります。

▶近年は**労働時間の短縮**が進み、より充実した余暇活動を求めて**海外旅行**に出かける人が増えています（年間 1,600 ～ 1,900 万人）。日本を出国する人はバブル経済後に急激に増加し、行き先は中国・韓国をはじめとするアジア諸国、アメリカ合衆国のハワイやグアムが多くなっています。

> 補足　日本を訪れる外国人は 2011 年の東日本大震災で落ちこんだあと、急増しています。この背景にはアジア諸国の経済成長がありますが、日本側では観光ビザ発給の要件をゆるめたり、海外での宣伝活動（ビジットジャパンキャンペーン）を強めたりして、「**インバウンド**（日本に来る観光）」の拡大を図っています。

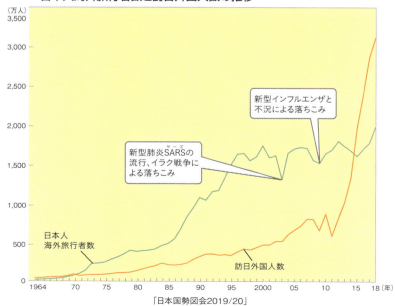

▼日本人海外旅行者数と訪日外国人数の推移
「日本国勢図会2019/20」

日本のリゾートは民間を中心に開発されるため、利用にかかる費用が高いうえ、地価の高騰など地元の人々の生活に悪影響を与えたり、環境破壊につながったりするケースも目立ちます。

[ 新しい余暇活動 ]

　ヨーロッパでは、リゾート開発による環境破壊などへの反省から、新しい余暇活動が生まれています。

▶**グリーンツーリズム**…都市の住民が**農山村に滞在**し、自然や文化に触れ、地元の人々と交流を行う**体験型の観光**のことです。

▶**エコツーリズム**…**環境保護に配慮した観光**のこと。少人数のグループが、専門家や現地の人のガイドを受けながら自然に接します。ヨーロッパのほか、中部アメリカのコスタリカの例が有名です。

レジャーのちがい
- 日本→**短期周遊型**　・ヨーロッパ→**長期滞在型**

## >> 衣食住のちがい

### ❶ 衣服

[ 気候による衣服のちがい ]

▶寒い地域では、ロシアの毛皮帽、**エスキモー**（カナダでは**イヌイット**とよぶ）の毛皮服などが特徴的です。

▶暑い地域で有名なのは、インドの**サリー**やベトナムの**アオザイ**など。いずれも女性用ですが、高温多湿の気候に合わせたものです。

▶砂漠地帯では、サウジアラビアのトーブなどのように、強い日差しを防ぐためにすそが長く全身を覆う衣服が着用されます。

▶高山地域では日較差が大きいため、アンデス地方の**ポンチョ**のように寒暖の変化に応じて脱ぎ着できる衣服がみられます。

▲イヌイットの毛皮服

▲インドのサリー

▲サウジアラビアのトーブ

▲アンデスのポンチョ

[ 特徴のある民族衣装 ]

　民族によって歴史的・文化的な背景を持つさまざまな衣服がみられます。このような衣服を**民族衣装**といいます。

▶ムスリム（イスラム教徒）の**チャドル**（女性）、朝鮮半島の**チマ・チョゴリ**（女性）・**パジ・チョゴリ**（男性）、スコットランド（イギリス）の**キルト**（男性）などが有名です。

▶アメリカ合衆国の藍染の作業着だった**ジーンズ**のように、ファッションとして世界各地に広がっているものもあります。

> 補足　最近では、発展途上国の低賃金労働力でつくられた安価なカジュアルウエア（ふだん着）が、多国籍企業によって世界規模で売られています。

▲イスラム女性のチャドル　　▲朝鮮半島のチマ・チョゴリ

[ 衣服に使用する原料 ]

　衣類の原料に何を使うのかについても、地域によって差があります。

▶**絹**は、中国から東南アジアの一部、西アジアまで広がっています。かつて中国の絹をヨーロッパに運んだシルクロード（絹の道）の影響ですね。

▶**木綿**は、最も一般的な繊維原料で、熱帯から温帯までの広範囲に広がっています。

▶**毛織物**は、絹や木綿の生産がむずかしい寒冷地域・乾燥地域・高山地域などが中心です。

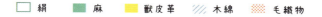

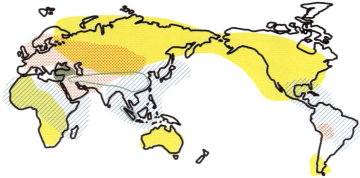

▲世界の伝統的な衣服圏

補足 ＊毛織物

原材料は**羊毛**が代表的ですが、アンデス地方の**アルパカ**やチベット高原の**ヤク**など、地域によりさまざまな家畜が利用されています。

## ❷ 食生活

[ 主食のちがい ]

▶**米**を主食にするのは降水量の多い**モンスーンアジア**です。米は栄養価が高いため、降水量の多いほかの地域にも広がっています。

▶**小麦**は西アジアのやや乾燥した地域が原産地です。そこから南アジアやヨーロッパに広がり、ヨーロッパ人によって「新大陸」にも広がりました。

### 米の輸入統計

米は自給的な作物で、生産量に対する貿易量の割合が低い農作物です。また輸入国は輸出国に比べて多様で、多くの国が少しずつ輸入しています。そのため、米の輸入国の統計は輸出国（インド・タイ・ベトナムなど）に比べて年度による変化が大きいので注意が必要です。

▼作物の発生と伝播

▶**雑穀**とは米・麦以外の穀物で、もろこし・こうりゃん（ソルガム）、ひえ・きび・あわ（ミレット）、豆類などをいいます。主にアフリカで、また稲作の困難なアジア北部のやや乾燥した地域でも栽培されます。中南アメリカでは**とうもろこし**を粉にして食べます（メキシコのトルティーヤ、タコスなど）。

▶いもを主食にするのは東南アジアや太平洋の島々です。アフリカでは、焼畑農業による**ヤムいも**（山芋のなかま）・**タロいも**（里芋のなかま）の生産がさかんです。南アメリカでは、高山の寒冷地では**じゃがいも**を栽培し、熱暑地では**キャッサバ**という植物の根からでんぷんを取ります。これがタピオカです。

[ その他の食物のちがい ]

▶ヨーロッパなどでは、動物性たんぱく質として畜産物・乳製品を食べます。

▶東アジアでは、たんぱく源として主に大豆や魚介類を食べます。

### ▼主食の分布

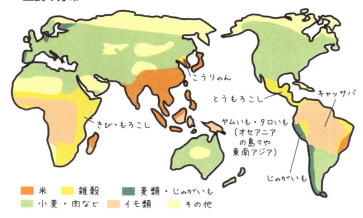

■ 米　　■ 雑穀　　■ 麦類・じゃがいも
■ 小麦・肉など　■ イモ類　■ その他

### ▼家畜の統計 (世界の飼育頭数に占める国別の割合)
「世界国勢図会 2019/20」

| 羊の頭数 | (%, 2017年) |
|---|---|
| 中国 | 13.4 |
| オーストラリア | 6.0 |
| インド | 5.2 |
| ナイジェリア | 3.5 |
| スーダン | 3.4 |

| 牛の頭数 | (%, 2017年) |
|---|---|
| ブラジル | 14.4 |
| インド | 12.4 |
| アメリカ合衆国 | 6.3 |
| 中国 | 5.6 |
| エチオピア | 4.1 |

| 豚の頭数 | (%, 2017年) |
|---|---|
| 中国 | 45.0 |
| アメリカ合衆国 | 7.6 |
| ブラジル | 4.2 |
| スペイン | 3.1 |
| ドイツ | 2.9 |

### ▼畜産物の生産量 (世界の生産量に占める国別の割合)
「世界国勢図会 2019/20」

| 牛肉の生産量 | (%, 2017年) |
|---|---|
| アメリカ合衆国 | 18.0 |
| ブラジル | 14.4 |
| 中国 | 10.4 |
| アルゼンチン | 4.3 |
| オーストラリア | 3.1 |

| 牛乳の生産量 | (%, 2017年) |
|---|---|
| アメリカ合衆国 | 14.5 |
| インド | 12.4 |
| ブラジル | 5.0 |
| ドイツ | 4.8 |
| ロシア | 4.6 |

| チーズの生産量 | (%, 2014年) |
|---|---|
| アメリカ合衆国 | 24.7 |
| ドイツ | 12.1 |
| フランス | 8.3 |
| イタリア | 5.5 |
| オランダ | 3.4 |

| バターの生産量 | (%, 2014年) |
|---|---|
| インド | 38.1 |
| アメリカ合衆国 | 8.5 |
| パキスタン | 7.3 |
| ニュージーランド | 4.7 |
| ドイツ | 4.4 |

## [ 宗教と食べもの ]

▶インドの**ヒンドゥー教**では、**牛**を神聖なものとして食べません。牛に限らず、肉食全体を避けます。

▶イスラームでは、**豚**は不浄なものとして食べません。羊などの肉は食べますが、神の名を唱えながら聖職者が屠殺したものだけを食べます。また**飲酒も禁止**されています。

▶日本でも、江戸時代までは肉食は一般的ではありませんでした。これは仏教の戒律に影響を受けたものと考えられます。現代日本の肉類消費はそのころに比べると大きく増えましたが、欧米の先進国よりもずっと少ない量です。

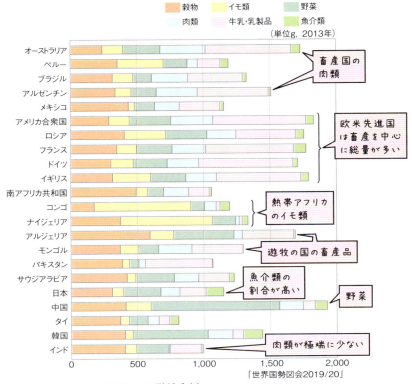

▲主な国の1人1日あたりの供給食料

### ③ 住まい〜気候による住居のちがい〜

▶シベリアのような**寒さの厳しいところ**では、小さいサイズの二重窓で寒さを防ぎます。また、永久凍土の上に建物を建てるときは、熱が地面に伝わらないように床を高くするといった工夫がなされます（→ p.69）。

▶東南アジアのように**暑くて雨の多いところ**では、風通しのよい**高床式住居**がみられます。害獣・害虫を避ける意味もあります。また、雨をよく流すように屋根の傾斜はきつくなっています。

▶西アジアや北アフリカなどの**暑くて乾燥したところ**では、石や泥、**日干しレンガ**などでつくられた住居が特徴的です。日差しをさえぎるため、窓はないか、あっても小さいものだけです。また、屋根は平らです。

▶アジア内陸部の遊牧民は、毛織物や皮革でできた移動式のテントに居住します。これはモンゴルでは**ゲル**、中国では**パオ**とよばれます。

▲イヌイットの冬の住居「イグルー」

▲東南アジアの高床式住居

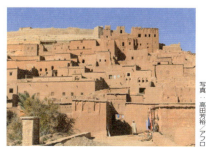
▲砂漠の中の家

▲モンゴルのゲル

## 確認問題に挑戦！

次の図は、肉類の消費量が1人1日当たり85kcal以上の国・地域について、牛肉、家禽*の肉、羊・やぎの肉、豚肉のうち、1人1日当たり消費量が最も多いものを示したものである。図をみて、肉類消費の地域性について説明した文として下線部が適当でないものを、下の①〜④のうちから1つ選べ。

*鶏などの飼育された鳥類。

消費量が最も多い肉
- □ 牛肉
- ▨ 家禽の肉
- ■ 羊・やぎの肉
- ▨ 豚肉
- ■ 肉類の消費量が1人1日当たり85kcal未満
- □ データなし

統計年次は2013年。
FAOの資料により作成。

① アフリカでは、<u>経済水準が低く植物性食物中心の食事になっていることにより</u>、肉類の消費量が少ない国が多くみられる。

② アメリカ合衆国やカナダでは、<u>牛肉を食べる習慣も根強い</u>が、家禽の肉の消費量が最も多くなっている。

③ 西アジアでは、<u>宗教的な背景から家禽の肉の消費がほとんどみられず</u>、伝統的に羊・やぎの肉の消費量が多い国がみられる。

④ ヨーロッパの多くの国では、<u>古くから混合農業の1部門として豚の飼育がさかんであるため</u>、豚肉の消費量が最も多くなっている。

---

正解は③　西アジアで最も広く信仰されるイスラームでは、豚を不浄な動物として、豚肉食を禁止している（ハラームという。許される食べ物はハラール）。家禽の肉は関係ない。①②肉類（とくに牛肉）は、多くの穀物を飼料にして生産されるため、その消費は経済力の高い先進国中心である。④混合農業では、穀物と牧草や飼料作物を輪栽し、商業的に家畜を飼育する。

## 次の各文の正誤を答えなさい。

1　コンビニエンスストアは、多様な品揃えで深夜営業などの長時間営業を行う小売店であり、多様な消費者のニーズに対応している。

2　ショッピングセンターの多くは、都心周辺のターミナル駅前に立地し、オフィス街からの来客を見込んでいる。

3　日本の大都市圏において、住宅地内部に立地する商業施設では、購買頻度の高い日用品よりも、高級衣料品や宝飾品が多く扱われている。

4　1980年代以降、日本の年間休日数は増えているが、有給休暇の取得率はヨーロッパ諸国に比べ極めて低い。

5　日本を訪れる外国人旅行客数は、ヨーロッパでの日本ブームによって急増している。

6　西ヨーロッパには、費用をあまりかけずに農山村に滞在して文化や自然に親しむ、グリーンツーリズムとよばれる余暇活動がみられる。

7　ローマでは、都市中心部で古代遺跡群を核とする大規模な再開発事業が進み、ホテルやカジノを併設した都市型テーマパークが形成されている。

8　フランスのリゾート地として知られる都市では、長期滞在型の宿泊施設が多くのバカンス客を集めている。

9　先進国の消費文化が普及したインドの大都市では、外資系のファストフード店が多くの利用客を集めている。

10　沖縄県竹富町の伝統的住宅は、台風対策のため、家屋を低くし、周囲に石垣を設けている。

1○（24時間営業も多く、生活スタイルの多様化に対応している。）　2×（ショッピングセンターは、郊外の幹線道路沿いに立地し、自動車による来客を見込んで大型駐車場を備えている。）　3×（最寄り品〈日用品〉は近隣で、高級衣料品・宝飾品などの買いまわり品は中心部の商業地域で購入。）　4○（休日の増加は、主に週休2日制の普及と祝日の増設による。）　5×（2012年からの急増は、韓国・中国〈台湾〉・タイなど、アジア諸国からの来訪客が中心。）　6○（滞在型・体験型の余暇活動である。）　7×（テーマパークとは遊園地のように演出された観光施設であり、遺跡は含まれない。古代遺跡群を修復・保全するための再開発は行われうる。）　8○（フランスでは長期〈25日〉のバカンスを与えることが企業に義務づけられている。）　9○（ハンバーガーの世界的チェーン店も進出しているが、宗教上の理由から牛肉を使わないメニューが提供されている。）　10○（屋根の赤瓦は白い漆喰で塗り固められている。）

# 第⓬講
# 村落と都市・都市問題

## >> 村落
### ❶ 村落のできるところ
[ 集落 ]

人が住む家屋の集まりを**集落**といいます。集落のうち、住民が主に**農林水産業**で働いているものを**村落**、**商工業**中心のものを**都市**として区別します。集落の立地は、周辺の地形や水利など**自然条件**と深いかかわりがあります。

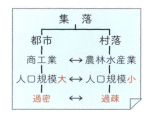

[ 村落 ]

村落には、**農村・漁村・林業村**などがありますが、日本の村落の大部分は農村です。村落（とくに農村）は、生活の面でも産業の面でも**水**とのかかわりが深く、村落のできる場所も水との関係で決まります。

> 補足　**濃尾平野**の木曽川・長良川・揖斐川が合流する付近では、水害を避けるために周囲を堤防で囲んだ**輪中集落**が発達しました。

#### ▼水との関係による村落の立地

水の乏しいところ・・・水を得やすい場所に立地

| | |
|---|---|
| 扇　状　地 | 伏流がわき出す扇端部（新しい住宅地は扇央に） |
| 台　　　地 | 台地端の崖下（新しい住宅地は台地上） |
| 砂　　　漠 | 地下水のわき出すオアシス、外来河川の周辺 |

水の多いところ・・・水害を避ける場所に立地

| | |
|---|---|
| 氾濫原・三角州 | 微高地である自然堤防の上 |
| 海　岸　平　野 | 砂が堆積してできる小高い地形（浜堤）の上 |

## ❷ 村落と歴史

　村落のなりたちには、自然の条件だけでなく、その国・地域の歴史や政治制度も大きく影響します。歴史的な背景を持つ日本の村落をまとめてみましょう。

### 日本の歴史的な村落

| 時　代 | 集落の種類 | なりたち | 地名の特徴 |
|---|---|---|---|
| 古　代 | 条里集落 | 律令制下の班田制による。直交路、方形の地割り、ため池 | 一条・二条…（里・反・坪・面など） |
| 中　世 | 荘園集落 | 貴族・寺社の私有地にできる | 本庄・新庄・別所・給田 |
| 中　世 | 豪族屋敷村 | 地方豪族(武士)の館が中心 | 根古屋・堀の内・寄居 |
| 近　世 | 新田集落 | 幕府・藩の新田開発で開拓 | ○○新田・新開 |
| 近　代 | 開拓集落* | 明治政府による北海道の開拓が目的。格子状の区画 | 機械的な路線名（東1号・北2線など） |

＊ 開拓集落　…アメリカ合衆国の中西部開拓で採用された**タウンシップ制**(＊＊)をまねた散村の形態を持つ計画的村落。さまざまな形態の**屯田兵村**と区別すること。

＊＊ タウンシップ制…開拓者のために公有地を格子状に分割するしくみ。この開拓地は後のホームステッド法で開拓農民に与えられた。

▲開拓集落
区画の大きい格子や地名に特徴がある。
「士幌」1：25000（国土地理院）より

## ❸ 村落のかたち

村落のかたちを分類すると、下のようになります。

**村落のかたちによる分類**

| | | |
|---|---|---|
| 集村 | 塊村 | 家屋が不規則に密集。自然発生的で、もっとも一般的にみられる。 |
| | 列村 | 自然堤防や浜堤などの上に、家屋が不規則な列をつくる。 |
| | 路村 | 道路に沿って家屋が並ぶ。**新田集落**にみられる。ドイツやポーランドの**林地村**は、路村の一類型。 |
| | 街村 | 主要な街道に沿って家屋が密集。宿場町や門前町など商業的。 |
| | 円村 | 教会・広場を中心に家屋が環状に並ぶ。ドイツなどの開拓村。 |
| 散村 | | 家屋が分散。開拓・農作業を効率的に行える。火災の延焼防止。 |

▶**集村**は、限られた用水を共有し、農作業や防衛を共同で行うため、民家が密集する自然発生的な村落です。

▶**散村**（散居村）は、地下水などが豊富で生活用水が得やすく、治安が安定している地域にみられます。富山県の**砺波平野**や島根県の**出雲平野**などの散村では、孤立した家屋を季節風の吹きさらしから守るための**屋敷林**が独特の景観をつくっています。アメリカ合衆国のタウンシップ制による村落も散村です。

▲砺波平野（富山県）　　　写真：エムオーフォトス／アフロ

▼塊村

奈良盆地の条里集落。灌漑用の四角いため池がみえる。
「大和郡山」1：25000（国土地理院）より

▼路村

武蔵野台地（埼玉県）の新田集落。短冊のような地割りが特徴。
「所沢」1：25000（国土地理院）より

▼列村

河川や旧河道に沿った微高地（自然堤防）に水害を避けて家屋が集まる。
「石巻」1：25000（国土地理院）より

▼街村

東海道の宿場町だが、鉄道開設後は宿場の役目は終えた。
「亀山」1：25000（国土地理院）より

▼円村

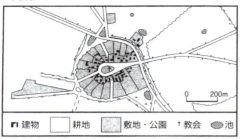

日本には存在しない。
周囲の耕地を放射状に分割する。

▼散村

砺波平野（富山県）はゆるやかな扇状地で、地下水を得やすい。家屋は屋敷林に囲まれる。「砺波」1：25000（国土地理院）より

### ❹ 村落の変化

日本の農山村・漁村では、高度経済成長期（1950年代後半〜1960年代前半）に人口が都市部に移動し、いわゆる**過疎化**が問題となりました。極端な人口の**高齢化**に苦しむ**限界集落**も問題になっています。

> 補足　＊**挙家離村・向都離村**
> 農山漁村から世帯単位で移転することを**挙家離村**といいます。地域の共同体がくずれ、残された世帯への影響が大きくなります。移転先が都市の場合、**向都離村**といいます。

## >> 都市

### ❶ 都市のできるところ

都市は商工業と結び付いて発達するので、物や人の流れが重要です。交通、とくに貨物輸送に大きな役割を果たす水上交通との関係に注意しましょう。

> 補足　**エスチュアリー**（三角江➡p.34）は、入り江の奥まで外航船が入れるので、交通の要地として都市が発達しやすくなります。

また、都市の立地しやすい位置を整理しておきましょう。

## 交通上の都市の位置

| 位置 | 主な例 |
|---|---|
| 河口 | ニューオーリンズ（ミシシッピ川）<br>シャンハイ（長江） |
| 河川の合流点 | ウーハン（長江とハン川） |
| 湖岸 | シカゴ（ミシガン湖）、大津（琵琶湖）<br>ジュネーヴ（レマン湖） |
| 港湾 | 東京、フィラデルフィア |
| 海峡 | イスタンブール（ボスポラス海峡）<br>下関（関門海峡）<br>シンガポール（マラッカ海峡） |

▲エスチュアリーの大都市

## 地形上の都市の位置

| 位置 | 主な例 |
|---|---|
| 平野・盆地の中心 | パリ（パリ盆地）<br>ベルリン（北ドイツ平原） |
| 谷口* | ペキン、青梅（東京） |
| 峠のふもと | ミラノ・トリノ（イタリア）<br>小田原 |
| 高山都市 | ボゴタ（コロンビア）<br>ラパス（ボリビア） |

▲滝線都市
急斜面や崖下に位置する。水力が利用できるうえ、河川交通の終点として発達。アメリカ東岸の滝線では、紡績・製粉などをもとに工業都市が成立している。

**補足** ＊谷口集落

山地と平地が接するところ（大扇状地の扇頂など）に、両地域の物資が集まり、集落が発達します。関東平野の周辺部に多く、青梅のほか、八王子（東京）、宇都宮（栃木）、寄居・飯能（埼玉）などがこれにあたります。

## ❷ 都市のはたらきと形態

都市は、その機能によって分類することもできます。大きく分けると**生産都市・交易都市・消費都市**などです。

### 都市機能による分類

| 生産都市 | 鉱工業・水産業・林業など |
|---|---|
| 交易都市 | 商業・貿易・交通など |
| 消費都市 | 政治・宗教・軍事・学術・住宅・観光・保養など |

ヨーロッパでは、18世紀後半に産業革命が始まると、政治・商業的機能を中心とした消費都市や交易都市に加え、生産都市である**鉱工業都市**が成立しました。鉱工業都市には多くの労働者が住み、商業や交通も発達しました。

　都市は道路形態によっても分類できます。

[ 直交路型 ]
　古代中国の都（それをまねた日本の都）、新大陸の都市など。
　例）シーアン（西安）・ペキン（北京）・京都・奈良・ニューヨーク・シカゴ・札幌など。

[ 放射環状路（放射同心円）型 ]
　近世以降の国家建設時における首都など。
　例）モスクワ・パリ・キャンベラ・デリー（ニューデリー）・カールスルーエ［ドイツ］など。

[ 放射直交路型 ]
　例）ワシントンD.C.・ベロオリゾンテ［ブラジル］など。

[ 不規則(迷路)型 ]
　外敵からの防御、強い日射しをさえぎる。
　例）ダマスカス［シリア］・チュニス［チュニジア］・テヘラン［イラン］・デリー（オールドデリー）・日本の城下町など。

[ その他 ]
　計画都市ブラジリア（上空からみると飛行機の形）など。

### 3 都市地域のようす

発達した都市は、周辺の村落や小さな都市に影響を与えます。これが**都市機能**です。

> 補足　たとえば、卸売業（小売店に商品を卸す問屋など）は商圏が広いので、大都市に集中します。したがって、卸売業者は東京・大阪や地方の中心都市には多いのですが、（人口は多くても）それらに隣接する周辺都市には少ないのです。埼玉や千葉は東京の都市機能に含まれているので、卸売業者は多くありません。

都市の内部は、機能によっていくつかの地域に分かれています。

[ 都心 ]
- **中心業務地区（C.B.D）**…企業の本社・金融機関など。
- **中心商業地区**…デパート・高級専門店など。

[ 副都心 ]

都心と郊外を結ぶ鉄道の始発駅のあるところに形成されやすい。東京における新宿・渋谷など、パリにおけるラ＝デファンスなどがこれにあたります。

[ 周辺部～郊外 ]

住宅地など。各地域がどのような位置関係で分布するかについては、いくつかの学説があります。

> 補足　都心では、**昼間人口**は極端に**大きく**なり、**夜間人口**は著しく**小さく**なります。また、地価が高いため、高層化と地下の利用が進み、都市空間が垂直的に広がっています。

▶となり合う2つ以上の都市が拡大して結び付いた都市群を**コナーベーション**（連接都市）といいます。ドイツのルール地方や、日本の京浜地区などが、その例です。

▶いくつかの巨大都市（**メトロポリス**）が高速交通や通信で強く結び付いた都市化地帯を**メガロポリス**（巨帯都市）といいます。**アメリカンメガロポリス**（アメリカ東海岸）と**東海道メガロポリス**（東京～大阪）が、その代表例です。

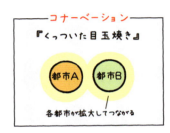 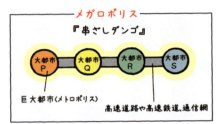

## >> 都市問題

### ❶ 都市と人口

▶世界中で都市域が拡大しています。1950年には約3割だった世界の都市人口の割合は、2015年には約5割になり、2030年には6割になると予測されています。

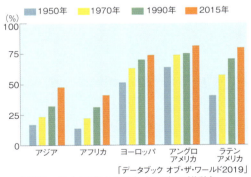

▲**都市への人口集中（都市人口率の推移）**

ラテンアメリカは発展途上地域の割に都市人口率が高くなっています。これには、歴史的な事情があります。先住民は人口の増えにくい高山地帯などに居住し、ヨーロッパ系移民は平野部で粗放的な（人手をかけない）大農園を経営したため農村人口が少ないのです。白人の地主は沿岸の開発拠点（都市）に集住しました。

▶先進国の都市人口の割合が高いのはもちろんですが、発展途上国ではその伸び率が大きくなっています。ただし、発展途上国では国全体が都市化するのではなく、**特定の都市に人口が集中**するケースが目立ちます。

▶かつての植民地では、宗主国（支配した国）が中心都市を建設しました。そして、独立後も中心都市に人口が集中しました。こうして発達した巨大都市（多くの場合、その国の首都）は、貧しい農村からの青年層を中心とした人口流入により、ますます成長し、第2位以下の都市との差を広げます。この第1位都市が**プライメートシティ**（首位都市）です。**バンコク**（タイ）や**メキシコシティ**（メキシコ）が、その代表例です。

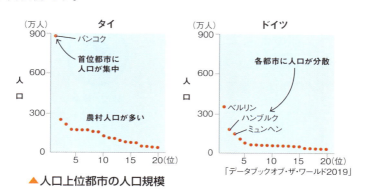

▲人口上位都市の人口規模

## ❷ 発展途上国の都市問題

発展途上国では、国内の他地域に比べて経済の発達した首位都市でも、住宅や道路などの生活基盤は不十分で、それほど多くの仕事があるわけではありません。過剰な人口が集中すれば、さまざまな問題が発生します。

▶**交通渋滞**、**大気汚染**、環境の悪い住宅街（**スラム**）、**ホームレス**や**ストリートチルドレン**などの問題があります。

▶また、**失業率**も高く、公共の土地などに勝手に住みつき、路上の物売りや靴みがきのような公的な統計にあらわれない職業（**インフォーマルセクター**）で生計を立てる人もいます。

### ③ 先進国の都市問題

先進国でも、**人口の過密**によって生じる交通渋滞や大気汚染は深刻ですが、先進国特有の都市問題もあります。

### [ ドーナツ化現象 ]

都市に人口や機能が集中すると、都心部ではオフィスが増加し、地価が高くなります。すると、人々は昼には都心部に働きに来て、夜は周辺部や郊外のマイホームに帰ります。こうして**都心部の夜間人口**（住んでいる人）**が減少**し、**人口が空洞化**するさまをドーナツの穴になぞらえ**ドーナツ化現象**といいます。

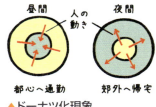
▲ドーナツ化現象

### [ スプロール現象 ]

都市化の波が郊外に広がり、農村だった地価の安いところが、道路・上下水道・学校などの整備が不十分なまま虫食い状に開発され、住宅が増えます。これを**スプロール現象**といいます。

> 補足　公共性の高い道路・上下水道・電気・ガスのような社会資本（産業や生活の基盤になるもの）を**インフラストラクチャー**（**インフラ**）といいます。インフラは、災害時においては**ライフライン**として意識されます。

### [ インナーシティ問題 ]

都心周辺部で住環境の悪化が進むと、裕福な人々は郊外の環境のよい住宅地に移ってしまいます。すると、建て替えできない古い集合住宅に貧しい人・高齢者・移民などがとり残されます。そしてしだいに治安が悪化し、街がスラムのようになっていきます。これがヨーロッパやアメリカ合衆国の大都市でみられる**インナーシティ問題**です。

**補足**

**＊エッジシティ**
　アメリカ合衆国では、環境の悪い大都市から、住宅だけでなく企業も郊外に脱出するようになり、高速道路のインターチェンジ周辺などにオフィスや商業施設の集まる**エッジシティ**が形成されています。

**＊セグリゲーション**
　アメリカ合衆国やヨーロッパの大都市では、移民や外国人労働者が民族ごとに集まって住む**セグリゲーション**（住み分け）がみられます。

## ❹ 都市政策

### ［大ロンドン計画］

　産業革命以降のロンドンでは、人口集中により労働者の住環境が悪化する一方で、無秩序な都市の拡大が進みました。この解決のため、第二次世界大戦後に**大ロンドン計画**が行われました。これは都心部を**グリーンベルト**（緑地帯）で囲み、**郊外にニュータウンを建設**するというものです。ニュータウンといっても、日本のニュータウンのような単なる住宅都市（**ベッドタウン**）ではなく、企業や工場もあり、商業・文化・娯楽施設も備えた**職住近接**を実現しています。

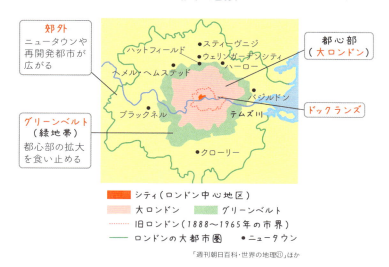

「週刊朝日百科・世界の地理㉑」ほか

## [ 再開発 ]

近年は、空洞化が進んだ**インナーシティでの都市再開発**も進んでいます。古い建物を一掃して、オフィスビルや高層住宅を建設するのです。とくに、古い港湾施設などの跡地を利用できる**ウォーターフロント**（水辺）**の再開発**がさかんです。たとえば、ロンドン東部はテムズ川に面した港湾地区（**ドックランズ**）でしたが、コンテナ化に乗りおくれて衰退していました。そこで一掃型の再開発を行い、オフィスビルや商業施設をつくり、今では人の流れが戻っています。東京の台場、横浜のみなとみらい21などもこの例です。

> **補足** ＊一掃型と修復・保全型
> パリ郊外の副都心**ラ＝デファンス**などの再開発は、古い建物をとり払い、跡地に高層ビルなどを建設する**一掃型**で行われています。一方で、歴史的建築物の多い地域では、景観保全を前提に再開発を慎重に行う**修復・保全型**で行われており、パリ中心の商業地区**マレ**などでみられます。

## [ ジェントリフィケーション ]

再開発によって、若者や家族世帯を中心とする比較的裕福な人々がインナーシティに流入する現象を**ジェントリフィケーション**といいます。これは東京の都市部などでも増えています。

発展途上国
- **プライメートシティ**に人口集中→住宅難（**スラム**）→公害

先進国
- 都心の**空洞化**→**インナーシティ問題**
  　　　　　　→**再開発**によるジェントリフィケーション
- 郊外の**都市化**→**スプロール現象**・**ニュータウン**建設

次のページでこの講での重要用語を整理しておきます。聞き慣れない言葉も多いと思いますが内容をよく理解して、しっかりとチェックをしておいてください。

## 〈都市・都市問題の用語チェック〉

| | |
|---|---|
| メトロポリス | 政治・経済・文化の中心となる巨大都市。東京・ニューヨーク・ロンドンなど。 |
| メガロポリス | いくつもの大都市が高速交通・通信網で強く結び付いた巨大な都市地帯。 |
| コナーベーション | となり合う2つ以上の都市が、市街地の拡大で連結したもの。 |
| 一極集中 | 1都市にその国の諸機能が集中すること。日本など。（⇔多極分散＝ドイツなど） |
| ヒートアイランド現象 | 人工的に発生した熱で都市部が周辺に比べて高温になる現象。 |
| ドーナツ化現象 | 地価の上がった都心部の人口が減って空洞化し、周辺で人口が増加する現象。 |
| インナーシティ問題 | 都心部が空洞化し、夜間人口が減少、治安・住環境が悪化する問題。 |
| セグリゲーション | 移民の多い欧米の大都市で、民族などにより居住地が分かれる現象。 |
| スプロール現象 | 郊外において虫食い状に宅地開発され、無秩序に都市化が進む現象。 |
| 田園都市 | 田園と都市のそれぞれの長所をあわせ持つように計画的に建設された都市。ハワード（英）が提案。 |
| 大ロンドン計画 | 産業と人口を分散し、ロンドンの過密を解消するための戦後の都市計画。 |
| ニュータウン（イギリス） | 大ロンドン計画でロンドン郊外に建設された職住近接の都市。 |
| グリーンベルト | 大ロンドン計画でロンドンの既成市街地の外側に設けられた緑地帯。 |
| ニュータウン（日本） | イギリスとちがい、職住分離の単なるベッドタウンに過ぎない。 |
| 都市再開発 | 空洞化・老朽化した市街地を整備・再生する。一掃型と修復・保全型がある。 |
| ジェントリフィケーション | 都市再開発によって、都心部に比較的豊かな人々が流入する現象のこと。既存住民のコミュニティが崩れる例もある。 |
| ウォーターフロント | 再開発の対象となる古い倉庫や港湾施設の建ち並ぶ「水辺」の地域。 |
| アメニティ | 歴史や自然なども含めた、総合的な居住環境の快適さ。都市機能の一つ。 |
| インフラストラクチャー | 道路・住宅・鉄道・上下水道・電気・文教施設などの社会資本。 |
| ライフライン | 道路・電気・ガス・水道など、災害時にまず確保すべき「生命線」のこと。 |
| プライメートシティ（首位都市） | 諸機能が集中し、2位以下との差が大きい人口最大都市。 |
| スラム | 都市周辺の住環境の悪い貧困者の住宅街。ラテンアメリカではファベーラという。 |
| ストリートチルドレン | 保護を受けられず、路上の物売りなどでその日ぐらしをする子ども。 |
| スクオッター | 住宅地でない公有地や空き地などを不法に占拠して生活する人々。 |

## 確認問題に挑戦！

次の図は、ヨーロッパの伝統的な村落形態について、その代表的な分布域を示したものであり、下のア〜ウの文は、図中のX〜Zのいずれかの村落形態について述べたものである。ア〜ウにあてはまるものを、それぞれX〜Zから1つずつ選べ。

Murphyほか, *The European Culture Area* により作成。

ア 道路沿いに家屋が列状に並び、その背後に農地がのびる村落形態であり、中世以降に森林を開拓してつくられたものが多い。

イ 家屋が一戸ずつ分散する村落形態であり、近代以降に、広い草地を必要とする家畜飼育を営む地域につくられたものが多い。

ウ 塊状に集まった家屋の周りに農地が広がる村落形態であり、古くから農業がさかんな地域に形成されたものが多い。

正解は**ア＝Y　イ＝X　ウ＝Z**　アはドイツ・ポーランドからロシアにかけてみられる、森林の開拓によって成立した林地村(路村の形態を持つ)の説明である。イは人口の希薄な北欧やアルプスにみられる、家畜の飼育に必要な広大な農地(牧草地)に対応した散村の説明である。ウはフランスや地中海沿岸地域にみられる、伝統的な農村部に一般的に多い集村の説明である。

## 次の各文の正誤を答えなさい。

**1** 日本の河岸段丘では、段丘面上よりも段丘崖に村落が立地することが多い。

**2** 日本の山間部では、第二次世界大戦後に農地の整理統合が進んだことから、散村の形態をとる村落が多い。

**3** 中世以降、森林開発によって成立したドイツの林地村は、教会を中心に、家屋や耕地・林地が同心円状に配列されている。

**4** C.B.D（中心業務地区）には、知識集約型の先端技術産業の製造工場が集積している。

**5** 東京圏から大阪圏にかけての地域には、多くの大都市・中都市が帯状に分布し、これを東海道メガロポリスとよぶ。

**6** ロンドンの不良住宅街は、大規模な再開発事業によりグリーンベルトに変わっている。

**7** アメリカのインナーシティでは、大規模なショッピングセンターなどが集中し、週末にはレジャーを楽しむ人々で賑わい、周辺では交通渋滞が起こる。

**8** 中央・南アメリカやサハラ以南のアフリカなどの旧植民地国では、首位都市（プライメートシティ）が成立しやすい。

**9** インドネシアのジャカルタでは、市内の人口流入を促進する政策を進めてきたことにより、人口の都心回帰現象がみられるようになった。

**10** ナイロビでは、多国籍企業の集まる現代的なオフィス街が形成される一方で、不良住宅地区も形成されてきた。

---

**1**✕（傾斜が急な崖には村落は立地しない。村落は崖下の水の得やすい場所に立地。）　**2**✕（散村は砺波平野・出雲平野などわずか。大半は集村。）　**3**✕（林地村は開拓道路に沿って列状に並ぶ集落〈列村〉。後背に短冊状の耕地。「同心円状」は円村の説明。）　**4**✕（C.B.Dは大企業の本社といった中枢管理機能が集積するオフィス街で、工場は立地しない。）　**5**〇（アメリカ合衆国東岸とならぶメガロポリス〈巨帯都市〉である。）　**6**✕（グリーンベルトは大ロンドン計画において市街地の拡大を防ぐ目的でつくられた郊外の緑地帯で、開発は規制されている。）　**7**✕（ショッピングセンター、ロードサイドショップは人口の郊外化にともない郊外の主要道路沿いに立地。）　**8**〇（旧宗主国による支配の拠点となった都市に投資などが集中する。）　**9**✕（ジャカルタのあるジャワ島は人口過密で、ほかの島への移住政策がとられるほどである。人口の都心回帰は、再開発の進む東京での現象。）　**10**〇（ケニアのような発展途上国の都市には、失業者の多いスラムがみられる。）

# 第⓯講
# 地図と地理情報

## ≫ 時刻と時差
### ❶ 時差とは

　地球は西から東へ自転しているので、経度によって時刻が異なります。これが**時差**です。**本初子午線**を基準にした時刻を**世界標準時**、または**グリニッジ標準時（GMT）**とよびます。GMTに対し、**東経では時刻が進み、西経では時刻がおくれる**ことになります。360°÷24時間＝15°ですから、**経度差15度で1時間**の時差が生じます。経度15度ごとに設定された共通の時刻を持つエリアを**等時帯**（標準時間帯）といいます。

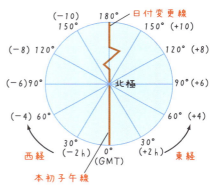

▶日本は**兵庫県明石市を通る東経135度**を**日本標準時子午線**としています。なぜ明石市なのかというと、それは経度の135度が**15の倍数**だからです。135°÷15°＝9ですから、**GMTより9時間**進んでいます（**GMT＋9**と表現します）。

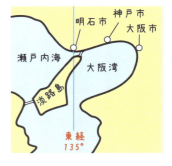

▶国土の大きな国は大変です。ロシアは11、アメリカ本土は4つもの等時帯を持っています。中国は東と西で60度以上も経度差があるのに、等時帯は1つです（**GMT＋8**）。

▶東・西経180度線に沿って日付変更線が設定されています。陸地や国家の領域を通過しないように曲がっていますが…。

▶日付変更線を西から東へ越えると日付を1日戻し、逆なら1日進めます。

▶太平洋の真ん中の島国キリバスでは、島々が180度線をまたいで東西に広がるため、以前は国内に2つの日付がありました。そこで日付変更線を大きく曲げ、国全体を変更線の西側に入れてしまいました。

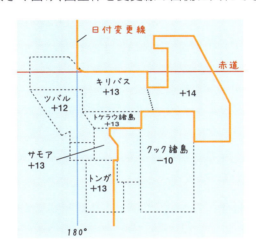

補足

**＊サモアと日付変更線**
　2011年にはサモアが、国土の西側に引かれていた日付変更線を東側に移動させました。経済的・社会的につながりの深いオーストラリアやニュージーランドに近づけたのです。

**＊サマータイム**
　夏季、日中の時間を有効に利用するために、時計の時刻を**標準時より1時間進める**制度。中高緯度の欧米諸国を中心に採用されています。時差の計算問題では注意が必要です。

 経度**15**度につき、1時間の時差がある

## >> 世界像の移り変わりと地図の歴史

### ❶ 古代

[ バビロニアの世界地図 ]

現存する最古の世界地図（**B.C.700年**ころの古代**バビロニア**の世界地図）では、平らな円盤状の世界が表現されています。

▶バビロニアの地図（模式図）
ティグリス・ユーフラテス両川の下流域で発見。粘土板に描かれている。

[ エラトステネスの世界地図 ]

地球が球体であるという考えは、紀元前のギリシャで生まれました。この説に基づき、**エラトステネス**は2地点の太陽高度の差を利用して、地球の大きさをかなり正確に測定しました。また、緯線を用いた世界地図もつくっています。

▼エラトステネスの測定

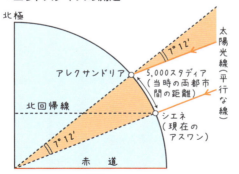

地球一周は、$5,000 \times \dfrac{360°}{7°12'} = 250,000$ スタディア
$≒44,500$ km（実際の値は40,000 km）

▼エラトステネスの世界地図（模式図）

地中海地方がほぼ正しく描かれている。経緯線がはじめて使われた。

[ プトレマイオスの世界地図 ]

ローマ時代の**プトレマイオス**の世界地図では、曲線の経緯線が用いられました。このように、古代の世界像は科学的な視点から発達していきました。

▼プトレマイオスの世界地図(模式図)

### ❷ 中世

中世のヨーロッパでは、キリスト教的な世界観が絶対視され、自然科学はおとろえます。

▶この時代につくられた**TOマップ**（OTマップ）とよばれる地図は、聖地エルサレムを中心とした非科学的な円盤状の世界地図で、ギリシャ・ローマ以前に逆戻りしています。

▶一方、ギリシャ・ローマ時代の科学的知識は、イスラーム世界に受け継がれ、発展しました。12世紀の**アル＝イドリーシー**の世界地図では、世界の範囲が拡大しています。

▼TOマップ

聖地エルサレムを中心に世界を描いた宗教的な地図。地図の上が東になっている。

### ❸ 大航海時代

　近世のヨーロッパでは、十字軍の遠征やマルコ＝ポーロ（イタリア）の『東方見聞録』により、東方への関心が高まりました。

▶15 〜 16 世紀、ヨーロッパ人が新航路を開拓していった時期を**大航海時代**といいます。**1492 年**につくられた現存する最古の地球儀には、南北アメリカ大陸は描かれていません。しかし同年、**コロンブス**（イタリア）がアメリカ大陸に近い**サンサルバドル島**（バハマ諸島）**に到達**したことで、「新大陸」の存在が明らかになります。

▶1498 年には、**ヴァスコ＝ダ＝ガマ**（ポルトガル）がアフリカ南端経由でインド南西のコルカタへ到達し、1519 〜 22 年には**マゼラン**艦隊（ポルトガル）が世界一周を達成します。

　その後、太平洋地域の航海・探検により、ヨーロッパ人の知る「世界」は地球全体に及びました。

> **補足**

**＊コロンブスの発見**
　アメリカ大陸の存在を知らなかったコロンブスは、自分が西回りでインドに着いたと思いこみ、中米の島々を西インド諸島と名付けています。先住民をインディアンやインディオとよぶのも、ここからきています。のちに、本物のインド以東は「東インド」とよばれました。世界史で学ぶ「東インド会社」（貿易を独占し、植民地を支配する特権的会社）もこのことです。

**＊「新大陸」**
　ヨーロッパ人が新たに発見した南北アメリカ大陸やオーストラリア大陸のことです（ユーラシアやアフリカは旧大陸）。しかし、これらの大陸にはもともと住民がいましたから、ヨーロッパ人目線の他民族を軽視した用語です。

### ❹ 日本

▶日本全図としては、古くは奈良時代の行基がつくったとされる『行基図』が知られていますが、お団子が重なったような図で位置関係だけをあらわしており、科学的ではありません。また、当時の世界観は「三国」、すなわち日本・中国・インドに限定されていました。

▼**行基図**(模式図)

▶16世紀に南蛮人の渡来などで地理的知識は増えましたが、鎖国によって中断されます。

▶19世紀、江戸時代の後半に**伊能忠敬**が実測による科学的で正確な日本地図『**大日本沿海輿地全図**』を完成させたのは歴史上の快挙です。

▲大日本沿海輿地全図　　　　　　　　　　　　国立国会図書館蔵

## >> 地図投影法

世界地図を正しい要素によって分類しましょう。

### ❶ 地球儀

角・方位・距離・面積などの要素をすべて正しくあらわせるのは**地球儀**だけです。地表面を平面に写しとる（投影する）と必ずどれかの要素が歪みます。

### ❷ 正積図法

**面積**の割合が正しい図法で、分布図や密度図に利用します。

▶**サンソン図法**は、経線が正弦（サイン）曲線になります。低緯度の歪みが小。

▶**モルワイデ図法**は、経線が楕円曲線（ホモグラフ）で、中・高緯度の歪みが小。

▶**グード（ホモロサイン）図法**は、サンソン・モルワイデ図法のいいところをつなぎ合わせ、さらに海に切れ目を入れて形の歪みを抑えています。

▶**ボンヌ図法**は緯線を同心円に描きます。世界がハート形になります。

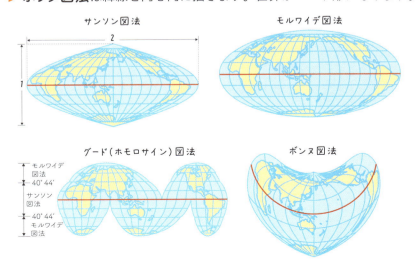

### ❸ 正角図法

**メルカトル図法**が**重要**です。メルカトル図法は、円筒に投影する図法を改良したものです。**等角航路**が直線になるので、**海図**に利用されます。

> 補足　等角航路は、舵角（進路と経線のなす角）が一定になるコースのこと。羅針盤を使う航海で用いられます。

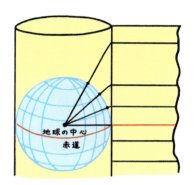

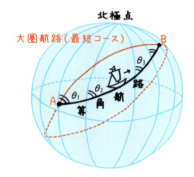

注：この図は一般的な円筒図法のイメージモデルであって、計算による任意図法であるメルカトル図のつくり方そのものを示したわけではない。

- 「等角」とは∠$θ_1$＝∠$θ_2$＝∠$θ_3$＝…ということ。これら舵角が一定であれば、「北」さえわかれば進路が決まる。
- 「大圏航路」は地球の中心を通る切り口（大円）の一部＝弧AB

メルカトル図法には次のような欠点があります。
- 赤道上と経線方向をのぞくと、**大圏航路**（2点間の最短コース）が曲線になります。
- ある地点からの東西方向がわかりにくくなっています。
- 高緯度ほど距離と面積が極端に拡大されます。オーストラリア大陸の面積はグリーンランド島の3.5倍ですが、メルカトル図では逆にグリーンランドのほうが大きくみえます。
- 両極点をあらわすことができません。

▲メルカトル図法

### ❹ 正方位図法

**正距方位図法**は、図の中心からの**距離と方位が正しい**ものです。図の中心からの大圏航路が直線であらわされ、**航空図**に利用されます。

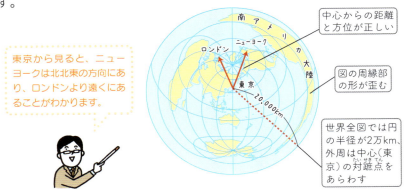

正距方位図法には次のような特徴があります。
- 図の中心から任意の点までの距離と方位が正しくあらわされます。
- 図の周縁部の面積や形が大きく歪みます。
- 世界全図の場合、半径2万kmの円になります。図の外周は中心の対蹠点です。
- 極を中心にすると、緯線は等間隔の同心円になり、経線は放射状になります。ほかの場合は、中央経線のみ直線で、経緯線は複雑な曲線になります。
- 国際連合旗に使われています。

▶国際連合旗のマーク
北極を中心として南緯60度より南をカットしている。

- 正積図法　→サンソン図法、モルワイデ図法、グード図法
  「サン＋モル＝グー」
- 正角図法　→メルカトル図法（**等角航路**が直線になる、**高緯度**の面積が拡大される）
- 正方位図法→正距方位図法（中心からの距離と方位が正しい、図の周縁部が歪む）

## >> 地図の種類と利用

### ❶ 地図の分類

身近な地域をあらわす実用的な地図についてまとめておきます。

| 作成法に<br>よる分類 | 実測図 | 航空写真・測量などで作成したもの。2万5千分の1地形図など。 |
|---|---|---|
| | 編集図 | 実測図を編集したもの。5万分の1地形図・地勢図・地方図など。 |
| 縮尺に<br>よる分類 | 大縮尺図 | (1万分の1以上※) 狭い範囲をくわしくあらわす。 |
| | 中縮尺図 | (10万分の1〜1万分の1※) |
| | 小縮尺図 | (10万分の1以下※) 広い範囲をコンパクトにあらわすのに適した地図。20万分の1地勢図、50万分の1地方図など。 |
| 利用目的<br>による分類 | 一般図 | 地形などの基本情報だけが描かれ、多目的に用いる。国土地理院発行の地形図など。 |
| | 主題図 | 特定のことがらをあらわす。土地利用図・天気図・気象図・土壌図・植生図・地質図など。ほかに、身近な観光地図・イラストマップ・市街図・交通図・路線図・**ハザードマップ**（住民の避難のために災害の発生地点を予測した防災用地図）などさまざまなものがある。 |

※この数値は目安で、縮尺の大小は相対的なもの。

ところで、メンタルマップという言葉を知っていますか。人が頭の中に持っているイメージとしての地図のことです。試しに、白い紙に世界地図を描いてみてください。それをみれば、あなた自身の空間理解を知ることができます。

### ❷ 統計地図

あることがらの数量や分布を、統計数値をさまざまに加工してあらわした地図を**統計地図**といいます。統計地図の作成では、一般的に正積図を基図（ベースマップ）として用い、その上に統計の内容を視覚的にあらわします。

## 〈統計地図の分類〉

### ドットマップ
分布のようすを点のちらばりで表現する。
人口・家畜など。

1点=20万頭

### 等値線図
等しい値の地点を線で結ぶ。
等高線・等温線・等降水量線など。

（単位=mm）

### 図形表現図
「○」「□」や図案の大きさで数値をあらわす。
工業生産額など。

30,000人
10,000
3,000

### 流線図
人や物の移動量を矢印の幅であらわす。
交通量・貿易統計など。

9万トン以上　　5〜9万トン
1〜5万トン

### 階級区分図
（コロプレスマップ）
地域ごとに階級に応じて塗り分ける。

製造業の平均賃金
■ 高位
■ 中位
□ 低位

### メッシュマップ
地図に方眼をかけて、網の目（メッシュ）にあたる地域の情報を表示。天気予報のアメダスの地図など。コンピュータ利用に適する。

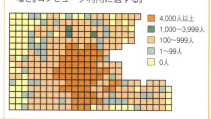

■ 4,000人以上
■ 1,000〜3,999人
■ 100〜999人
■ 1〜99人
□ 0人

### カルトグラム
（変形地図）
地図の形をデータに
合わせて変形したもの。
強い印象を与える。

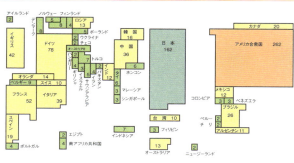

### ❸ コンピュータの利用と地理情報

**[ アメダス ]**

**アメダス**（地域気象観測システム）は、全国約 1,300 地点の気温・降水量などのデータをもとに、メッシュごとの気候値を推定し、地図化します。

**[ 人工衛星の利用 ]**

▶**リモートセンシング**（遠隔探査）とは、地球観測衛星**ランドサット**などから地表のようすを調べることです。

▶**GNSS**（**全地球測位衛星システム**）は、衛星からの電波で位置を測定します。**カーナビゲーション**などに利用されています。（**GPS**はアメリカ合衆国の運用する GNSS の固有名詞です。）

▶「**ひまわり**」などの**気象衛星**は、天気予報の精度を高めるのに役立っています。

**[ 地理情報システム ]**

**地理情報システム**（**GIS**）は、地理情報をコンピュータ向けにデータベース化し、取り出し・解析・加工・組み合わせが簡単にできます。GIS によって、地図からさまざまな情報を読みとれるようになりました。特定の情報を表示する主題図や、**ハザードマップ**（➡p.196）のようなシミュレーションマップなどがつくれます。これは行政・地域研究・ビジネスなどに応用されています。

GPS と間違えやすいので注意しましょう。

**[ 電子地図 ]**

**コンピュータマッピング**技術やコンピュータグラフィック（CG）を利用した電子地図（**デジタルマップ**）が増加しています。国土地理院の地図も、インターネットで閲覧が可能になっています（「地理院地図」）。

## 時差の計算問題

※いずれも「サマータイム」は考えない

時差の計算問題は重要なので、練習してみましょう。

①東京で午後3時にロンドン(イギリス)に電話した。ロンドンは何時か?

②成田を午前10時に出発した航空機でバンコク(タイ＝標準時子午線は東経105度)に現地時間14時30分に着いた。飛行時間はどれだけか?

③日本で7月7日午前9時に、ニューヨーク(アメリカ東海岸＝標準時子午線は西経75度)で行われているメジャーリーグの試合を生中継で見ていた。現地の日時を求めよ。

### 解答

①ロンドンは本初子午線が通り経度0°、日本は東経135°。東にある日本のほうが時刻は進んでいる。時差は135°÷15°＝9(時間)。午後3時は15時だから、15－9＝6、よって**午前6時**

②(135°－105°)÷15°＝2(時間)で、東にある日本のほうが2時間進んでいるから、出発したのは現地時間で10－2＝8時。
14時30分－8時＝**6時間30分**

③日付変更線をまたぐと面倒なので、日本から西へと戻していく。
(135°＋75°)÷15°＝14(時間)で、日本のほうが14時間進んでいるから、日付が前日になることに注意して、(9＋24)－14＝19、
よって**7月6日午後7時**

## 確認問題に挑戦！

次の表は、山形県最上地域の市町村ごとに15歳未満人口割合、人口密度、野菜の産出額の値を示したものであり、下の図中のア〜ウは、いずれかの指標をあらわした地図である。アとイは色が濃いほど、ウは円の面積が大きいほど大きな値を示している。ア〜ウは、それぞれどの指標をあらわしているか答えよ。

|  | 新庄市 | 金山町 | 舟形町 | 真室川町 | 最上町 | 大蔵村 | 鮭川村 | 戸沢村 |
|---|---|---|---|---|---|---|---|---|
| 15歳未満人口割合〔％〕 | 15.0 | 14.1 | 11.6 | 12.4 | 13.3 | 13.3 | 13.4 | 13.1 |
| 人口密度〔人／km²〕 | 182.5 | 43.0 | 56.0 | 26.9 | 32.6 | 20.0 | 44.5 | 22.6 |
| 野菜の産出額〔億円〕 | 6.3 | 3.5 | 3.2 | 4.1 | 2.6 | 3.3 | 2.7 | 1.7 |

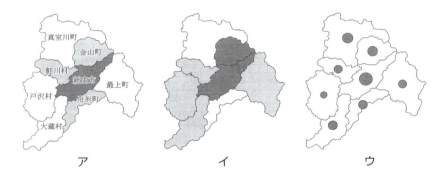

統計年次は2005年。国勢調査などにより作成。

正解は**ア＝人口密度　イ＝15歳未満人口割合　ウ＝野菜の産出額**　アとイ（階級区分図）は相対分布図、ウ（図形表現図）は絶対分布図に分類される。3項目のうち、絶対値は「野菜の産出額」。真室川町が鮭川村や金山町を上回るのはウだけ。ほかの2指標はいずれも相対値だが、新庄市が突出するアが「人口密度」、最上町が鮭川村と同位であるイが「15歳未満人口割合」。

# 次の各文の正誤を答えなさい。

1　東京が2月1日午前8時のとき、北緯49度、西経123度の地点は1月31日午前1時である。

2　メルカトル図法では、等角航路が任意の2地点間の直線であらわされる。

3　任意の2地点間を結ぶ直線が正しい方位と最短距離を示す地図は正距方位図といい、航空路線図に適している。

4　海図は、海域における生物の種類と分布を示した地図である。

5　災害予測図（ハザードマップ）は、災害被災地となり得る範囲などを示した地図である。

6　人口分布図は、人口の規模や密度などの地域的差異を示した地図である。

7　GIS（地理情報システム）では、面積の計算が可能なので、土地利用変化の計量的な分析が容易である。

8　GISでは歩行者通行量のデータから、二地点間の最短距離を容易に計算できる。

9　GISを活用し、地震の震源分布データを用いて、住宅の耐震強度を測定する。

10　GISでは、地表面の標高データから、地形の立体図や鳥瞰図を容易に作成できる。

---

**1**✕（〈135+123〉°÷15°/時=17時間により、17時間前の31日午後3時。）　**2**○（等角航路とは、舵角〈経線と進行方向のなす角〉が一定のルート。航海用に用いられた。）　**3**✕（図の中心からの直線のみが正しい方位と最短距離を示す。）　**4**✕（海図には、航海用に水深や海流、灯台の位置などが示されている。）　**5**○（主題図の一例である。地震や洪水などの過去のデータと地形や地質などをもとに予想・作成する。）　**6**○（主題図の一例である。密度を正しく示すため正積図を基図〈ベースマップ〉にする。）　**7**○（GIS上で面積・土地利用などのデータを表示させ、分析に活用できる。）　**8**✕（通行量と最短距離は無関係。GISはデータの加工・結合・表示を行う。）　**9**✕（震源分布と、個々の住宅の強度は関係ない。）　**10**○（GISを利用して、数値地図をもとにCG〈コンピュータグラフィックス〉を作成すればよい。）

# 第⓮講
# 地形図の読み方

## ≫ 地形図のルール

### ❶ 地形図

　地形図は、**国土地理院**（国土交通省に属する政府機関）が、測量と空中写真をもとに作成する一般図です。

「ルール」を知れば、地形図の読図は簡単にできる！

　現在の地形図は、**ユニバーサル横メルカトル（UTM）図法**を使用しています。各図は不等辺四角形ですが、同一経度帯では、すき間なく接合できます。

　補足　以前の地形図は多円錐図法で、1枚ずつが等脚台形だったため、くっつけるとすき間ができました。

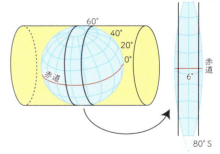

▲ユニバーサル横メルカトル図法

### ❷ 縮尺

　国土地理院が発行している地形図の縮尺には、1万分の1、**2万5千分の1、5万分の1**の3種類があります。ただし、1万分の1は大都市域などに限られます。

▶地図上の実際の長さ（距離）は、

　（**地図上の長さ**）×（**縮尺の逆数**）＝（**実際の長さ**）で求められます。

たとえば、2万5千分の1の地形図で、地図上の長さ3cmの実際の長さは、次のように求められます。

（地図上の長さ）×（縮尺の逆数）＝（実際の長さ）

$$3\,(\text{cm}) \times \frac{25{,}000}{1} = 75{,}000\,(\text{cm}) = 750\,(\text{m})$$

**面積**は方眼を利用して求めます。下の**図A**にある湖の面積を例にとって考えてみましょう。図A（※方眼は1辺1cm）において、

ア）湖と完全に重なる方眼は30個　＊図Aの❶〜❸⓪

イ）湖の一部にかかる方眼は34個　＊図Aの1〜34

（※イはすべて、湖が重なる部分を方眼 $\frac{1}{2}$ 個分として考えます）

湖と重なる方眼の個数は、ア＋イ＝30＋34×$\frac{1}{2}$＝<u>47個</u>

方眼の一辺は、1(cm)×25,000（縮尺の逆数）＝25,000(cm)＝250(m)なので、

方眼1つの面積は、250(m)×250(m)＝62,500($\text{m}^2$)＝<u>0.0625($\text{km}^2$)</u>

つまり、0.0625($\text{km}^2$)×47(個)＝2.9375($\text{km}^2$)　<u>約2.9$\text{km}^2$</u>となります。

図A

「沼沢湖」1:25000
（国土地理院）より

傾斜は**水平距離と標高の比**として計算します。次の**図B**で考えてみましょう。

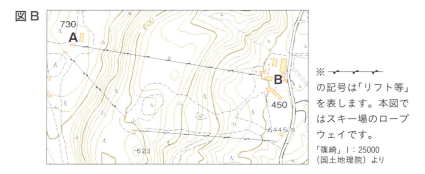

図B

※ の記号は「リフト等」を表します。本図ではスキー場のロープウェイです。
「篠崎」1：25000（国土地理院）より

- AB 間は地図上で 4.0 cm

  → $4.0(\text{cm}) \times 25{,}000 \times \dfrac{1}{100} = 1{,}000(\text{m})$

  縮尺の逆数　　cm から m への単位変換のため

- AB の標高差は 730－450＝280(m)

- AB の傾斜は、$\tan\theta = \dfrac{280}{1000} = 0.28$ より

  $\theta \fallingdotseq 16°$

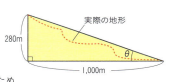

共通テストでは傾斜角度までは求めませんが、傾斜が水平距離と標高の比で求められることは覚えておきましょう。

### ❸ 等高線

　**等高線**とは、**同じ高さの点を結んだ線**です。これで土地の起伏を表現することができます。

ア）等高線の間隔が

　　疎（広い）→傾斜はゆるやか

　　密（狭い）→傾斜は急

イ）等高線が

　　高い方に凸→谷

　　低い方に凸→尾根

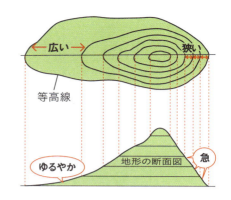

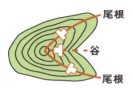

谷（水系）は尾根（分水界）に挟まれた部分で、尾根と尾根の間を、その谷の集水域といいます。

図①の地形図の中に、図②のように尾根線と谷線を書きこむ。

図②のP点に降った雨はA川に、Q点に降った雨はB川に注ぐので、Rの尾根は分水界である。

2つの尾根線に挟まれた図③の水色の部分が、A川の集水域となる。

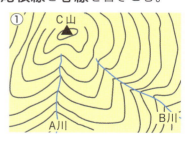

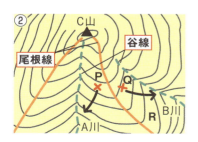

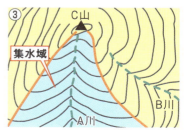

等高線は切れ目のない閉曲線であり、等高線どうしは決して交わることがありません。

### 地図の縮尺ごとの等高線の意味する長さ（距離）

|  | 2万5千分の1 | 5万分の1 | 表現法 |
| --- | --- | --- | --- |
| 計曲線 | 50mごと | 100mごと | ～ |
| 主曲線 | 10mごと | 20mごと | ～ |
| 補助曲線 | 5mまたは2.5mごと | （1次）10mごと<br>（2次）5mごと | ----<br>‥‥‥ |

※2万5千分の1の場合、2.5m間隔の補助線には必ず等高線数値が記入される。

等高線が同心円を描いている場合、内部ほど標高は高くなります。

「秋吉台」1:25000（国土地理院）より

　　は、大おう(凹)地、
　　は、小おう地の記号（カルスト地形のドリーネなど）。

## ❹ 標高

地図内で標高を知りたいときは、等高線を利用するほかに、

- **三角点**（地図測量の基準となる目印）
- **水準点**（標高を測る基準の目印）
- 標高点

に添えられた数字を読みとります。

△ 52.6……三角点
⊡ 21.7……水準点
・124.5……標高点

## ❺ 地図記号

地形図の地図記号のうち、覚えておきたいものを次のページにまとめました。この他に図書館 ⌂、博物館 ⛨、風車 ⚹、老人ホーム ⌂、自然災害伝承碑 ▯ なども要チェック。

〈地図記号チェック！〉

|  |  |
|---|---|
| ≡≡≡ | ☐ 道路（道幅によって太さはいろいろ） |
| 国道14 | ☐ 国道（彩色と路線番号で判断） |
| ─┃─・─・─ | ☐ 有料道路・料金所（インターチェンジなどが書かれていることもある） |
| （単線）駅（複線） | ☐ JRの鉄道（私鉄は ─●─●─ ） |
| ─┬─┬─┬─ | ☐ 送電線（すべてが描かれているわけではない） |
| ─・─・─ | ☐ 都府県界（市区町村界は ─・・─・・─ ） |
| ① ② ③ | ☐ ①普通建物　②堅ろう建物　③高層建物 |
| ①高低 ②高低 | ☐ ①崖（土）　②崖（岩）（山地、川沿い、海沿いに多い） |
| ††††††††† | ☐ 土堤 |
| （図） | ☐ 防波堤と灯台（点々の記号は「水制」といってテトラポット＝消波ブロックなどをあらわす） |
| （図） | ☐ 隠顕岩（サンゴ礁のように波に見えかくれする岩のこと） |

|  |  |  |  |
|---|---|---|---|
| ◎ | ☐ 市役所（または特別区役所。町村役場は○） | ☼ | ☐ 発電所（送電線の途中にあれば変電所） |
| ⊗ | ☐ 警察署（派出所は✕） | 文 | ☐ 小・中学校（高校は⊗文） |
| Ｙ | ☐ 消防署（昔の火消しの道具） | ⊕ | ☐ 病院（⊕は保健所） |
| 〒 | ☐ 郵便局（〒を○で囲んだ） | 日 | ☐ 神社（古い集落に多い） |
| ☼ | ☐ 工場（歯車をあらわしている） | 卍 | ☐ 寺院（城下町の中に密集する地域＝寺町がみられる） |
| ‖‖ | ☐ 田（低湿地に多い）※ | ∴ | ☐ 茶畑（水はけのよい台地に多い） |
| ∨∨ | ☐ 畑（高燥地に多い） | ○○ | ☐ 広葉樹林 ｜ |
| ○○ | ☐ 果樹園（扇状地に多い） | ∧∧ | ☐ 針葉樹林 ｜（セットで覚えよう） |
| ＹＹ | ☐ 桑畑（桑は主に蚕の餌になる。古い地形図に多い） | ‖ ‖ | ☐ 荒地 |

※古い地形図では、‖（乾田）、凵（水田）、凸（沼田）を使い分けました。
　工場、桑畑などの記号は新図式（2013年）から姿を消しました。

ここまでは、地形図を読みとる「ルール」をみてきました。次のページからは実際の地形図をみながら、その「ルール」を確認していきましょう。

## ≫ 地形図の読図

### ❶ 都市部の地形図

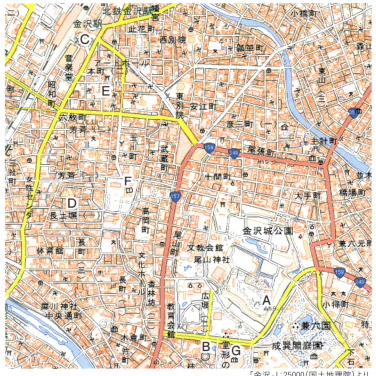

「金沢」1:25000（国土地理院）より

A　**城跡**⌐¬の記号。金沢城跡が公園として整備されている。見晴らしがよく、**三角点**もある。

B　**市役所**の記号。旧城下町では、城跡の近くに **C.B.D（中心業務地区）**ができやすい。

C　JRの金沢駅前。交通の便がよいので商業地区として発達。高層建築物が立ち並ぶ。

D　旧城下町には、かぎ型の道路、T字路など敵の侵入を防ぐための工夫がみられる。

E　**寺院**の集中する地域。職業別の町人街（「呉服町」など）がみられることもある。

Fの**図書館**⌂とGの**博物館**⌂の記号は、2002年に追加（2006年には老人ホーム⌂、風力発電用風車⊥を追加）。

## ❷ 山地の地形図

A−B この断面は、河川の侵食による険しい**V字谷**（→p.31）。

C 河岸が侵食によって岩の**崖**になっている。

D ダムによる**水力発電所**の記号から、西と北東に送電線⋯⋯が伸びている。

「武並」1:25000（国土地理院）より

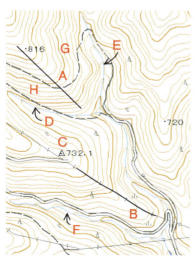

A、Bなど高いほうから低いほうに等高線が突き出しているので、**尾根**。

C 測量の目印となる**三角点**は、見晴らしのよい尾根線に置かれることが多い。

D〜F **谷線**に沿って流れる河川。
Gに降った雨はEへ、Hに降った雨はDへ流れる。

「駿河小山」1:25000（国土地理院）より

❸ **氷河地形** ➡p.35：日本では日本アルプスと日高山脈だけ。

「穂高岳」1:25000（国土地理院）より

A **カール**。お椀で削りとったようなくぼ地。山岳氷河の動きでつくられた**氷河地形**。

B **U字谷**。氷河が流れた跡。

C **モレーン**。氷河に押し出された岩くずが堆積。

❹ **火山地形**

「虻田」1:25000（国土地理院）より

A 有珠山。北海道の活火山。Bの外輪山の内側に複数の溶岩ドームがある二重式火山。

D 洞爺湖。火山によるくぼ地（**カルデラ**）に水が溜まった円形の**カルデラ湖**。

C 2000年の山麓部での噴火は、国道を寸断し、温泉町に被害をもたらした。しかし**ハザードマップ**の作成などの災害対策が進んでいたため、死傷者はゼロ。

## ⑤ 扇状地 → p.31：試験に「最もよく出る」地形！

「養老公園」1:25000
（国土地理院）より

扇央部に立地するのは、家屋が規則的に並んでいる比較的新しい集落。

D　水はけのよい扇央部の土地利用は、畑や果樹園や桑畑が中心。

E　扇端部。湧き水があるため集落が立地している。扇端より下流側は水田になっている。

A　扇頂部。かれ川が確認できる。

B　扇央部。かれ川だが、洪水時の氾濫を防ぐためコンクリートの護岸が整備されている。

C　川筋に沿って等高線が低いほうに張り出した天井川。道路が河川の下を通っている。

## ⑥ 河岸段丘 → p.33

「沼田」1:25000
（国土地理院）より

CとC′は古い段丘面。AやA′より一段高い。土地利用は畑や果樹園が中心。

Dの段丘崖の上にはさらに古い段丘面Eもみえる。A面よりも標高が150m以上高い。

上流から導水管で運んだ水を段丘崖の上から落下させる小規模な水力発電所の設備。

F　現在の河川の両岸には土や岩の崖が並んでいる。はげしい侵食が起きている。

AとA′は新しい段丘面。河川の堆積作用による谷底平野が隆起。水田も分布している。

BとB′は等高線が集中する段丘崖。河岸段丘の地形を読みとるときのポイントになる。

## ❼ 台地：台地の上と下の土地利用のちがいがポイント。

「笠井」1:25000（国土地理院）より

**A** この等高線の集まりは台地の端にある崖。この東側が台地の上、西側が下。

**B** 水はけのよい台地上が**茶畑**に利用されている。水を得にくいので**水田**はみられない。

**C** 台地の崖下は湧き水があるために古い集落が立地する。

**D** 堤防に挟まれた「一雲済川」の**後背湿地**は水田に利用されている。

## ❽ 氾濫原 ➡p.31：河川の古い蛇行あとにも注意！

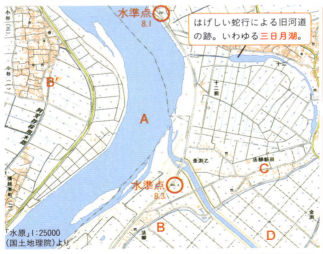

「水原」1:25000（国土地理院）より

はげしい蛇行による旧河道の跡。いわゆる**三日月湖**。

**B・B′** 自然堤防上の集落。「法柳」のように家屋が列状に並んだ**列村**をつくる場合が多い。

**C** 旧河道沿いにも小高い自然堤防の跡があり、列村ができている。

**D** 広い**後背湿地**は**水田**として利用されている。低湿地なので宅地には向かない。

**A** **蛇行**する河川。堤防上の道路沿いの**水準点**の標高（8.3、8.1）や河岸の地形から、川が南から北へ流れていることが読みとれる。

## ⑨ 海岸段丘 →p.34

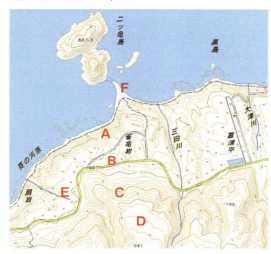

**海岸段丘**の段丘崖 A・C と段丘面 B・D の繰り返し。海波に侵食された海食台が隆起した。

**E** 段丘面が河川に侵食されて谷で切られている。このような地形を「田切り」という。

**F** **砂州**が伸びて沖の島とつながると、島を**陸繋島**、砂州を**陸繋砂州（トンボロ）**という。

「鷲崎」1:25000（国土地理院）より

## ⑩ 海岸平野：千葉の九十九里浜や日本海沿岸にみられる。

「四天木」1:25000（国土地理院）より

**A** 海岸線と平行に砂が堆積した地形（**浜堤**）上に、水害を避けて半農半漁の集落がある。浜堤と浜堤の間の低地には水田がみられる。

**B** 海に近い側の浜堤上には、漁具の倉庫を中心に発達した集落（**納屋集落**）がある。

**C** 内陸部には江戸時代に開発された**新田集落**がみられる。

## 確認問題に挑戦！

鹿児島県奄美市名瀬の市街地とその周辺の土地利用の変化に興味を持ったコウスケさんは新旧の地形図を比較してみた。次の図は、1952年と2007・2009年に発行された名瀬の5万分の1地形図（一部改変）である。図から読みとれることがらを述べた文として適当でないものを、下の①〜④のうちから1つ選べ。

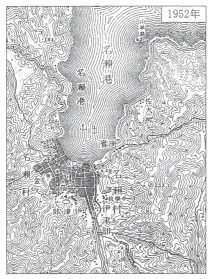

① 朝仁新町から末広町に至る幹線道路では山地をつらぬくトンネルが設けられ、道路形態が直線化された。
② 名瀬港では港湾用地が拡張され、防波堤や灯台が建設された。
③ 小浜町周辺の山地では特殊軌道が敷設され、稜線沿いに遊歩道が設置された。
④ 小俣町周辺の平地では水田が市街地化され、山地側の傾斜地に建物ができた。

正解は③　③小浜町周辺の山地にある地図記号は特殊鉄道 ┼┼┼ ではなく送電線 ─˙─˙─（※送電線の記号は線の両側に小さな点が打ってある）。また、稜線沿いの実線は軽車道 ─── 。遊歩道などの徒歩道は破線 - - - - - であらわす。①新図では、朝仁新町の東側にトンネルがみえ、道路形態が直線化されている。②埋め立てにより港湾が拡大し、擁壁 ︵︵︵︵ や灯台 ☼ の記号も読みとれる。④小俣町付近に総描建物の記号 ▧▧▧ がみえる。

次の各文の正誤を答えなさい。

**1** 2万5千分の1地形図は編集図である。

**2** 5万分の1地形図は、2万5千分の1地形図よりも縮尺が大きい。

**3** 松本市の地域調査のため、中心部に観測点を1ヵ所設け、毎時の気温と湿度を2日間にわたって観測し、そのデータからヒートアイランド現象の有無を明らかにした。

**4** 市町村の人口構成や少子高齢化の状況を調べるために、住宅地図を利用する。

**5** 観光施設の訪問者と交通手段との関係について、公園内で訪問者数を調べる。

**6** 職人の年齢や後継者の有無をアンケートで調べる。

**7** 商業地区・業務地区の現地調査における事前準備として、空中写真から、店舗や企業のオフィスに勤める従業員の通勤流動を読みとる。

**8** 明石海峡大橋の開通後に生じた地域の変化について、鮮度が重視されるような野菜の出荷方法と販売戦略を調べるため、農業協同組合に聞きとり調査を行って、明らかにする。

**9** 2万5千分の1地形図の判読から、崖や斜面の補強に土管や甕（かめ）が活用された構造物の分布を明らかにする。

**10** 現地の観察から、すべり止め用に陶片が埋めこまれた坂道の傾斜や幅の特徴を明らかにする。

---

**1**✕（編集図ではなく実測図。） **2**✕ $\left(\dfrac{1}{50000} < \dfrac{1}{25000}\right)$ **3**✕（ヒートアイランド現象とは都市部の気温が周辺部より高くなる都市気候であるから、複数の地点で観測する必要がある。） **4**✕（住宅地図にはふつうは数値情報はない。） **5**✕（訪問者数だけでは交通手段まではわからない。） **6**○（個人情報の保護には注意する必要がある。） **7**✕（空中写真で人の動きはわからない。） **8**○（協力してくれた人には礼状や調査結果のまとめを送ろう。） **9**✕（地形図では、土崖と岩崖は区別できるが、土管や甕が使われているかどうかは読みとれない。） **10**○（野外調査〈フィールドワーク〉は地域調査に欠かせない手法である。）

Section-5　現代世界の課題

# 第⓯講
# 国家と国家機構

## >> 国家のなりたちと分類

### ❶ 国家

国家は①**主権**、②**領域**、③**国民**、という3要素からなりたっています。このうち主権とは、他国から支配されずに国家を統治する絶対的な権力のことです。

### ❷ 独立国と植民地

[ 独立国 ]

世界の**独立国**（主権を持った国家）は200カ国近くあります。第二次世界大戦後にずいぶん増えました。

▶国際連合には **193カ国** が加盟しています（2019年11月現在）。カトリック（キリスト旧教）の総本山である世界最小の国**バチカン市国**や**コソボ**、**クック諸島**、**ニウエ**は未加盟です。

> 補足　＊コソボ
> 東欧の社会主義国ユーゴスラビアは、これまでに7カ国に分裂しました。そのうち、激しい内戦を経て独立したコソボは、ロシアのほか、国内に民族紛争を抱える中国・スペインなどの反対により国連に加盟できていません。

▶第二次世界大戦後、ヨーロッパに支配されていたアフリカ諸国が次々と独立しました。とくに独立が集中した**1960年**は「**アフリカの年**」とよばれています。

▶1990年代前半には、旧ソ連の崩壊と東欧諸国の分裂などにより、世界の独立国数が約20カ国増えました。

▶最も新しい国連加盟国は、2011年にスーダンから分かれた**南スーダン**です。

[ 植民地 ]

主権を持たず、他国に支配される地域を**植民地**といいます。大部分は独立しましたが、今もイギリス領・フランス領などのいくつかは残っています。

> 補足　＊ホンコン（香港）
> ホンコンは、アヘン戦争の結果、清からイギリスに譲り渡されて植民地になりましたが、**1997年に中国に返還**されました。社会主義国の中国にあって、ホンコンでは植民地時代のままに、資本主義体制が維持されてきました（**一国二制度**）。近年は、民主的な政治体制が変更されることへの不安や不満が住民の間に高まっています。

## ❸ 国家の分類

国家は、国家組織のあり方、民族単位、領土の位置関係で分類されます。

| | | | |
|---|---|---|---|
| 国家の組織 | 単一国 | 中央政府が全国を統治 | 日本・中国・フランスなど |
| | 連邦国 | 複数の地方政府が集まる | アメリカ合衆国・ロシア・スイスなど |
| 民族と国家 | 国民国家 | 民族ごとに国民として統合 | 近代国家（現実にはありえない） |
| | 多民族国家 | 複数の民族が共存 | 現実のすべての国家 |
| 領土の位置 | 内陸国 | 海に面していない国 | モンゴル・ザンビア・スイスなど |
| | 島嶼国 | 多くの島々からなる国 | 日本・フィリピン・インドネシアなど |

独立国が増加したのは
- 1960年　「**アフリカの年**」
- 1990年代　旧ソ連と東欧諸国の変革・分裂

## >> 国家の領域と国境

### ❶ 国家の領域

　国家の領域＝**領土＋領海＋領空**です。

▶**領海**とは、海岸から **12 海里**（約 22 km）までの海のことです。領土と同じ扱いで、他国の船は許可なく入れません。

▶1970 年代以降、海岸から **200 海里**（約 370 km）までを**排他的経済水域（EEZ）**に設定する国が増えました。領海とちがい、他国の船が通るのは自由ですが、沿岸国は水産資源や海底資源を開発する権利を独占することができます。

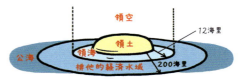

▶経済水域の外側の海は**公海**です。どの国も自由に利用できます。

▶**領空**は、領土と領海の上空です。ただし、上空ならどこまでも、というわけではなく、大気圏内までです。大気圏外は宇宙空間としてどの国にも属さない国際的空間です。

> 補足　200 海里の距離は、国連海洋法条約上、大陸棚が続いているとされる範囲です。漁業がさかんに行われ、海底資源の開発が可能な大陸棚を他国から守ろうとしているわけです。

### ❷ 国境について

[ 自然的国境 ]

　自然の地形を利用した国境が**自然的国境**です。

▶海は国どうしをはっきりと区切り、しかも船ひとつで行き来できる理想的な国境です。**日本・フィリピン・ニュージーランド・スリランカ**など島嶼国の国境はこれにあたります。

▶山脈が国境になっている例としては、**ピレネー山脈**（フランス・スペイン）、**アルプス山脈**（イタリア・スイス）、アンデス山脈（チリ・アルゼンチン）などがあります。

▲ヨーロッパの自然的国境

▶河川が国境になっている例としては、**ライン川**（フランス・ドイツ）、**ドナウ川**（中〜東ヨーロッパの多くの国）、**メコン川**（タイ・ラオス）などがあります。

▶湖が国境になっているのは、**五大湖**（アメリカ合衆国・カナダ）、赤道上にある**ヴィクトリア湖**（ウガンダ・ケニア・タンザニア）などです。

[ 人為的国境 ]

　人工の障壁や2地点を結ぶ直線などを利用した**人為的国境**は、人口密度の低い旧植民地地域に多くみられます。**北緯49度**（アメリカ合衆国とカナダ）、**東経25度**（エジプトとリビア）などの経緯線は、人為的国境の中でもとくに**数理的国境**とよばれます。

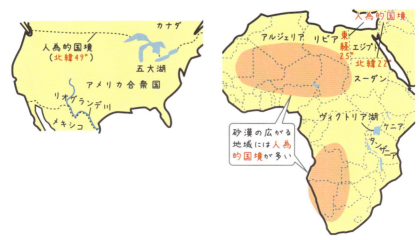

- 国家の領域＝**領土**＋**領海**＋**領空**
- **自然**的国境（海・山脈・河川・湖など）
- **人為**的国境（経線・緯線など）

## >> 国境をめぐる争い

### ❶ 世界の国境争い

▶インドとパキスタンは**カシミール地方**をめぐり対立しています。（→p.244）

▶南シナ海の**南沙群島**は、中国・フィリピンなど数カ国が領有を主張しています。

▶この他にも多くの国境紛争が起きています。

▲南沙群島をめぐる対立

補足　中国とロシアは国境の**アムール川**（黒竜江）と支流の**ウスリー川**の中州をめぐる紛争を長年続けていましたが、面積を「はんぶんこ」して2005年までに解決しました。

### ❷ 日本の領土問題と領土をめぐる情勢

[ 北方領土 ]

**北方領土**の**国後島・択捉島・色丹島・歯舞群島**について、**ロシア**と対立しています。このため、日ロ間では平和条約が結ばれていません。

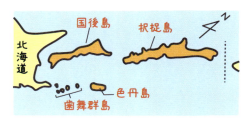

## [ 竹島 ]

日本海の**竹島**（韓国名：独島）について、**韓国**と対立しています。周辺の海域の漁業権について、長い間紛争が続いてきました。現在は韓国が占拠しています。

## [ 尖閣諸島 ]

東シナ海の**尖閣諸島**について、**中国**と対立しています。周辺の海域では、天然ガスや石油などの海底資源が注目されています。日本が実効支配していますが、近年は中国の船舶や航空機の接近が増えています。2010年の中国漁船衝突事件では、日中の対立が、中国による**レアアース**の対日輸出制限に発展しました。

> 補足　レアメタル（希少金属）の一種であるレアアース（希土類）は、スカンジウムなど17種類の総称です。自動車のバッテリーや電子部品などに用いられますが、世界生産の約81％を中国が占めています（2017年）。

## [ 沖ノ鳥島 ]

日本の最南端である**沖ノ鳥島**では、波による侵食がはげしいので、周囲の排他的経済水域を守るための護岸工事が行われました。

## >> 国家群のいろいろ

### ❶ 今はうすれた「東西」の対立

#### [ 西側諸国 ]

西側とは、アメリカ合衆国を中心とした資本主義国のグループです。自由主義と市場経済に基づく先進工業国で、西ヨーロッパの国々や日本、オーストラリアなどを含みます。

#### [ 東側諸国 ]

東側は、旧ソ連を中心とした社会主義国のグループでした。1つの党による独裁と計画経済に基づく国々で、旧ソ連と東ヨーロッパの国々を指しますが、これらの国は市場経済に転換しました。今も社会主義を掲げているのは、中国・キューバ・ベトナム・北朝鮮などです。

> **補足** ＊市場経済への転換
>
> 中国・ベトナムは社会主義の看板を掲げたまま、中国は改革開放政策、ベトナムはドイモイ（刷新）政策によって市場経済をとり入れています。

#### [ 東西冷戦の終結 ]

東西の対立、冷戦は、ベルリンの壁の崩壊やマルタ会議により、1989年に終わりました。その後、東ヨーロッパ諸国の民主化、東西ドイツの統一（1990年）、旧ソ連の解体（1991年）と続きました。

> **補足** ＊第三世界
>
> 東西冷戦の時代に、どちらの陣営にも入らないアジア・アフリカ諸国は、1955年にインドネシアでアジア＝アフリカ会議（AA会議）を開くなどして独自の路線をあゆみ、これらの非同盟中立諸国は第三世界とよばれました。

### ❷ 今も広がる「南北」の格差

#### [ 先進国と発展途上国 ]

北に多い先進国（工業化の進んだ金持ち国）は、「西側の国」と重なります。これに対し、南に多い発展途上国（工業化のおくれた貧しい国）は、旧植民地が多く、今も経済的に先進国に依存しています。

［ 南北問題・南南問題 ］

　**南北問題**は、先進国と発展途上国間の格差の拡大や対立のことです。近年は、途上国どうしでも格差が広がっています（**南南問題**）。

［ 新興国（新興工業国） ］

　近年工業化が進んだ国々。ブラジル・ロシア・インド・中国をまとめて **BRICs**（ブリックス）と呼ぶことがあります（→p.351、384）。

［ 産油国 ］

　原油の輸出で豊かになったペルシア湾岸などの国々です。

［ 最貧国 ］

　飢饉や紛争が続く国で、エチオピア・バングラデシュなどアフリカとアジアに集中しています。

> **補足** ＊ GDP・GNP・GNI
>
> その国の経済レベルを示す数値として、よく **GDP**（**国内総生産**）、**GNP**（**国民総生産**）、**GNI**（**国民総所得**）などが用いられます。GDP ＋海外からの収入 ＝ GNP ≒ GNI という関係です（両者の数値は多くの国で同じくらいですが例外もあります）。1人あたり **3万ドル** くらいが先進国の目安になります。

**1人あたり GNI**　　　　　　　　　　　　　　　　　　　　（2017年、ドル）

| | |
|---|---|
| 3万ドル以上 | アメリカ合衆国 61,247、日本 39,561、ヨーロッパ主要国、カナダ、オーストラリアなどの先進国、カタール・アラブ首長国などの産油国 |
| 1万ドル以上 | ロシア、スペイン、ギリシャ、チェコ、ポーランドなど南～東ヨーロッパ諸国、サウジアラビア、トルコ、中南米の上位国（チリ、アルゼンチンなど） |
| 5,000ドル以上 | 新興工業国（中国、タイ、マレーシア、南アフリカ共和国、メキシコ、ブラジルなど） |
| 1,000ドル以上 | 一般的な発展途上国（インドネシア、ベトナム、インド、エジプト、ペルーなど） |
| 1,000ドル未満 | アジア・アフリカの最貧国や紛争国（イエメン、シリア、エチオピア、コンゴ民主共和国、リベリア、ソマリアなど） |

「世界国勢図会 2019/20」

**東 旧社会主義国 ⇔ 西 資本主義国**

**南 発展途上国 ⇔ 北 先進国**

※明確な定義はないが、先進国とされるのは 30 カ国程度なので、統計問題対策としておさえておこう。

## >> 国家の結び付き

### ❶ EU（ヨーロッパ連合・欧州連合）

**[ EUのあゆみ ]**

▶第二次世界大戦後、戦争の反省から、西ヨーロッパの国々が団結をめざします。まず、フランス・ドイツの国境付近の資源・工業を共同で管理する **ECSC**（**ヨーロッパ石炭鉄鋼共同体**）が生まれました。続いて、**EEC**（ヨーロッパ経済共同体）と **EURATOM**（ヨーロッパ原子力共同体）もつくられました。

▶**ベルギー・オランダ・ルクセンブルク**の3国（**ベネルクス3国**）の結合が共同体の手本になりました。

▶**1967年**、3つの共同体から **EC**（**ヨーロッパ共同体**）が生まれ、これが発展して **1993年**に **EU**（**ヨーロッパ連合**）が発足しました。

```
        ┌─────── 原加盟国 ───────┐
   ベルギー                    フランス
   オランダ                    西ドイツ
   ルクセンブルク               イタリア

  1952        1958        1958
  ECSC        EEC         EURATOM
  ヨーロッパ   ヨーロッパ    ヨーロッパ
  石炭鉄鋼     経済共同体    原子力
  共同体                    共同体

              1967
              EC
              ヨーロッパ
              共同体

  1973                     1981
  イギリス                  ギリシャ
  デンマーク
  アイルランド               1986
                           スペイン
                           ポルトガル
  1995        1993
  フィンランド  EU            2007
  スウェーデン  ヨーロッパ     ブルガリア
  オーストリア  連合          ルーマニア

  2004                     2013
  中・東欧など               クロアチア
  10カ国
                           2020
                           イギリス
```

▲EUのあゆみ（2020年3月現在）

▶加盟国は、はじめの**6カ国**から拡大を続けています。**2004年**には東欧の旧社会主義国など**10カ国**が加盟、今では計**28カ国**です（2020年3月現在）。

※イギリスは2016年の国民投票でEU離脱（ブレグジット）を決め、2020年1月に正式離脱しました。

**[ EUの経済的な結び付き ]**

• 加盟国の間では関税をかけません。

• 人・物やサービス・資本（お金）の移動が自由です。

• **単一通貨ユーロ**を使っています（EUの中央銀行もあります）。

---

**補足** EUは**マーストリヒト条約**の発効によって成立しました。**本部**はベルギーの**ブリュッセル**、**欧州議会**はフランスの**ストラスブール**、EU裁判所はルクセンブルク、**欧州中央銀行**はドイツの**フランクフルト**に置かれています。

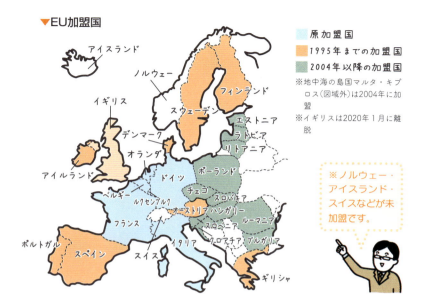

## [ 共通農業政策 ]

EUは、域内各国間の関税を撤廃した**共通農業政策**を実施しています。

▶目的は、共通市場の下でEU域内における農家を保護し、農業のしくみを改善することです。

▶農作物の統一市場をつくり、高い統一価格で農家から買い取ります。域外からの輸入農産物には**課徴金**（罰金）をかけて、域内農産物の価格が下がった場合には**補助金**を出して買い支えます。

▶この政策により農作物は増産され、EU内での食料の自給が可能になりました。しかし、アメリカ合衆国などとの**貿易摩擦**が高まっています。また、EUの財政的な負担も重くなりました。そのため、共通農業政策は大きく転換しています。

> 補足　＊共通農業政策の転換
> ①生産過剰になった小麦や乳製品などの生産を制限した。
> ②統一価格を引き下げ、輸出農産物に対する補助金を削減した。
> ③農家への補助金を環境保全などの目的に絞った。

## [ EUが抱える課題 ]

　最大の問題は**加盟国間の経済格差**です。経済レベルの低い南欧〜東欧諸国に対し、お金持ちの西側住民は不満を抱えています。「移動の自由」を背景に東欧からの移民が大量に流入し、社会の安定がおびやかされると考えるからです。貧しい国に足をひっぱられたくない**イギリ㋜・㋜ウェー㋳ン・㋳ンマーク**（この3カ国名はしりとりですね）は、単一通貨ユーロにも不参加でした。

　経済だけでなく、政治・外交や安全保障でも結びつきを強める方向でしたが、イギリスの離脱でも分かるように、先行きは不透明です。

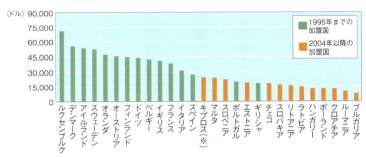

▲ EU加盟国1人あたりのGNI（2017年）

### ❷ ASEAN（東南アジア諸国連合）

　1967年、ベトナム戦争のさなかに**インドネシア・マレーシア・フィリピン・シンガポール・タイ**の5カ国で **ASEAN** が結成されました。その後、戦乱が続いたインドシナ半島の国々も加わり、現在は東南アジアの **10カ国** が加盟しています。

> 補足　1995年のベトナムの加盟に続いて、97年にはラオス・ミャンマー、99年には長く内戦の続いていたカンボジアが加盟し、東南アジア全域に広がりました（2002年にインドネシアの支配から独立した東ティモールは未加盟です）。

　1993年には **AFTA**（**ASEAN自由貿易地域**）を創設して域内の貿易自由化を進めました。さらに2015年にAEC（ASEAN経済共同体）が発足し、APSC（政治・安全保障共同体）、ASCC（社会・文化共同体）

を含めた ASEAN 共同体の設立を目指しています。

## ❸ NAFTA（北米自由貿易協定）

NAFTA は、北アメリカ大陸の**アメリカ合衆国・カナダ・メキシコ**により EU に対抗して **1994 年**に設立されました。2018 年には NAFTA に代わる新しい協定（USMCA）に合意しました。

**地域統合の比較**

| | | |
|---|---|---|
| 人 口 | ASEAN ＞ EU ＞ NAFTA | いずれも 4〜5 億人 |
| 面 積 | NAFTA ＞＞＞ ASEAN ≒ EU | NAFTA はほかの 5 倍前後 |
| GDP | NAFTA ＞ EU ＞＞＞ ASEAN | ASEAN は NAFTA の 6 分の 1 |
| 貿易額 | EU ＞＞ NAFTA ＞＞ ASEAN | EU は NAFTA の約 2 倍 |

## ❹ OPEC（石油輸出国機構）

**資源ナショナリズム**の動きが高まり、1960 年に **OPEC** が結成されました。OPEC には、中東の**サウジアラビア・イラン・イラク**などのほかに、**ナイジェリア・ベネズエラ**など発展途上地域の産油国の一部が加盟しています。巨大な欧米の**国際石油資本（メジャー）**の支配に対抗して、産油国は自分たちの発言力を高めるために生産量を調整し、石油の価格を高くしました。1970 年代の**石油危機（オイルショック）**では力を発揮しましたが、その後の影響力は下がっています。

> **補足**
>
> **＊資源ナショナリズム**
> 　主に発展途上国が、自国の資源に対する他国の支配を拒否し、資源をもとに経済発展を図る動きのこと。
>
> **＊ OAPEC（アラブ石油輸出国機構）**
> 　OAPEC はアラブの産油国だけでつくられた組織で、OPEC を補っています。加盟国の多くは OPEC と重なりますが、非アラブのイランなどは含まれません。「反イスラエル」で結集し、1973 年の**第四次中東戦争**の際には原油価格の引き上げや輸出制限を実施し、石油危機を引き起こしました。

**EU・ASEAN** などの地域統合が進展→域内貿易が発達

## 確認問題に挑戦！

世界では国家間の経済的統合を進める動きがある一方、統合された地域内では経済格差がある。次の表は、いくつかの国家群における1人当たり総所得*と、それぞれの国家群で1人当たりGNI(国民総所得)が最上位の国の値と最下位の国の値を示したものであり、ア～ウはASEAN(東南アジア諸国連合)、CIS(独立国家共同体)、NAFTA(北米自由貿易協定)のいずれかである。ア～ウにそれぞれ該当するものを答えよ。

*加盟国のGNIを合計したものを総人口で割った値。

(単位：ドル)

| | 1人当たり総所得 | 1人当たりGNI | |
| --- | --- | --- | --- |
| | | 最上位の国の値 | 最下位の国の値 |
| ア | 44,827 | 58,270 | 8,610 |
| E U* | 32,838 | 70,260 | 7,760 |
| MERCOSUR** | 9,458 | 15,250 | 3,130 |
| イ | 7,220 | 9,447 | 1,018 |
| ウ | 4,156 | 54,530 | 1,190 |

EU* 欧州連合。
MERCOSUR** 南米南部共同市場。ボリビア、ベネズエラを含む6カ国。CISはウクライナ、ジョージアを含まない10カ国。

統計年次は2017年。国際連合の資料により作成。

正解は**ア＝NAFTA　イ＝CIS　ウ＝ASEAN**　　NAFTAのうち、メキシコは工業化しつつあるが、米国・カナダとの経済格差は大きい。ASEANにはカンボジアなどの最貧国も含まれる一方で、シンガポールの経済水準は上位先進国並み。経済的な行きづまりで崩壊した旧ソ連諸国によるCISは、経済水準が途上国レベル。ロシアは資源輸出で経済成長しているが、一部の資本家がうるおうだけ。

## 次の各文の正誤を答えなさい。

1 排他的経済水域は、領海に含まれる海域であり、船舶の航行や上空の飛行には沿岸国の許可が必要である。

2 南極大陸の領有を主張している国もあるが、今のところ、南極条約で領有権は凍結されている。

3 数理的国境は、目標となる2地点を結ぶ直線や緯線・経線を利用した国境である。

4 南シナ海では、石油の埋蔵が確認されたことなどを背景に、中国、フィリピン、インドネシアなど複数の国が群島の領有権をめぐって争っている。

5 2000年代に入ってからEU加盟を果たした国々の多くでは、1990年前後までは社会主義体制が採用されていた。

6 ヨーロッパで1人当たりGNIが高位の国々には、EU加盟国と未加盟国が混在している。

7 1993年のEU発足時からの加盟国のうち1人当たりGNIが高位の国々では、いずれも共通通貨ユーロが導入されている。

8 EU域内では共通農業政策によって穀物生産量が増加したが、財政負担の膨張や受益の不平等が問題になっている。

9 メキシコで最大の貿易相手国はラテンアメリカNIESのブラジルである。

10 オーストラリアやニュージーランドは、ASEANに加盟し、政治や経済の面で東南アジア地域との連携を深めている。

---

**1×**（領海よりも広い。沿岸国が持つのは漁業や資源開発の権利だけで、船舶の通過、ケーブルの敷設などは自由。）　**2○**（非領土・非軍事化、科学調査の自由を定めた条約。ノルウェー、オーストラリア、フランス、ニュージーランド、チリ、イギリス、アルゼンチンが領有を主張。）　**3○**（アフリカ大陸に多い。）　**4×**（南沙群島の問題。インドネシアは無関係。中国・フィリピンのほか、ベトナム・マレーシア・ブルネイが係争。）　**5○**（東ヨーロッパのポーランド、チェコ、ハンガリーなど。）　**6○**（ノルウェー〈7.8万〉、スイス〈8.1万〉、アイスランド〈7.3万〉などは非加盟。〈単位ドル、EU平均3.4万〉）　**7×**（イギリス・スウェーデン・デンマークは未導入。）　**8○**（農産物の統一価格支持のため財政を圧迫、受益の多いフランスとイギリス・ドイツとの格差も課題。）　**9×**（最大の相手国はNAFTAで結び付く隣の超大国アメリカ合衆国。）　**10×**（ASEANは東南アジアの10カ国のみで構成。）

# 第⓰講
## 人種と民族

### ≫ 人種と民族を学ぶ前に

まず、次の問題（旧テスト過去問）をみてください。

> 下線部の正誤判定（誤文を一つ選ぶ）　　　（2013B 本試）
>
> ①　スペインでは、米を魚介類と一緒に煮込んだパエリアという料理が食されている。
>
> ②　トルコでは、豚肉を野菜と一緒に串に刺して焼いたケバブという料理が食されている。
>
> 　　　　　　　　　　　　　　　　　　　　　　（以下略）

　この問題をみて、「え？ケバブって何？食べたことない…」とか、「わ！共通テストを征服するには、世界じゅうの料理のレシピを勉強しなきゃいけないの？」と感じてしまったあなたが、この講のターゲットです（「腹へった〜」という感想を持った人は、何か食べてから続きを読んでください）。

　世界中にはさまざまな民族集団が存在し、それぞれの言語を話し、宗教を信じ、生活習慣を持ってくらしています。その中には私たちの社会や日常のくらしからは想像がつかないようなものもあります。
「20歳になった男子は、ほぼ全員が出家して、一度はお坊さんになる」（タイ）、「宗教上、ウシを神聖な動物として大切にし、街中が『野良ウシ』だらけ」（インド）、「オランダ語、フランス語、ドイツ語を使っており、言葉ごとに政府と議会がある」（ベルギー）…

さて、先の問題は、イスラーム（イスラム教）では、汚らわしい動物として豚の肉を食べない（ハラーム＝禁忌という）こと、そして、トルコが西アジアのイスラームの国であることから、②が誤文とわかります。料理の名前は関係なかったのですね。

ちょっと注意しておきたいのは、西アジアのイスラーム国家というと、「アラブ諸国」「アラブ民族」という言葉を思い浮かべる人が多いでしょう。しかし、トルコ語を使うトルコ人は、アラビア語を使うアラブ民族には含まれません。

このように、民族に関する事情は国ごとにさまざまです。ときには激しい対立や紛争にもつながる民族問題ですから、地域・国ごとに、ていねいに整理しておきたい単元です。

## >> 人類の分類法
### ● 人種と民族

人類を分類した集団のうち、人種と民族のちがいを理解しておきましょう。

▶ **人種** race とは、肌・瞳の色や髪の毛などの**身体的特徴**によって区別されます。

▶ **民族** ethnic とは、言語や宗教などの**文化的特徴**によって区別されます。

---

補足　＊国民

**国民**とはその国の国籍を持った人。政治的な区分なので、人種や民族とは対応しません。「日本民族」と「日本国民」は一致しませんね。

[人種]

人種の区分には大きく分けて3つあります。

- **コーカソイド**（白人・ヨーロッパ系）
- **モンゴロイド**（黄人・アジア系）
- **ネグロイド**（黒人・アフリカ系）

▶モンゴロイドは、東〜東南アジアと南北アメリカ大陸に分布しています。

▶コーカソイドはヨーロッパだけでなく、北アフリカから西〜南アジアにも分布しています。ヨーロッパ系の一部は15世紀以降、南北アメリカ大陸やオーストラリアにも広がっています。

▶ネグロイドの一部は、16〜19世紀にコーカソイドによって、奴隷としてアフリカ大陸から南北アメリカ大陸に連行されました。

> **補足** モンゴロイドは、今より海面が低かった1万年以上前の氷期に、陸続きだったベーリング海峡を通り南北アメリカ大陸に渡り、先住民となりました。

▲人種の移動と分布

## ❷ 言語

民族を区別する基準のうち、**言語**が最も重要です。似た言語のグループを**語族**といいます。

> 共通テストでは、語族名まで覚える必要はありませんが、代表的な語族は知っておいたほうがよいでしょう。

### [ インド＝ヨーロッパ語族 ]

インド北部〜ヨーロッパの言語で、ヨーロッパでは、さらに大きく3つに分けられます。

- 北西部…**ゲルマン語**派（英語・ドイツ語・北欧諸国の言語など）
- 南部……**ラテン語**派※（フランス語・スペイン語・イタリア語など）
- 東部……**スラブ語**派（ロシア語・ポーランド語・チェコ語など）

※専門的には、イタリック語派、ロマンス諸語などの分類名になります。

### [ ウラル語族 ]

ウラル山脈の西から北ヨーロッパにかけて分布する言語です。

> インド＝ヨーロッパ語族が多いヨーロッパの中で、例外的にウラル語族に属するフィンランドの**フィン人**や少数民族の**サーミ**、ハンガリーの**マジャール人**に注意しよう。

### [ アルタイ諸語 ]

アルタイ諸語（語族）は、トルコから中央アジア〜モンゴルまで広がっています。中でもトルコ語系統の言語は、トルコ国内だけでなく、中央アジアから中国西部までの広い範囲で使われています。

> **補足** 以前は、ウラル語族とアルタイ諸語は「ウラル＝アルタイ語族」として同じグループと考えられていましたが、今はつながりが否定されています。また、日本語をアルタイ諸語と考える説があります。

[ その他のおもな語族 ]

- シナ＝チベット語族（**中国語**やインドシナ半島の言語）
- アフロ＝アジア語族（西アジアから北アフリカ、**アラビア語**など）
- オーストロネシア語族（東南アジア〜太平洋の島々の言語）
- ニジェール＝コルドファン語族

（中南アフリカの言語、南部のバントゥー系と中部のスーダン系、ケニアやタンザニアの**スワヒリ語**など）

## ❸ 宗教

宗教のちがいも民族の重要な目印です。**世界の三大宗教**といわれるのは、①**仏教**、②**キリスト教**、③**イスラーム**（イスラム教）です。

## [ 仏教 ]

仏教は紀元前5世紀ごろにインドの**シャカ**（釈迦）が始めました。北方（中国・朝鮮・日本）に伝わった**大乗仏教**と、南方（スリランカ・ミャンマー・タイ）に伝わった**上座部仏教**の区別があります。

> 補足 「みんなを救う」大乗仏教とちがい、上座部仏教は「個人の悟り」を重視します。上座部仏教国のタイでは、成人した男子は出家して修行するのがならわしです。

## [ キリスト教 ]

キリスト教は1世紀にパレスチナの**イエス**が始めました。ヨーロッパの中心的宗教で、ヨーロッパ人が世界に広めたため、信者数は最大（世界の約3分の1）です。

▶ローマ教会を中心とする**カトリック**（旧教）は、南ヨーロッパや中央ヨーロッパのほか、スペイン・ポルトガルの宣教師によって中南アメリカやアジアにも信者が広がっています。

> 補足 カトリックの祭りである謝肉祭を世界で最も盛大に祝うのは、ブラジルのリオデジャネイロで行われる「**リオのカーニバル**」です。

▶宗教改革によって生まれた**プロテスタント**（新教）の信徒数はカトリックの半分以下ですが、北西ヨーロッパから北アメリカやオーストラリアにわたっています。また、アフリカの中南部にも信者がいます。
▶**東方正教**は東ヨーロッパ〜旧ソ連に広がり、国ごとにロシア正教、ルーマニア正教のようによびます。

> カトリック信者が多い国
> - スペインの旧植民地→中南アメリカの大部分・フィリピン
> - ポルトガルの旧植民地→ブラジル・東ティモール

## [ イスラーム ]

イスラームは7世紀にアラビアの**ムハンマド**が創始しました。キリスト教徒に次いで多いイスラームの信者は**ムスリム**とよばれます。
▶聖典**クルアーン**（**コーラン**）には、アラビア語で日常生活の厳しい戒律が記されています。
▶信徒は聖地**メッカ**（サウジアラビア）に向かい1日5回礼拝し、一生に一度はメッカを巡礼します。
▶豚肉やお酒は禁止、**断食**月（**ラマダーン**）には日の出から日没まで何も食べられません。

補足　羊肉などはよく食べられますが、聖職者が決められた作法で処理したものでなければなりません。食べることを許されたものをハラール食品といい、近年イスラーム圏からの移住者や観光客の増えた日本でも見かけるようになりました。

> ムスリムの生活については、共通テストでよく問われます。

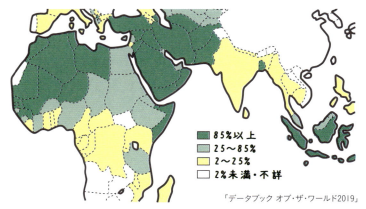

▲ムスリムの分布

▶ムスリムの分布のメインは、北アフリカから西〜中央アジアの乾燥地域です。多数派の**スンナ派**と少数派の**シーア派**に分かれ、シーア派は**イラン**や**イラク**に多いです。

▶ほかにも南アジアのパキスタン・バングラデシュ、東南アジアのマレーシア・インドネシアなどもイスラームの国です。

▶西アジア〜北アフリカに居住するムスリムで、アラビア語を話す人々をとくに**アラブ人**（アラブ民族）といいます。

▶ムスリムの女性は他人に髪や肌を見せてはならず、頭や身体を覆う布（ヒジャブなど）を用います。

 多くのイスラーム国家では**女性の社会進出**がおくれています。統計問題では、「識字率・就学率・就業率などの男女格差」のかたちで出題されます。

特定の民族のみに信仰される宗教（民族宗教）もみておきましょう。

[ ヒンドゥー教 ]

　**ヒンドゥー教**は**インド**の民族宗教です。信者数は仏教よりも多いのですが、ほぼインド1国に限定されます。今も根強く残る身分制度**カースト制**と深く結び付いています。

> 補足　ヒンドゥー教は以前は東南アジアにも広まり、その名残りはカンボジアの**アンコール＝ワット**（ヒンドゥー寺院遺跡）やインドネシアの**バリ島**（独自のヒンドゥー文化が残る）にみられます。

▶ヒンドゥー教では、**ガンジス川**（ガンガー）を「聖なる川」として崇拝しており、聖地**ヴァラナシ**（ベレナス）などで信者が沐浴（水で身体を清める）する姿がみられます。

▶また、**牛**を神聖な動物として、その肉を食べることはタブーです（乳を利用することはOK）。それどころかほかの動物の肉も食べない菜食主義者もいます。

[ ユダヤ教 ]

　ユダヤ教の信者を**ユダヤ人**といいます。ユダヤ教はキリスト教の元となった宗教で、「**旧約聖書**」はキリスト教と共通の聖典です。

　2000年前に国を失った**ユダヤ民族**は、世界に散らばっていましたが、第二次世界大戦後に**イスラエル**を建国し、**パレスチナ問題**（➡p.245）を引き起こしました。

▼イスラエルの位置
※周囲はほとんどムスリム（イスラム教徒）の国

## [ チベット仏教 ]

　チベット仏教はラマ教や山岳仏教ともよばれ、中国西部の**チベット民族**が仏教を元に生み出した宗教です。聖地はチベットの**ラサ**。ネパールやモンゴル（および中国の内モンゴル）にも信者がいます。

## >> 世界の民族と民族問題

　世界各地で民族間の争いが起きています。宗教のちがいや言語のちがいを背景に、土地や資源などをめぐって対立が深くなるのです。

### ① 東アジアの民族と民族問題
### [ 中国 ]

　中国人口の 90％以上は**漢民族**によって占められます。漢字を使い中国語を話す民族です。ただし、中国語は地域によるちがいの大きな言語です。

> **補足**　＊**華僑と華人**
>
> 　南部沿岸（福建省・広東省）の漢民族の一部は、東南アジア諸国などに移住し、**華僑**（➡ p.268）や**華人**（外国で生まれ、その国の国籍を得て定着している中国人）として活躍しています。

　▶漢民族以外に **55 の少数民族**がいます。「少数」といっても、最大のチョワン民族は人口の 1.3％、約 1,700 万人もいます。

　▶**チベット民族**や**モンゴル民族**は**チベット仏教**、**ウイグル民族**やホイ（回）民族は**イスラーム**の信者です。

　▶少数民族のうち 5 民族には、主に内陸部に**自治区**が与えられています。しかし、一部では漢民族の支配に不満を抱き、自治の拡大や分離・独立を求める動きもみられます。

▲中国の少数民族

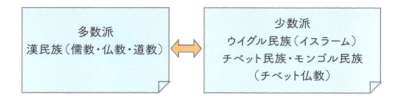

[ モンゴル ]

▶草原の遊牧民、モンゴル民族の国です。遊牧民は**ゲル**とよばれる移動式テント（➡p.167）に居住します。中国の内モンゴル自治区にも、同じチベット仏教の民族がいましたね。

▶旧ソ連の影響下で計画経済の社会主義国でしたが、今は市場経済化が進んでいます。

▶言語はアルタイ諸語に属するモンゴル語ですが、社会主義時代の名残りでロシア語と同じキリル文字を使っています。（伝統的なモンゴル文字に戻そうとしましたが、うまくいかないようです。）

## [ 朝鮮半島 ]

▶同じ民族が、**韓国**と**北朝鮮**に分断されています（1950年に始まった朝鮮戦争は今も北緯38度線をはさんで「停戦」状態です）。

▶**儒教**の影響が強く、年長者が重んじられるほか、男性優位の社会です。

▶15世紀に制定された**ハングル**は、表音文字です。

▶伝統衣装の**チマ・チョゴリ**（女性➡p.162）や**パジ・チョゴリ**（男性）、床暖房の**オンドル**、食文化ではキムチなどが知られています。共通の文化を持った民族は、中国東北部（吉林省）にも少数民族として居住しています。

> ハングル
> 안녕하세요
> アンニョンハセヨ
> （こんにちは）
> 감사합니다
> カムサハムニダ
> （ありがとう）

**補足** 日本には、日本民族のほかに**アイヌ民族**、在日韓国・朝鮮人などの民族が居住しており、もちろん日本も多民族国家です。

## ❷ 東南アジアの民族と民族問題

### [ マレーシア ]

マレーシアは**多民族国家**です。

▶先住民族を含む**マレー系**は人口の約6割を占めます。主に農村部に住むムスリムです。

▶**中国系**移民（華人）は約2割います。鉱山労働力として移

住したのち、商売の才能と中国人のネットワークで、経済的に優位に立っています。主に都市に住み、仏教や儒教・道教の信者です。

▶**インド系**移民は1割弱います。かつてイギリス人が経営した天然ゴムの大農園の労働力としてインド南部から移住したタミル系の人々で、ヒンドゥー教徒です。

多数派のマレー系が抱いた、高い経済力を持つ華人に対する不満を解消するために、マレー語を国語、イスラームを国教とするだけでなく、大学入学や公務員採用などでマレー系を優遇する**ブミプトラ政策**がとられました。

## [ シンガポール ]

　**華人**が多く、マレー系の優遇に反発してマレーシアから独立しました。しかし、各民族の融和をはかって、中国語・マレー語・タミル語のほかに英語を公用語としています。

> **補足** 最近では華人の若者が英語ばかりを使い、「中国語離れ」が問題になっています。

## [ フィリピン ]

▶かつてスペイン、次いでアメリカ合衆国の植民地だった歴史を持ちます。
▶現地の**タガログ語**（フィリピノ語）のほかに英語が話され、大半が**キリスト教**（**カトリック**）の信者です。
▶南部**ミンダナオ島**に住む少数のムスリム（**モロ人**）が、政府に対して自治・独立を求めています。

## [ インドネシア ]

インドネシアは旧オランダ植民地で、**世界最大**の信者数を持つ**イスラーム国家**です。

▶**バリ島**では昔伝わった**ヒンドゥー教**が独自の発展をしました。

▶ほかにも島ごとにさまざまな民族が住む**多民族国家**で、マルク諸島・パプア・スラウェシなど各地で民族紛争が起きています。

▶ティモール島東部だけは旧**ポルトガル領**で住民の多くは**カトリック**信者です。ポルトガル撤退後、インドネシアに支配されましたが、住民はこれに抵抗し、2002年に**東ティモール**として独立しています。

> 補足 ＊アチェ独立運動
>
> 天然ガス資源の多い**スマトラ島**北部の**アチェ**で続いていた独立運動は、2004年のスマトラ沖地震・津波をきっかけに政府と歩み寄り、和平が実現しました。

▲インドネシアと周辺地域の紛争

## ❸ 南アジアの民族と民族問題

### [ インド ]

インドの民族は、北部**アーリア系**と南部**ドラビダ系**に大別され、それぞれがさらに細かく分かれています。

▶話者の最も多い**ヒンディー語**が公用語、旧宗主国イギリスの**英語**が準公用語となっています。インド紙幣にはその他に15の地方語が書かれています。

▶宗教は約8割が**ヒンドゥー教**で、**カースト制**という身分制と結び付いています。カーストによる身分差別は憲法で否定されていますが、現実のインド社会には色濃く残っています。また、人口の約14％（それで2億人弱！）を占めるムスリムも無視できない集団です。

▲**地方語が書かれているインドの紙幣**（部分）

> 補足　＊シク教
> ごく少数ですが**シク教**があります。男性は髪を切ってはいけないので、長い髪を頭に巻き付けてターバンで覆っています。シク教徒には富裕層が多く、海外でも活躍しているので「インド人＝ターバン」というイメージが定着しました。

▲インドの言語

## [ カシミール問題 ]

インドとパキスタンの間にある**カシミール地方**（旧藩主国）は、両国の分離・独立の際、藩主はヒンドゥー教徒だったためインド帰属を、一方住民の多くはムスリムだったため、パキスタンへの帰属を主張しました。以来、両国間で領有が争われています。両国は**核兵器**を保有して対立を続けています。

## [ スリランカ ]

スリランカでは、インド南東部から島の北部に移住してきた少数派の**タミル人**（ヒンドゥー教徒）が、多数派である南部の**シンハラ人**（仏教徒）の政府とはげしく対立してきました。長年のテロと弾圧の応酬の結果、タミル人の武力勢力は鎮圧され、内戦は終結（2009年）しました。

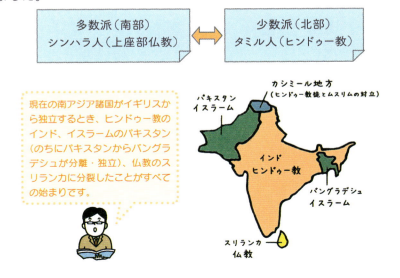

現在の南アジア諸国がイギリスから独立するとき、ヒンドゥー教のインド、イスラームのパキスタン（のちにパキスタンからバングラデシュが分離・独立）、仏教のスリランカに分裂したことがすべての始まりです。

## ❹ 西アジアの民族と民族問題

[ パレスチナ問題 ]

この問題は重要なので、ていねいにみておきます。

かつて国を持たなかったユダヤ人は、自分たちの国をつくろうという**シオニズム運動**の結果、1948年に**イスラエル**という国をつくりました。しかし、その建国の地**パレスチナ**に住んでいた**アラブ民族のパレスチナ人**は追い出され、一部は周辺のアラブ諸国に逃げ出しました。この**パレスチナ難民**と同じムスリム（イスラム教徒）として、アラブ諸国は結束してイスラエルと何度も戦います（**第一次～第四次中東戦争**）。

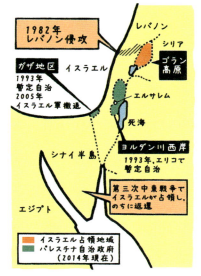

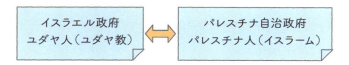

**補足**

＊**難民**
　政治的対立や人種・民族・宗教のちがいなどを理由に迫害され、本来の居住地から逃げ出さざるをえなくなった人を**難民**といいます。冷戦末期の旧ソ連侵攻やアメリカ合衆国の空爆（2001年～）を受けてきた**アフガニスタン**からは、多数の難民がパキスタンやイランへ逃れています。ほかにイラクやソマリア、コンゴ民主共和国やスーダンも主な難民発生国です。

＊**パレスチナ問題の現在**
　中東戦争では、有力なユダヤ系市民の多いアメリカ合衆国などの支援を受けたイスラエルが勝ち、**ヨルダン川西岸**や**ガザ地区**などで占領地を広げました。パレスチナ人のイスラエルに対する抵抗運動（**インティファーダ**）が続くなか、一時は和平へ進み、ガザ地区とヨルダン川西岸地区で**パレスチナ暫定自治**が始まりました。しかし、長年の対立は深く、イスラエル側の軍事的に強硬な政策とパレスチナ側やアラブ諸国の抵抗が今も続いています。

## [ クルド人問題 ]

　**クルド人**は、自らの国を持たず、**トルコ・イラク・イラン**などにまたがる地域（クルディスタン）に居住する民族です。独立を求める運動を続けていますが、各国で迫害を受けてきました。

| 少数派<br>クルド人<br>独立・自治の要求 | ⇔ | 多数派（各国政府）<br>トルコ・イラク・イラン・シリアなど<br>弾圧・迫害を続け、同化（自民族にとりこむ）を主張 |

### ❺ アフリカの民族と民族問題

　ひとくちにアフリカといっても、人種・民族の面では大きく2つの顔があります。

▶北部の乾燥地域には**コーカソイド**（白人種）の**アラブ系**民族が居住しています。**アラビア語**を話す**ムスリム**の多い地域です。

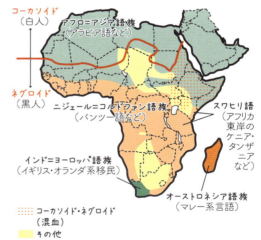

▶サハラ砂漠より南の中南部には**ネグロイド**（黒人種）の**スーダン系**と**バントゥー系**民族が居住しています。自然崇拝や、ヨーロッパ人が伝えた**キリスト教**の信者が多い地域です。

▶言語はさまざまですが、東岸の**ケニア**や**タンザニア**などでは、商用語から発達した**スワヒリ語**が使われています。

## [ ナイジェリア ]

旧**イギリス植民地**のナイジェリアでは、南東部の油田地帯であるニジェールデルタに住むイボ人が独立を求めて内戦になりました。これを**ビアフラ戦争**（1967〜70年）といいます。キリスト教徒であるイボ人が、ムスリムのハウサ人（北部）や多数派のヨルバ人（西部）の支配に抵抗したのです。

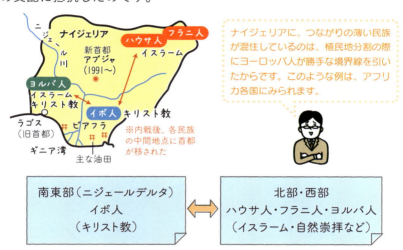

ナイジェリアに、つながりの薄い民族が混住しているのは、植民地分割の際にヨーロッパ人が勝手な境界線を引いたからです。このような例は、アフリカ各国にみられます。

[ スーダン ]

▶北部に住む**ムスリム**の**アラブ系白人**が、南部の**スーダン系黒人**（キリスト教など）を迫害しました。両者の境界には油田があります。

▶西部の**ダルフール地方**では、2003年ころからアラブ系民兵が黒人を大量虐殺し「最悪の人道危機」とされてきました。

▶アラブ系のスーダン政府への国際的な批判が高まり、この結果、2011年に**南スーダン**が分離・独立しました。

[ ルワンダとブルンジ ]

▶旧ドイツ領で、第一次世界大戦後は**ベルギー領**になりました。

▶独立後の**ツチ人**と**フツ人**の間の内戦では、200万人が難民となり、コンゴ民主共和国など周辺の国に逃げ出しました。

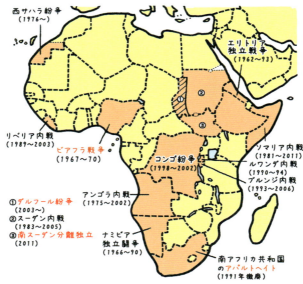

▲アフリカの主な民族紛争地域

▶内戦が終わったあと、ルワンダでは政治改革、海外からの投資、IT産業の発展が進み、「アフリカの奇跡」と呼ばれる経済成長をとげました。

## [ 南アフリカ共和国 ]

　南アフリカ共和国では、**アパルトヘイト**（人種隔離政策）が行われていました。これはヨーロッパ系白人によるアフリカ系黒人や有色人種に対する差別政策です。

▶この国は、オランダやイギリスからの移民の子孫によって建国され、黒人には政治に参加する権利がありませんでした。それどころか、1948年以降は法律によって居住地を限定され、公共施設などの使用を制限されました。

▶1960年代には、こうした政策に対する国際的な非難が高まり、国連を中心とする長期の**経済制裁**もありました。しかし、豊富な鉱産資源による経済的な裏付けもあって、南ア政府は80年代にもアパルトヘイト法を維持し続けました。（当時、日本は南アにとって最大の貿易相手国として国連からも批判を受けました。）

▶それでも、1990年には長く獄中にあった黒人活動家でアフリカ民族会議（ANC）議長の**ネルソン＝マンデラ**が釈放され、**アパルトヘイトの撤廃**が宣言されました。翌91年までに各種法制が撤廃され、94年に全人種参加の選挙が実施されると、マンデラが**初の黒人大統領**に選ばれました。

▶こんにち、南アフリカ共和国は鉱産資源の輸出と豊富な労働力を活用した工業化によって、BRICSのひとつに数えられる成長国となっています。また、黒人の経済を支援する政策も進められています。

▶しかし、今も人種間には**経済的・社会的な格差**が残っています。農村に住む多くの黒人が職を求めてヨハネスバーグなどの大都市に流入し、**失業者の増大**と**治安の悪化**をもたらしています。

## ⑥ ヨーロッパの民族と民族問題

　p.233「言語」の項で学んだ3つの語派は、キリスト教の3宗派と対応しています。

- 北西部の**ゲルマン**語派は、**プロテスタント**（新教）
- 南部の**ラテン**語派は、**カトリック**（旧教）
- 東部の**スラブ**語派は、**東方正教**

　これにはいくつかの例外があります。「中欧のスラブ民族（ポーランドなど）にはカトリックが多い」「ルーマニアは東欧だがラテン民族の国」などです。

　また、3民族以外の民族（イギリスやフランスの**ケルト人**、スペインの**バスク人**、フィンランドの**フィン人**、ハンガリーの**マジャール人**など）も存在します。

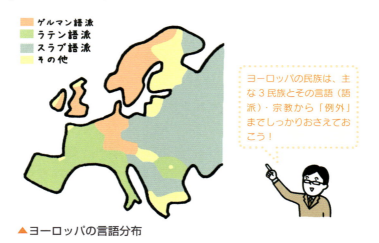

▲ヨーロッパの言語分布

## [ スイス ]

スイスは、**ゲルマン語圏とラテン語圏の境界**にあり、4つの公用語が使われています。(話者の多い順に) ドイツ語・フランス語・イタリア語とロマンシュ語です。

▲スイスの言語分布

## [ ベルギー ]

ベルギーもゲルマン・ラテンの境界です。北のフランドル地方はゲルマン系のオランダ語の方言(**フラマン語**)、南のワロニア地方はラテン系のフ

▲ベルギーの言語分布

ランス語が使われています。首都ブリュッセルでは両方使います。さらに、東部の一部にはドイツ語圏もあります。

北部と南部の間には、言語のちがいだけではなく経済的格差の問題もあり、社会的・政治的に対立しています。3つの**言語地域ごとに政府**が置かれ、複雑な**連邦制度**がしかれています。

> 補足　南部では、フランス語と似たワロン語を使っていましたが、近年はフランス語との差がほとんどなくなっています。

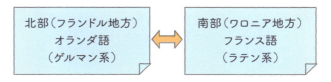

[ イギリス ]

▶**プロテスタントの多いイギリス**の中で、北アイルランド地方の**ケルト人はカトリック**の少数民族です。イギリス政府に抵抗し、独立運動を続けてきました。

▶ケルト系民族は、アイルランド、ウェールズ地方・スコットランド地方（イギリス）のほか、フランスのブルターニュ地方にも居住しています。

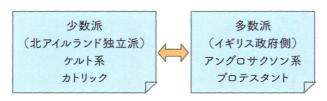

▶スコットランドでも、イギリスからの独立を求める動きがあります。

[ スペイン ]

▶フランスとの国境、ピレネー山脈の南西に居住する**バスク人**の独立運動がさかんです。

▶ほかに**カタルーニャ地方**などでも固有の言語や文化を持つ民族（カタルーニャ人）が自治を要求しています。

[ キプロス ]

　トルコ南方の地中海に浮かぶキプロス島では、多数派である**南部のギリシャ系正教徒**に対し、**北部のトルコ系ムスリム**が別の「国家」をつくって抵抗しています。このうち、**南部はEUに加盟**しています。

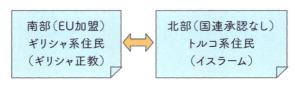

## [旧ユーゴスラビア]

▶宗教だけをみてもカトリック・東方正教・イスラームが混ざり合う複雑な民族構成を持つ地域が、社会主義の名のもとに**ユーゴスラビア**という一つの国家をつくっていました。しかし、東ヨーロッパの民主化で国家は分裂し、内戦が長く続きました。

▶現在は7カ国に分かれています。

▲旧ユーゴスラビア諸国

### ❼ 旧ソ連の民族と民族問題

▶15の主要民族ごとの共和国が**ソビエト社会主義共和国連邦**を構成していました。少数民族は自治共和国、自治州、民族管区に編成され、多数派の**スラブ民族**に支配されていました。

▶1991年、**バルト3国**をはじめとして15共和国が分裂、**ソ連は崩壊**しました。

## [ ロシア ]

▶旧ソ連の地位を継いだロシアでは、スラブ系以外にも多数の民族が小さな連邦共和国などを形成しています。旧ソ連崩壊をきっかけに、それまで抑圧されていた民族問題が各地で激化しました。カフカス山脈北の**チェチェン共和国**に住む**ムスリム**による独立派と、ロシア側との紛争はその代表例です。

▶ロシア以外にも、ウクライナ・ベラルーシなどがスラブ系民族中心で東方正教の国です。

## [ カフカス諸国と中央アジア諸国 ]

▶旧ソ連15共和国のうち、カフカス山脈の南側の地域にはキリスト教徒とムスリムが混住し、民族紛争が絶えません（チェチェンはこの地域のすぐ北側）。

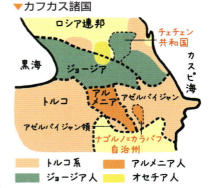
▼カフカス諸国

▶東方正教徒の多い**ジョージア**領内では、ムスリムが独立を求め活動しています。

▶トルコ系でムスリムの多い**アゼルバイジャン**と、東方正教徒の多い**アルメニア**は、領土などをめぐって紛争を続けています。

▶旧ソ連のうちカザフスタン・トルクメニスタンなどの**中央アジア**には、**トルコ系ムスリム**が多く、ロシアに経済的に依存しつつ政治的には対抗しています。

## ⑧ 南北アメリカの民族と民族問題

　南北アメリカ大陸の先住民は、氷河期の海面が低かったころにユーラシア大陸から歩いて渡ってきたアジア系人種（**モンゴロイド**）の子孫です。北極圏では**エスキモー**（カナダでは**イヌイット**とよぶ）、北アメリカでは**ネイティブアメリカン**やアメリカインディアン、中南アメリカでは**インディオ**などとよばれます。

▶16世紀以降、そこに多くのヨーロッパ人（コーカソイド）が侵入・移住してきました。北アメリカにはイギリスの**アングロ＝サクソン人**などが、中南アメリカにはスペインやポルトガルの**ラテン系民族**がやって来て、先住民の土地・財産・生命を奪い、植民地として支配したのです。

▶その後、白人たちは、アフリカのギニア湾岸から多くの**黒人奴隷**（ネグロイド）を輸入して（**奴隷貿易**）、絶滅寸前の先住民に代わる労働力として利用しました。

▶現在の南北アメリカ大陸には**モンゴロイド・コーカソイド・ネグロイド**の3人種が混住しています。

## ［ カナダ ］

▶多数派はイギリス系住民ですが、東部の**ケベック州**では**フランス系**住民が多数を占めています。このため、英語のほかに**フランス語**も公用語になっています（ケベック州ではフランス語のみが公用語）。

> **補足**　ケベック州の独立を求める運動は根強く、1995年の住民投票では独立反対派が勝ったもののわずかな差でした。

▶また、北極圏に居住する**イヌイット**の自治権を保障するため、**ヌナブト準州**が設定され、先住民の伝統文化の保護が進められています。
▶カナダでは、さまざまな民族と文化の混在を積極的に評価する**多文化主義**を採用しています。

## [ アメリカ合衆国 ]

▶ ヨーロッパ系白人は、人口の約 62％を占める多数派です。とくに **WASP**(ワスプ) とよばれる**イギリス系のプロテスタント**は、合衆国を建国した初期移民の子孫で、社会の上層を占めています。

▶ **ネイティブアメリカン**（アメリカインディアン）は、先住民です。西部にわずかな保留地を与えられていますが、人口比は 1％程度で、社会的地位は低いのが実情です。アラスカ州のエスキモーも先住民です。

▶ 人口の約 12％を占める**黒人**は、かつて**綿花栽培**などの労働力としてアフリカから連行されてきた**奴隷の子孫**です。そのため綿花地帯の広がる**南部で人口割合が高い**のです。長年白人による差別を受けてきましたが、1950〜60 年代の**公民権運動**によって、（まだ不十分とはいえ）社会的地位を高めました。

▶ 近年、ロサンゼルスなど南西部で急増しているのが**ヒスパニック**です。「**スペイン語を話す人々**」のことで、旧スペイン領だった**中南米（とくに隣国のメキシコ）からの移民**です。人口割合ではすでに黒人を上回っています。ただし非合法な移民も多く、大部分は英語が話せないことから、生活は不安定です。

▶ その他、**太平洋岸**には**アジア系の移民**が増大しています。

> 補足　アメリカ合衆国は、多くの人種・民族がそれぞれの文化を維持しながら混在するため「**人種（民族）のサラダボウル**」といわれます。次ページの図のような各民族の分布の特徴をおさえておこう！

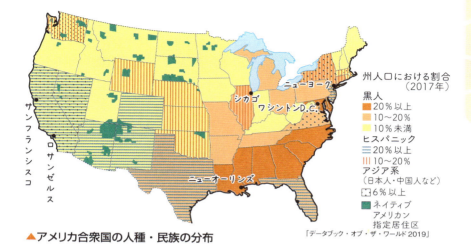

▲アメリカ合衆国の人種・民族の分布

## ❾ ラテンアメリカ諸国の民族と民族問題

インディオ・ヨーロッパ系白人・アフリカ系黒人のほかに、それらの**混血**（メスチソ・ムラートなど）も多く、「**人種（民族）のるつぼ**」といわれます。

 補足　るつぼ（坩堝）とは金属を溶かし合わせるための器です。

ラテンアメリカの混血
- インディオ＋ヨーロッパ系白人＝**メスチソ**
- ヨーロッパ系白人＋アフリカ系黒人＝**ムラート**
- アフリカ系黒人＋インディオ＝**サンボ**

▶中南アメリカの大半の言語は**スペイン語**、宗教は**カトリック**です。いずれもヨーロッパの**ラテン系民族**のスペイン人らが持ちこみました。それで中南アメリカは「**ラテンアメリカ**」ともよばれます。

▶とくに**アルゼンチン**では約86％、ウルグアイでは約88％が**ヨーロッパ系白人**です。温帯気候で、ヨーロッパからの入植者が過ごしやすいのです。

▶**ブラジル**の白人は約54％ですが、ほかの中南アメリカ諸国とちがい**ポルトガル系**で、公用語も**ポルトガル語**です。ブラジルには混血が約39％、黒人が約6％おり、各文化の融合が進んでいます。

▶**マヤ文明**が栄えたグアテマラ、**インカ文明**が栄えたアンデス高地の**ペルー**や**ボリビア**では**先住民インディオ**の割合が高く、ペルー・ボリビアではスペイン語の他にインディオの言語も公用語です。

▶ヨーロッパ系白人とインディオとの混血**メスチソ**は、メキシコ・パナマ・ニカラグアなど中央アメリカ諸国で高い割合を占めています。

▶カリブ海の島々では早い時期にインディオが絶滅し、その後の労働力として黒人が送りこまれました。**ハイチ**では約95％、**ジャマイカ**では約92％が**黒人**です。

## ⑩ オセアニアの民族と民族問題

　オセアニア諸国は、オーストラリアと太平洋地域からなります。太平洋地域は、民族的に**ミクロネシア・メラネシア・ポリネシア**の3地域に分類されます（➡p.422）。

### [ オーストラリア ]

▶先住民の**アボリジニー**は狩猟・採集の生活をしていました。そこに**イギリス系**の移民が侵入し、植民地としました。アボリジニーは土地を奪われ、文化を否定され、人口を大きく減らしました。その後、アボリジニー人口は回復しましたが、全人口の3％に過ぎません。

▶イギリスからの独立後、アジア系の移民労働者をきらってヨーロッパ系白人以外の移住を制限しました。これを**白豪主義**といいます。現在は撤廃し、**多文化主義**を採用しています。先住民の文化を尊重し、移民の受け入れも積極的に行っています。

「多文化主義」といえば、**カナダ・オーストラリア**

### [ ニュージーランド ]

　先住民**マオリ**はポリネシア系の農耕民族です。オーストラリア同様にイギリスからの移民によってマオリは絶滅の危機にひんしましたが、現在はマオリの権利回復がすすめられ、全人口の約14％を占めています。

## 確認問題に挑戦！

民族と国家をめぐる紛争には、いくつかのパターンがある。次の図は、そのパターンを模式的に示したものである。クルド人に関わる紛争に最も近いパターンを、図中の①～④のうちから1つ選べ。

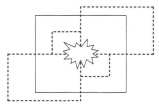

諸民族の分布域が国の内外に錯綜し、一つの国の中で、拮抗する複数の民族が主導権を争う。

①

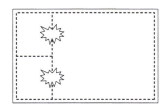

一つの国の中で、多数派の民族によって抑圧された複数の少数民族が、連帯して抵抗する。

②

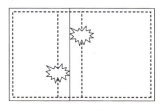

一つの民族が、複数の国にまたがって分布し、それぞれの国において自治や独立を要求する。

③

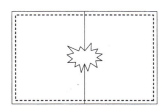

一つの民族が二つの国に分断され、政治体制の違いから同一民族どうしで紛争が起こる。

④

☐ 国の領域　┆ 民族の分布域　 紛争の発生地

---

**正解は③**　クルド人の住む地域は、イラン・イラク・トルコ・シリアなどにまたがる。各国で少数民族として弾圧や迫害を受けてきたため、民族自治権の拡大や、分離独立を求める運動を展開している。①植民地時代にヨーロッパ諸国が境界線を引いたアフリカ諸国の民族紛争。②ミャンマーでは複数の少数民族が政府の弾圧に連帯して対抗。④韓国と北朝鮮のケースは、このパターンに該当する。

## 次の各文の正誤を答えなさい。

**1** 中国には多くの少数民族がいるが、チベット自治区では一部に自治権の拡大を求める動きがある。

**2** マレーシアでは、マレー系住民への優遇政策により、マレー系住民の社会・経済的地位が中国系やインド系の住民をしのぐようになった。

**3** カシミール地方では、国境をめぐり、ムスリムが多数を占める国とヒンドゥー教徒が多数を占める国との間で対立がみられる。

**4** アラブ系を主要民族とし、アラビア語が用いられている国は、西アジアのみにみられる。

**5** ナイジェリアでは、石炭の採掘権をめぐって分離独立運動が起こり、多数の餓死者や死傷者を出した。

**6** ピレネー山脈付近では、周辺と異なるバスク語を話す人々の一部が独立国家建設を求めている。

**7** チェチェン共和国では、ムスリムが多数派を占める民族による、ロシア連邦からの分離独立を求める運動がある。

**8** 英語は、かつてイギリス植民地であった国々で広く用いられているが、カナダでは、英語と共にフランス語も公用語とされている。

**9** ブラジルでは、多様な人種の間にも均質な文化がみられ、国民のほぼ全てが日常生活でスペイン語を使う。

**10** オーストラリアとニュージーランドの先住民は、政府の政策などを背景に、近年では人口が増加している。

---

**1**○（チベット族はチベット仏教〈ラマ教〉、ほかにムスリム〈イスラム教徒〉のウイグル族にも独立・自治拡大の動きがある。）　**2**✕（経済的には今も中国系の地位が高い。）　**3**○（前者はパキスタン、後者はインド。両国は核兵器を保有している。）　**4**✕（北アフリカもアラブ系の地域である。）　**5**✕（石炭⇒石油。ビアフラ戦争のこと。ニジェール川デルタ付近の石油採掘権をめぐる争いが背景にあった。）　**6**○（ピレネー山脈はフランス・スペイン国境。バスク人は両国にまたがって分布。）　**7**○（テロと弾圧の応酬が続いている。）　**8**○（ケベック州にはフランス系住民が多く、分離独立運動も起きている。）　**9**✕（スペイン語⇒ポルトガル語）　**10**○（かつて激減したアボリジニーやマオリへの保護政策が進められている。）

# 第17講
# 人口と人口問題

## >> 世界の人口
### ❶ エクメーネとアネクメーネ

人間の居住できる地域を**エクメーネ**、居住できない地域を**アネクメーネ**といいます。

人類はアネクメーネを克服し、エクメーネを広げてきました。これは言い方を変えると、耕作地を広げ、食料生産を増やし、エクメーネを広げることで人口を増大させてきたということです。

| アネクメーネ（人間が居住できない地域） | |
|---|---|
| 極限界 | 南極大陸やグリーンランド内陸部など、とくに寒さの厳しい地域。 |
| 乾燥限界 | サハラ砂漠など年降水量250mm未満で農業ができない地域。 |
| 高度限界 | ヒマラヤ山脈・アンデス山脈などの標高約5,000m以上の高山地帯。 |

### ❷ 世界の人口
[ 総人口の推移 ]

▶ 世界の総人口は、1800年には9億人でしたが、**産業革命**が進んだヨーロッパやアメリカで急増し、1900年には16億人となりました。こうした急激な人口増加を**人口爆発**といいます。第二次大戦後には、発展途上国を中心に**第二次人口爆発**がありました。

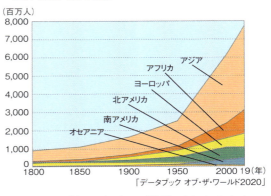
▼世界の総人口の推移
「データブック オブ・ザ・ワールド2020」

▶総人口は 1950 年の 25 億人から、2000 年は 60 億人、**2019 年には 77 億人**と増えてきました。**2050 年には 97 億人以上**になると予想されています。

▶**総人口の 60％はアジアに集中**しています。以下、アフリカ・ヨーロッパ・北中アメリカ・南アメリカ・オセアニアと覚えましょう。

人口上位国                                          (億人, 2019 年)

| | | | |
|---|---|---|---|
| 1 | 中国 | 14.3 | 日本の約 11 倍 |
| 2 | インド | 13.7 | 今世紀中、世界 1 位に |
| 3 | アメリカ合衆国 | 3.3 | 移民による人口増加 |
| 4 | インドネシア | 2.7 | ジャワ島に集中 |
| 5 | パキスタン | 2.2 | 14 歳以下が 42％ |
| 6 | ブラジル | 2.1 | 南米で最大、農業生産も増大 |
| 7 | ナイジェリア | 2.0 | アフリカで最大 |
| 8 | バングラデシュ | 1.6 | 低地に人口集中 |
| 9 | ロシア | 1.5 | 人口減少に歯止め |
| 10 | メキシコ | 1.3 | 首都メキシコシティに集中 |
| 11 | 日本 | 1.3 | 人口減少が続く |
| 12 | エチオピア | 1.1 | 人口増が貧困に拍車をかける |
| 13 | フィリピン | 1.1 | カトリックは避妊・中絶に消極的 |
| 14 | エジプト | 1.0 | 深刻な若者の失業率 |

補足　＊8,000 万人以上の国

アジアではベトナム・トルコ・イラン、ヨーロッパではドイツ。

1 億人以上の人口上位国のデータは、さまざまな問題を解くときの重要な鍵になります。また、1 億人に近い国も（順位はともかく）目を通しておきましょう。

[人口密度]

▶世界平均では約59（人/km²）ですが、アジア148、アフリカ44、ヨーロッパ34、北中アメリカ28、南アメリカ25、オセアニア5（2019年）と、地域によって差があります。

> 補足　**人口密度**とは、人口（人数）を面積（km²）で割った値。数字が大きいほど、密集して人が住んでいることになります。日本の中でも、東京都の人口密度（人/km²）は6,300、北海道は67、と大きな差があります（「日本国勢図会2019/20」）。

▶人口密度の上位国（都市国家などの小国をのぞく）は、バングラデシュ1105・韓国511・レバノン656・インド416・オランダ412・ベルギー378・日本340と、**アジアとヨーロッパに集中**しています。

▶下位国はモンゴル2・ナミビア3・オーストラリア3・カナダ4、などです。乾燥地帯の広い国が多いですね。　　（「世界国勢図会2019/20」）

## ❸ 人口の増減

人口の増え方・減り方には**自然増加**（減少）と**社会増加**（減少）、2通りあります。

▶自然増加（減少）は、「自然」つまり生まれてくる赤ちゃん（増）と亡くなっていく人（減）による増減です。**出生率と死亡率の差**が自然増加率（減少ならマイナス）になります。

▶社会増加（減少）とは、**ほかの地域からの移入と、ほかの地域への移出の差**です。

[人口増加率]

世界の**人口増加率**（2010～19年の平均）は12‰、つまり1.2％です。地域別ではアフリカの増加率（26‰）の高さが飛び抜けています。ほかは北アメリカ11・中南アメリカ10・アジア9・オセアニア14と同程度ですが、先進国の集中するヨーロッパは1‰と横ばいになっています。

> 百分率（％）に対して、‰（パーミル）を千分率といいます。つまり、1‰＝0.1％ということ。人口の増減の統計ではよく使われるので、見まちがえないように注意しよう。

## ❹ 自然増減のパターン

　出生率や死亡率は、その国の経済や社会の発達段階によって変化します。下の**人口転換モデル**は、この変化を一般化したものです。

　また、年齢階級別の人口を柱状グラフにして積み重ねた**人口ピラミッド**を描くと、各段階での特徴が明らかになります。

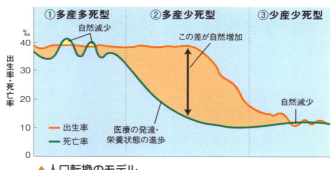

▲人口転換のモデル

### [ 多産多死型 ]

▶人口転換モデルのうち、①の段階は**多産多死型**です。最貧国など、**とくにおくれた発展途上国**にみられるもので、人口ピラミッドは裾野の広い**富士山型**（**ピラミッド型**）になります。これは出生率と

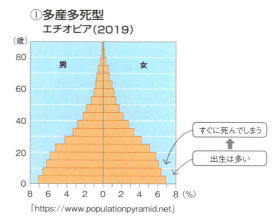

乳幼児死亡率の高さをあらわしています。

▶**農業中心の経済**でなりたつ発展途上国の農村では、子どもも大切な働き手になるので、たくさん子どもをつくる慣習があります。こうした国では多くの場合、**女性の地位が低く、早婚なうえに教育が**

不十分で、避妊などの知識も普及していません。他方で、**医療の未発達・衛生状態の悪さ・栄養不足**により、幼い子どもが次々と死んでいくのです。

### [ 多産少死型 ]

人口転換モデルのうち、②の段階は**多産少死型**です。この段階の前半（②−1）では、医療の普及や衛生状態の改善が進み、**乳幼児死亡率が劇的に低下**します。すると、高いままの出生率との差が広がり、**一気に人口が増加**します。**人口爆発**とは、この状態をいいます。

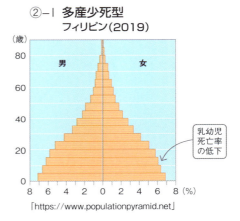

②−1 多産少死型 フィリピン(2019)

多産少死型の後半の段階（②−2）になると、経済の商工業化が進み、**農村から都市へと人口が移動**します。そして、**女性の社会進出**が進み、**出生率が大きく低下**していきます。人口増加率は高い水準のままですが、徐々に**高齢者の割合が高まり**、人口ピラミッドは**釣鐘型**に変化します。

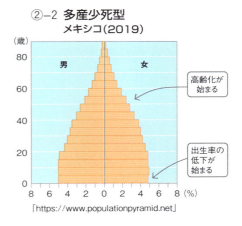

②−2 多産少死型 メキシコ(2019)

## [ 少産少死型 ]

人口転換モデルのうち、③の段階は**少産少死型**です。**女性の高学歴化・社会進出**がさらに進み、**出生率は最低水準**となりますが、**死亡率の低下**は限界に達し、人口は静止します。社会の**少子高齢化が進行**し、人口ピラミッドは**つぼ型**になります。先進国に限ってみられる現象です。

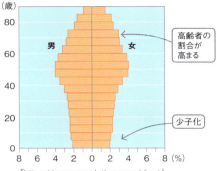

③少産少死型 イタリア(2019)
「https://www.populationpyramid.net」

> 補足　＊第二の人口転換

従来は、少産少死に達すると人口は静止するとされていました。しかし、さらなる出生率低下や高齢化による死亡率上昇で日本など一部の先進国では**少産多死**とよぶべき状況がみられ、これを**第二の人口転換**といいます。

---

**人口ピラミッドは人口転換の型をあらわす**

- 富士山型 ＝ 多産多死型（**途上**国）
- 釣鐘型 ＝ 多産少死型（**中進**国）
- つぼ型 ＝ 少産少死型（**先進**国）⇒第二の人口転換へ

## ❺ 社会増減のいろいろ

**人口移動**の原因は、経済・政治・宗教など、さまざまです。

### [ ヨーロッパ→南北アメリカ大陸 ]

17世紀以降、イギリスで迫害を受けた**清教徒**（ピューリタン）は、**北アメリカに移住**しました。このように、多くのヨーロッパ人が「**新大陸**」に移りました。イギリス人は、オーストラリア大陸にも移住しています。

### [ ギニア湾岸→南北アメリカ大陸 ]

16世紀以降、ヨーロッパ人は、**アフリカの黒人**を**奴隷**として強制連行しました（**奴隷貿易**）。

### [ 中国南部→東南アジア ]

いわゆる**華僑**です。中国の内戦・社会主義政権から逃れた人々が、東南アジアに限らず世界各地に**チャイナタウン**を形成しています。日本にも、横浜・神戸・長崎などに中華街があります。

## [ インド→イギリス植民地 ]

インドはイギリスの植民地であったため、他のイギリス植民地（アフリカ南東部・マレーシアなど）への移民が多くなっています。

> 補足　インドからの移民は印僑ともよばれ、経済的に成功している例も多くみられます。

## [ トルコ→(西)ドイツ ]

第二次世界大戦後、高度経済成長をむかえた西ドイツでは、労働力不足を補うため、外国人労働者を公式に受け入れました。**トルコ**をはじめ、イタ

リアや旧ユーゴスラビアなど南ヨーロッパ諸国からも多くの**出稼ぎ労働者**が移住しました。不景気でドイツが受け入れを停止したあとも、トルコ系移民の多くはそのままドイツに定住して、社会の一員となっていますが、東西ドイツ統一（1990年）後には失業率の高い東部を中心に移民を排斥する動きが高まっています。

## [ アジア諸国→中東産油国 ]

サウジアラビア・アラブ首長国連邦などの産油国は、石油の輸出でもうけたお金でアジア各地からの出稼ぎ労働者を受け入れて、都市の建設などの労働に利用しています。これらの国では性比（女性に対する男性の人口割合）が極端に高くなっています。

> 補足　フィリピンの女性労働者（看護師・家政婦など）の出稼ぎも、よく知られています。

## [ 日本と南アメリカ（南米）]

かつて日本が貧しかった明治時代から昭和の前半には、多くの日本人がハワイやアメリカ本土など各地に出稼ぎに行きました。なかでも南米の**ブラジル**や**ペルー**には、多くの日本人が渡りました。その多くは**コーヒー農園**などの労働力でしたが、商業で成功する者もあり、

最大の日系社会が存在するブラジルでは、約150万人の**日系人**がくらしています。

近年は、南米の日系人の子孫（2世や3世）が、逆に日本の関東内陸や中部地方の機械工業地域に出稼ぎに来ています。

> 補足　日本は、入国した外国人の単純労働を認めていませんでしたが、1990年の出入国管理法改正で日系2世・3世については「定住者」として就労制限をなくしたため、ブラジルやペルーからの出稼ぎ移民が増加しました。しかし、2008年のリーマン・ショックによる不景気をきっかけに失業した人々の帰国があいついでいます。

　経済的な理由の人口移動は、**貧しい国から豊かな国へ**

## >> 人口問題

### ❶ 世界の人口問題・人口政策

▶**先進国**では、人口の**少子高齢化**にともない、**労働力不足**や**福祉財政問題**が起きています。

▶**発展途上国**では、**人口の急増**により、**食料不足**や**都市・環境問題**が深刻化しています。

では、国ごとの問題をみてみましょう。

[ **中国の人口問題** ]

中国では、増えすぎた人口が経済の負担になったため、夫婦一組に子どもを1人しか認めない**一人っ子政策**を実施しました。2人目以降の出産には罰則を設けるという厳しい政策で、**人口増加率を10‰以下に抑える**ことに成功しました。しかし、**急速な高齢化**などさまざまな弊害も起きており、2016年から一人っ子政策は廃止になりました。

> 補足　＊一人っ子政策の問題点
> ①男子を求める風潮から、出生数の男女比のバランスが崩れている。

②罰則を逃れるために、出生登録をされていない子どもがいる。
③「小さな皇帝」とよばれ、過保護に育てられる子どもが多くなった。

## [ インドの人口問題 ]

インドも、人口の増加に悩む国です。かつて政府が行った**家族計画**（産児制限）では、不妊手術の強制が国民の反発を買い、中国のようには成功しませんでした。逆に、**緑の革命**による食料増産で増える人口に対応しました。人口増加率は今も高く、今世紀中頃には**中国を抜いて世界一**になると予想されています。

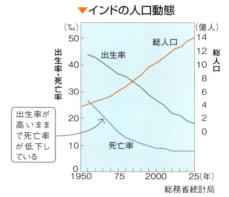
▼インドの人口動態
出生率が高いままで死亡率が低下している
総務省統計局

**補足** 女性の識字率が高い一部の地域では、避妊による**家族計画**が普及しています。つまり、インドの人口問題の背景には女性の地位の低さがあります。

## [ ドイツの人口問題 ]

ドイツ（統一前の西ドイツ）の移民労働者の受け入れの背景には、自然増加率の低さがあります（1972～90年はマイナス）。これは女性の高学歴化と社会進出により、結婚・出産年齢が高まり、出生率が低くなったことが原因です。近年は、「ドイツ人の仕事を奪う」移民労働者への風当たりが強まっています。

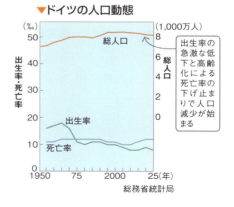
▼ドイツの人口動態
出生率の急激な低下と高齢化による死亡率の下げ止まりで人口減少が始まる
総務省統計局

**補足** ＊ヨーロッパの移民労働力

　イギリス・フランスなど EU のなかでも経済力の高い国には、北アフリカなど EU 域外からだけではなく、EU に新しく入った**東欧諸国からの移民**も多く、経済的・文化的な摩擦を起こすケースもあります。イギリスでは、このような移民の増大に対する国民の不安・不満が EU 離脱の要因のひとつになったといわれます。

## [ 発展途上国の人口問題による弊害 ]

　発展途上国では、**貧しい農村**で仕事にあぶれた人々が都市に流入し、**失業・環境・住宅などの都市問題**が発生しています（➡p.179）。とくにメキシコの首都**メキシコシティ**は**大気汚染**が深刻です。

**補足** 標高の高い盆地（かつての湖の底）にあるメキシコシティでは、空気がうすいので不完全燃焼がおきやすいうえ、排気ガスなどが滞留しやすいのです。

## [ スウェーデンの人口政策 ]

　**スウェーデン**は、すでに 19 世紀の後半に**老年人口**（65 歳以上）の割合が 7 ％に達し、**高齢化社会**に突入しました。長い高齢化の歴史の中で**社会保障制度の充実**が進み、高齢者や障がい者などの弱者がくらしやすい国になっています。また、**女性の社会進出**も著しく、子どもへの補助金・育児休業制度・保育所の整備などが進んだ、働きながら出産・育児が可能な社会です。ほかの北欧諸国やフランス・イギリスなども同様の**福祉国家**といえます。

　これらの国では、合計特殊出生率（1 人の女性が一生に産む子どもの数の平均）が 2 近くに回復しており、人口減少に歯止めがかかっています。

**補足** ただし、スウェーデンのような高度な福祉を支えているのは重い税負担で、これが若者のやる気を奪っているという見方もあります。

## ❷ 日本の人口問題

▶2005年ごろから、**日本の人口は減少**に転じています。

▶日本の老年人口（65歳以上）の割合が7％から14％になるのに要した年数は24年（1970～94年）で、ドイツの40年、イギリスの47年、スウェーデンの85年、フランスの115年に比べると高齢化のスピードがあまりにも急速です。

▶1997年には、老年人口が年少人口（0～14歳）を超え、現在は老年人口比率が28.1％（2018年）と**世界最高レベルの高齢国家**になっています。

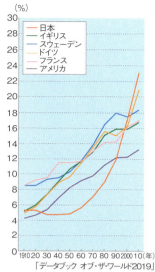

▲主な国の老年人口の推移

▶ドイツと同様、**高度経済成長期に出生率が低下**し、急速に**少子化**が進みました。**合計特殊出生率**は1970年代に2を切り、現在は1.42（2018年）で、**先進国の中でも最低レベル**になっています。

> 補足　＊人口置換水準
> 日本では、合計特殊出生率が2.1程度であれば、人口は増えも減りもしません。この率を人口置換水準といいます。

▶ヨーロッパ諸国とちがい、日本の働く女性にとって出産・育児は重い負担をともないます。**保育所の不足**や**育児休業制度や経済的支援のおくれ**などが指摘されています。制度ができても、父親が育児休業を取得すると驚かれます。**ワークライフバランス**（仕事と生活との調和）のとれた社会の構築が必要とされています。

日本の人口ピラミッドは、大まかには**つぼ型**に分類されますが、よくみるといびつな形をしています。2つのこぶがありますが、上のほうが<mark>団塊の世代</mark>ともよばれる**第一次ベビーブーム**の階層、下がその子どもの**第二次ベビーブーム**の階層です。

> 補足　＊団塊の世代
> 　第二次世界大戦後、戦地から男性たちが復員（軍隊から民間へ戻る）し、出生率が急に上がりました（**第一次ベビーブーム**）。この時期に生まれた人のなかでも特に人口割合の多い1947〜49年生まれの人たち（約800万人）を「団塊の世代」とよびます。

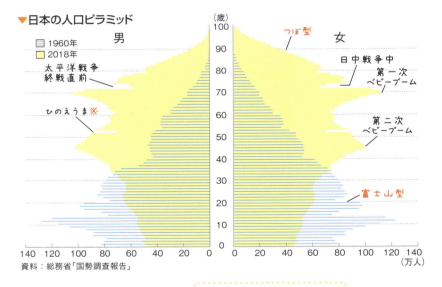

▼日本の人口ピラミッド

※「ひのえうま」生まれの女性は気がとても強いという迷信から、この年（1966年）の出産は極端に少なくなっています。

今、団塊の世代が定年をむかえ、いっそう社会の高齢化が進むことで、年金・医療保険・介護保険などの社会保障や企業の退職金負担などが問題になっています。

　また、社会の少子高齢化は、若い労働力の不足を引き起こすことになりますが、ほかの先進国と比べて、日本は移民の受け入れに消極的で、研究者・芸能人・プロスポーツ選手など「専門的・技術的分野」以外の、いわゆる単純労働で外国人が働くことは原則として認めない政策を続けてきました。しかし、実際には低賃金労働力を求める産業界の声に応じて、

- 1990年〜　日系人の在留資格緩和（→p.270）
- 1993年〜　技能実習制度の開始

のほか、留学生のアルバイトなどの形で外国人労働者受け入れが進み、1993年には10万人弱だった外国人労働者数は、2000年に20万人を越え、2018年には146万人にまで急増しています。

**補足**　技能実習制度では、強制的な時間外労働、最低賃金法違反、奴隷的な身柄拘束、強制帰国をちらつかせた脅しなど、研修生の人権が軽視される事例が多く、国際的な批判を受けています。2019年4月から、外国人労働者のさらなる受け入れを図って、「特定技能」という新たな在留資格が設けられました。

- 発展途上国：**人口爆発**→食料不足、経済成長のおくれ、人口集中による都市問題
- 先進国：**少子高齢化**→高齢者福祉の経済的な負担、人口減少による労働力の不足・市場の縮小

## 確認問題に挑戦!

出生率・死亡率は国・地域ごとに異なり、その背景にある要因も多様である。次の図は、世界の国・地域別の出生率、死亡率、人口の自然増加率をそれぞれ示したものである。図から読みとれることがらやその背景について述べた文として**適当でないもの**を、下の①〜④のうちから1つ選べ。なお、階級は指標ごとに異なっている。

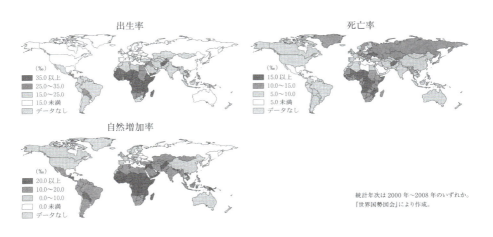

統計年次は2000年〜2008年のいずれか。
『世界国勢図会』により作成。

① 北アメリカと中央・南アメリカとの間には、出生率のちがいがみられるものの、出生率が死亡率を上回っている点では共通している。

② 旧ソ連諸国や東ヨーロッパでは、社会主義体制下での一人っ子政策などの影響により少子高齢化が進み、人口が自然減少している国が多い。

③ サハラ以南アフリカでは、出生率は近年低下傾向にあるものの依然として高い国が多く、保健衛生などの問題により死亡率も高い。

④ 日本や西ヨーロッパの一部の国では、少子高齢化にともなって死亡率が出生率を上回っている。

---

正解は②　一人っ子政策は中国の政策。旧ソ連や東ヨーロッパでは、体制変換にともなう社会の混乱や経済状態の悪化が、平均寿命の低下につながった。①北アメリカは主に先進国地域だが、移民が多く出生率が比較的高め。③近年ではHIVウィルスによるエイズ患者の増加により平均寿命が低下。④西ヨーロッパでは、ドイツ・イタリアなどがこれにあたる。

次の各文の正誤を答えなさい。

1　南アジアでは平均寿命が70歳未満の国々があり、その背景には貧困人口が多いことや衛生環境の整備が進んでいないことがある。

2　西ヨーロッパでは平均寿命が75歳以上の国々が多く、その背景には社会保障や福祉政策の充実がある。

3　南アジアからは、多くの人々が西アジアの産油国へ出稼ぎ労働者として移動している。

4　第二次世界大戦前から終戦直後にかけ、日本からハワイやヨーロッパに移民がみられたが、その子孫の中には現在日本で働く人も多い。

5　インドでは医療サービスの普及と並行して死亡率が低下、日本を上回る高齢化が進行した。

6　中国では、近年は年齢構成のアンバランスの是正に向けて、一人っ子政策の見直しが進められ、2016年には廃止に至った。

7　インドの人口は13億を超えているが、過去の人口抑制策の失敗もあり、今後のさらなる人口増加が懸念されている。

8　イギリスでは高齢者が急激に増加したが、年金制度やバリアフリー化は遅れている。

9　スウェーデンでは女性の社会進出を抑制し、出産を奨励して出生率が上昇した。

10　ドイツでは、人口の高齢化にともない、社会保障費が増大する一方で生産年齢人口が減少し、将来的な経済的活力の低下が懸念されている。

1〇（安全な水や衛生的なトイレを利用できる人口が少ない。）　2〇（早い時期から社会保障制度が整備されてきた。）　3〇（都市建設などの労働力として受け入れられている。）　4✕（ヨーロッパではなく南アメリカ。ブラジルやペルーの日系2世・3世が日本へ出稼ぎに来ている。）　5✕（発展途上国のインドでは乳幼児死亡率は低下したが、高齢化は進んでいない。）　6〇（今後の急激な少子高齢化が見こまれる。）　7✕（1970年代に、不妊手術〈男性の断種〉の強制を行い、国民の反発から失敗した経緯がある。）　8✕（イギリスや北欧諸国は福祉先進国。また高齢化のスピードも日本ほど急速ではない。）　9✕（逆に女性の社会進出はさかんである。育児休暇・保育施設など子育て支援策が充実している。）　10〇（すでに人口減少が始まっており、日本と共通の課題を抱えている。）

# 第⓲講
## 地球環境問題

### ≫ 地球規模の環境問題
❶ 酸性雨
[ 原因 ]

　酸性雨の原因は、化石燃料（石炭・石油）を燃やすと生じる**硫黄酸化物**（SOx）・**窒素酸化物**（NOx）です。火力発電所や工場の煙突などから出る煤煙、自動車の排気ガスなどに含まれています。これが水蒸気と反応して硫酸・硝酸となったものが、雨（雪・霧など）とともに降るのです。

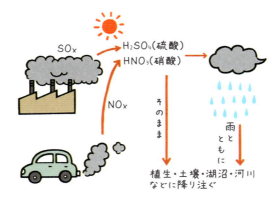

[ 被害 ]

　湖や沼の生物が死滅し、森林が枯れます。土壌が酸性化し、耕地にも被害が出ます。化石燃料の消費は工業国で多いため、ヨーロッパ・北アメリカ・東アジアで被害が大きいのですが、いずれも高緯度の偏西風帯です。そのため、**国境を越えて**、原因の発生地より北東側へ**汚染が拡大**します。

> 補足　＊酸性雨による被害
>
> 日本各地で春に観測される黄砂は、中国内陸砂漠の砂が偏西風にのって飛んできたものです。急速に工業化する中国で発生した酸性雨の原因物質も、黄砂同様に日本や韓国に飛んできます。

## [ 対策 ]

石灰を散布すれば中和されますが、根本的な解決にはなりません。煙突に**硫黄分を取りのぞく装置**を付けたり、比較的クリーンな**天然ガスの利用を増やす**などの対策が行われています。

> 補足　＊長距離越境大気汚染条約
>
> 最初に酸性雨が問題化したヨーロッパを中心に、**長距離越境大気汚染条約（ジュネーヴ条約）**が結ばれています。

### ❷ オゾン層の破壊

## [ 原因 ]

化学物質**フロン**から塩素原子が放出され、成層圏の**オゾン層を破壊**します。

> 補足　＊フロンとは
>
> 人間がつくり出した化学物質で、常温では気体（フロンガス）になります。不燃性で人体への直接的な害もない「夢の物質」として、スプレー用のガス・エアコンや冷蔵庫の冷媒・（液体化して）電子部品の洗浄などに利用されていました。しかし、オゾン層破壊の原因とされたため、排出量が制限されるようになりました。

## [ 被害 ]

オゾン層は太陽から降り注ぐ有害な紫外線を吸収します。オゾン層が破壊されると、紫外線が地表に届き、**皮膚がんや白内障（眼の病気）が増加**する可能性があります。また、生態系の破壊や農産物への影響も予想されます。

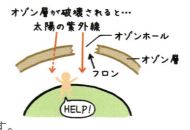

▼南極におけるオゾンホールの変化

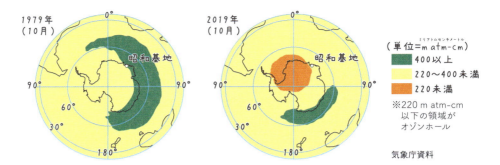

　南極上空にオゾン層が極端に薄くなったところがあります。これは**オゾンホール**とよばれます。オゾンホールの出現により、南極に近い**オーストラリア**など南半球の国々で紫外線量が増加し、健康被害の危険が高まっています。

[ 対策 ]

　**ウィーン条約**（1985年）と、それに基づく**モントリオール議定書**（1987年）により、フロンなどの生産・消費に対する規制が段階的に強められてきました。近年オゾンホールの拡大は止まり、縮小する傾向にあります。

### ❸ 地球の温暖化

[ 原因 ]

　二酸化炭素（$CO_2$）は、地表から放射されるさまざまなエネルギーを吸収し、地表に戻すというはたらき（**温室効果**）を持っています。化石燃料を燃やすなど人間活動が拡大すると、二酸化炭素の濃度が高まり、温室効果が強まって地表の温度が上昇するのです。

補足　＊温室効果
① 温室効果がなければ、地球の平均気温はマイナス18℃になると考えられています。
② 二酸化炭素だけでなく、**フロン**や**メタン**も温室効果を持っており、まとめて**温室効果ガス**とよびます。

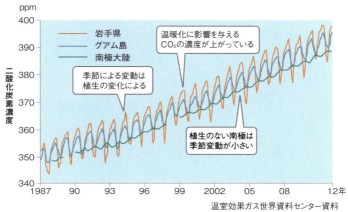

▲二酸化炭素濃度の変化

[ 被害 ]

　気温が上がると、海水が膨張するうえ、氷河が溶けるため、海水面の上昇が予想されます。**バングラデシュ**や**オランダ**のような低地の沿岸部を持つ国や、**モルディブ**や**ツバル**のようなサンゴ礁島の国では、高潮による洪水や水没が心配されます。

> 補足　日本でも、干潟や低地帯の消失が考えられます。また、植物帯の分布など、生態系への影響も予測されています。

[ 対策 ]

(1) **京都議定書**…1997年に開かれたCOP3*で採択され、温室効果ガスの排出量削減について、先進国に罰則つきの数値目標**を定め、**排出権取引**などのしくみも整えました。しかし、中国など発展途上国には削減義務がなく、いったんは署名した米国が、これに反発してのちに離脱しました。

＊COP…地球サミット（→p.285）の成果の一つ**気候変動枠組条約**に基づいて、毎年開かれる締約国会議。その第3回目が京都で開催されたCOP3である。
＊＊数値目標…1990年の排出を基準に、2012年までにEU 8％・米国7％・日本6％を削減。

⑵ **パリ協定**…2015年のCOP21で、京都議定書を引き継いで採択されました。全ての国に罰則なしの削減目標を設定し、**脱炭素化社会**（ゼロエミッション）を目指します。日本は2030年までに26％削減（2013年比）しなければなりません。ところが、米国はここでもいったん署名しておいて、2017年に「自国の産業を守るため」離脱を表明しました。

> **補足** その他の取り組み…ヨーロッパ諸国における**炭素税**の導入、植林（光合成による炭素固定）、バイオマスなど**再生可能エネルギー**の利用、**モーダルシフト**（自動車から船舶・鉄道への転換）など。

## ❹ 砂漠化

### ［原因］

表面的な原因は、気候変動による降水量の減少です。しかし、本質的な原因は人間の活動です。アフリカでの砂漠化の背景には、人口の急増と人々の貧困があります。

**砂漠化の人為的要因**

| | | |
|---|---|---|
| 途上国型 | 耕地の広げすぎ（**過耕作**） | →地力低下、土壌流出 |
| | 放牧のしすぎ（**過放牧**） | →植生が奪われる |
| | 薪炭材の取りすぎ※（**過伐採**） | →植生が奪われる |
| 共通型 | 灌漑による**塩害** | →地表に塩分が集まる |
| 先進国型 | 企業的農牧業 | →表土が流出する |

※電気・ガスが未整備なため

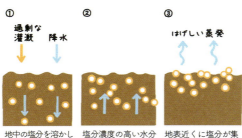

① 地中の塩分を溶かして地下にしみこむ
② 塩分濃度の高い水分が、毛細管現象により吸い上げられる
③ 地表近くに塩分が集まって、土壌が塩性化する

▲塩害のしくみ

アラル海周辺の灌漑地やインダス川河口のナイルデルタで塩害が発生しています。

[被害]

サハラ砂漠南縁の**サヘル**といわれる地域では、耕地が失われ、多くの家畜が死に、住民が難民化しました。ほかに、中国の内陸部・中央アジア・オーストラリアの内陸部・アメリカ合衆国の西部などでも砂漠化が進行しています。

[対策]

1977年にケニアで開かれた**国連砂漠化防止会議**をきっかけに、国連の機関である**UNEP**（国連環境計画）や**FAO**（国連食糧農業機関）、**NGO**（非政府組織）などによる砂漠化防止の行動計画が進められています。

### ⑤ 熱帯林の破壊

[原因]

アマゾン川流域の**セルバ**では、ブラジル政府による鉱山・道路建設・ダムなどの開発、ほかの地域からの入植者による耕地の開拓、大企業による牧場開発などが熱帯林面積を縮小させています。

▲アマゾンの開発と熱帯林の破壊

> 補足　アマゾン東部の**カラジャス鉄山**では、豊富な鉄鉱石を利用した製鉄を行っています。ブラジルは石炭に乏しいため、製鉄用の燃料として木材を伐採して利用しており、環境悪化が懸念されています。

▶東南アジアでは、日本向け輸出木材の伐採や、えび養殖池のための**マングローブ林**（熱帯の潮間帯に生育する森林）の伐採が生態系に大きな影響を与えています。

▶東南アジアの海岸部やアフリカのコンゴ川流域など、近年、人口の増加や都市からの入植により、焼畑農業の休閑期が短縮され、耕作地が拡大した地域では、森林が再生できなくなっています。

> **補足** 伝統的に行われてきた焼畑農業を「犯人扱い」する場合もありますが、十分な休閑期をとって行われてきた小規模に自給作物をつくる焼畑では、森林の再生が可能です。

[ 被害 ]

生態系の破壊、遺伝子資源の消失、表土の流失、洪水の増加などがあります。また、**温暖化への影響**も考えられます。

[ 対策 ]

▶ブラジル政府は以前の開発一辺倒の政策を改め、セルバの保護に乗り出しています。

▶インドネシアやマレーシアの一部では、国内の木材加工産業の保護もあり、**丸太の輸出を禁止**しています。

▶**アグロフォレストリー**という森林の育成に配慮した農業のあり方が研究されています。

- 化石燃料を燃やす → SOx・NOx → **酸性雨**
- フロンガス → **オゾン層の破壊** → 紫外線が強まる
- 温室効果ガス（$CO_2$など）の排出 → **地球の温暖化**
- 人口増加 → **過放牧・過耕作・過伐採** → **砂漠化**
- 過度の焼畑・開発（農地・鉱山・林業）→ **熱帯林の破壊**

## >> 環境保全の動き

### ❶ 国連人間環境会議

1972年、スウェーデンの首都**ストックホルム**で開かれた、環境問題に関する初めての国際会議です。「**かけがえのない地球**」をスローガンとして、**人間環境宣言**が採択されました。この会議の背景には、「**宇宙船地球号**」という考え方があります。地球規模の環境問題は、人類全体の共同体意識で解決しなければならないというものです。

> 補足　翌1973年の石油危機をきっかけにした世界的な不景気のなかでは、経済的な利益が優先され、「宇宙船地球号」という理念は忘れられていきました。

### ❷ 国連環境開発会議（地球サミット）

国連人間環境会議から20年後の**1992年**、ブラジルの**リオデジャネイロ**で再び環境会議が開かれました。このときに基調となったのは、「**持続可能な開発**」という考え方です。これは、目先の開発だけにとらわれて環境に対する配慮がなければ、将来の経済的利益が失われるという指摘です。理念と原則を掲げた「**リオ宣言**」や、行動計画である「**アジェンダ21**」などが採択されました。地球温暖化への対策をうたう気候変動枠組条約（→p.282）や、生態系・種・遺伝子の多様性保全をめざす生物多様性条約なども、この会議で署名が開始されました。

> 補足　この会議では、各国政府代表だけではなく、市民による多くの**NGO（非政府組織）** の活躍が目立ちました。

## ❸ 自然保護の動き

自然保護に関する主な条約や運動をまとめておきましょう。

| 条約や運動 | 内容 | 日本国内の関連する地名 |
| --- | --- | --- |
| ラムサール条約 | 水鳥の生息地であり、多様な生態系を持つ湿地を守るための条約。 | 釧路湿原(北海道)、伊豆沼(宮城)、谷津干潟(千葉)など多数 |
| 世界遺産条約 | 世界的に重要な自然遺産・文化遺産を保護する条約。**ユネスコ**で採択。 | 屋久島(鹿児島)、白神山地(青森・秋田)、知床半島(北海道)など |
| ワシントン条約 | 絶滅の恐れのある動植物の取引規制。 | ———— |
| ナショナルトラスト運動 | 土地を買い取り、環境を保護する。イギリスで始まった市民運動。 | 鎌倉(神奈川)、天神崎(和歌山)、狭山丘陵(東京・埼玉)など |
| エコツーリズム | (➡p.160 を参照) | ———— |

# >> 日本の公害問題

## ❶ 公害病の発生

高度経済成長期に、深刻な**公害病**が日本各地で発生しました。

▶**大気汚染・水質汚濁・土壌汚染・騒音・振動・地盤沈下・悪臭**を**典型7公害**といいます。典型7公害の苦情件数は、ピークだった 1972 年からはやや減少していますが、近年は横ばいです。とくに自動車の排気ガスなど大気汚染の苦情が増えています。また、不法投棄など典型7公害以外の苦情も増えています。

▶1950〜60 年代に表面化した**四大公害病**の裁判では、いずれも企業側の責任が認定されました。

▶1967 年には**公害対策基本法**が制定され、1971 年には**環境庁**が設置されました。

> 補足 **＊足尾銅山鉱毒事件**
>
> 日本の公害問題の原点は、栃木県の銅山で発生した鉱毒が渡良瀬川に流れこみ、流域一帯に被害が広がった、明治時代の**足尾銅山鉱毒事件**です。

### 四大公害病

| 病名 | 場所 | 原因物質 |
|---|---|---|
| 水俣病 | 熊本県水俣市周辺 | チッソの化学肥料工場が排出した有機水銀 |
| イタイイタイ病 | 富山県神通川流域 | 三井金属鉱業神岡鉱山が排出したカドミウム |
| 四日市ぜんそく | 三重県四日市市 | 石油化学コンビナートが排出した硫黄酸化物 |
| 新潟水俣病 | 新潟県阿賀野川流域 | 昭和電工の化学工場が排出した有機水銀 |

※四日市ぜんそくは大気汚染、ほかは水質汚濁。

## ❷ 現在の日本の環境対策

▶ 1993年には公害対策基本法に代わって**環境基本法**が定められ、2001年には環境庁が**環境省**に格上げされました。

2000年に**循環型社会形成推進基本法**が制定され、これに基づいて各種品目の**リサイクルの義務化**が進められています。

▶ 2011年の東京電力福島第一原子力発電所事故は、大量の放射性物質を環境中にまきちらす深刻な環境破壊となりました。今も事故は収束していません。

---

地球環境に関する、歴史的な2つの会議

- 1972年**国連人間環境会議**(ストックホルム)

  「**かけがえのない地球**」→ 表面化してきた公害問題・環境破壊に対する取り組み

- 1992年**国連環境開発会議**(リオデジャネイロ)

  「**持続可能な開発**」→ 環境保全を進める先進国とこれから開発したい途上国の対立

## 確認問題に挑戦！

下のア〜ウの文章は、図中のA〜Cのいずれかの地域における大気汚染や酸性雨問題について述べたものである。ア〜ウにあてはまるものを、それぞれA〜Cから1つずつ選べ。

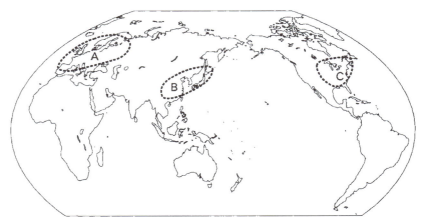

*The State of the Environment Atlas* により作成。

ア 大陸部の、石炭に大きく依存する産業地域の急速な発展にともない、大気汚染物質による住民の健康被害が一部に生じている。大気汚染物質は近隣諸国にも降下しており、生態系への影響が懸念されている。

イ 国境を挟んだ湖水域周辺の重化学工業地帯から、大量の大気汚染物質が排出された。酸性雨による生態系への影響がみられたが、現在では関係国家間の協力により環境改善が進んでいる。

ウ 19世紀後半に酸性雨が報告されて以来、大気汚染物質の長距離移動によって、森林の枯死や歴史的な建造物の腐食などの被害が広範囲に生じた。1970年代に国際条約が締結され、環境に関する多国間協力が図られている。

正解は**ア＝B　イ＝C　ウ＝A**　アの「石炭に大きく依存する産業地域」は、石炭消費量世界一の中国。酸性雨物質は偏西風によって日本にも飛散する。イの「国境を挟んだ湖水域」は五大湖。周辺は合衆国最大の重化学工業地域である。ウは、この地域で古くから酸性雨が問題となっていることがわかるので、産業革命発祥の地と考える。「国際条約」は長距離越境大気汚染防止条約。

次の各文の正誤を答えなさい。

**1** 中国西部の標高 3000 m 以上の高原地帯では、人口増加にともない工場や自動車から排出される窒素酸化物の量が急増している。

**2** 南極大陸上空では、1980 年代にオゾンホールが見つかり、オゾン層破壊物質に関する規制への世界的取り組みが進められた。

**3** 温暖化により熱帯雨林が拡大し、硬葉樹林の一部が熱帯雨林化している。

**4** 1982 年、ナイロビで国連環境計画特別会合を開いた国では、干ばつで植物が枯死し、植物を家畜が食べることでさらに植物が減り、サバナが砂漠化している。

**5** 土壌の塩類化（塩性化）により穀物の栽培が困難になった地域では、大規模な灌漑施設の導入が必要とされる。

**6** コンゴ川流域では、焼畑の休耕期間を短縮することで熱帯林を回復させようとする試みがみられる。

**7** 1992 年、リオデジャネイロで国連環境開発会議（地球サミット）を開いた国では、牧場開発を目的にした森林伐採や入植地造成により熱帯林の破壊が深刻である。

**8** モントリオール議定書で提唱された「持続可能な開発」には、NGO（非政府組織）も貢献している。

**9** ウクライナでは、北部のチェルノブイリ原子力発電所で発生した事故により、放射性物質による環境汚染がみられる。

**10** インドのパンジャブ地方では地下水による灌漑が行われ、土壌の塩害が起きている。

---

**1**✕（人口密度が低く、工業化・都市化は著しくおくれている遊牧地帯である。） **2**○（1995年以降、先進国での特定フロンの生産が全廃されている。） **3**✕（硬葉樹林は地中海性気候Csの植生。乾燥帯とは接するが、熱帯とは隣接しない。） **4**○（東アフリカのケニアを指す。サバナ気候Awの地域での干ばつや過放牧による砂漠化が進行している。） **5**✕（大規模な灌漑により土壌が塩類化する。） **6**✕（休耕期間を短縮すると、地力を消耗し植生の回復が困難になる。） **7**○（ブラジル。ほかの原因として焼畑農業の拡大、鉱山開発、道路建設などがある。） **8**✕（モントリオール議定書は特定フロンの全廃をとり決めたもの。「持続可能な開発」は1992年の地球サミットのテーマ。） **9**○（1986年に大事故が発生し、広い地域が汚染された。周辺では今も健康被害が続く。） **10**○（インダス川支流の河川水とともに地下水も利用し、塩害の一方で小麦の生産がさかんである。）

# Chapter 2 地誌編

この章でまなぶこと

| Section-6 | アジア・アフリカ | 292 |
| Section-7 | ヨーロッパ | 354 |
| Section-8 | アメリカ・オセアニア | 390 |
| Section-9 | 日本 | 434 |

Section-6　アジア・アフリカ

# 第⓳講
## 東アジア

### ≫ 東アジアの自然
#### ❶ 東アジアの位置
▶ユーラシア大陸東部の中～高緯度に位置し、南部の台湾に**北回帰線**が通っています。
▶中国のほぼ中央を**東経 100 度線**が通過しています。

> 補足　太平洋沿岸部は**極東**とよばれます。

#### ❷ 東アジアの地形
▶中国の沿岸部から朝鮮半島にかけては**安定陸塊**が広がり、その西側は**古期造山帯**で、**テンシャン（天山）山脈**や**クンルン（崑崙）山脈**が東西に伸びています。両山脈の間が**タリム盆地**です。さらに、その南側には新期造山帯の**アルプス＝ヒマラヤ造山帯**が通っており、大陸プレートどうしがぶつかってできた**ヒマラヤ山脈**や**チベット高原**などの**高山地帯**が広がります。

▶同じ新期造山帯である環太平洋造山帯の一部で、海洋プレートが大陸プレートの下にもぐりこんでつくられた弧状列島が日本列島です。

> 補足　テンシャン山脈やクンルン山脈は、インド地塊の衝突によってヒマラヤ山脈が形成されたときに、その隆起につられて高く険しくなったと考えられていて「復活山脈」といいます。

▶中国内陸部のタリム盆地には**タクラマカン砂漠**、モンゴル国境には**ゴビ砂漠**が広がっています。

▶海に面した東部には東北平原や華北平原などの低地が広がり、大河が流れています。黄土高原を流れる**黄河**は、砂漠から飛んできた**黄砂（風積土＝レスという）**を運搬し、下流に堆積させて、肥沃な農業地域をつくっています。最後は渤海に流れこみます。黄河下流は土砂の堆積で**天井川**（→p.31）になっていますが、上流の砂漠化や水利用の拡大によって流れが途絶える「断流」が発生することもありました。

▶ユーラシア大陸で最長の河川である**長江**は、ユンコイ（雲貴）高原からスーチョワン（四川）盆地を通って東シナ海に注いでいます。

## ❸ 東アジアの気候

▶基本的に、沿岸部はモンスーン（季節風）の影響を受ける**多雨地域**、内陸部は**乾燥地域**です。モンスーンアジアでは、夏は高温多雨、冬は低温になり、大陸西岸に比べて気温の年較差が大きくなります。内陸では、降水量は年中少なく、年較差はさらに大きくなります。

▶中国南部沿岸のホンコン付近から内陸にかけては**温暖冬季少雨気候（Cw）**ですが、冬の雨が少ないというより夏の雨がとくに多い地域です。また、**照葉樹林**という植生が特徴的です。

▶中国西部は**砂漠気候（BW）**とその周辺の**ステップ気候（BS）**ですが、高山地帯は**ツンドラ気候（ET）**または**高山気候（H）**です。

> **補足** 台湾南端や中国最南部の海南島には熱帯モンスーン気候（Am）が分布します。

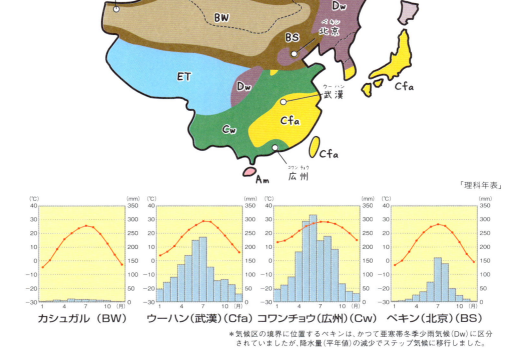

「理科年表」

カシュガル（BW）　ウーハン(武漢)(Cfa)　コワンチョウ(広州)(Cw)　ペキン(北京)(BS)

＊気候区の境界に位置するペキンは、かつて亜寒帯冬季少雨気候(Dw)に区分されていましたが、降水量(平年値)の減少でステップ気候に移行しました。

## ≫ 東アジアの産業・社会

### ❶ 東アジアの農牧業

沿岸部の**アジア式農業**地域と、内陸部の**遊牧・オアシス農業**地域に区分されます。アジア式農業地域は、さらに降水量によって**稲作**地域と**畑作**地域に分けられます。

> 補足　アジア式農業と遊牧・オアシス農業はいずれも自給的な農牧業ですが、降水が多く人口密度の高い沿岸部で行われる**アジア式農業は集約的**、乾燥し人口密度の低い内陸で行われる**遊牧・オアシス農業は粗放的**です。

### [ アジア式稲作農業（集約的水田耕作）]

年降水量が **1,000 mm** 以上の地域です。中国の**チンリン＝ホワイ川線**の南の沿岸部、内陸のスーチョワン（四川）盆地、日本、韓国などです。

### [ アジア式畑作農業（集約的畑作）]

中国東北部のほかに、北朝鮮、日本の北海道などが含まれます。

> 補足　北海道や中国東北部では、品種改良や栽培技術の進歩によって、稲作もさかんになっています。

### [ 遊牧・オアシス農業地域 ]

中国内陸部とモンゴルに分布しています。

大切なところなので、p.84～85（世界の農牧業）をもう一度みておこう。

## ❷ 東アジアの水産業

　日本のまわりの北西太平洋漁場は、東シナ海などに**大陸棚**が広がり、**暖流**の**日本海流（黒潮）**と**寒流**の**千島海流（親潮）**がぶつかる好漁場です（➡p.101）。そのため、世界の漁獲量の４分の１近くを占める最大の漁場になっています。

> 補足　中国では、川や湖での内水面漁業もさかんで、世界最大の漁業国となっています。

## ❸ 東アジアの資源とエネルギー・工業
### ［鉱業とエネルギー］

▶**中国**は、各種の地下資源が豊富です。とくに**石炭**は**生産・消費とも世界一**で、発電においても石炭火力が中心です。また、原油も少なくありません。しかし、いずれも国内での消費が伸びており、大量輸入で補っています。

▶中国に対し、**日本**と**韓国**は地下資源に乏しく、ともに**原油・石炭の輸入大国**です。発電においても、いずれも火力発電中心で、これを原子力で補う構造が似ています。

▶黄海や東シナ海の大陸棚では、海底の天然ガス田や油田の開発が進められていますが、**尖閣諸島**にからんで、日中間で海の境界線を争っています。

> 補足　日本では、2011年の東京電力福島第一原発事故以降、原子力発電所の稼動は大きく低下し、天然ガス・石炭などによる火力発電の増強や、自然エネルギーの活用でまかなっています。

| 石炭の生産 | （単位＝百万トン，2016年） |
|---|---|---|
| 1 | 中国 | 3,411 |
| 2 | インド | 663 |
| 3 | インドネシア | 456 |
| 4 | オーストラリア | 413 |
| 5 | ロシア | 295 |

| 石炭の消費 | （単位＝百万トン，2016年） |
|---|---|---|
| 1 | 中国 | 3,657 |
| 2 | インド | 852 |
| 3 | アメリカ合衆国 | 250 |
| 4 | 日本 | 187 |
| 5 | 南アフリカ共和国 | 186 |

| 石炭の輸入 | （単位＝百万トン，2016年） |
|---|---|---|
| 1 | 中国 | 256 |
| 2 | インド | 191 |
| 3 | 日本 | 186 |
| 4 | 韓国 | 128 |
| 5 | ドイツ | 58 |

| 原油の輸入 | （単位＝百万トン，2016年） |
|---|---|---|
| 1 | アメリカ合衆国 | 388 |
| 2 | 中国 | 381 |
| 3 | インド | 214 |
| 4 | 日本 | 156 |
| 5 | 韓国 | 146 |

「世界国勢図会 2019/20」

## ［工業］

▶東アジアは北アメリカ・ヨーロッパと並ぶ工業地域ですが、その中心は日本です。

▶ 1960年代には日本、1970年代には韓国の工業が急成長し、ホンコン・台湾とともに**アジアNIEs**の一員として発展しました。そして今、急成長しているのが中国です。

| 粗鋼の生産 | （百万トン） | |
|---|---|---|
| | 1990年 | 2017年 |
| 中国 | 65 | 832 |
| 日本 | 110 | 105 |
| インド | 15 | 101 |
| アメリカ合衆国 | 90 | 82 |
| ロシア | 77 | 71 |
| 韓国 | 23 | 71 |

| 自動車の生産 | （万台） | |
|---|---|---|
| | 1990年 | 2016年 |
| 中国 | 47 | 2,812 |
| アメリカ合衆国 | 978 | 1,218 |
| 日本 | 1,349 | 921 |
| ドイツ | 516 | 575 |
| インド | 37 | 452 |
| 韓国 | 132 | 423 |

| 携帯電話の生産※ | （百万台） | |
|---|---|---|
| | 1998年 | 2015年 |
| 中国 | 10 | 1,396 |
| ベトナム | … | 191 |
| 韓国 | 19 | 64 |
| インド | … | 49 |
| （参考）日本 | 34 | 7 |

「データブック オブ・ザ・ワールド 2019」
※スマートフォンを含む

## ❹ 東アジアの交通・開発・環境問題

▶人口密度の高い地域では、鉄道交通の割合が高くなります。**日本の新幹線**や**韓国のKTX**などの高速鉄道が利用されており、中国でも2011年にペキン～シャンハイ間の高速鉄道が開通しました。

▶中国では、昔から大河の治水が国家的な大問題でした。長江(チャンチャン)では巨大な多目的ダムである**サンシャ（三峡）ダム**が建てられました。

▶石炭消費の多い中国で発生した**酸性雨**の原因物質や有害な微粒子（PM2.5）が、偏西風(へんせいふう)によって日本や韓国にも飛んでくることが問題になっています。

・三門峡ダムは天井川で洪水の被害が多かった黄河の治水が目的。
・三峡ダムには世界最大級の水力発電所が建設された。また、水位の安定によりスーチョワン盆地まで大型船舶の航行が可能になった。

## ❺ 東アジアの人種と民族

▶アジア人種（**モンゴロイド**）が分布しています。

▶言語では、**アルタイ語族**（モンゴル語など）と**シナ＝チベット語族**（中国語・チベット語）などがありますが、大部分は中国を中心にした漢字文化圏に含まれます。

▶宗教では、**大乗仏教**(だいじょう)（日本・中国・韓国）、**チベット仏教**（チベット・モンゴル）、**イスラーム**（中国西部のウイグル民族など）があります。

> 補足

\*日本語のルーツ
　日本語もアルタイ語族に含まれるという説もありますが、南方語との混合言語説、南インドのタミル語起源説などもあり、いまだに判明していません。

\*儒教
　中国で生まれた**儒教**（およそ2500年前の孔子(こうし)が創始した思想体系）を基にした文化は、朝鮮半島や日本にも大きな影響を与えてきました。

## ❻ 東アジアの国家

▶韓国と北朝鮮は、かつて日本の植民地でしたが、解放後は冷戦に巻きこまれ、**南北に分断**されました。**朝鮮戦争**以降、今も**北緯38度線**を挟んだ対立が続いています。両国は1991年、国際連合に同時加盟しました。

▶**台湾**も日本の植民地でした。大戦後は、中国共産党との国共内戦に敗れた国民党政府が本土から移り「**中華民国**」を名乗っていますが、国際的には独立国として認められていません。

▶**ホンコン（香港）**はイギリスの植民地でしたが、**1997年に中国に返還**されました。社会主義の本土に対し、イギリス時代の資本主義を続けているため**一国二制度**といいます。

> 補足　1999年、ホンコンに近い港町の**マカオ**（澳門）が、ポルトガルから中国に返還されました。ホンコンと同様に資本主義地域です。

## >> 東アジアの国々

### ❶ 中国

[ 国土 ]

▶世界第4位の面積（日本の約25倍）はアメリカ合衆国とほぼ同じです。

▶西部には高山や砂漠が、東部には平野が広がります。

▶沿岸部は北から**東北・華北・華中・華南**の4つの地域に分けられます。

## [ 都市と人口 ]

▶華北では、首都の**ペキン（北京）**、港町の**テンチン（天津）**が中心都市です。人口最大の都市は、華中の長江河口の**シャンハイ（上海）**です。

▶華南では、チュー川河口の**コワンチョウ（広州）**が中心です。

▶世界最大の約14億の人口は経済成長の進む東部沿岸に集中し、内陸からの移住も増加して、**沿岸部と内陸部との格差**が拡大しています。今後の急速な**少子高齢化**と合わせて、中国の抱える大きな問題のひとつです。

> **補足**　中国では農村戸籍と都市戸籍は区別され、両者の移動は原則的に不可能でした。そのため農村から都市への**出稼ぎ労働者**たちは、教育・医療・年金などの行政サービスを受けられず、格差が問題化しました。近年は移動制限が緩和されています。1970年に人口の2割ほどだった都市人口は2018年には5割を超えています。

## [ 民族 ]➡p.238 をみてください。


## [ 産業 ]以下のページをみてください。

農牧業➡p.84、水産業➡p.101、林業➡p.102、工業➡p.120

## [ 経済の動き ]

1949年の建国以来、**社会主義国家**です。しかし、1970年代末以降は、**計画経済**から**市場経済**への転換が進んでいます。とくに、**改革開放政策**により先進国の資本や技術をとり入れたことがきっかけとなりました。今や「**世界の工場**」として、急速な工業化と経済成長が進んでいます。2001年には、**WTO（世界貿易機関）**に加盟して、貿易だけでなく投資（中国への外国企業の進出）も拡大しています。

| 改革開放政策 | |
|---|---|
| 農業 | 人民公社の廃止→**生産責任制**（余剰農産物を市場で販売） |
| 工業 | **経済特区**の設置→海外の資本・技術を導入 |
| | **郷鎮企業**→農村の労働力を利用し急増 |

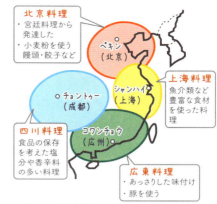

▲中国の食文化

[ 貿易 ]

▶工業化・経済成長にともなって貿易額も伸びており、**輸出は世界第1位**、輸入は世界第2位（いずれも 2017 年）となっています。輸出額が輸入額を上回っていますが、近年は機械類や資源（原油・鉄鉱石など）の輸入が多くなっています。

> **補足** 経済発展による消費の増加にともない、油脂原料としての**大豆**の需要が高まっており、世界輸入量の 63％を中国が占めるほどになっています（2016 年）。**ブラジル**や**アルゼンチン**では中国向け大豆の生産・輸出が急拡大しました。

▶貿易相手国は、**輸入では日本**、**輸出ではアメリカ合衆国**がトップです。日本・韓国・台湾から輸入した材料や部品を組み立てて、アメリカ合衆国に輸出しています。

▶輸出品目は電子・通信機器などのほか、衣類・繊維品などの**軽工業品**が高い割合を占めています。

中国の輸出　(2017 年)

| | 品目 | 相手国 |
|---|---|---|
| 1 | 機械類※ | アメリカ合衆国 |
| 2 | 衣類 | (香港) |
| 3 | 繊維品 | 日本 |
| 4 | 金属製品 | 韓国 |
| 5 | 自動車 | ベトナム |

中国の輸入　(2017 年)

| | 品目 | 相手国 |
|---|---|---|
| 1 | 機械類※ | 韓国 |
| 2 | 原油 | 日本 |
| 3 | 精密機械 | (台湾) |
| 4 | 自動車 | アメリカ合衆国 |
| 5 | 鉄鉱石 | ドイツ |

※輸入では集積回路、輸出では通信機器(スマホなど)の割合が高い。
　「部品を輸入して、組み立てた完成品を輸出する」貿易構造。

「世界国勢図会 2019/20」

# [ 交通と開発 ]

▶中国に「**南船北馬**」という語があります。これは降水量の多い**華中・華南**では河川・運河を用いた**水上交通**が中心なのに対し、**華北**は**陸上交通**が中心であることをあらわしています。

▶東部沿岸と西部内陸との経済格差の広がりを解消するために、資源開発や交通網の整備を通して、内陸の農村経済を立て直す**西部大開発**や東北振興が進められています。

### 補足

＊**西部大開発**
　四川省・チベット（西蔵）自治区・重慶市など、内陸の12の省・自治区・直轄市が対象。サンシャダム（➡p.298）も同プロジェクトの一つ。
①西部のエネルギー資源（原油・天然ガス）を開発し、エネルギー不足の東部沿岸部にパイプラインで輸送する。
②青海省とチベット自治区を結ぶ青蔵鉄道など、西部での交通・通信網の整備を進める。
③内モンゴル自治区で、大規模な風力発電所などの建設を進める。
④過度な耕作で砂漠化した土地に植林し（退耕還林）、環境を回復する。

＊**東北振興**
　石炭や鉄鉱石などの地下資源が豊富な東北地方は、「満州国※」の時代から重工業地帯として開発され、社会主義体制が始まると鉄鋼などの国有企業がつくられて、重化学工業の中心地域となりました。しかし、改革開放以降は経済的におくれた地域となったため、遼東半島の貿易港である大連などを拠点として、外資の導入などが積極的に進められています。
（※ 1932年、日本の陸軍によって傀儡＜あやつり人形＞国家として建国され、1945年の太平洋戦争終戦により崩壊。）

▲サンシャダム　　　　　　　写真：ロイター／アフロ

＊**一帯一路**
　「シルクロード経済ベルト」（一帯）と「海のシルクロード」（一路）によってユーラシア大陸（およびアフリカ大陸東岸）を結ぶ、広域を含む経済圏構想で、中国が2014年に提唱しました。中国は、資源の確保や市場拡大などをねらい、アフリカ諸国に対しても以前から進出し、援助や協力を強めています。

〈台湾について〉

[ 国土 ]…**環太平洋造山帯**で、地震が多い島。気候区分は温暖湿潤気候（**Cfa**）ですが、北回帰線が通り、南端は冬も温和な熱帯気候（**Am**）です。

[ 都市と人口 ]…中心都市は北部の**タイペイ**（台北）・南部のカオシュン（高雄）。人口は約2,400万人（2019年）。

[ 民族 ]…中国から移住した漢民族中心。

[ 経済の動き ]…中国本土とはちがい、資本主義体制下で経済力を高めてきましたが、近年は中国との交流が急増しています。

[ 農業 ]…米・さとうきび・バナナなど。

[ 工業 ]…**アジアNIEs**の一員。コンピュータ・通信機器などIT（ICT）産業が発達しています。1990年代からは、賃金の安い中国本土にたくさんの工場が移転し、「産業の空洞化」がすすんでいます。

[ 貿易 ]…電気機器などの工業製品を、中国・ホンコン（香港）・米国に輸出しています。

[ 交通 ]…日本の技術を導入して、高速鉄道を建設しました。

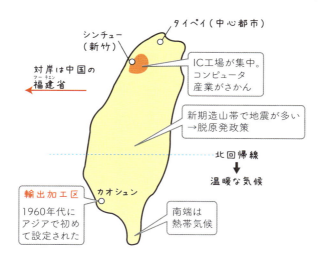

❷ 韓国

[ 国土 ]…面積10万km²の**安定陸塊**で、東部に山脈、南・西岸は**リアス海岸**。

[ 都市と人口 ]…人口約5,100万人(2019年)で、高い人口密度。急速な**少子高齢化**。高い教育費や育児支援の遅れなどから**きわめて低い出生率**。ソウル首都圏に人口が一極集中。南東部の中心は港湾都市**プサン**(釜山)。

[ 文化 ]…韓国語の表記は**ハングル**文字。**儒教文化**と氏族制度が残っています。**キリスト教**の信者が多いのも特徴。民族衣装ハンボク(韓服)は、女性用の**チマ＝チョゴリ**と男性用の**パジ＝チョゴリ**など。床暖房の**オンドル**。

[ 経済の動き ]…1910年の**韓国併合**から、1945年までは日本の植民地支配を受けました。その後の分割占領、**朝鮮戦争**(1950〜53年)を経て、1960年代から**財閥**を中心に輸出指向型の工業が育てられ、70年代には「**漢江の奇跡**」とよばれる急速な経済成長で**アジアNIEs**の一員となります。その後、産業構造は高度化し、先進国に仲間入り。しかし、賃金上昇などによる経済危機を経験し、財閥中心の政策に変化がみられます。

> 補足　＊セマウル運動
> 1970年代には、都市と農村の格差が拡大し、農村の近代化をめざす**セマウル**(新しい村)**運動**が起こりました。

[ 農業 ]…東部の平野で稲作、日本向けのパプリカ輸出がさかんです。
[ 工業 ]…ソウル都市圏(自動車・電子)と、東南部沿岸の工業ベルト(ポハンの製鉄など)が主な工業地帯です。造船業では2000年に

日本を抜き竣工量世界一になりました（2000年代後半から中国の造船業が急成長し、日韓を上回るようになりました）。

[ 貿易 ]…石油などの資源を輸入し、工業製品を輸出しています。日本からは部品などを輸入し、アメリカ合衆国に製品を輸出しています。日本への主な輸出品は、集積回路・石油製品（ガソリンなど）です。

[ 交通 ]…ソウル〜プサン間にKTXが走り、ソウルの外港**インチョン**（仁川）には国際空港があります。プサンはコンテナ設備が整備された有数の貿易港で、近年では東アジアのハブ港湾の役割を果たしています。

> 補足　＊北朝鮮
> 　中国と河川国境で接する国。亜寒帯（冷帯）冬季少雨気候（Dw）で、伝統的な床暖房の**オンドル**を使います。主体思想に基づく独自路線の社会主義国家ですが、経済は困窮しています。日本人拉致問題や核兵器開発などで、国際社会から批判をうけています。

### ❸ モンゴル

中国とロシアに挟まれた内陸国です。南部にゴビ砂漠、それ以外では**ステップ**が広がります。牧場・牧草地が国土の約7割を占め、遊牧民は**ゲル**とよばれる**移動式住居**でくらしています。旧ソ連の下では社会主義国でしたが、**市場経済に転換**しました。人口の大部分は、チベット仏教の信者であるモンゴル民族です。国境をへだてて接する中国の内モンゴル自治区にも同じ民族が分布しています。

▲モンゴルの草原　　　　　写真：Alamy/アフロ

## 確認問題に挑戦!

図中の①〜④は、中国*における、穀物の生産量に占める米の割合（ア）、人口1人あたり域内総生産額（イ）、農村人口割合（ウ）、農村人口1人あたりヒツジ飼養頭数（エ）のいずれかの地域差を行政区分ごとに示している。ア〜エにあてはまるものを、それぞれ①〜④から1つずつ選べ。

*台湾を含まない。

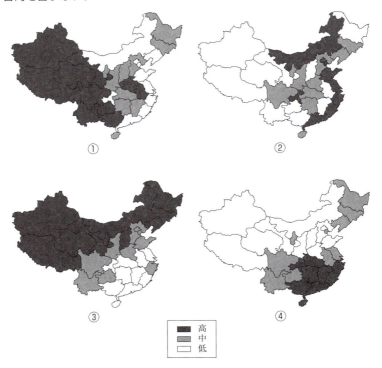

統計年次は2017年。『中国統計年鑑』により作成。

正解は **ア＝④　イ＝②　ウ＝①　エ＝③**　アの米は、チンリン＝ホワイ川線以南の年降水量1000mm以上の平野部で高い。最近は新品種導入と栽培技術向上により東北地方でもさかんに生産される。イの生産額は産業・経済の発達度をあらわし、東部沿岸が高い。沿海部と内陸部の格差は中国の抱える課題の1つ。ウの第一次産業比率は②と逆に内陸で高い。エのヒツジ飼養頭数は、内モンゴル自治区など乾燥する遊牧地域で高い。

次の各文の正誤を答えなさい。

**1** 中国の黄河流域では上流と中流で治水・発電・灌漑を目的としたダムが建設されたが、流入土砂が多く、ダムの効率はよくない。

**2** タクラマカン砂漠では、灌漑によるオアシス農業で、小麦やブドウが栽培される。

**3** シェンチェン（深圳）は、中国の特別行政区で、国際的な金融センターとして機能している。

**4** シャンハイ（上海）は、中国最大の商工業都市で、外国資本を導入した開発が進展している。

**5** 中国は南部のカルスト地形、内陸の峡谷や自然保護区、西部のオアシスなど観光資源が豊富で、文化遺産との融合も魅力である。

**6** 中国では森林面積が大きく増加しているが、これは主に政府の政策により植林面積が拡大したためである。

**7** 中国南西部の自治区には、固有の表音文字・独特の床暖房設備で知られる民族が居住する。

**8** 韓国の経済成長は、農村から都市への人口移動を引き起こし、地域格差を拡大させた。

**9** ソウルでは、官公庁や企業のオフィスが過度に集中したために、通勤にともなう交通渋滞が深刻化している。

**10** 韓国の経済成長は、中小企業によって進められ、巨大企業集団は形成されなかった。

---

**1**○（土砂の堆積で天井川になっていたためサンメンシャ〈三門峡〉ダムなどが建設された。） **2**○（中国北西部のタリム盆地に位置する。地下用水路を用いた灌漑農業がさかんである。） **3**×（シェンチェンは経済特区に指定され、工業化と市街地の拡大が進んでいる。後半の内容はホンコン。） **4**○（シャンハイは人口最大都市でもある。東部沿岸でプートン地区の開発が進んでいる。） **5**○（南部のカルスト地形とは、タワーカルストがみられるコイリン〈桂林〉。） **6**○（内陸部の砂漠化が著しいため、「退耕還林」とよばれる植林政策が進められている。） **7**×（南西部はチベット族。後半の説明は北東部のチーリン〈吉林〉省に居住する朝鮮族。朝鮮半島の民族と同じ。） **8**○（地域格差の解消のために農村の近代化を進める「セマウル運動」が行われた。） **9**○（韓国は一極集中型の社会構造である。） **10**×（韓国の経済は財閥を中心に発展した。アジア通貨危機以降は財閥の改革が進んでいる。）

# 第⓴講
# 東南アジア

## >> 東南アジアの自然

### ❶ 東南アジアの位置

　東アジア（中国）と、南アジア（インド）に挟まれたインドシナ半島と、赤道上の島々からなる地域です。スマトラ島で**赤道**と**東経100度線**が交わります。

### ❷ 東南アジアの地形

▶大部分が**新期造山帯**です。赤道付近で2つの新期造山帯（**アルプス＝ヒマラヤ造山帯**と**環太平洋造山帯**）が接しています。

▶スマトラ島・ジャワ島の南と、フィリピン諸島の東で大陸プレートに海洋プレートがもぐりこみ、海溝になっています。これらの島々では火山が多く、**地震が頻発**しています。

▶半島では、**メコン川・チャオプラヤ川・エーヤワディー川**が南へ流れ、河口に**デルタ**（三角州）をつくっています。

▶南シナ海では海底資源が注目され、周辺国（マレーシア・ブルネイ・フィリピンなど）は**南沙群島**の領有権をめぐって争っています。

> 補足　＊スマトラ沖地震
>
> 　2004年12月、プレートの狭まる境界にあり、海溝と並行する弧状列島であるスマトラ島の沖で、マグニチュード9.1の大地震が発生しました。この地震で発生した津波はインド洋全域に広がり、東南アジア〜南アジア、さらには遠くアフリカ東岸にまで被害が及びました。死者・行方不明者は30万人を超え、観測史上最悪の津波被害をもたらしました。

## ❸ 東南アジアの気候

▶東南アジア全体が**モンスーン**（季節風）の影響を強く受けます。とくに夏の南西季節風が大量の雨を降らせます。そのため、この地域では通気性をよくするために高床式の住居が多くみられます。

▶赤道上の島々は**熱帯雨林気候**（Af）、それに接するジャワ島（＝南半球）とインドシナ半島は**サバナ気候**（Aw）、半島の沿岸西部とフィリピンは**熱帯モンスーン気候**（Am）に分かれています。

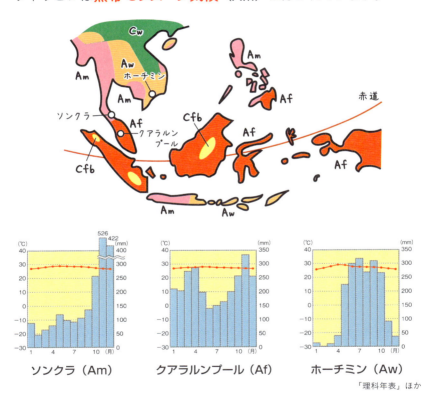

ソンクラ（Am）　　クアラルンプール（Af）　　ホーチミン（Aw）

「理科年表」ほか

## >> 東南アジアの産業・社会

### ❶ 東南アジアの農牧業（→p.86 も参照）

▶モンスーンの影響により、全域で**年降水量**が**1000 mm 以上**になります。そのため大部分が**アジア式稲作農業**です。

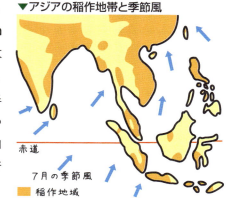
▼アジアの稲作地帯と季節風

▶稲作はとくにインドシナ半島の**沖積平野**でさかんに行われます。平野の狭い島々でも山の斜面を**棚田**にして稲作を行います。

▶**緑の革命**によって灌漑設備を整え、収量の多い新品種をとり入れて生産を増やしました。

▶熱帯の島々では**プランテーション農業**も行われます。近年では国営化・小規模化・多角化などによって、植民地時代の大農園経営から変化しています。

> **補足** ＊緑の革命の問題点
> 緑の革命（→p.86）では、研究室で開発された新品種を利用するので、灌漑設備を整え、農薬や化学肥料をたくさん使い、「過保護」に栽培しなければなりません。そのため多くの費用がかかるのです。

### ❷ 東南アジアの林業

**ラワン・チーク**など東南アジア産の用材を、日本では**南洋材**といいます。熱帯林の常緑広葉樹ですが、硬い木が多く、昔から家具や船に使われてきました。今は**建築材**や**パルプ**としても利用されます。

インドネシアでは、日本向け木材の伐採で森林が激減しました。現在では、資源の管理と国内の製材業保護のため、一部の丸太の輸出を禁止しています。また、マレーシアでも同じ措置がとられています。

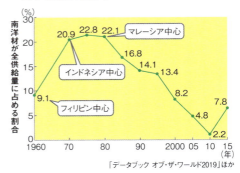
▼日本の南洋材輸入

「データブック オブ・ザ・ワールド2019」ほか

## ❸ 東南アジアの資源とエネルギー・工業（➡ p.122も参照）

[ 資源とエネルギー ]

インドネシアでは、**石炭**の生産・輸出がさかんですが、原油の生産は停滞しており、国内消費が増えたため、輸出より輸入が多くなりました。マレーシアは原油・天然ガス輸出国です。

 マレーシアはかつて世界一のスズ産出国でしたが、市場価格の低迷などにより、現在は産出量が少なくなっています。

[ 工業のあゆみ ]

植民地支配からの独立後、**輸入代替型の工業化**が進みましたが、1960年代から各国は**輸出加工区**や工業団地をつくり、安い労働力を求める先進国企業の進出を受け入れました。そして、その資本や技術をとり入れて、**輸出指向型**の工業へ転換しました。

> 原料・部品の輸入や製品の輸出にかかる関税をなしにする地域を**輸出加工区**といいます。その国の安い労働力を求める、先進国の企業を誘致するためのしくみです。

1980年代には日本やNIEsからの投資が増え、90年代にかけては「**世界の成長センター**」とよばれました。

しかし、経済成長により賃金が上がると、産業が中国などへ移転し、1997年にはタイから**アジア通貨危機**が起こりました。その後、**IT産業の成長**などで経済は回復しています。

> **補足** ＊アジア通貨危機
> 1997年、タイの通貨暴落をきっかけにアジア各国に広がった通貨の暴落。経済危機を招いたが、IT（情報技術）ブームによる好況で回復しました。

[ 主な工業国 ]

▶ トップの**シンガポール**は**アジアNIEs**の一員。
▶ 2番手は**マレーシア**と**タイ**。
▶ 3番手の**インドネシア**と**フィリピン**は、政治的に不安定。

（※1人あたりGNI, 1人あたり工業付加価値額などによる）

近年は**ベトナム**が急成長しています（→p.123）。

## ④ 東南アジアの交通・開発・環境問題

[ 交通と開発 ]

▶ **メコン川**流域では、インドシナ諸国および中国と結びつける交通網の整備が進んでいます。

▶ **マラッカ海峡**は海上交通の要地で、中東と日本を結ぶタンカーの航路です。

▶ シンガポールやタイの空港が**ハブ空港**（→p.139）となっています。

▲メコン川を中心とした経済回廊

[環境問題]

**熱帯林の減少**の主な要因は油やしなどの商品作物のための農園開発や、それに伴う火入れですが、南洋材の伐採、えびの養殖池開発のための**マングローブ林の伐採**など、日本がもたらした影響もあります。

## ❺ 東南アジアの人種と宗教

▶おもにアジア人種（**モンゴロイド**）が分布しています。
▶半島部は**仏教**（ベトナムのみ**大乗仏教**、ほかは**上座部仏教**）、島部は**イスラーム**、スペイン・ポルトガルの支配を受けたフィリピン・東ティモールは**キリスト教**（**カトリック**）です。

▶古くはヒンドゥー教が広がっていました。カンボジアの**アンコール＝ワット**は、もとはヒンドゥー寺院として建てられた遺跡です（のち仏教寺院として利用される）。
▶中国からの移民＝**華僑**は各国に定着し、**シンガポール・マレーシア**で高い人口割合を占めています。他国でも、華人の経済的地位は高くなっています。

外国で生まれ、その国の国籍を取得した中国系の人々は**華人**とよばれています。

## ❻ 東南アジアの国家と国家機構

大部分が欧米の植民地でしたが、太平洋戦争中は日本が占領し、第二次世界大戦後に独立しました。

- インドシナ半島東部は旧**フランス**領。
- インドシナ半島西部〜マレー半島は旧**イギリス**領。
- それらの中間の**タイ**は独立を保ちました。
- インドネシアは旧**オランダ**領。
- フィリピンは、**スペイン**領から**アメリカ**領へ変わりました。

なお、東南アジアの国家機構**ASEAN**については➡p.226 参照。

**補足** ＊緩衝国

タイは、インドシナ半島西側のイギリス領と東側のフランス領との間で、両国間のクッションとして独立を保つことができました。このような国を**緩衝国**といいます。

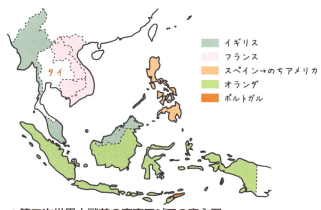
▲第二次世界大戦前の東南アジアの宗主国

## >> 東南アジアの国々

### ❶ タイ

[ 国土 ]…中央を**東経100度線**が通過。大部分は**サバナ気候（Aw）**で、**チャオプラヤ川**の流量は雨季と乾季で大きく変化します。

[ 人口と都市 ]…人口は日本の半分強（約7,000万人、2019年）。第一次・第三次産業人口が大きく、都市人口比率は低いが、首都**バンコク**は人口の集中する首位都市（**プライメートシティ**）。

[ 民族 ]…主要民族はタイ人（99％）。**仏教**の信仰があつい国です。

[ 経済の動き ]…工業化の進行で、農村と都市の経済格差が拡大。

> 補足  ＊バーツと通貨危機
>
> 通貨**バーツ**は周辺の国でも流通し、経済圏をつくっています。1997年のアジア通貨危機（➡p.313）は、バーツの暴落がきっかけとなりました。

[ 農業 ]…世界的な**米**輸出国。伝統的な雨季の**浮稲**栽培は、灌漑の整備で乾季の水田耕作に切り替えられつつあります。天然ゴムの生産・輸出がさかんです。

**米の輸出国** （単位＝%, 2016年）

| | | |
|---|---|---|
| 1 | タイ | 24.5 |
| 2 | インド | 24.5 |
| 3 | ベトナム | 12.9 |
| 4 | パキスタン | 9.8 |
| 5 | アメリカ合衆国 | 8.2 |

「世界国勢図会 2019/20」

[ 工業 ]…日・米・NIEs の進出で、バンコク周辺に電子工業・**自動車工業**が発達しています。

> 補足  ＊タイの自動車工業
>
> タイは、日本など先進国の自動車工場を積極的に誘致しました。ASEANの中での国際分業体制の中核として、小型トラックなど、自動車の生産・輸出台数を伸ばしました。アジアでは韓国に次ぐ自動車生産国です。

[ 貿易 ]…輸出品は機械類・自動車のほかに、魚介類や**米・天然ゴム**などの農産物。米の流通は華人系の企業が支配しています。

[ 観光 ]…保養地プーケット島などの観光業が発達しています。

## ❷ マレーシア

**[ 国土 ]**…マレー半島南部とカリマンタン（ボルネオ）島北部に分かれています。

**[ 人口と都市 ]**…人口は日本の4分の1（約3,200万人、2019年）。首都**クアラルンプール**の南部には、ITインフラを整備した開発地域があります。

**[ 民族 ]**…ブミプトラ（マレー系と先住民族）62%、中国系（華人）23%、インド系7%の多民族国家です。（➡p.240）。

**[ 経済の動き ]**…イギリス植民地時代の**スズ**と**天然ゴム**の**モノカルチャー**から脱却。工業化と農業の多角化が進んでいます。

**[ 農業 ]**…**天然ゴム**の生産から**油ヤシ**（**パーム油**をとる）の生産に転換。その生産量は世界有数です。

**[ 工業 ]**…首都の周辺やペナン島の**輸出加工区**には、日本をはじめとする先進国企業が進出し、半導体を生産する電子工業や、電気機械などの労働集約的な産業がさかんです。

マレーシアでは、1980年代から日本や韓国の工業化を手本にした**ルックイースト政策**がとられました。

**[ 貿易 ]**…機械類のほか、**パーム油・天然ガス・原油**の輸出がさかんです。

マレーシアの貿易相手国　(2017年)

|  | 輸出相手国 | 輸入相手国 |
|---|---|---|
| 1 | シンガポール | 中国 |
| 2 | 中国 | シンガポール |
| 3 | アメリカ合衆国 | アメリカ合衆国 |
| 4 | 日本 | 日本 |
| 5 | タイ | (台湾) |

「世界国勢図会 2019/20」

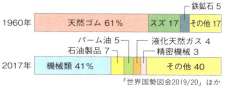

▼マレーシアの輸出品目別割合

1960年　天然ゴム61%　スズ17　鉄鉱石5　その他17
2017年　機械類41%　石油製品7　パーム油5　液化天然ガス4　精密機械3　その他40

「世界国勢図会2019/20」ほか

### ❸ シンガポール

[ 国土 ]…日本の淡路島くらいの小さな島の都市国家です。

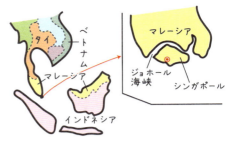

[ 人口と都市 ]…人口密度が約8,073人/km²（！）と高くなっています。

[ 民族 ]…中国系74％、マレー系13％、インド系9％（→p.241）。仏教・イスラーム・ヒンドゥー教のほか、キリスト教徒も多いです。

[ 経済の動き ]…国民1人あたりの所得は上位の先進国レベル。**中継貿易港**から発達し、**国際金融センター**に成長しています。

[ 工業 ]…**ジュロン輸出加工区**で、技術集約型の産業が発達。**アジアNIEs**の一員となっています。

[ 貿易 ]…輸出品目は重化学工業製品が中心。

[ 開発 ]…資源がないのでIT分野に力を入れており、国内に光ファイバー網を整備しています。

>
> 日本にとって最初の **EPA・FTA**（経済連携協定・自由貿易協定）は、シンガポールとの間で結ばれました。

### ❹ インドネシア

[ 国土 ]…赤道上にある、世界最大の島国。**スマトラ島・ジャワ島・カリマンタン島**などが主な島です。**地震**や**火山**活動が活発で、津波などの被害が繰り返し起こっています。

[ 人口と都市 ]…人口は**世界第4位**（2019年）。約2.7億人の人口の3分の2が、面積比7％の**ジャワ島**に集中しています。

> 補足　＊移住政策と環境破壊
> 人口の集中するジャワ島からスマトラ島・カリマンタン島など過疎地域への移住政策により、過度な**焼畑**農業が行われ、**熱帯林の破壊**が進みました。

[ 民族 ]…ジャワ人 42％、スンダ人 15％、ほか 350 以上の民族。宗教は**9割近くが**ムスリム（イスラム教徒）ですが、国教ではありません。キリスト教やヒンドゥー教（➡p.242）も分布する**多民族の国**で、あちこちで民族紛争が起きています。

[ 経済の動き ]…アジア通貨危機の影響で一時停滞したが、2000年代に入り回復しました。

[ 農業 ]…**米の生産は世界第 3 位**。ジャワ島・バリ島では棚田がみられます。その他の農業については➡p.87 参照。

[ 鉱工業 ]…以前は原油の生産がさかんでしたが、生産が減ったうえ国内での消費が増えて輸入超過国となったため、OPEC（石油輸出国機構）を脱退しました。代わって、**石炭**や**液化天然ガス**（LNG）の生産・輸出が増えています。豊富な資源と労働力を活かして、機械・衣類などの工業が発達しつつあります。

[ 貿易 ]…国内市場が大きく、貿易依存度はあまり高くありません。輸出相手国は中国・米国・日本など。輸出品目は石炭・LNG などの資源のほか、パーム油・機械類・軽工業品など。

**補足　＊東ティモール**

インドネシアがオランダ領から独立したあとも、ティモール島の東半分だけは**ポルトガル**領で、住民の多くは**カトリック**教徒でした。ポルトガル撤退後は、インドネシアに占領されましたが、軍による弾圧に抵抗し、長い独立闘争の結果、国連の支援を受けて 2002 年に独立を果たしました。

## ❺ フィリピン

**[ 国土 ]** …環太平洋造山帯に位置し、北の**ルソン島**・南の**ミンダナオ島**など約 7,000 の島々からなります。

> **補足** 1991 年ルソン島の**ピナトゥボ火山**が噴火しました。2013 年には台風「ハイエン」が強風と高潮で大きな被害（死者・行方不明者 7,000 人以上）を与えました。

**[ 人口と都市 ]** …人口約 1 億 800 万人（2019 年）。首都は**マニラ**。

**[ 民族 ]** …マレー系。宗教は約 9 割がキリスト教（主に**カトリック**）、南部にイスラーム（➡p.241）。公用語は**タガログ語**（フィリピノ語）と**英語**。**スペイン**植民地時代（のちアメリカ植民地）に**カトリック**が定着しました。

**[ 経済の動き ]** …外国資本の受け入れで工業化に力を入れていますが、海外の**出稼ぎ労働者**から送金される外貨が重要な収入となっています。特に、中東産油国やホンコンなどに移住し、家事労働・介護・看護など（日本では飲食店や興行）の分野で活躍する女性移民はよく知られています。

**[ 農業 ]** …**稲作**のほかに、さとうきび・ココやし・マニラ麻などを栽培しています。南部では、米国や日本の多国籍企業が、輸出向けに**バナナ**農園を経営しています。

**[ 貿易 ]** …日本・米国との貿易がさかんですが、近年は中国からの輸入が増えています。輸出入品目の 1 位は機械類です（2017 年）。

## ❻ ベトナム

**[ 民族 ]**

　中国の影響が強く、仏教徒（主に大乗仏教）の多い漢字文化圏です。女性の民族衣装**アオザイ**にチャイナドレスの影響。**フランス植民地**時代の影響は建築物や、パン・コーヒーなどの食文化に残ります。

> **補足** かつては**チュノム**（合成漢字）も使われましたが、現在のベトナム語はラテン文字（ローマ字）で書きあらわします。

**[ 経済の動き ]**…**ベトナム戦争**で国土は荒廃。戦後の経済制裁もあり、困窮が続きました。1980 年代から始まった**ドイモイ**（刷新）政策で、**社会主義的な市場経済**をめざしました。1995 年にはアメリカと国交を回復し、**ASEAN**にも加盟しました。近年は急速に経済が成長しています。

**[ 農業 ]**…メコンデルタにおける**稲作**中心でタイやインドに次ぐ米の輸出国です。安価な**コーヒー豆**の栽培が急成長し、ブラジルに次ぐ世界第 2 位の生産・輸出国です（2017 年）。

**[ 工業 ]**…安い労働力が武器。**軽工業**を中心に急成長しています。

## ❼ ミャンマー（ビルマ）

**[ 都市 ]**…**エーヤワディー川**河口に近い最大都市ヤンゴンから、内陸のネーピードーに首都が移転しました。

**[ 宗教 ]**…**仏教徒**が大半ですが、西部のムスリム（ロヒンギャ人）、北部のキリスト教徒などの少数民族が、中央の多数派と対立しています。

**[ 経済の動き ]**…1960 年代から**軍事政権**が続き、民主化指導者**アウンサンスーチー**氏への弾圧などが国際的批判を受けました。鎖国的な独特の社会主義の下で、欧米による経済制裁もあって、経済発展はおくれてきました。2011 年から民政が始まり、ベトナムに次ぐ投資先として、今後の成長が注目されています。

## 確認問題に挑戦!

次の図は、ASEAN加盟国のGDP（国内総生産）と1人当たりGDPを示したものであり、①～④は、インドネシア、シンガポール、ブルネイ、マレーシアのいずれかである。各国に該当するものを、図中の①～④のうちからそれぞれ1つずつ選べ。

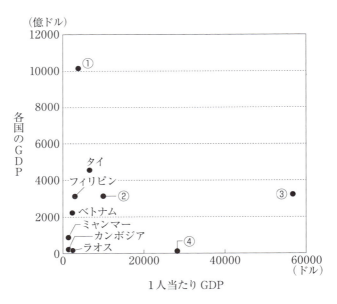

統計年次は2017年。
『世界国勢図会』により作成。

**正解はインドネシア＝①　シンガポール＝③　ブルネイ＝④　マレーシア＝②**　経済水準と人口規模から判定する。国全体のGDPを1人当たりGDPで割れば人口が求められる。1人当たりGDPが高い③④は、重化学工業の発達した都市国家シンガポールと産油国ブルネイ。総額の多い③が人口530万のシンガポール、④が40万のブルネイ。1人当たりGDPが低い2国のうち、総額トップの①が人口2.5億のインドネシア、②が3千万のマレーシア。2国のうち、マレーシアのほうが工業化は進んでいる。

次の各文の正誤を答えなさい。

**1** エルニーニョ現象により、インドネシアは高温少雨となる。

**2** マレーシアでは、油やしやゴムの栽培が第二次世界大戦前に中国系住民によって始められ、戦後、コーヒー豆やカカオに転換された。

**3** フィリピンでは、アメリカ合衆国と日本の企業がバナナを大規模に栽培し、主に日本に輸出している。

**4** ベトナムでは、集約的なえび養殖の拡大が1950年代からみられる。

**5** エーヤワディー川デルタでは、河川を利用した木材の搬出がみられ、1990年代の輸出加工区の設置により、木材加工業が発達している。

**6** マレーシアのクアラルンプール近郊では、情報通信産業を誘致するための計画都市が建設されている。

**7** インドネシアでは森林面積が減少しているが、これは用材採取などの目的で熱帯林が伐採されているためである。

**8** ジャカルタでは、地価の高騰によって、企業の多くが地方都市に移転し、都心部の中心業務地区が衰退している。

**9** ミャンマーでは、欧米諸国の植民地化を免れたために、ビルマ語や仏教信仰など独自の文化が維持されている。

**10** 東南アジアの一部など上座部仏教が広く浸透した地域では、経典を通じて漢字が普及し、今日でも日常的な文書に漢字を用いる人が多い。

---

**1**○（平年は高温多雨だが、貿易風が弱まり、海水温が上がらず少雨。雲量が少ないので陸上は高温。）
**2**×（戦前はイギリス人によるゴム農園経営、現在はマレー系を中心に油やしに転換。インド系はゴム園の労働力、中国系はスズ鉱山の労働力として移住。）　**3**○（南部のミンダナオ島におけるプランテーション農業で、日米の多国籍企業や商社が開発した。）　**4**×（市場開放を図るドイモイ〈刷新〉政策が導入された1980年代の後半以降である。）　**5**×（1990年代のミャンマーは軍事独裁政権が支配し、国際的に孤立していたため、外国企業の進出を前提とする輸出加工区は設置されていない。）　**6**○（マレーシアやシンガポールはIT産業の育成に力を入れている。）　**7**○（フィリピン→マレーシア→インドネシアと、主に日本向け建築用材の輸出によって森林を減少させた。）　**8**×（人口・投資の集中する途上国の首位都市では、中心業務地区〈C.B.D〉の衰退はみられない。）　**9**×（イギリスの植民地となった。植民地化を免れたのはタイ。）　**10**×（大乗仏教のベトナムは漢字文化圏〈今はラテン文字〉だが、それ以外には漢字は伝わっていない。タイやミャンマーでは独特の表音文字。）

# 第㉑講
# 南アジア・西アジア

## ≫ 南アジアの自然

### ❶ 南アジアの位置
インド洋に突き出す、逆三角形のインド半島を中心とした地域です。

### ❷ 南アジアの地形
**安定陸塊**のインド半島がユーラシアプレートにぶつかり、**新期造山帯**のヒマラヤ山脈をつくりました。ヒンドスタン平原はガンジス川がつくった沖積平野です。

### ❸ 南アジアの気候
**モンスーン**（季節風）の影響が強い地域です。

▶冬は大陸からの**北東季節風**で少雨。南部は**サバナ気候（Aw）**、北部は**温暖冬季少雨気候（Cw）**です。共通する記号 w は「冬季少雨」をあらわします。

▶夏はインド洋からの**南西季節風**で多雨です。**アッサム地方**は**世界最多雨地帯**、また半島の沿岸も降水量が多くなります。

▶**熱帯雨林気候（Af）**はスリランカ南部だけです。
▶西部は**砂漠気候（BW）**。**ステップ気候（BS）**の**デカン高原**には、黒色の**レグール土**が分布しています。
▶ベンガル湾で発生する熱帯低気圧は**サイクロン**とよばれ、バングラデシュの低地に高潮などの被害をもたらします。

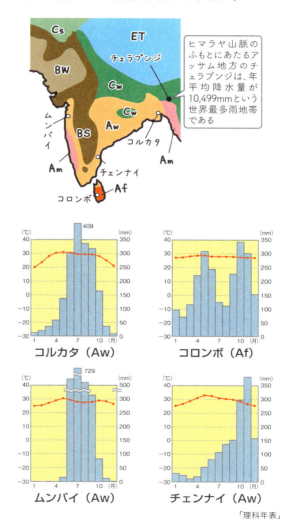

ヒマラヤ山脈のふもとにあたるアッサム地方のチェラプンジは、年平均降水量が10,499mmという世界最多雨地帯である

「理科年表」

## >> 南アジアの産業・社会

### ❶ 南アジアの農牧業（→p.88も参照）

年降水量が **1000mm以上**の地域では**稲作**、それ以下の地域では**綿花・小麦**などが栽培されます。多雨地帯（アッサム・ダージリン・セイロン島など）の水はけのよい斜面には、イギリス植民地時代に**茶**のプランテーションがつくられ、今は大企業が経営しています。

### ❷ 南アジアの資源とエネルギー・工業

▶植民地時代は、繊維工業が中心でした。

▶石炭（生産量世界第2位、2016年）や鉄鉱石（生産量世界第4位、2016年）が豊富なインドでは、資源を利用した**鉄鋼業**が発達しました。

▶近年、インドでは**ソフトウェア産業**などが成長し、中国やブラジルなどと並んで注目されています。

> 補足　インドのダモダル川流域では、**DVC（ダモダル川流域開発公社）**が設立され、多目的ダムの建設による地域開発が行われ、重工業が発達しました。

### ❸ 南アジアの人種と民族

[ 人種・民族 ]

北部は**コーカソイド**の**アーリア**系、南部は**オーストラロイド**の**ドラビダ**系に分かれています。

[ 言語 ]

インドは公用語の**ヒンディー語**のほか、**タミル**語など多くの地方公用語を持つ**多言語国家**です（→p.243）。

[ 宗教 ]

1947年にイギリスから独立する際、宗教のちがいにより2つの国に分けられました（→p.244図）。

- **ヒンドゥー教**…インド
- **イスラーム**…パキスタン、バングラデシュ（1971年にパキスタンから分離独立）
- **仏教**…スリランカ（イギリスから1972年に完全独立）

[ 人口 ]

インド（世界第2位・13.7億人）、パキスタン（5位・2.2億人）、バングラデシュ（8位・1.6億人）（2019年）で、**人口密度と増加率が高い地域**です。

> 補足　インドの隣国**ネパール**では、インド側の南部低地にはヒンドゥー教（8割）、中国側の北部高地にはチベット仏教（1割）が分布します。また、インドと中国にはさまれた小国ブータンはチベット仏教を国教としています。

## >> 南アジアの国々

### ❶ インド

[ 国土 ]…面積は日本の約9倍で世界第7位。北部の**カシミール地方**をめぐって、パキスタンと領土争いをしています（➡p.244）。

首都デリーは、オールドデリーと、植民地時代に建設されたニューデリーからなる

[ 人口 ]…**世界第2位 13.7億人の人口**は増加率も高く、今世紀中に中国を抜くと予想されています。

[ 都市 ]…首都は**デリー**、人口最大都市は**ムンバイ**、ほかに**コルカタ**などの大都市が沿岸部にたくさんあります。

[ 民族 ]…北のインド＝ヨーロッパ語族、南のドラヴィダ語族と多様な言語があり、ビジネス面では準公用語の**英語**が重要です。8割を占める**ヒンドゥー教徒**の社会には**カースト制**（➡次ページ）が残り、憲法では禁止された差別も消えていません。

> 補足　＊カースト制
>
> ヒンドゥー社会は、バラモン（祭司）・クシャトリヤ（王侯・貴族）・ヴァイシャ（庶民）・シュードラ（隷属民）という4つの身分（**ヴァルナ**）と、**ジャーティ**とよばれる社会集団によって規定されています。一部の人々はダリット（不可触民、アウトカースト）とよばれ、カースト制の外に置かれて、厳しい差別を受けてきました。現在、カーストによる身分差別は憲法で禁止されていますが、伝統的慣習は根強く残っています。

**[ 経済の動き ]**…独立以降、一部に社会主義的な計画経済をとり入れる**混合経済体制**を進めていましたが、1991年からの**開放経済体制**により、ICT（情報通信技術）部門をはじめとする諸産業が発達し、著しい経済成長により**BRICs**（ブリックス）の一員となりました。

> 補足　ICTはIT（情報技術）とほぼ同じ意味。**ソフトウェア開発・データ処理・コールセンター業務**（電話による顧客サポート・苦情処理）などを含みます。

**[ 農牧業 ]**…農地改革はおくれていますが、**緑の革命**による食料増産で**米・小麦**の生産は**世界第2位**（2017年）です。商品作物では、**茶・ジュート・さとうきび・綿花**など。また、牛の頭数はブラジルに次いで世界第2位（2017年）です。ヒンドゥー教の影響で牛肉は食べませんが、乳製品（バターなど）は利用します。

> 補足　近年は牛乳を飲む習慣の広まりとともに、酪農が発展しています。これを「**白い革命**」といいます。また鶏肉の消費も増えており、こちらは「**ピンクの革命**」といいます。

**[ 工業 ]**

▶**ムンバイ・チェンナイ**の**綿**工業と、**コルカタ**の**ジュート**工業は伝統産業です。ダモダル川流域の資源を利用した**鉄鋼業**は独立前から発達しました。

▶南部の**バンガロール**では**ICT産業・エレクトロニクス**（電子）工業が発達しています。

**[ 貿易 ]**…輸出品3位（2017年）の**ダイヤモンド**は、輸入した原石を加工して輸出する加工貿易品です。

バンガロールは「インドのシリコンヴァレー」とよばれています。

| 補足 | ＊インドのICT産業が発達した理由 |

①**英語**を使える人が多い（イギリス植民地時代の影響）。
②**理数系教育**の充実（数学教育の伝統と大学院の整備）。
③**安価で優秀な労働力**が豊富（アメリカに渡った技術者が帰国）。
④アメリカとの約半日の**時差**（アメリカの真夜中にデータ処理やコールセンター業務などを請け負う）。
⑤一般の製造業とちがい、産業インフラ（道路・港湾など）の整備が不要。

## ❷ パキスタン

▶**砂漠気候（BW）・ステップ気候（BS）**中心の平原の国。**インダス川**が**大インド（タール）砂漠**を貫流しています。

▶国民の96％が**ムスリム**（イスラム教徒）です。

▶インダス川中流域の**パンジャブ地方**では、灌漑による**小麦**や米の栽培がさかんです。世界4位（2016年）の米輸出国となっています。

▼南アジア諸国の主要輸出品目

| インド | (2017年) | パキスタン | (2017年) | バングラデシュ | (2015年) |
|---|---|---|---|---|---|
| 1 | 石油製品 | 1 | 繊維品 | 1 | 衣類 |
| 2 | 機械類 | 2 | 衣類 | 2 | 繊維品 |
| 3 | ダイヤモンド | 3 | 米 | 3 | はきもの |
| 4 | 衣類 | 4 | 野菜・果実 | 4 | 魚介類 |
| 5 | 繊維品 | 5 | 精密機械 | 5 | 革類 |

「世界国勢図会 2019/20」ほか

## ❸ バングラデシュ

▶パキスタンから分離独立した**イスラム教国**。人口密度は1,127人/km²（2018年）と高く、沿岸の低地に集住するため**サイクロン**による高潮や洪水の被害が大きく、地球温暖化による海面上昇も心配されます。

▶安い人件費を利用した**アパレル（衣服）産業**がさかん。安売り品として先進国に輸出していますが、劣悪な労働条件が課題です。

▶貧困層向けに少額を融資する「グラミン銀行」に代表される金融サービス（**マイクロクレジット**）が発達しています。

| 補足 | バングラデシュの**ジュート**（じょうぶな繊維原料）の生産は**世界第2位**、米の生産は世界第4位（2017年）。

### ❹ スリランカ

▶インド洋に浮かぶ島国。南西の斜面では**茶**の生産がさかんで、茶の輸出は世界第3位（2016年）です。

▶南部の多数派である**仏教徒のシンハリ人**と、北部の少数派である**ヒンドゥー教徒のタミル人**（インド南部から移住）の間の武力紛争は2009年に終結しました（➡p.244）。国内難民化したタミル人の再定住と生活の安定が課題です。

茶の生産　　　　　　　（単位＝万トン，2017年）

| | | |
|---|---|---|
| 1 | 中国 | 246.0 |
| 2 | インド | 132.5 |
| 3 | ケニア | 44.0 |
| 4 | スリランカ | 35.0 |
| 5 | ベトナム | 26.0 |

茶の輸出　　　　　　　（単位＝万トン，2016年）

| | | |
|---|---|---|
| 1 | 中国 | 32.9 |
| 2 | ケニア | 29.3 |
| 3 | スリランカ | 28.7 |
| 4 | インド | 23.0 |
| 5 | アルゼンチン | 7.8 |

「世界国勢図会2019/20」

## ≫ 西アジアの自然

### ❶ 西アジアの位置と地形

▶ユーラシア大陸とアフリカ大陸のつなぎ目に位置し、東経50度付近の**ペルシア湾**を中心にした地域。**中東**のよび名が一般的です。

▶**安定陸塊**の**アラビア半島**と**新期造山帯**のアルプス＝ヒマラヤ造山帯の一部（トルコの小アジア半島〜イラン高原）からなります。

### ❷ 西アジアの気候

大部分が**乾燥気候**で、とくにアラビア半島には広大な**砂漠**が広がります。

地中海沿岸からカスピ海にかけて**地中海性気候（Cs）**が分布し、**外来河川**の**ユーフラテス川・ティグリス川**の源になっています。

## >> 西アジアの産業・社会

### ❶ 西アジアの農牧業

乾燥気候のもとで、人々はさまざまな工夫をして、生産を行ってきました。ステップ地域での**遊牧**、外来河川や地下水路を利用する**オアシス農業**などです。オアシス農業では主に**なつめやし**・野菜・果実・小麦（西アジア原産）などが栽培されます。

イランなどでみられる、山麓の地下水を集落まで送る灌漑施設（地下水路）の**カナート**（p.89）は有名です。

### ❷ 西アジアの資源とエネルギー

**ペルシア湾岸は世界最大の石油産地**です。かつて油田の開発や原油の生産・流通は、欧米の**国際石油資本（メジャー）**が支配していました。これに対抗して、国内の資源を自国の発展のために使おうという考えを**資源ナショナリズム**といいます。産油国は**石油輸出国機構（OPEC）**などを結成し、原油の生産量や価格を統制しました。

> 補足　石油危機以降は、OPEC以外での油田開発、新エネルギーの利用、省エネルギー化が進み、OPECの影響力は低下しています。

## ❸ 西アジアの交通・開発

[ ペルシア湾岸の石油の輸送ルート ]

▶ 直接タンカーに積んで、**ペルシア湾**から**ホルムズ海峡**を通り、日本やヨーロッパへ運びます。

▶ **パイプライン**（ペトロライン）でアラビア半島の西の**紅海**に送り、そこからタンカーで**スエズ運河**を通って**地中海**に抜け、ヨーロッパに送ります。

パイプライン（T.A.Pライン）で直接地中海へ送るルートは、パレスチナ問題の影響で停止中です。

[ 西アジアの都市と人口 ]

　砂漠が広がっているため国全体の人口密度は低いのですが、人口が都市に集中し、都市人口率は高くなっています。

ペルシア湾岸の産油国では、アジアなどからの**出稼ぎ労働力**を用いて、近代的都市を建設

➡ 人口性比（女性に対する男性の割合）が極端に高い国が多い（サウジアラビア・アラブ首長国・カタールなど）

## ❹ 西アジアの人種と民族

▶**アラブ人**（**アラビア語**を話す**ムスリム**〈イスラム教徒〉）が主な民族です。注意したいのは、ムスリムが多数を占める国の中でも、
- **イラン**では**ペルシア語**が使われている
- **トルコ**は**トルコ語**（中央アジアにも同系統の言語が分布）。

という2つの例外です。

▶国家を持たない民族**クルド人**は、**イラン・イラク・トルコ・シリア**などにまたがる山岳地域（クルディスタン）に居住し、独立を求めています。（➡p.246）

▶**ユダヤ教徒**の国家**イスラエル**と、**パレスチナ人**や周辺のアラブ国家との間の**パレスチナ問題**については➡p.245 参照。

## ❺ 西アジアの国家と国家機構

▶石油による収入の多い産油国と非産油国との経済格差が大きくなっています。

▶イスラームの教えに基づいた国家統治がみられます。これを民主化のおくれと批判する欧米諸国に対し、ムスリムからの反発が強まっています。

▶一方、2010～12年には、北アフリカで始まった民主化を求める市民運動「**アラブの春**」が西アジア各国にも広

▲西アジアの主な国々

まりました。シリアでは、政府側と反政府側との深刻な内戦に発展しています。イエメンでも混乱が続いています。

▶ **OPEC**（石油輸出国機構）・**OAPEC**（アラブ石油輸出国機構）については➡p.227 参照。

## >> 西アジアの国々

### ❶ イラン

[ 国土 ]…**新期造山帯**の山脈・高原の狭間に**砂漠**があります。北部のカスピ海沿岸は**地中海性気候**（**Cs**）です。

[ 都市 ]…首都**テヘラン**は北緯36度（≒東京）。

[ 民族 ]…人口の6割がペルシア語を話すイラン（ペルシア）人の非アラブ国家で、イスラームの中の少数派＝**シーア派**の国です。

> **補足** ＊イラン革命
>
> 1979年に起こった、宗教指導者の**ホメイニ**による宗教革命。前国王による親米政治・急速な近代化が国民の反発をまねきました。現在も国際石油資本(メジャー)をすべて追い出し、核開発疑惑などからアメリカ合衆国と対立しています。

[ 農牧業 ]…カスピ海沿岸では**地中海式農業**、乾燥した地域では**カナート**を利用した**オアシス農業**を行います。また、**羊の放牧**がさかんで**毛織物**のペルシア絨毯が有名です。

[ 鉱業 ]…**原油**の生産がさかんですが、米国の経済制裁で輸出が減少しました。

### ❷ トルコ

[ 国土 ]…アジアとヨーロッパのつなぎ目。小アジア半島（アジア）とバルカン半島の一部（ヨーロッパ）にまたがっています。

[ 人口と都市 ]…人口約8,300万人（2019年）。首都**アンカラ**は秋田県と同じ**北緯40度**に位置します。最大都市**イスタンブール**は東西交易の要地として発達しました。

[ 民族 ]…トルコ人は**ムスリム**（イスラム教徒）ですが、宗教と政治を区別（**政教分離**）しています。アラビア文字をやめて、ヨーロッパ諸国でも使われているラテン文字を使います。トルコ語と同じ語族の言語を使う中央アジアの国々とのつながりを深めています。

[ 経済の動き ]…**ドイツへの出稼ぎ**移民からの送金は重要な外貨獲得源です。

[ 農牧業 ]…沿岸は**地中海式農業**、内陸部は**牧畜**を行っています。

[ 工業 ]…ヨーロッパ向けに自動車・衣類などを輸出します。

[ 貿易 ]…最大の貿易相手国はドイツです（2017年）。

> **補足** ＊**トルコの EU 加盟**
>
> 　トルコは長年 EU への加盟を求めていますが、**クルド人問題**や**キプロス問題**（少数派トルコ系民族の住む北部が北キプロス＝トルコ共和国として独立を宣言、南部の多数派ギリシャ系民族地域と分裂していることや、ギリシャ系のキプロス共和国が単独で EU に加盟したこと）により、加盟に反対する国があります。近年の強権的な政策も批判されています。背景には宗教のちがい（EU 加盟国はすべてキリスト教徒が多数派の国）もあります。

## ③ サウジアラビア

[ 国土 ]…アラビア半島は**安定陸塊**の高原。**北回帰線**が通り、全域が**砂漠気候**（**BW**）です。

[ 都市と人口 ]…高い都市人口率。首都**リヤド**は外国人労働者によって建設された近代的都市です。イスラームの聖地**メッカ**には世界中からムスリムの巡礼者が訪れます。

[ 民族 ]…アラブ民族。イスラームの中では多数派の**スンナ派**。戒律に厳格な国です。女性の社会進出は著しくおくれています。

> **補足** 　アラビア半島を中心に居住するアラブ系遊牧民を**ベドウィン**といいます。砂漠の遊牧民ですが、最近では都市周辺に定住するようになっています。

[ 農業 ]…センターピボット方式（➡p.95）による灌漑農地でおこなう小麦栽培は、地下水の枯渇のために制限されました。

**[ 鉱工業 ]**…生産量・埋蔵量・輸出量ともに**世界最大規模の産油国**です。主な油田は、ガワール油田・アブカイク油田など。石油化学以外の製造業は発達していません。

**▼原油の生産・輸出・埋蔵量**

| | 生産 (%, 2018年) | | 輸出 (%, 2016年) | | 埋蔵量 (%, 2019年) | |
|---|---|---|---|---|---|---|
| 1 | ロシア | 13.9 | サウジアラビア | 16.8 | ベネズエラ※ | 18.1 |
| 2 | アメリカ合衆国 | 13.6 | ロシア | 11.4 | サウジアラビア | 15.9 |
| 3 | サウジアラビア | 12.9 | イラク | 8.5 | カナダ※ | 10.0 |
| 4 | イラク | 5.7 | カナダ | 7.3 | イラン | 9.3 |
| 5 | カナダ | 5.2 | アラブ首長国連邦 | 5.4 | イラク | 8.8 |

※ベネズエラの埋蔵量には超重質油(オリノコタール)、カナダの埋蔵量には原油を含んだ砂(オイルサンド)を含む。　　　　　　　　　　　　　「世界国勢図会 2019/20」

**[ 貿易 ]**…原油の輸出による大幅な輸出超過となっています。

**[ 交通 ]**…石油を輸送する**パイプライン**が設置されています。


## ❹ アラブ首長国連邦（UAE）

▶ 7つの首長国の連邦制国家です。首都はアブダビ。

▶原油産出のほか、ダイヤモンド・金など宝飾品の加工もさかんです。

▶首長国の1つ、**ドバイ**では、都市開発を進めて観光業や金融・サービス業などを育成し、石油依存からの脱却をめざしています。

> 補足　ドバイと同様の新産業育成の取り組みは、同じペルシャ湾岸のドーハ(カタール)、マナーマ (バーレーン) などでも見られます。


## ❺ イラク

▶外来河川の**ユーフラテス川・ティグリス川**に挟まれた地域は「**肥沃な三日月地帯**」に含まれ、農耕文明がおこりました。

▶国の経済は石油輸出に依存していますが、**イラン・イラク戦争**（1980～88年）、**湾岸戦争**（1991年）、**イラク戦争**（2003年）と続く長い戦乱によって、社会は混乱しています。

## ⑥ イスラエル

▶地中海に臨む中東の西端に位置します。東のヨルダンとの国境には塩分濃度の高い内陸湖である**死海**があります。

▶**エルサレム**は、ユダヤ・イスラーム・キリスト3宗教の聖地です。イスラエルはエルサレムを首都としていますが、米国を除く国際社会は認めていません。

▶**パレスチナ問題**（➡p.245）を通じて米国との関係が深く、軍事的・経済的にも依存しています。

▶ダイヤモンド加工のほか、情報通信・医薬品などの輸出向けの工業が発達し、経済水準は先進国レベルです。

## ⑦ アフガニスタン

▶西アジアに属する内陸国ですが、ペルシャ（イラン）系のパシュトゥーン人のほか、トルコ系の住民もまざっています。

▶乾燥した山岳地帯中心の貧しい国ですが、旧ソ連軍の侵攻（1979～89年）、**タリバーン**政権の支配、アメリカ軍の侵攻・空爆（2001年）と、大国の干渉に翻弄され、今も不安定な状況が続いています。

### 補足

**＊タリバーン**
　タリバーンはイスラム原理主義を自称する武装勢力で、パキスタンの支援を受けて勢力を持ちました。女性の抑圧や、バーミヤンの石仏破壊などが国際的批判を浴びました。

**＊米国のアフガニスタン侵攻とイラク戦争**
　2001年の9.11同時多発テロを受けたアメリカ合衆国は、アフガニスタンがテロ組織の温床になっているとして攻撃を始めました。アメリカ合衆国はイラクにも同じ疑いをかけ、大量破壊兵器を持つテロ国家として、イギリスとともに攻撃しました（**イラク戦争**）。結局、大量破壊兵器は存在せず。背景に資源に対する利権確保のねらいがあります。

## ⑧ シリア

　2011年、北アフリカに始まる民主化要求運動「**アラブの春**」が波及し、政府軍と反政府勢力の**内戦**に発展。過激派組織IS「イスラム国」も活動し、**多くの難民**がトルコや欧州諸国に流出しました。

# 確認問題に挑戦！

1　インドの工業化について述べた文として適当でないものを、次の①～
④のうちから1つ選べ。

① イギリスの植民地時代には、財閥系の民族資本によって、綿工業や製鉄業などが
発展した。

② イギリスからの独立直後は、輸出指向型の工業化が進められ、電気機械工業が発
展した。

③ 1960年代後半ごろには、社会主義的な計画経済のもとでの経済発展が伸び悩みを
みせ、鉄鋼生産なども停滞した。

④ 1990年代以降には、経済の自由化政策のもとで、コンピュータ関連産業が発展して
きた。

2　次の①～④の文章は、イラン、エジプト、サウジアラビア、トルコの
いずれかの国における政治と宗教・民族との関係について述べたものであ
る。①～④にそれぞれあてはまる国名を答えよ。

① この国は、アラブ民族主義の指導者のもとで近代化を成しとげた。アラブ世界の中
心として、植民地支配からの脱却に向けて中核的役割を果たした。

② この国は、シーア派の指導者を中心にイスラームに基づく国家建設を進めてきた。独
自の政策路線により、欧米諸国との間で対立している。

③ この国は、スンナ派の王族による政教一致の王政を維持してきた。豊富な石油資源
を背景に、国際的に強い影響力を有している。

④ この国は、ヨーロッパを模範とした近代化を推進し、政教分離を行った。NATO（北
大西洋条約機構）の一員として、欧米諸国との連携を強めている。

1 正解は**②**　　混合経済体制（基幹産業は国、ほかは民間）の下で輸入代替型の工業の発展を図ったが、
効率の低い生産に留まる。①民族資本によるジャムシェドプル製鉄所は1912年に操業開始。③混合経
済体制は社会主義的な性格を持つ。④1991年に本格的な経済自由化で開放体制へ。ICT産業の伸び
が著しい。

2 正解は**①＝エジプト　②＝イラン　③＝サウジアラビア　④＝トルコ**　　①「指導者」とは、スエ
ズ運河を国有化したエジプトのナセル元大統領。②ムスリムの中の少数派であるシーア派は、イランとイ
ラクに多い。イランは、イラン革命以降、欧米と対立。③サウジアラビアは王政による厳格な宗教国家。
④国土の一部がヨーロッパにあるトルコは、政教分離による世俗主義の国。EU加盟を申請中。

次の各文の正誤を答えなさい。

**1** ガンジス川の河口付近には、扇状地が広がっている。

**2** 7月にヒマラヤ山脈の南斜面は多雨地域となるが、北斜面はモンスーンがさえぎられ少雨地域となる。

**3** パキスタンでは、インダス川流域で灌漑施設が整うにつれ野菜栽培がさかんになり、小麦生産量を上回った。

**4** インドに立地したコールセンターでは、コストが大幅に低下した国際電話を用いて、アメリカ合衆国向けの顧客サービスが多く行われている。

**5** 南アジアなどヒンドゥー教徒が多く住む地域では、かつての身分制度がまだ完全に払拭されず、自由な結婚や職業選択の障害になることが多い。

**6** 最近では、インドのソフトウェア技術者の先進国への移動がみられる。

**7** イランの乾燥地域では、カナートとよばれる地下水路を利用して麦類やなつめやしの栽培が行われてきたが、近年では、動力揚水機が普及し、土壌の塩性化（塩類化）が生じている。

**8** アラブ首長国連邦のドバイでは、輸出指向型の工業化の結果、西アジア最大の自動車生産・輸出拠点が形成されている。

**9** 地中海東岸のユダヤ教徒が大半を占めている国では、トルコ語が公用語として用いられている。

**10** ペルシア湾岸では、戦争により油田が破壊され、火災や周辺海域への重油の流出により、深刻な海洋汚染や大気汚染を引き起こした。

---

1×（扇状地ではなく三角州〈デルタ〉）　2○（南アジアのモンスーン〈季節風〉は、夏は南西、冬は北東から吹く。）　3×（インダス川上流のパンジャブ地方は灌漑により小麦を生産。降水量は少なく、野菜の生産は少ない。）　4○（旧イギリス領であることから英語話者が多いことも寄与している。）　5○（ヒンドゥー教と結び付いたカースト制が残存している。）　6○（アメリカ合衆国のシリコンヴァレーなどへの移動がみられる。彼らは帰国後にインドのIT産業を発展させている。）　7○（同様の地下水路はアフガニスタンでカレーズ、北アフリカでフォガラという。）　8×（西アジアの自動車産業は、トルコとイランの外国企業のみ。ドバイは主に第三次産業を育成。）　9×（該当する国はイスラエルだが、言語はヘブライ語。トルコ語地域はトルコから中央アジアにかけて分布。）　10○（1991年の湾岸戦争での流出が問題となった。）

# 第22講 アフリカ

## ≫ アフリカの自然

### ❶ アフリカの位置と地形

**赤道**が通る位置をしっかり覚えてください。**ギニア湾**と**ヴィクトリア湖**が目印です。

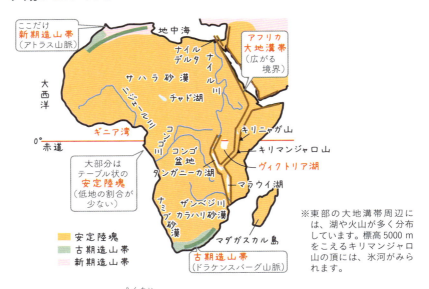

大陸全体が**安定陸塊**の台地状の地形（平均高度約750m）になっているため、沿岸の平野部はわずかです。また、**ナイル川・コンゴ川・ニジェール川**などの大河はありますが、台地の縁で滝になっており上流までさかのぼれないため、内陸水運は発達しませんでした。

> 補足　＊標高200m未満の面積割合
> 全大陸25、**アフリカ10**、アジア25、**ヨーロッパ53**、北米30、南米38、豪州39（％、概数、「データブック オブ・ザ・ワールド 2019」による）

## ❷ アフリカの気候

▶西側の赤道を軸にした**南北対称の気候分布**は季節による**亜熱帯高圧帯**の南北移動で説明できます。

▶北側の大部分は**世界最大の砂漠**である**サハラ砂漠**が占め、その周辺は**ステップ**。東側は、**大地溝帯**が走り起伏が大きいため、気候区分も複雑です。

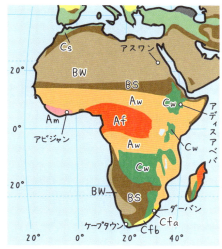

▶東岸やマダガスカル島では、南東貿易風の影響を受けます。

▶南西岸の**ナミブ砂漠**は、**海岸砂漠**の典型です。

> **補足** アディスアベバは、ケッペンの気候区分ではCwですが、標高2,000m以上の高地にあり常春の気候となるため、例外的にH（高山気候）とする場合があります。

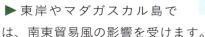

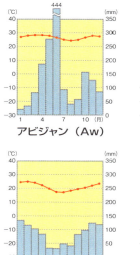

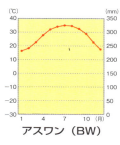

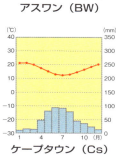

「理科年表」ほか

アフリカは、低地の少ない台地状の大陸に、南北対称の気候分布がみられます。

## ≫ アフリカの産業・社会

### ❶ アフリカの農牧業

アフリカの農業地域は、気候区分に対応して考えることができます。

▶南北両端の**地中海性気候（Cs）**地域では**地中海式農業**を行います。

▶**砂漠気候（BW）**に**オアシス農業**が点在します。

▶砂漠周辺の**ステップ気候（BS）**

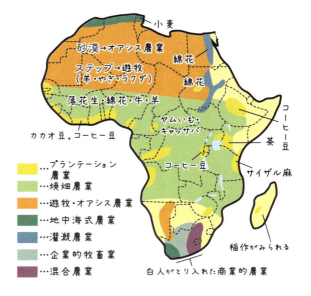

ではラクダ・羊・やぎ、サバナ気候（Aw）では牛の**遊牧**がさかんです。

▶**Af・Am**などの**熱帯**地域では自給的**焼畑農業**を行います。

▶熱帯のうち、交通の便のよいギニア湾岸や、植民地時代にヨーロッパから白人が入植した東部の高原地帯では**プランテーション農業**が立地しました。

▶白人を中心とする国家がつくられた南アフリカ共和国では、**企業的牧畜**や**混合農業**がみられます。

## ❷ アフリカの資源とエネルギー・工業

▶**北アフリカ**の新期造山帯周辺は**油田地帯**。ほかに**ナイジェリア**も産油国です。

▶コンゴ盆地からザンビアにかけての内陸部は、**カッパーベルト**とよばれる**銅**地帯です。

▶**古期造山帯**にある南アフリカ共和国は、**石炭**のほか、**金**や**レアメタル**（希少金属）など資源が豊富です。

▶北アフリカ諸国と南アフリカ共和国以外での重化学工業の発達はおくれています。

> 補足　ヨーロッパに近い北アフリカのチュニジアやモロッコなどでは、安い労働力を利用した輸出向けの軽工業や電気機器の部品製造工場などが立地しています。

## ❸ アフリカの交通・開発・環境問題

陸上交通が未発達なので、都市間の輸送では航空機の利用が多くなります。ただし、かつて植民地支配をしていた国との結び付きが今も強いため、ヨーロッパ経由のルートをとる場合が多くなっています。

最近はドバイなど中東の空港をハブ空港として、ヨーロッパ・アジアと結びついています。

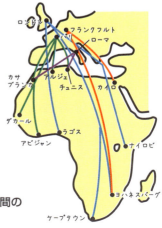

▶アフリカーヨーロッパ間の主な航空路線

▶**タンザン鉄道**や**ベンゲラ鉄道**（➡p.135 図）は、**カッパーベルト**の**銅**を港まで運ぶために建設されましたが、長引く内戦でずっと使えませんでした。近年、中国の援助により利用が進んでいます。

▶**ナイル川**などで、ダム建設による治水・灌漑・発電などの開発が行われました。しかし、土砂のせき止めによる環境破壊などが問題になっています。

▶サハラ砂漠南部のステップ地域、**サヘル**では**砂漠化**の**進行**が深刻です（➡p.282）。降水量が減少し、この地域にあるチャド湖は水位が低下、面積が縮んでいます。

▶マリ・ニジェール・チャドなどでは、砂漠化で生活の基盤を失った人々がギニア湾岸諸国へ逃げ出し、**環境難民**とよばれています。

> 補足　＊アスワンハイダムの功罪
> ◎ **洪水を防いだ**。
> ◎ **灌漑農業**（綿花など）の耕地が拡大した。
> ◎ **水力発電**により電力を得た。
> × 土砂のせき止めによりナイルデルタの海岸線が**侵食**された。
> × 養分の流入が減り**沿岸漁業**がおとろえた。
> × 灌漑のしすぎで**塩害**が起きた。
> × 水路の整備で**風土病**（住血吸虫症）が増えた。
> × ダム湖によって遺跡（古代エジプト文明）が水没した。

## ❹ アフリカの民族と国家

アフリカの民族は北部の**コーカソイド**（白人）と南部の**ネグロイド**（黒人）に大別されます（➡p.246）。しかし、実際はさらに数多くの民族集団に分かれてくらしてきました。

▶19世紀末、イギリス・フランス・ドイツなどヨーロッパ諸国が植民地の分捕り合戦を始めます。ヨーロッパ諸国はそれまでの民族の分布を無視して、勝手な境界線を引きました。

▲アフリカの民族領域と国境

▶「**アフリカの年**」といわれる **1960年**ごろから、アフリカ諸国は次々と独立しましたが、**旧植民地時代の境界がそのまま国境**となり、民族的に複雑な国家がたくさん生まれてしまったのです。

▶民族は複雑ですが、支配者が引いた国境線は単純な**人為的国境**です。

▼アフリカの旧宗主国
※図は1914年の帰属

▶アフリカの主な民族問題については➡p.246～249参照。

アフリカ諸国は、今も植民地時代の旧支配国に経済的に依存するケースが多く、どこの国の植民地だったか（旧宗主国）は重要なデータです。

## ❺ アフリカの抱える問題

サハラ以南のアフリカでは、経済が不安定で、対外債務（外国からの借金）も多くなっています。農村部では、安全な水の確保さえ難しく、HIVやマラリアなどの感染症がまん延しています。

そのため、日本を含めた先進国からの政府開発援助（**ODA**➡p.151）や、非政府組織（**NGO**）の協力が不可欠となっています。

## ≫ アフリカの国々

〈北アフリカ〉

### ❶ エジプト

[ 国土 ]…シナイ半島でアジアと接する大陸北東端。南（北緯22度）と西（東経25度）は人為的国境です。

[ 都市 ]…首都**カイロ**は**ナイル川**河口の**デルタ**上に発達。今より東に新首都建設が進んでいます。

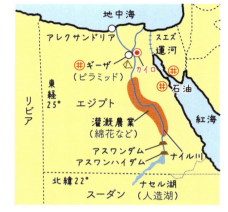

[ 農牧業 ]…ナイル川流域の**灌漑農業**で、小麦・米・**綿花**・**なつめやし**などを栽培。

[ 鉱工業 ]…産油国。**綿花**を使った繊維工業が発達しています。

[ 交通 ]…**スエズ運河**は、**地中海**と**紅海・インド洋**を結び、アジアとヨーロッパの時間距離を縮めています。2015年に拡張工事が完成、運河沿いに工業地帯を建設しています。

### ❷ リビア

旧**イタリア**領の産油国です。隣国チュニジアから始まった「**アラブの春**」により、2011年に独裁政権が倒されました。

### ❸ アルジェリア

旧**フランス**領の産油国。新期造山帯アトラス山脈の北では**地中海式農業**、南の内陸では地下水路**フォガラ**を用いた**オアシス農業**。

### ❹ スーダン

北のアラブ系白人との対立から、スーダン系黒人の南スーダンが分離独立しました（2011年）。

〈ギニア湾岸〉

❶ ナイジェリア

[ 国土 ]…旧イギリス領（奴隷海岸）。北部はステップ気候（BS）、南部は熱帯雨林気候（Af）とサバナ気候（Aw）。ニジェール川河口にデルタ（三角州）が発達しています。

[ 人口 ]…約2億人（2019年）でアフリカ最大の人口となっています。

[ 民族 ]…民族紛争が内戦に発展しました（➡p.247）。

[ 農牧業 ]…内陸では焼畑農業でヤムいも・キャッサバ・バナナなどの自給作物と、落花生・綿花などの商品作物を栽培しています。沿岸部では油やしなどのプランテーション農業が行われています。

[ 鉱業 ]…アフリカ最大の産油国。経済は原油の輸出に依存するモノカルチャー経済です。

❷ ガーナ

本初子午線上の旧イギリス領。カカオ豆のほかに金・ダイヤモンドなどの生産がさかん。また、ヴォルタ川ではダム（アコソンボダム）建設による水力発電が行われています。

❸ コートジボワール

旧フランス領。カカオ豆の生産が世界一です（2016年）。

> ギニア湾岸諸国の中でリベリアだけは独立国だった点に注意しよう。

▼ギニア湾岸の国々

「ギッシリ、コートがとべない亀」
　（仏）（英）（独立） ⇒ （仏）（英）（独） ⇒ （仏）（英）（独）の繰り返し
※（仏）：旧フランス領　（英）：旧イギリス領　（独）：旧ドイツ領

### ❹ リベリア

アメリカ合衆国の支援で19世紀に独立した**黒人国家**です。

>
> **便宜置籍船**
> **リベリア**や中米の**パナマ**は船の税金などが安く、船員の国籍制限もゆるい※ため先進国の企業が船籍をこの国に登録します。統計上の商船保有量は世界有数です。

※たとえば日本企業の船でも、フィリピンなど途上国の低賃金の船員をやとうことができます。

## 〈東アフリカ〉

### ❶ エチオピア

[ 国土 ]…高原を中心にした内陸国。周囲は**サバナ気候（Aw）**ですが、高原上は気温が低くなり**温暖冬季少雨気候（Cw）**です。

[ 民族・宗教 ]…**アフリカ最古の独立国**。約6割がキリスト教徒で、古代キリスト教が独自に発展したエチオピア正教が主体です。

[ 経済 ]…援助に依存する最貧国の一つです。

[ 農業 ]…**コーヒー豆**原産地の一つ（カッファ地方はcoffeeの語源）で、主要輸出品になっています。他に雑穀、牛などを自給的に生産。

### ❷ ケニア

[ 国土 ]…南西国境に**ヴィクトリア湖**があり、**赤道**が通過しています。**アフリカ大地溝帯**が通り、標高1,000m以上の高原や高山が多く、熱帯は海岸部だけ。自然動物公園を活用した観光業がさかん。

[ **都市** ]…首都の**ナイロビ**周辺は温暖冬季少雨気候（**Cw**）の高原で、旧宗主国の**イギリス**系白人の居住地（**ホワイトハイランド**）でした。

[ **農牧業** ]…**茶**（紅茶）のほか、高原の気候を生かして温室なしに栽培できる**切り花**は、**ドバイ**経由でヨーロッパなどに空輸します。

> 補足　＊「紅茶の国」イギリス
>
> 　イギリスは、はじめ**中国**から茶を輸入していましたが、自らの植民地であるインドのアッサム地方で野生の茶を見つけ、これを**プランテーション**で栽培するようになりました。こうして紅茶はイギリスの国民的飲み物になり、のちに同じ植民地の**ケニア**やスリランカにも茶樹を移して栽培を始めました。

### ❸ タンザニア

[ **国土** ]…北部の**キリマンジャロ山**は**アフリカ最高峰**（標高 5,895 m）で、山頂には万年雪（氷河）がみられます。西部には、アフリカ大地溝帯に沿って裂け目のような湖が南北に並びます。

[ **都市** ]…最大都市**ダルエスサラーム**は、タンザン鉄道で運ばれた内陸国**ザンビアの銅を出荷**する港町です。

[ **産業** ]…金が重要な輸出品。キリマンジャロ山のふもとで、**コーヒー豆**の栽培がさかんです。

▲キリマンジャロ山　　写真：矢部志朗／アフロ

> 補足
>
> ＊キリマンジャロの雪
> 　キリマンジャロ山やキリニャガ山の**山岳氷河**は、この数十年で急速に**縮小**しています。これは地球の**温暖化**の影響による減少と考えられています。
>
> ＊タンザン鉄道
> 　かつてタンザン鉄道建設に協力した**中国**は、さらにレアメタルなどの資源を求めて、タンザニアを含めたアフリカ諸国との交流を深めています。
>
> ＊スワヒリ語
> 　東アフリカ諸国（ケニア・タンザニアなど）で共通語・公用語となっている**スワヒリ語**は、アラブ商人との交易の中で成立した商用言語で、アラビア語の影響を強く受けています。

### ❹ マダガスカル

　南回帰線上、インド洋の島国。東は湿潤、西は乾燥。1000年以上前、東南アジアのマレー系民族が移住し、今も稲作が盛ん。香辛料（バニラビーンズなど）を輸出。

| 世界の大きな島（千km²） | |
|---|---|
| ①グリーンランド | 2,176 |
| ②ニューギニア島 | 809 |
| ③カリマンタン（ボルネオ）島 | 746 |
| ④マダガスカル島 | 587 |

## 〈中南アフリカ〉

### ❶ コンゴ民主共和国

[ 国土 ]…旧ベルギー領。コンゴ川流域のコンゴ盆地が広がります。赤道上に熱帯雨林気候（**Af**）が分布します。

[ 農牧業 ]…自給的な焼畑農業。**熱帯林の減少**が深刻です。

[ 鉱業 ]…カッパーベルトの銅、ダイヤモンド（生産量第3位）。レアメタルのコバルト（世界一）やタンタル（第2位）は、民族紛争における武装勢力の資金源になっています（いずれも2015年）。

> **補足**
> 
> ＊コンゴ民主共和国は内戦続きで、政変によって**ザイール**から今の国名に変わりました。隣国の**コンゴ共和国**との混同に注意。両国の首都キンシャサとブラザビルはコンゴ川をはさむ双子都市で、ともに人口の集中するプライメートシティ。
> ＊コンゴ民主のダイヤモンドは旧宗主国ベルギーのアントワープに送られ、加工されて「**ベルギーダイヤモンド**」として取引されます。アフリカ南部の内陸国ボツワナもダイヤモンドの生産が盛ん（世界第2位、2015年）です。

### ❷ ナミビア

　大西洋岸は**海岸砂漠**の**ナミブ砂漠**。亜熱帯高圧帯に位置するうえ、寒流の**ベンゲラ海流**に大気が冷やされ、大気が安定するので雨雲ができません。

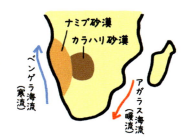

## ❸ 南アフリカ共和国

[ 国土 ]…大陸の南端、**南緯30度付近**にあり、西部は**乾燥気候**ですが、沿岸には**温帯気候**が分布します。東部に**古期造山帯**の山脈が走り、内陸に高原が広がります。

[ 都市 ]…首都の**プレトリア**は高原上にあります。南端の港湾都市**ケープタウン**は、ヨーロッパとアジアを結ぶ中継港として重要です。

[ 民族 ]…ヨーロッパ系白人が建てた国。宗主国はオランダからイギリスへ。人種隔離政策の**アパルトヘイト**については➡p.249 参照。

> 補足　オランダ系移民とその子孫は**ボーア人**とよばれましたが、自らは**アフリカーナ**と名乗っています。

[ 農牧業 ]

▶ケープタウン周辺は**地中海性気候（Cs）**で、**地中海式農業**（ブドウなどを栽培）を行っています。

▶**ハイベルト**とよばれる東部の高原は**西岸海洋性気候（Cfb）**で、**混合農業**（小麦・とうもろこし・牧牛）を行っています。

▶西部の高原は**乾燥気候（BW・BS）**で、**企業的牧畜業**（羊など）を行っています。

[ 鉱工業 ]…金・ダイヤモンド・石炭・**レアメタル**（希少金属）など各種資源が豊富です。先進国の自動車メーカーが進出しており、アフリカ諸国の中では最も重工業が発達しています。

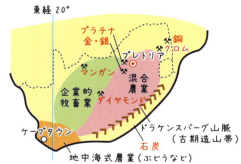

▲南アフリカ共和国の農牧業・鉱工業

> 補足　＊BRICS
> 
> BRICs（➡p.223、p.384）のsを大文字で書いて、資源が豊富で経済成長の著しい南アフリカ共和国（South Africa）を含める場合があります。

## 確認問題に挑戦！

アフリカの都市は、地域の自然環境の特徴を背景とした歴史的ななりたちのちがいによって類型化できる。図中のA～Cは、アフリカのいくつかの都市について、そのなりたちの特徴ごとに分類して示したものであり、下のア～ウの文は、そのいずれかを説明したものである。ア～ウにあてはまるものを、それぞれA～Cから1つずつ選べ。

嶋田義仁ほか編『アフリカの都市的世界』により作成。

ア 象牙などを商品とした交易の拠点として成長し、これらの都市を介してスワヒリ語が広がり地域の共通語となった。

イ 2つの異なる気候帯の境界付近に位置し、それらの一方からは岩塩など、他方からは金や森林産物などを商品とした交易の拠点となった。

ウ ヨーロッパ諸国による植民地経営の行政機能をになうものとして発達した都市であり、ヨーロッパ風の建築や街路パターンなどが残っている。

正解は**ア＝C　イ＝B　ウ＝A**　アの「スワヒリ語」は東アフリカの商用言語であり、ケニアやタンザニアの主要言語。イの岩塩は乾燥帯のサハラ砂漠、金や森林産物は熱帯のギニア湾岸の産物。ウのヨーロッパ人が植民地時代に建設した都市は、交易に便利な沿岸の港湾部や、気候的に白人がくらしやすい高原部に立地する。

次の各文の正誤を答えなさい。

**1** エジプトの地中海沿岸では、河川の運搬した土砂が堆積して形成された三角州（デルタ）がみられる。

**2** サハラ砂漠の集落は、まわりにゴムの木を植えて砂を防ぐ。

**3** サハラ砂漠の住居は、レンガ造りで雨水をためる工夫がされている。

**4** 銅鉱価格の高騰によって財政が豊かになったため、アフリカの銅鉱の産出国では貧富の差が解消されてきている。

**5** アフリカのチャド湖では付近のアルミニウム工業の発展により、湖水が工業用水に利用された。

**6** ナイジェリアのラゴスでは、郊外のベッドタウン開発が進み、都心から郊外へ放射状に延びる鉄道網が形成されるようになった。

**7** アフリカの熱帯地域では、民族対立に端を発する内戦により、政情不安定な国が多い。

**8** 南アフリカ共和国では、黒人が国民の過半数を占めているが、かつては白人による人種隔離政策があった。

**9** ソマリアでは、政府の支配力が衰退し、多様な軍事勢力による戦闘が拡大して、内戦状態が続いている。

**10** サヘルでは、燃料としての樹木の伐採や家畜の過放牧による草地の裸地化などが起こり、砂漠化が進行している。

1〇（ナイル川の河口には、大規模な円弧状の三角州が形成されている。）　2✕（ゴムの木は熱帯の湿潤地方〈タイ・インドネシアなど〉。オアシス周辺にはなつめやしを植える。）　3✕（日干しレンガを用いるが、雨水をためれば溶けて崩れてしまう。降水がほとんどないから使える。）　4✕（2000年以降、銅鉱価格は急騰したが、利権は特権階級に独占され、貧富の差は拡大している。）　5✕（アフリカのアルミニウム工業は、多目的ダムによる発電を利用したガーナにみられる。）　6✕（ベッドタウン開発や鉄道網の整備などは、資金豊富な先進国における対策。経済不安定な途上国では困難。）　7〇（植民地時代の民族分布を無視した境界線や支配のために部族間対立をあおる政策が、今も民族対立を激しくしている。）　8〇（アパルトヘイトとよばれるこの政策は1991年に廃止され、黒人大統領が誕生した。）　9〇（内政の混乱を背景に、インド洋で活動する海賊の根拠地となっている。）　10〇（背景には人口増加や貧困がある。なお、燃料としての樹木を薪炭材という。）

Section-7　ヨーロッパ

# 第㉓講

## ヨーロッパ

>> **ヨーロッパの自然**

❶ **ヨーロッパの位置**

▶ユーラシア大陸の西で、大西洋に突き出した半島状の地域です。

▶イギリスのロンドン郊外に**本初子午線**が通っています。

地理的には旧ソ連のウラル山脈西側までが本来のヨーロッパですが、そこは第24講で扱います。

▶南側のイベリア半島中央部・イタリア半島南端・バルカン半島を通る**北緯40度線**は、日本でいえば秋田県を通っていますから、**全体的に高緯度な地域**といえます。

▶スカンディナヴィア半島北部は**北極圏**に含まれ、一日じゅう太陽が沈まない**白夜**がみられます。

## ❷ ヨーロッパの地形

▶バルト海沿岸〜東部が**安定陸塊**、西部〜中央部が**古期造山帯**、地中海沿岸が**新期造山帯**（**アルプス＝ヒマラヤ造山帯**）。アイスランド島は広がる境界の**大西洋中央海嶺**が海上に頭を出した火山島です。

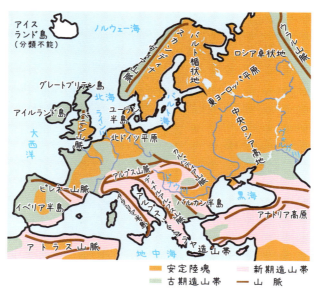

▶バルト海や北海の沿岸は、昔は**大陸氷河**に覆われていたため、氷堆石（**モレーン**）の多いやせ土になっています。ここから風で南東に飛ばされた土は風積土（**レス**）として肥えた土壌をつくります。

▲氷河に覆われた範囲

▶古期造山帯の平原は、古い時代の地層が堆積してできた**構造平野**で、**パリ盆地**や**ロンドン盆地**の周辺には**ケスタ**（➡p.30）がみられます。

▶河川の多くは南から北へ流れます。河口部が沈降した**エスチュアリー**（➡p.34）が多く、入り江の奥に都市が発達しています。ただしラ

イン川・ドナウ川の河口は三角州（デルタ）なので注意しましょう。

▶スカンディナヴィア半島の西岸には、氷河に削られたU字谷に海水が入りこんでできたフィヨルドが発達しています。

▶イベリア半島北西岸（リアスバハス海岸）はリアス海岸、旧ユーゴ北部・スロベニアのカルスト地方はカルスト地形の語源となっています。

> 補足　＊ドナウ川
> 　いくつもの国（首都）を流れる国際河川です。あちこちで河川国境にもなっています。ドイツ→オーストリア（ウィーン）→スロバキア（ブラチスラバ）→ハンガリー（ブダペスト）→クロアチア→セルビア（ベオグラード）→ブルガリア→ルーマニア→モルドバ→ウクライナ。　※（　）内は首都。最後は三角州（デルタ）を形成し、黒海に注ぎます。

### ❸ ヨーロッパの気候

　全体としては大陸西岸の海洋性気候で、夏と冬の気温差が小さくなります。

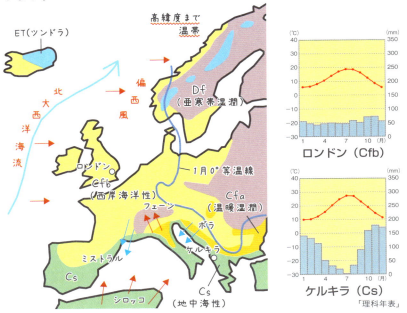

注　シロッコ（サハラ砂漠からの熱風）、ミストラル（ローヌ河谷の寒風）、ボラ（アドリア海に吹き下ろす乾いた寒風）、フェーン（アルプスから吹き下ろす乾いた熱風）などを局地風といいます。

▶大部分は**西岸海洋性気候**（**Cfb**）です。暖流の**北大西洋海流**と**偏西風**の影響で、**気温の年較差が小さく、夏は涼しく冬も温和**です。高緯度の沿岸まで、この気候が分布します。東にいくほど平均気温が低く、大陸性の気候になります。

▶南部は**地中海性気候**（**Cs**）です。夏に亜熱帯（中緯度）高圧帯が移動してくるので乾燥します。

## >> ヨーロッパの産業・社会

### ❶ ヨーロッパの農牧業

ヨーロッパでは、**土地生産性・労働生産性の高い商業的な農牧業**が中心になります。とくに、フランス・イギリス・デンマークは、農業人口が少なく、生産の合理化・機械化が進んだ経営規模の大きい農業が営まれています。一方、南欧や東欧では、農業人口は多いが、零細・小規模な家族経営が中心です。

▶中世の**三圃式農業**が発展した**混合農業**、混合農業が専門化した**酪農**や**園芸農業**、地中海性気候に合わせた**地中海式農業**などがみられます。

大都市周辺は、野菜・果実・草花などを大市場へ出荷する園芸農業地域です。

▶主要穀物は**麦類**です。最北部では**大麦**、北部・東部では**ライ麦**（黒パンの原料）、中部・南部では**小麦**を栽培します。

▶飼料（家畜の餌）としては、牧草のほかに**えん麦・てんさい・じゃがいも**などを栽培します。家畜は**牛・豚・羊・やぎ**などです。

▶地中海式農業では、雨の少ない夏季に乾燥に強い**オリーブ・柑橘類・ぶどう・コルクがし**などの**商品作物**を栽培します。

▼主な作物の栽培できる範囲（北限）

▶ **EUの共通農業政策**については➡p.225参照。

▶共通農業政策は**生産過剰**を招き、EUの財政負担を莫大なものにしました。そのため、今日では生産・輸出に対する補助金（支持価格による買い支え）は減らされ、代わりに、**環境保全（持続可能性）・安全（衛生）管理・農村開発**などの基準を満たす農民に、個別に補助金を出す直接所得保障へと転換されています。新規加盟国や地中海沿岸諸国の中には、従来の補助金を求める声もあります。

## ❷ ヨーロッパの資源とエネルギー

▶かつて**古期造山帯**の**石炭**が、この地域の**産業革命**を促しました。しかし、今は生産を減らし、大部分を輸入に依存しています。

▶**北海油田**の**石油**や**天然ガス**が開発されています。ただ、この地域の需要を満たすほどではなく、ロシアや中東からの輸入に頼っています。

▶電力は主に火力発電によりますが、北欧（とくにノルウェー）やアルプス周辺では**水力発電**がさかんです。

▶旧ソ連で起きた**チェルノブイリ原子力発電所事故**のあと、ヨーロッパでは原子力発電の安全性への不信が高まりました。この事故以降は、**フランス**をのぞく多くの国が原子力発電に慎重になり、いくつかの国は廃止を決めました。

> **補足** その後、地球温暖化がクローズアップされると、化石燃料の消費を減らそうと、火力発電の抑制のために原子力利用が図られるなど、一部に揺り戻しもありました。しかし福島第一原発の事故以降は、**ドイツ・スイス・イタリア**などが脱**原発**（または原発再開の否定）を決めています。

▶ヨーロッパでは**再生可能エネルギー**（**自然エネルギー**）の開発が急速に進んでいます。安定した偏西風を利用する**風力発電**（**スペイン・ドイツ・デンマーク**など）、**太陽光発電**（**ドイツ・スペイン**）、**バイオマス発電**などです。この背景には、脱原発政策・環境保全のほか、北海油田の採掘量が減少していること、ロシア・西アジア・北アフリカへ化石燃料を依存していること、などがあります。

> フランスは石油危機をきっかけに原子力開発を進め、約73％（2016年）を原子力発電が占めています。
>
> 他のヨーロッパ諸国では再生可能エネルギーの割合を高めています。

## ❸ ヨーロッパの工業

　ヨーロッパは18世紀後半に**世界で初めて産業革命が起こった地域**です。その後も炭田地域を中心に、工業先進地域として発展してきました。しかし、アメリカ合衆国や日本、NIEsとの競争によって古い工業地域（重工業三角地帯）が衰退し、それに代わって新しい工業地域が成長しています。

- **青いバナナ**（ブルーバナナ）…中核となる工業地域。
- **第3のイタリア**…➡p.369 参照。
- **ヨーロッパのサンベルト**…スペインからフランス・イタリア北部にかけての地中海沿岸。航空機・電子などの技術集約型産業が集まる地域。

## ❹ ヨーロッパの交通

### [ 交通 ]

▶流れがゆるやかで、西岸海洋性気候のため流量も年中安定しているので、河川が水運に利用されています。**国際河川**の**ライン川・ドナウ川**などのほかに、多くの運河があります。

▶ドーヴァー海峡に**ユーロトンネル**が開通（1994年）すると、ロンドン−パリ間が鉄道でつながりました。

▶また、EU統合で**国境を越えた人の移動が自由化**し、**シェンゲン協定**（1995年発効）で国境管理が撤廃されると、道路・鉄道（ユーロシティ）網の整備・利用が進みました。

▲ヨーロッパの主な運河

▶航空網の整備も進んでおり、**ロンドン・パリ・フランクフルト・アムステルダム**などの空港が、**国際ハブ空港**の地位を確立しています。

> 補足
>
> \*ヨーロッパの高速鉄道
>   ヨーロッパ各国には、**TGV**（フランス）・**ICE**（ドイツ）・**HST**（イギリス）などの高速鉄道が走っています。
>
> \*航空網の発達
>   1990年代にはEUにおける**航空自由化**が実現し、**LCC（格安航空会社）**の参入によって旅客輸送量が急増しました。

### ❺ ヨーロッパの環境問題

**酸性雨**の被害が初めて問題になったのは、北ヨーロッパでした。

### ❻ ヨーロッパの国家と国家機構 …EUについては➡p.224

### ❼ ヨーロッパの人種と民族 ➡p.233・250

近年は、多くの**ムスリム（イスラム教徒）**が、西アジア・北アフリカなどのイスラム圏からの移民や難民としてヨーロッパ各国に定住しています。宗教・文化のちがいや、テロ事件の発生などが、一部では**移民排斥**の動きにつながっています。

> 補足
>
> フランスでは公的な場所で宗教的なシンボルを身に付けることを禁じており、スカーフやベールを用いる習慣を持つムスリムの女性が反発しています。

## >> ヨーロッパの国々

〈西ヨーロッパ〉

ヨーロッパの中でも経済レベルの高い、古い歴史を持つ先進工業地域です。

### ❶ イギリス

[ 国土 ]…面積は日本の本州よりやや大きい。古期造山帯の**ペニン山脈**は低くてなだらかです。

[ 人口と都市 ]…約 6,800 万人（2019年）。首都**ロンドン**に一極集中し、早くから都市問題が発生しています（➡p.181）。

[ 民族 ]…ゲルマン系の**プロテスタント**（イギリス国教会）。英語はイングランドの言語で、今では英語が普及しているウェールズなどほかの地域にも独自の言語・文化があります。

> 補足 　＊ U.K.（連合王国）
> イギリスは、イングランド・ウェールズ・スコットランドおよび北アイルランドの連合王国。国旗（ユニオンジャック）も各王国の国旗を組み合わせたデザインです。

[ 農牧業・工業 ]…農牧業➡p.92、工業➡p.124 参照。

[ 経済の動き ]…多くの植民地を持つ大英帝国として繁栄、のちに米国に主役の座を奪われて地位は低下。1960 ～ 70 年代「イギリス病」と呼ばれる経済停滞に苦しみましたが、**EC（現 EU）加盟、北海油田の開発、国営企業の民営化**などの改革で低迷を脱しました。

主要国の中では遅れて EU に加盟したイギリスですが、共通通貨ユーロやシェンゲン協定に参加せず、共通農業政策の分担金払い戻しを受けるなど、独自の立場を主張。2016 年の**国民投票**を経て、ついに 2020 年 **EU を離脱**しました（**Brexit**）。最大の理由は**東欧からの移民**が急増したこと。離脱後は EU との貿易関係に注目が集まります。

[ 貿易 ]…主な相手国は、ドイツ・オランダ・アメリカ合衆国など。輸出品上位に**原油**があります（しかし北海油田での採掘量は低下）。

### イギリスの貿易統計
(2017年)

|   | 輸出品 | 輸出相手国 | 輸入相手国 |
|---|---|---|---|
| 1 | 機械類 | アメリカ合衆国 | ドイツ |
| 2 | 自動車 | ドイツ | アメリカ合衆国 |
| 3 | 医薬品 | フランス | 中国 |
| 4 | 航空機 | オランダ | オランダ |
| 5 | 原油 | アイルランド | フランス |

「世界国勢図会 2019/20」

## ❷ フランス

[ 国土 ]…**西ヨーロッパ最大**の約55万km²。南西のスペイン国境は新期造山帯の**ピレネー山脈**。**パリ盆地**の周辺は**構造平野**の**ケスタ**地形。セーヌ川・ガロンヌ川・ロアール川の河口は**エスチュアリー**。

> 補足　旧ソ連をのぞくヨーロッパで**日本**（約38万km²、以下単位略）**より面積が大きい国**は、**フランス**のほか、**スペイン**（51）、**スウェーデン**（44）、**ノルウェー**（32）です。

[ 人口と都市 ]…約6,500万人（2019年）。人口の集中する首都**パリ**はセーヌ川中流の沿岸、放射環状路をもつ歴史と芸術の都です。

[ 民族 ]…**ラテン系**の**カトリック**。北アフリカの旧植民地（アルジェリア・モロッコなど）やポルトガルなどからムスリムの移民が増えています。

> 補足　＊フランスの出生率
> 高齢化の歴史は長いが、**家族手当などの給付の拡大、保育施設の整備、育児休業制度の充実、男性の育児や家事への参加、事実婚や婚外子などの多様な家族のあり方の受け入れ**、といった積極的な政策が効を奏し、近年は出生率が向上しています。

[ 経済の動き ]…第二次世界大戦後、基幹産業を国有化して合理化を進めました。今はEUの安定した市場を得て、農工業生産を伸ばしています。

[ 農牧業・工業 ]…ヨーロッパ最大の農業国。北部は小麦の企業的栽培、中南部はぶどう栽培などがさかんです。工業については➡p.126参照。

[ 貿易 ]…貿易相手国第1位はドイツ。EU域内の国際分業により、トゥールーズで組み立てられたエアバス社の大型航空機は、新興国などEU域外にも輸出されます。日本へは鞄・化粧品・アクセサリーなどのブランド品を多く輸出しています。

### フランスの貿易統計 (2017年)

|   | 輸出品 | 輸出相手国 | 輸入相手国 |
|---|---|---|---|
| 1 | 機械類 | ドイツ | ドイツ |
| 2 | 航空機 | スペイン | ベルギー |
| 3 | 自動車 | イタリア | オランダ |
| 4 | 医薬品 | アメリカ合衆国 | イタリア |
| 5 | 精密機械 | ベルギー | スペイン |

「世界国勢図会 2019/20」

## ❸ ドイツ

[ 国土 ]…日本よりわずかに小さい約36万km$^2$です。北部は、氷河の影響でやせ地の広がる平原。中部は、古期造山帯の丘陵。南部は、新期造山帯のアルプス山岳地帯です。シュヴァルツヴァルト（黒森）はモミやトウヒなどの針葉樹の人工林。酸性雨の影響で、木が枯れる被害が深刻です。

※黒森…シュヴァルツヴァルト

[ **人口と都市** ]…人口約 8,400 万人（2019 年）は**西ヨーロッパ**最大。首都**ベルリン**への集中度は低く、各地に都市機能が分散しています。**フランクフルト**には、ヨーロッパ中央銀行が置かれ、ドイツのみならず EU 全体の金融・経済の中心都市となっています。

[ **民族** ]…**ゲルマン系**民族中心。北部にプロテスタント、南部にカトリックが分布します。**トルコや東欧からの移民**が約 1 割を占めます。近年は**シリア難民**なども数多く受け入れています。

[ **経済の動き** ]

▶冷戦の下で、1949 年に東西ドイツに分断されましたが、1989 年の**東欧革命**をきっかけに「**ベルリンの壁**」が崩れると、1990 年に再統一を果たしました。その間、西ドイツは**高度経済成長**を経て **EU 最大の工業国**に発展しました。

▶未だに東西の経済格差は解消されておらず、旧東ドイツ地域の平均賃金は低く、失業率は高めです。これを背景に、東部では移民受け入れに批判的な声が高まり、極右の動きもさかんです。

[ **農牧業** ]…北部では**ライ麦・じゃがいも・豚**の生産や酪農が行われています。温和な南西部のライン川河谷では、ぶどうも栽培します。

[ **工業** ]…鉄鋼業の衰退により停滞する北西の**ルール地方**に代わって、**ミュンヘン**（電子）や**シュツットガルト**（自動車）を中心とした南部が成長地域となっています（➡p.125）。

[ **貿易** ]…輸出入額は**世界第3位**（2018 年）で **EU 最大**。品目では、**自動車**と**医薬品**がポイントです。

### ドイツの貿易統計

(2017 年)

| | 輸出品 | 輸出相手国 | 輸入相手国 |
|---|---|---|---|
| 1 | 機械類 | アメリカ合衆国 | オランダ |
| 2 | 自動車 | フランス | 中国 |
| 3 | 医薬品 | 中国 | フランス |
| 4 | 精密機械 | イギリス | ベルギー |
| 5 | 金属製品 | オランダ | イタリア |

「世界国勢図会 2019/20」

## [ 交通 ]

▶ナチス=ドイツ時代に整備された速度無制限の高速道路**アウトバーン**の存在は、ドイツの自動車工業発展の礎となりました。

▶内陸水運では、ライン・ドナウ両河川のほかに、北海=バルト海運河、ミッテルラント運河、マイン=ドナウ運河などが利用されています。

> 補足 ＊新しい交通システム
>
> シュバルツバルトに近い環境都市**フライブルク**では、**パークアンドライド**（→ p.137）で市街地への自動車の乗り入れを規制し、低床型の最新式路面電車を導入するなど、環境やバリアフリー（高齢者や障がい者も簡単に利用できる）に配慮した公共交通機関が整備されています。同様の取り組みはフランスの**ストラスブール**などでもみられます。

## ❹ オランダ

▶海を堤防でしめ切り、風車で排水した干拓地の**ポルダー**が国土の4分の1を占める低地国です。

▶**人口密度が高い**（412人/km$^2$、2019年）点に注意。

▶農業では、ポルダーでの酪農や**園芸農業**が中心です。

▶北部で**天然ガス**を産出し、ロッテルダムを中心に**臨海工業地域**が発達。その西側には、埋め立てによる港湾工業地域**ユーロポート**があり、輸入資源による**石油化学工業**が発達しています。

## ❺ ベルギー

▶**言語**については→ p.251 参照。首都**ブリュッセル**は、2言語の併用地域です。

▶周辺のEU諸国との貿易が中心。旧植民地コンゴ民主共和国との結び付きで、主な貿易品目に**ダイヤモンド**があります。

▶南部を中心に鉄鋼業が発達しました。北部の**フランドル地方**は伝

統的な**羊毛**工業地域でしたが、近年は先端技術産業が立地しています。北部の経済成長と南部の停滞が**言語紛争**(ふんそう)に拍車をかけています。

### ⑥ スイス

[ **国土** ]…内陸国。イタリアとの国境にそびえる**アルプス山脈**は、国際河川ライン川の源です。フランスとの国境となる**レマン湖**などの氷河湖と森林が美しく、**観光客**の多い国です。

[ **国家** ]…**永世中立**の立場から、**EU や NATO には加盟していません**が、**国連には加盟**しました。独立性の高い多くの州に分かれた連邦国家です。1人あたりGNIが8万ドル以上（2017年）と、きわめて高い経済水準を示します。

[ **都市** ]…首都ベルン。ジュネーヴには**多くの国際機関の本部**が置かれています。**バーゼル**はライン川の河港都市で、フランス・ドイツと接します。**チューリヒ**は国際的な金融都市です。

> **補足** ＊スイスに本部のある主な国際機関
> 
> UNCTAD（国連貿易開発会議）・ILO（国際労働機関）・WHO（世界保健機関）・WTO（世界貿易機関）・国際赤十字などがジュネーヴに本部を置いています。なお、EUとNATO（北大西洋条約機構）の本部は、ベルギーのブリュッセルにあります。

[ **民族** ]…ゲルマンとラテンの境界に位置します。4つの公用語については➡p.251参照。

[ **産業と貿易** ]

▶酪農がさかんで、夏に**アルプ**（高山放牧地）に放牧し、冬にはふもとの本村で舎飼いする**移牧**(いぼく)がみられます。

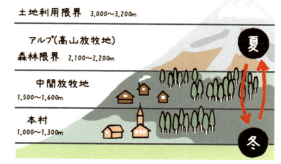

▲スイスの移牧

▶腕時計など、高い技術を持つ精密機械工業の伝統があります。
▶輸出品目では、**化学・医薬品**の割合が高くなっています。


## 〈南ヨーロッパ〉

　**地中海**に面する南ヨーロッパの国々は、EU内では相対的に**経済水準が低く**、財政が不安定です。アルプス以北に**移民**を送り出す一方、北アフリカなどからの移民を製造業や農業部門が受け入れています。また、**石灰岩**の白い住居が建ち並ぶ景観、豊かな文化遺産、温暖な気候と**海浜リゾート**が多くの観光客をひきつけています。

> 補足　この地域に分布する**テラロッサ**は、石灰岩が風化し、鉄のサビで赤くなった間帯土壌です。


## ❶ イタリア

[ **国土** ]…地中海に突き出たイタリア半島は、大部分が**地中海性気候**（**Cs**）。新期造山帯の山脈が南北に走り、**温暖湿潤気候（Cfa）**の北部平野をのぞくと、国土の大半は山地で、火山もみられます。半島の南端に**北緯40度線**（秋田県と同じ）が通ります。

> 補足　ナポリ西方の**ヴェスヴィオ火山**は、1世紀の噴火によって麓の**ポンペイ**を**火砕流**で滅ぼし、火山灰に埋めました。発掘された市街は世界遺産となっています。

[ **都市** ]…首都**ローマ**の中には、**バチカン市国**があります。北部の中心は**ミラノ**。ヴェネツィアや南部の**ナポリ**は観光都市として有名です。

> 補足　＊小さな国家
> 　イタリアの中にはバチカン市国だけでなく**サンマリノ**という小国家もあります。ヨーロッパには、ほかにも**アンドラ・モナコ・リヒテンシュタイン**といった小国家が存在しています。地図帳で探してみましょう。

[ **民族** ]…ラテン系民族の国。カトリックの総本山を抱え、大部分がキリスト教のカトリック信者です。

[ **経済の動き** ]…**南北の経済格差**が問題となっています。南部は、おくれた土地制度が残る農業地域。北部はアルプスの水力発電などを

背景に工業化が進んでいます。

[ **農牧業** ]…平地が少なく乾燥する南部には伝統的な**地中海式農業**が残り、**ぶどう・オリーブ**などの生産がさかんです。北部には降水量の多い平野が広がり、商業的な**混合農業**が行われ、日本と同じ Cfa 気候地域では**稲作**もみられます。

[ **工業** ]…アパレル・皮革などファッション関連産業を中心に、伝統的な地場産業が発達した「**第3のイタリア**」が注目されています。

[ **貿易** ]…ファッションの国。輸出品目上位に高級な**衣類・繊維品**が含まれます。

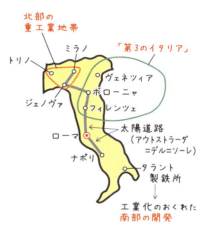

[ **開発と交通** ]…南部開発の国家計画により太陽道路（**アウトストラーダ＝デル＝ソーレ**）、**タラント製鉄所**などが建設されました。

### ❷ スペイン

[ **国土** ]…イベリア半島は、新期造山帯の**ピレネー山脈**でほかのヨーロッパと区切られています。大部分は**地中海性気候**（**Cs**）ですが、内陸高原は乾燥し、**ステップ気候**（**BS**）になります。

[ **都市** ]…首都**マドリード**と南東部の中心**バルセロナ**に人口が集中。

[ **民族** ]…**ラテン系民族**で、**カトリック**中心です。**バスク・カタルーニャ**などの少数民族問題については➡ p.252 参照。

[ **経済の動き** ]…地中海地方へのリゾート客が多く、観光収入の割合が高くなっています。

[ **産業と貿易** ]…かつての**地中海式農業**から、**バレンシア地方**のオレンジ栽培のように EU 市場に向けた**生産の商業化と専門化**が進んでいます。北部の鉄鋼業は鉄鉱石の枯渇とともに衰え、比較的

安い労働力を利用して輸出向け製品をつくるために、欧・米・日の**自動車産業が進出**していましたが、EUの東方拡大で自動車の製造拠点の多くは東ヨーロッパ諸国に移転しました。スペインの自動車産業は研究開発部門に力を入れて、高級車などに特化しています。

---

〔補足〕 **＊スペインの野菜生産**

　ヨーロッパ向けの野菜生産の中心は、北部の大都市近郊の園芸農業から、南スペインへ移ってきています。背景には、EUの**共通農業政策**（➡ p.225）があります。共通市場では国境に関係なく無関税で作物が輸出入されます。宮崎や高知の野菜を東京・大阪で売るのと同じ感覚です。また、降水量の少ない「条件不利地域」であるスペインの農家は、EUからさまざまな補助金を受け取っています。

## ❸ ポルトガルとギリシャ

▶いずれもヨーロッパの中心部から遠く、EUの古いメンバーの中では経済レベルが低くなっています。そのため、ほかの**EU諸国への出稼ぎ労働者**が多い国々です。

▶ 2010年にはギリシャやポルトガルなどの財政悪化が、EU全体の経済に打撃を与え、統一通貨ユーロの信用低下などの影響が生じました。この経済危機は、いまだ解消していません。

---

〔補足〕

**＊ PIGS**
　EU内で財政に問題を抱えるポルトガル・アイルランド（イタリア）・ギリシャ・スペインは、その頭文字から侮蔑的に PIGS または PIIGS とよばれました。

**＊パルテノン神殿と酸性雨**
　ギリシャは古代文明の遺跡が多く観光業がさかんですが、首都アテネの観光名所でもある**パルテノン神殿**は**大理石（石灰岩）**でつくられており、**酸性雨**による**溶解の被害**が問題となっています。

〈北ヨーロッパ〉

▶かつては氷河に覆われていましたが、今は高緯度のわりに温和な地域です。

▶**林業**や**漁業**がさかんな一方、近年は早い時期からインターネットや携帯電話が普及するなど **ICT（IT）産業**が注目されています。

▶福祉の充実した国（**福祉国家**）が多いことも知られています。

▶フィンランドをのぞき**ゲルマン系**民族の国で、宗教は**プロテスタント**です。

▲北ヨーロッパの国々

## ❶ ノルウェー

▶西岸には**フィヨルド**が発達しています。偏西風の影響で降水量が多く、氷河地形の落差を利用した**水力発電**が総発電量の約95％（2010年）を占めています。暖流の**北大西洋海流**の影響で、北極圏のハンメルフェスト（➡ p.354 図）でさえ冬も凍らない**不凍港**です。

▶産業では**北海油田**の**原油・天然ガス**の輸出が重要です（天然ガスの輸出は世界第2位、2017年）。ヴァイキングの伝統を持つ海洋国であり、昔から**漁業**もさかんで、捕鯨もしています。

▶石油収入で**経済水準が高く**（一人あたり GNI 7.8 万ドル、2017年）、EU 加盟で得られる利益は少ないと考えられているうえ、加盟による漁業や農業への悪影響が心配されており、**国民投票**によって **EU 加盟は否定**されています。

## ② スウェーデン

▶国土の3分の2は**針葉樹林**で、林業や、製紙・パルプ業、鉄鋼業がさかんです。最北の**キルナ**で生産する**鉄鉱石**は、冬季に隣国ノルウェーの不凍港**ナルヴィク**から輸出されます。

▶北欧最大の人口約1000万人。人口政策・福祉は➡p.272参照。

▶ 1995年に**EU加盟**。統一通貨**ユーロ**には**不参加**です。

▶**国境を越えて偏西風が運んだ硫黄酸化物**などが**酸性雨**の原因となり、湖の生物が死滅するなどの被害が生じました。首都**ストックホルム**では1972年に**国連人間環境会議**が開かれています。

▶化石燃料に乏しく、発電は原子力や水力に依存しています。


## ③ フィンランド

▶多くの**氷河湖**がある「森と湖の国」です。主要民族はウラル語族の**フィン人**。北部では、少数民族の**サーミ**による**となかいの遊牧**が行われています。

▶**林業**や**木材加工業**が発達しており、木材や紙類を輸出します。

▶近年は、**エレクトロニクス**や**ICT**（**情報通信技術**）分野の産業が発達しています。


## ④ デンマーク

▶国土はユーラン半島と島々からなり、低平です。氷河性の荒地が広がる**酪農**・畜産の国ですが、牧場は少なく、飼料作物を栽培し、家畜は畜舎で飼います。

▶ **EU加盟**は北欧で最初（1973年、当時EC）ですが、**ユーロ不参加**。

▶偏西風を利用した**風力発電**が普及（発電量の4割以上）。

▶世界最大の島**グリーンランド**はこの国の領土です。

## ❺ アイスランド

▶プレートの**広がる境界**（大西洋中央海嶺）を地表で観察できる**火山**や**温泉**が多い島国です。島の北半分は**ツンドラ気候（ET）**で氷河に覆われる「火と氷の国」。**水力・地熱発電**がさかんです。

▶2010年に氷河（エイヤフィヤトラ氷河）の下の火山が大噴火、舞い上がった火山灰でヨーロッパ中の航空機が飛べなくなりました。

▶漁業がさかんで、自国周辺の海域にたら漁のための漁業専管水域（経済水域）を早い時期から拡大し、1970年代にイギリスとの間で紛争となりました（たら戦争）。

▶自国の漁業権を確保するなどの理由で**EU非加盟**です。

## ❻ バルト3国

バルト海に面する**エストニア・ラトビア・リトアニア**を指します。旧ソ連を構成する15共和国の中で最初に分離・独立した3国で、今では**EUに加盟**しています。

▲バルト3国

〈東ヨーロッパ〉

▶かつてはソ連をリーダーとする**社会主義**陣営の地域で、自由化を求める民衆の動きはソ連の軍事力で抑えられていました。しかし、**東欧革命**とよばれる1989年の民主化以降、各国の体制は大きく変わりました。

▶**計画経済から市場経済への転換、EUへの加盟**など、成長の芽が育っています。しかし、西ヨーロッパ先進地域との経済格差は南ヨーロッパ諸国以上に大きく、東側諸国は多くの出稼ぎ労働者を西へ送り出しています。

▶一方、西ヨーロッパの製造業は、東側、とくに産業基盤がある程度整った**中欧諸国（ポーランド・チェコ・ハンガリー）**の低賃金労働力を求めて、**自動車・電機などの工場を移転**させています。これは西側での**産業の空洞化**や、失業率の上昇・社会保障費の増大につながっています。東西格差の解消はEUにとって、大きな課題です。

### ❶ ポーランド

ライ麦・じゃがいもやてんさい・豚の**混合農業**がさかんです。**シロンスク炭田**と結び付いた工業地域もおさえておきたいポイントです。近年は西側先進国の企業が進出しています。

### ❷ チェコ

1993年、民族のちがう東部のスロバキアと分離しました。高い工業力を持っています。伝統的な**ビール醸造**もさかんです。

▲東ヨーロッパの国々

### ❸ ハンガリー

ウラル語族のハンガリー（マジャール）語を話す**マジャール人**の国。温帯草原（プスタ）では**小麦**を栽培しています。

### ❹ ルーマニア

▶国名は「ローマ人の国」を意味し、**ラテン系**民族が住んでいます。周囲をスラブ民族に囲まれる中で、**民族島**を形成しています。
▶ 2007 年、**ブルガリア**とともに EU に加盟しましたが、両国の経済力は加盟国中、最低レベルです。

> 補足　＊民族島
> ある民族が、ほかの民族に囲まれて孤立して分布することを**民族島**といいます。

### ❺ 旧ユーゴスラビア

「7つの国境、6つの共和国、5つの民族、4つの言語、3つの宗教、2つの文字、1つの国家」ということばがありました。民族的に複雑な地域を、社会主義という枠でひとつの国家に押しこめていたのです。1980 年代末からの東欧革命をきっかけに分裂、内戦の末、現在は 7 カ国に分かれています（➡p.253 図）。

| 1つの国家 | （社会主義時代の旧ユーゴスラビア） |||||||
|---|---|---|---|---|---|---|
| 2つの文字 | ラテン文字(latin znak) | キリル文字(ñирилица) |||||
| 3つの宗教 | カトリック | イスラーム | 東方正教（正教会） ||||
| 4つの言語 | スロベニア語 | クロアチア語 | セルビア語 ||| マケドニア語 |
| 5つの民族 | スロベニア人 | クロアチア人 | ムスリム※ | セルビア人 | モンテネグロ人 | マケドニア人 |
| 6つの共和国 | **スロベニア** | **クロアチア** | ボスニア＝ヘルツェゴビナ | **セルビア** | **モンテネグロ** | **マケドニア**（現 北マケドニア） |

※イスラム教徒をあらわすムスリムは「5つの民族」には数えない。

**コソボ**（ムスリムのアルバニア人国家が 2008 年に独立）

## 確認問題に挑戦！

図中のA～Cは、ヨーロッパにおける3つの工業地域を示しており、下のア～ウの文は、A～Cのいずれかの特徴について述べたものである。ア～ウにあてはまるものを、それぞれA～Cから1つずつ選べ。

ア　衣料品や装飾品などの手工業が伝統的に発達しており、企業間の連携を生かした製品開発が行われている。

イ　繊維やガラス工業などが発達していたが、近年では賃金の安さから自動車関連の工場などが進出している。

ウ　近隣の資源を利用して鉄鋼業が発達したヨーロッパ有数の工業地域であるが、エネルギー革命や構造不況を経て、近年では工業の多様化が進んだ。

正解は**ア＝C　イ＝B　ウ＝A**　　C(イタリア)の「第3のイタリア」では伝統技術を持つ職人が集積、衣料・皮革・宝飾などの企業間連携を生かした近代的生産がさかん。Bのチェコでは、伝統的なガラス・繊維・ビールなどの工業が発達。近年は安い労働力を求める外国企業による自動車産業などが立地。A(ドイツ)のルール地方は、ルール炭田とライン川水運を結び付けて鉄鋼業が立地。近年は電子工業などに転換。

次の各文の正誤を答えなさい。

**1** スペインの南部には標高 4000m を超える山々が連なり山岳氷河がみられる。

**2** デンマークは夏が高温乾燥のため、コルクがしなどが栽培される。

**3** フランスは広い盆地に位置する首都への一極集中が激しく、首都圏が最大の工業地域。北東部にかつての鉄鉱石を基礎にした重化学工業地域が発達した。

**4** アムステルダム国際空港は、旅客数・貨物輸送量ともにヨーロッパ有数の大規模空港である。

**5** ヨーロッパの多くの国では、古くから混合農業の1部門として豚の飼育がさかんであるため、豚肉の消費量が最も多くなっている。

**6** 防御的機能に優れた集村の例には、ヨーロッパの丘上集落がある。

**7** スペイン南端の大西洋と地中海の出入り口に位置する港湾都市には、イギリスの軍事基地が置かれている。

**8** EU 域内では、大部分の加盟国間で人の移動に関する国境管理が廃止されている。

**9** ベルギーの道路標識が同じ地名を2言語であらわすのは、歴史的地名保護のため新旧の地名が併記されるからである。

**10** スウェーデンでは温暖化にともない土壌の塩類集積が問題となる地域が増えている。

---

**1**×（スイスの説明文。山地はアルプス山脈。） **2**×（デンマークは西岸海洋性気候Cfbで夏でも涼しい。文の内容は地中海性気候Cs。） **3**○（首都＝パリ〈パリ盆地〉、北東部＝ロレーヌ地方〈鉄鉱石は枯渇している〉） **4**○（ドイツのフランクフルトと並ぶ国際ハブ空港である。） **5**○（ドイツなどでは、かつては塩漬けの豚肉が冬の保存食であった。） **6**○（イタリアなど地中海沿岸で、外敵を避けるために中世までに成立した。） **7**○（都市名はジブラルタル。対岸のアフリカ側にはスペイン領のセウタがある。） **8**○（人〈労働力〉以外に商品〈物・サービス〉、資本〈お金〉の移動も自由化され、国境なきヨーロッパに近づいた。） **9**×（ベルギーはオランダ語・フランス語・ドイツ語の多言語国家である。） **10**×（土壌の塩類集積〈塩害〉は乾燥地域での過剰な灌漑によって生ずる。温暖化とは無関係。）

# 第❷④講
# ロシアと周辺諸国

## ≫ ロシアと周辺諸国の自然

❶ ロシアと周辺諸国の位置

▶ロシアを中心とする**旧ソ連諸国**は、東西1万km以上・経度差170度におよぶ広大な地域で、標準時が異なる**等時帯**が**11**もあります。

▶この地域は、4つに大別できます。**ウラル山脈**からみて、西側の**ヨーロッパロシア**、東側の**シベリア**、シベリアのさらに東部に広がる**極東ロシア**、南側の**中央アジア・カフカス地方**です。

❷ ロシアと周辺諸国の地形

▶ヨーロッパロシアの**ロシア卓状地**と、シベリアの**シベリア卓状地**は**安定陸塊**です。その間にある**ウラル山脈～シベリア南部は古期造山帯**、西アジアと接する**南西部**(および東端の**カムチャツカ半島**)は**新期造山帯**です。

▶河川では、黒海に流れる**ドン川**、カスピ海に流れる**ヴォルガ川**、シベリアで北極海に流れる3大河の**オビ川・エニセイ川・レナ川**などが重要です。

▶エニセイ川の支流のアンガラ川は、**世界一深い**バイカル湖が源流です。

> 補足　シベリアの大河（エニセイ川やレナ川など）では、河口付近が年間5カ月ほど凍っています。南部の上流部が先に解けるため、初夏には河口付近で洪水が発生します。

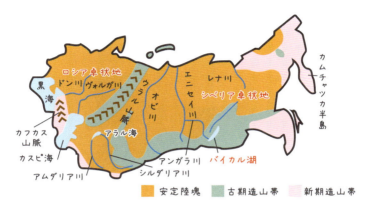

### ❸ ロシアと周辺諸国の気候

北から、**寒帯→亜寒帯（冷帯）→乾燥帯**と並びます。

▶寒帯は、北極海沿岸の**ツンドラ気候（ET）**。永久凍土が分布しています。

▶亜寒帯は、シベリア東部の**亜寒帯（冷帯）冬季少雨気候（Dw）**と、それ以外の**亜寒帯（冷帯）湿潤気候（Df）**に分かれます。いずれも灰白色の土壌の**ポドゾル**が分布し、針葉樹林の**タイガ**がみられます。ただし、ヨーロッパロシアの南部は大陸性混合林です。

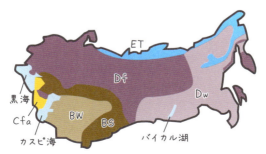

▶シベリア北東部の Dw 気候区は冬の寒さがとくに厳しく、北半球の寒極（最も気温が低くなる所）となっています。オイミャコンでは 1933 年に －67.8℃を記録したとされます。

▶乾燥帯は、亜寒帯地域の南側に帯状にのびる**ステップ気候**（BS）と、その南側のカスピ海〜アラル海周辺の**砂漠気候**（BW）です。ステップには、小麦栽培に適した肥沃な黒土の**チェルノーゼム**が分布しています。

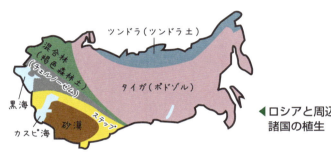

◀ロシアと周辺諸国の植生

## ≫ ロシアと周辺諸国の社会・産業

### ❶ ロシアと周辺諸国の国家と国家機構

　ソ連崩壊後、連邦を構成していた 15 カ国のうち、バルト 3 国をのぞいた国々によって構成された国家組織のことを、**CIS（独立国家共同体）**といいます。

| 補足 | トルクメニスタンは 2005 年に CIS 加盟国から準加盟国へ。ジョージアは 2009 年に脱退、ウクライナは 2014 年に脱退を宣言。 |

### ❷ ロシアと周辺諸国の民族と文化

▶多数派はコーカソイドの**スラブ系**民族で、ロシアやウクライナなどに分布します。その多くは**東方正教**の信者です。

旧ソ連諸国の民族分布

| 民族 | 国名 | 宗教 |
|---|---|---|
| スラブ系 | ロシア | 東方正教 |
| | ウクライナ | |
| | ベラルーシ | |
| ラテン系 | モルドバ | |
| その他 | アルメニア | |
| グルジア系 | ジョージア | |
| トルコ系 | アゼルバイジャン | イスラーム |
| | トルクメニスタン | |
| | ウズベキスタン | |
| | カザフスタン | |
| | キルギス | |
| イラン系 | タジキスタン | |

▶中央アジアでは、アルタイ語族の**トルコ系**住民が多数を占めます。宗教は**イスラーム**（イスラム教）が中心です。

▶黒海とカスピ海に挟まれた**カフカス**（コーカサス）**地方**は、スラブ系・トルコ系などさまざまな民族・宗教が入り組み、**民族紛争**が絶えない地域です。

### ❸ ロシアと周辺諸国の農牧業

農牧業地域も、気候区分に対応して帯状に分布しています。

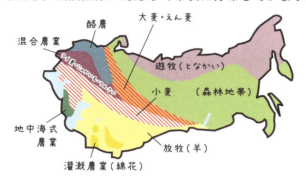

▶ツンドラでは**となかい**の**遊牧**。
▶農業地域の北部では**大麦・えん麦**を栽培。
▶バルト海〜モスクワの都市周辺は**酪農**。その南部が農業の中心地域で、**ライ麦・じゃがいも・てんさい**を栽培しています。
▶ステップ＝**黒土地帯**は**小麦**の大生産地（穀倉地帯）。油をしぼるために栽培されるひまわりも有名です。
▶砂漠地域は**遊牧**と灌漑による**綿花**の栽培。
▶旧ソ連時代は、**コルホーズ**（集団農場）や**ソフホーズ**（国営農場）での**集団制農業**が行われましたが、現在は個人農家や会社組織による経営へと移っています。

### ❹ ロシアと周辺諸国の資源とエネルギー

旧ソ連は、国土が広い分だけ資源も種類が多く、豊富にありました。

▶**石炭**では**ドネツ・ウラル・クズネック**（ロシア）・**カラガンダ**（カザフスタン）の各炭田が主な産地です。

▶**石油**では**バクー**（アゼルバイジャン）・**ヴォルガ＝ウラル・チュメニ**（ロシア）の各油田が主な産地です。

▶連邦解体後は、経済の混乱から工業生産などが低下したため、原油や天然ガスなど資源の輸出が各国の経済を支えてきました。

▶以前はコストが高かった永久凍土の原油や天然ガスの開発も、資源価格の高騰によって進められるようになりました。

## ❺ ロシアと周辺諸国の交通

▶ヴォルガ川とドン川は約100kmの運河で結ばれ、黒海・カスピ海・バルト海などが水路でつながりました。

▶中央アジアのカラクーム砂漠の灌漑と水運を目的に、カラクーム運河の建設が進められました。

### ⑥ ロシアと周辺諸国の開発

**シベリア・極東ロシア**の開発は、ロシアにとって長年の課題です。タイガの森林資源、ダム建設による水力資源、さまざまな地下資源の開発が進められています。そのため、シベリア鉄道の北に第2シベリア鉄道（**バム鉄道**）が建設されています（➡p.135）。

## >> ロシアと周辺諸国

### ❶ ロシア連邦

#### [ 国土 ]

面積は日本の約 **45** 倍ですが、耕地率は低く、大部分は寒冷な森林地域です。

#### [ 人口 ]

人口は約 **1 億 4600 万人**（2019 年）で、日本よりやや多いのですが、混乱する社会情勢を反映して平均寿命は短く、出生率も低いため、旧ソ連崩壊後は人口減少が続きました。

#### [ 都市 ]

バルト海沿岸の古都**サンクトペテルブルク**、首都**モスクワ**、西シベリア開発の拠点**ノヴォシビルスク**、東シベリアの中心でバイカル湖に近い**イルクーツク**、極東の中心**ハバロフスク**、日本海に面した港湾**ウラジオストク**などの都市があります。

#### [ 民族 ]

▶**スラブ系**民族で、**東方正教（ロシア正教）**が中心。インド＝ヨーロッパ語族のスラブ語系に属するロシア語はキリル文字を用いてあらわします。

> 補足 　＊キリル文字
> Я люблю учиться географии.（私は地理を学ぶのが好きです。）

▶ヴォルガ川周辺などにはトルコ系のタタール人、極東ロシアにはアジア系のサハ人などの少数民族が分布します。

▶カフカス地方に接する**チェチェン**共和国（ロシア連邦の一部➡p.387図）のチェチェン人は**ムスリム**（イスラム教徒）で、ロシアからの**分離独立**を求めています。

### [ 経済の動き ]

近年は資源輸出によって経済が安定し、**BRICs**（経済発展の著しいブラジル・ロシア・インド・中国の頭文字を並べた造語）の一員として注目されています（➡p.223、p.351）。しかし、国内では貧富の差が大きくなっています。

> BRICsの共通点
> ● 国土や人口の規模が大きい　● 天然資源が豊富にある
> ● 20世紀後半に経済政策を転換し、対外的に開放する政策をとった

### [ 農牧業・林業・工業 ]

▶計画的な生産と販売を行ってきた**コルホーズ**（集団農場）や**ソフホーズ**（国営農場）は、体制転換のあとに民営化が進み、穀物などの大規模生産を担っています。しかし、野菜・果実は、家庭菜園のある個人の別荘（**ダーチャ**）や市民農園などでの生産が重要になっています。農牧業については➡p.93参照。

▶林業は、**タイガ**の針葉樹林での**木材生産**がさかんですが、伐採が進むと夏の日光で永久凍土が溶け、凍土層に含まれる温室効果ガスのメタンも溶け出してしまうことが問題になっています。

▶工業については➡p.129参照。

### [ 貿易 ]

▶輸出額が輸入額を上回っています。**原油**などの**地下資源**が主要な輸出品です。貿易相手国は中国やEU

**ロシアの主な輸出品** （単位＝％，2017年）

| | | |
|---|---|---|
| 1 | 原油 | 26.0 |
| 2 | 石油製品 | 16.7 |
| 3 | 天然ガス | 10.8 |
| 4 | 鉄鋼 | 5.5 |
| 5 | 石炭 | 4.0 |

「世界国勢図会 2019/20」

諸国が中心です。

▶極東ロシアでは環日本海経済圏が注目されています。ロシアは日本に木材・石炭・魚介類・アルミニウムなどの資源を中心に輸出し、日本から中古車や電化製品などを輸入しています。

▶日ロ間には北方領土問題（➡p.220）だけでなく、漁業、極東地域の開発などさまざまな課題があります。今後は韓国・北朝鮮・中国も交えた関係拡大が期待されています（環日本海経済圏）。

## ② ウクライナ

▶黒海に面したヨーロッパロシアの国です。ステップ地域に広がるチェルノーゼムで、小麦の生産がさかんです。

▶ドニエプル工業地域は、ドネツの石炭とクリヴォイログの鉄鉱石を利用した鉄鋼業をはじめとする重工業がさかんです。

▶ウクライナは、ロシアの天然ガスをヨーロッパに送るパイプラインの通り道にあたりますが、両国の関係は悪化しています。EU加盟を希望するウクライナに対し、それを嫌うロシアはウクライナ向け天然ガスを値上げし、2014年にロシア系住民が多い黒海のクリム（クリミア）半島を住民投票に基づいてロシア領に編入（クリミア危機）、さらにウクライナ東部にも軍事介入しました。

> 補足　＊チェルノブイリ原子力発電所事故
>
> 　首都キエフの北にあるチェルノブイリ原子力発電所は、旧ソ連時代の1986年に大事故を起こし、深刻な放射能汚染をもたらしました。その被害は周辺だけでなく、国境を越えて広がりました。隣国ベラルーシも含め、今も住民の健康被害が続いています。

## ③ カザフスタン

▶中央アジア最大の国です。トルコ系カザフ人が中心ですが、ロシア人の比率も高くなっています。

▶開拓事業によってステップでは小麦栽培、砂漠ではシルダリア川から灌漑用水を引き、綿花栽培が行われています。

▶カラガンダで**石炭**を産出するほか、原油、天然ガス、レアメタルなど鉱産資源に恵まれています。

## ❹ ウズベキスタン

▶南部のパミール高原からの**外来河川**である**アムダリア川**が砂漠を流れ、北部の内陸湖である**アラル海**に注ぎます。

▶アムダリア川やシルダリア川から水を引いて砂漠を灌漑(かんがい)することで、**綿花**の栽培がさかんになりました。しかし、この灌漑が大きな**環境破壊**につながりました。

> 補足　＊アラル海周辺の環境破壊
> ・アラル海に入る水が減り、湖面が低下したため、アラル海はほとんど消滅した。
> ・乾燥気候で蒸発がはげしいため、湖の塩分濃度が高まり、生態系が崩れ、湖面での**漁業が衰退**した。
> ・干上がった湖底から塩分が飛び散り、周辺住民の健康被害や耕地の**塩害**が起きている。

## ❺ タジキスタン

▶「世界の屋根」とよばれるパミール高原が位置する国です。

▶トルコ系が多い中央アジアで、ここだけは**イラン系**住民の国です。

### ❻ アゼルバイジャン

▶**カフカス地方**でカスピ海に面しています。**カスピ海**はペルシア湾岸に次ぐ大油田地帯で、沿岸の**バクー油田**は工業地域でもあります。

▼カフカス地方

▶**ムスリム**（イスラム教徒）の多いアゼルバイジャンは、西隣の**キリスト教**（東方正教）国のアルメニアと対立しています。アルメニア人の多い**ナゴルノ＝カラバフ自治州**をめぐる紛争が起きています。

▶ 2005年に完成した**BTCパイプライン**は、バクーの原油をロシアにもアルメニアにも邪魔されずトルコの地中海沿岸に送ります。

▲BTCパイプラインと周辺

### ❼ ジョージア

▶国内の民族紛争に介入したロシアと対立し、2004年に武力衝突。2015年には国名をロシア語読みのグルジアから、英語読みのジョージアに改めました。

## 確認問題に挑戦!

図中のA～Cは、ロシアにおける3つの工業都市を示しており、下のア～ウの文は、A～Cのいずれかの特徴について述べたものである。ア～ウにあてはまるものを、それぞれA～Cから1つずつ選べ。

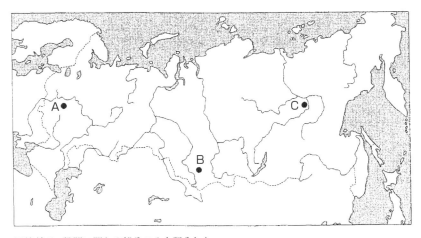

国境線は、設問に関わる部分のみを記入した。

ア　この都市を中心とした地域は、露天掘り炭田を基盤として、鉄鋼業などの重工業が発達している。

イ　この都市を中心とした地域は、周辺に炭田、天然ガス田を有するうえ、毛皮の交易によって皮革工業もさかんである。

ウ　この都市を中心とした地域は、機械、金属、食品、繊維などの工業が総合的に発達している。

正解は**ア＝B　イ＝C　ウ＝A**　共通テスト対策でロシアの工業都市名の暗記は不要。Aのある地域はヨーロッパロシアで、比較的人口密度の高い大都市圏だから市場と結び付く総合工業地域。Cは、東シベリア内陸の森林地帯であり、先住民族との交易による皮革工業が立地。Bは消去法でよいだろう。なお、Aはモスクワ、Bはクズネック炭田に近いノヴォクズネック、Cはヤクート人の居住地ヤクーツク。

次の各文の正誤を答えなさい。

**1** パンパは、中央アジアの半乾燥地域に広がる草原で、小麦栽培や牛などの飼育がさかんである。

**2** ユーラシア大陸北部の永久凍土地帯では、夏に溶けた地表凍土の水は地下に浸透せず、多くの沼や湿地が出現する。

**3** アラル海では、周辺の半導体工場からの排水流入による水質汚濁が著しい。

**4** モスクワでは、週末などを郊外にある別荘で過ごし、自然の中での生活を楽しみながら、自給用の野菜を栽培する人々もいる。

**5** ロシア語を用いる人々はロシアのみならずウクライナなど、CIS（独立国家共同体）を構成する国々にも多い。

**6** ロシアのチェチェン共和国では、ロシアからの分離・独立を求める動きがある。

**7** ロシア東部の少数民族では、市場経済導入後、伝統的な暮らしはみられない。

**8** 東ヨーロッパやロシアおよびその周辺のかつて社会主義体制にあった地域の多くでは、宗教が復興し、日常生活上の宗教活動も活発化している。

**9** CIS（独立国家共同体）諸国では平均寿命が短縮した国々が多く、その背景には自然災害が頻発してきたことがある。

**10** 日本からロシアへ、中古自動車や自動車部品が輸出されている。

**1**✕（中央アジアではなく、南アメリカのアルゼンチン。）　**2**○（夏に地表が溶けるツンドラ気候ETでは、湿地に地衣類・蘚苔類〈コケなど〉が生育する。）　**3**✕（中央アジアで電子工業の立地はまれ。アラル海は、アムダリア・シルダリア川からの灌漑用水の取水によって水位が低下し、消滅の危機にひんする。周囲では塩害が発生。）　**4**○（菜園付き別荘をダーチャという。体制転換の混乱時に人々の食生活を支えた。）　**5**○（ウクライナ・ベラルーシ・モルドバなど旧ソ連崩壊後も、そのままロシア人が居住している国がみられる。）　**6**○（ムスリム〈イスラム教徒〉が多く、ロシア軍との激しい武力衝突・テロ活動を繰り返している。）　**7**✕（旧ソ連の社会主義体制崩壊後、むしろ民族独自の文化が復活しつつある。）　**8**○（主にキリスト教の東方正教の信者が多い。）　**9**✕（政治体制の変化にともなう社会の混乱の影響が強いと考えられている。）　**10**○（逆にロシアからの輸入は原油・液化天然ガス・石炭など。）

Section-8　アメリカ・オセアニア

# 第25講
# アングロアメリカ

## >> アングロアメリカの自然
### ❶ アングロアメリカの位置
　アングロアメリカとは、イギリス系移民がつくった**カナダ**と**アメリカ合衆国**の2国のことです。この2国が広がる北アメリカ大陸は、**北回帰線**より北に広がり、中央に**西経100度線**が通ります。

### ❷ アングロアメリカの地形
▶北東部のハドソン湾を中心にした**カナダ楯状地**と内陸の低地帯が**安定陸塊**、アメリカ合衆国東部の**アパラチア山脈**が**古期造山帯**、西部の**ロッキー山脈**とそれに並行するいくつかの山脈や高原・盆地が**新期造山帯**です。

▶**五大湖**は、カナダ楯状地にあった**大陸氷河**によってつくられた**氷河湖**です。五大湖から大西洋には、**セントローレンス川**が流れ出ています。

▶ロッキー山脈の東側には、台地状の大平原**グレートプレーンズ**が続いています。そのさらに東側の中央平原には**ミシシッピ川**が北から南に流れ、メキシコ湾に注ぎます。

▶ロッキー山脈の西側には、沿岸の山脈との間に、北からコロンビア盆地・コロンビア高原・グレートベースン（盆地）・コロラド高原が並びます。

> 補足　＊グランドキャニオン
> ロッキー山脈から南西に流れるコロラド川は、コロラド高原を削り、大峡谷の景勝地である**グランドキャニオン**をつくりました。

### ❸ アングロアメリカの気候

　全体として高緯度にあるため、**亜寒帯（冷帯）**気候の割合が高く、熱帯や乾燥帯の割合が低くなっています。

▶北極海沿岸は**ツンドラ気候（ET）**。

▶北緯40度付近より北は**亜寒帯（冷帯）湿潤気候（Df）**。南側は、**西経100度線**（＝**年降水量500mm**の等降水量線）の東西で大きく異なります。

▶東部は**温暖湿潤気候（Cfa）**。西経100度線付近は、**プレーリー**とよばれる丈の長い草原です。プレーリーの土壌は、穀物などの農業生産に適した黒色土です。

▶西部は、ロッキー山脈などの地形の影響から、亜寒帯と乾燥帯が南北に帯状に並びます。西経100度線に近いグレートプレーンズは**ステップ気候（BS）**、山脈に挟まれた内陸は**砂漠気候（BW）**です。

▶アメリカ合衆国の太平洋岸には**地中海性気候（Cs）**が分布しています。サンフランシスコの沖合を流れる寒流（カリフォルニア海流）の影響で霧が発生することも多く、夏も気温があまり上がらず、少雨となります。

> **補足**　ロサンゼルスのハリウッドに映画産業が集中した理由の1つは、「雨が少なくロケに都合がよい」ことです（ただしロサンゼルスは地中海性気候ではなく、数値上、ぎりぎりステップ気候に属します）。

その昔、「カリフォルニアの青い空／ It never rains in Southern California」というヒット曲がありました。地中海性気候の「夏」は雨がほとんど降らないんですね。

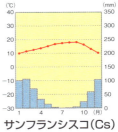

サンフランシスコ（Cs）

「理科年表」

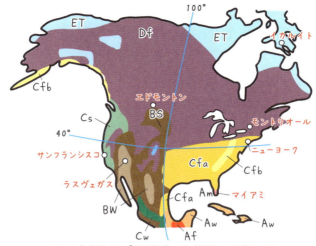

アメリカ合衆国では「西が乾燥、東が湿潤」と理解しよう

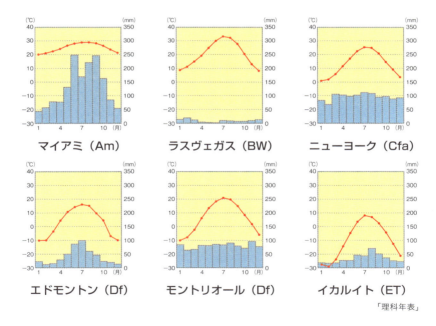

「理科年表」

## >> アングロアメリカの社会・産業

**❶ アングロアメリカの人種と民族**➡p.255 ～ 257

**❷ アングロアメリカの国家と国家機構**

NAFTA（北米自由貿易協定）および USMCA（米国・メキシコ・カナダ協定）については➡p.227

**❸ アングロアメリカの農牧業**➡p.94 ～ 95

**❹ アングロアメリカの資源とエネルギー**

[ 石炭 ]

　アメリカ合衆国は、世界第6位の石炭生産国（2016年）。**古期造山帯**の**アパラチア山脈周辺**が主要産出地域です。

[ 石油・天然ガス ]

▶石油は、**新期造山帯**が走る大陸西部を中心に生産量が多く、アメリカ合衆国が世界第2位、カナダが第5位の産油国（2018年）です。

▶合衆国本土の**メキシコ湾岸油田・カリフォルニア油田**、アラスカ州の**プルドーベイ（ノーススロープ）油田**などが重要な産地です。

▶近年、「**非在来型**」とよばれる今までとはちがうタイプの化石燃料として、油母（石油の素）を含んだ**オイルサンド**（砂岩）や**オイルシェール**（頁岩）に注目が集まっています。オイルサンドはカナダ西部のアルバータ州が主要産地です。また、アメリカ合衆国ではオイルシェールを加熱して取り出す非在来型の天然ガス＝シェールガスや原油＝シェールオイルの生産が1990年代から急増しています。**合衆国は、天然ガスの生産量でロシアを抜いて世界一**（2017年）となっています。

[ 鉄鉱石・銅鉱 ]

　鉄鉱石は、アメリカ合衆国では五大湖西側の**メサビ**、カナダでは**ケベック州**が主な産地です。銅鉱は、ロッキー山脈中の**ビンガム**とモレンシーでさかんです。

[ ニッケル ]

　カナダ五大湖北の**サドバリ**が主な産地です。カナダでは**ウラン**の生

産もさかんです(世界第2位、2017年)。

[ 電力 ]

カナダは**水力発電**、アメリカ合衆国は**火力発電**が中心です。合衆国は**世界最大のエネルギー消費国**なので、有数の原油生産国でありながら輸入量は世界最大(2016年)です。また、地球温暖化の原因である**二酸化炭素の排出量**も高く、中国に次いで世界第2位(2016年)となっています。

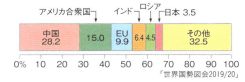

▼二酸化炭素($CO_2$)排出量の国別割合(2016年)

「世界国勢図会2019/20」

補足 ＊原子力発電

アメリカ合衆国は核兵器開発を母体とした原子力発電の発祥地ですが、1979年の**スリーマイル島**原子力発電所の事故以来、原発の建設はごくわずかです。近年は原油価格の高騰や地球温暖化への対応から、再開を検討する動きもありますが、厳しい安全性審査の下でコストが高いうえ、住民の反対も根強いため、撤退する電力会社も増えています。

▲アメリカ合衆国とカナダの資源・エネルギー

## ❺ アングロアメリカの工業 ➡p.130
## ❻ アングロアメリカの交通

大陸の東西を結ぶ**大陸横断鉄道**が、内陸の農産物や資源を運んでいます。

> **補足** ＊鉄道とフロンティア
> アメリカ合衆国は1848年にメキシコからカリフォルニアを譲り受け、そこで金鉱が見つかると、多くの人々が西岸をめざす**ゴールドラッシュ**が起きました。**大陸横断鉄道**はそんな時代に建設され、**西部開拓**に大きな役割を果たしました。

五大湖は互いに**運河**で結ばれています。そのうちエリー湖はハドソン川と運河で結ばれ、ニューヨークまでつながっています。さらに、五大湖は**セントローレンス海路**によって大西洋ともつながっています。

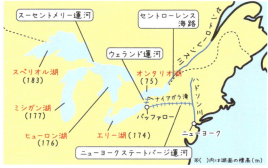

## ❼ アングロアメリカの開発

多目的ダムの建設による地域開発という手法はアメリカ合衆国が元祖です。

▶ 1933年には、ニューディール政策の一環として **TVA（テネシー川流域開発公社）** を設置。テネシー川に巨大なダムを建設し、失業者を救い、水力発電による工業を興しました。

▶コロラド川でも、多目的ダムを建設し、下流での灌漑農業、ロサンゼルスへの生活用水・電力の供給などを行っています。

## >> アングロアメリカの国々
### ❶ カナダ
[ 国土 ]
　面積は**世界第 2 位**、日本の約 **26 倍**もあります。国土の大部分が**亜寒帯**（冷帯）で針葉樹林（**タイガ**）に覆われています。
[ 都市 ]
　東部に首都**オタワ**・最大都市**トロント**・フランス系の中心都市**モントリオール**、西部に**ヴァンクーヴァー**があります。

> 補足　首都を決める際、トロントなどの大都市が争った結果、イギリス系とフランス系の境界にあたるオタワが選ばれました。

## [ 民族 ]

ケベック州のフランス系住民については➡p.255参照。白人80％（フランス系は16％）、先住民の**イヌイット**などのほかに、世界中からの移民が居住している**多民族社会・多文化主義**の国です。

## [ 経済の動き ]

先進工業国ですが、原油・石炭・天然ガス・ウランなどの**鉱産物**や**森林資源**、農産物の生産が大きなウエイトを占めています。

特にアルバータ州のオイルサンド開発に力が注がれていますが、環境破壊が問題となっています。

## [ 農牧業 ]

内陸の平原3州が、アメリカ合衆国北部から続く**春小麦地帯**です。小麦は鉄道でウィニペグへ運ばれ、出荷されます。

## [ 工業・貿易 ]

**五大湖北岸〜セントローレンス川流域**にアメリカ合衆国の企業が進出し、製品を本国へ輸出しています。貿易はNAFTAで結び付いたアメリカ合衆国に依存しています（輸出の4分の3、輸入の2分の1）。

### カナダの貿易統計

(2017年)

| | 輸出品 | 輸出相手国 | 輸入相手国 |
|---|---|---|---|
| 1 | 自動車 | アメリカ合衆国 | アメリカ合衆国 |
| 2 | 原油 | 中国 | 中国 |
| 3 | 機械類 | イギリス | メキシコ |
| 4 | 金（非貨幣用） | 日本 | ドイツ |
| 5 | 石油製品 | メキシコ | 日本 |

「世界国勢図会 2019/20」

## ❷ アメリカ合衆国

[ 国土 ]

▶領域は東から西へと拡大してきました。現在は**本土48州**および飛び地の**アラスカ州**、太平洋に浮かぶ**ハワイ州**からなります。

▶本土とカナダの国境は、西部では**北緯49度線**の**人為的国境**、東部では五大湖などの**自然的国境**です。メキシコとの国境東部には**リオグランデ川**が流れています。

▶面積は日本の約26倍、カナダに次いで世界第3位。

**補足** アラスカ州とカナダの国境は西経141度線の人為的国境です。

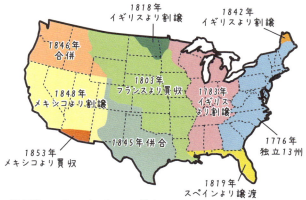

▼領土の変遷

- 1867年　アラスカをロシアより買収
- 1898年　ハワイを併合

カナダのセントローレンス川流域から勢力を広げたフランスは、ミシシッピ川に沿って南下しました。このミシシッピ川流域をアメリカ合衆国がフランスから買収したのです。セントルイスはルイ9世、ルイジアナはルイ14世にちなむ地名です。

## [ 人口と都市 ]

▶人口は**約3.3億人**で**世界第3位**です（2019年）。

▶人口動態は、先進国の中で例外的な性格を持っています。ヨーロッパ諸国や日本のような**少子・高齢化はそれほど進まず、人口増加率も高め**です。これは、若い**移民労働者の流入**が多いことが理由です。アメリカ合衆国が「移民がつくる国」といわれるゆえんです。

▶「移民の国」だけに、**都市人口率**が高くなります（この点はカナダも同じです）。

▶人口分布は、東海岸の大都市が連なった**メガロポリス**（巨帯都市）から五大湖周辺の**北東部に集中**していました。しかし、近年は**北緯37度**以南の**サンベルト**が成長し、南部や西海岸の人口増加率が高くなっています。

### 主な国の人口増加率 （年平均%）

|  | 2000～2010年 | 2010～2019年 |
|---|---|---|
| アメリカ合衆国 | 0.9 | 0.7 |
| 日本 | 0.1 | −0.1 |
| ドイツ | −0.1 | 0.4 |
| ロシア | −0.2 | 0.2 |
| 中国 | 0.6 | 0.5 |
| インド | 1.6 | 1.1 |

「世界国勢図会 2019/20」

▶東海岸の大都市は北から**ボストン**（北東部の中心都市）、**ニューヨーク**（人口最大都市）、**フィラデルフィア**（貿易港）、**ボルティモア**（鉄鋼）、**ワシントンD.C.**（首都）など。

▶東海岸の**滝線都市**については➡p.175参照。

▶五大湖沿岸の大都市は**シカゴ**（農産物の集散地）、**ゲーリー**（鉄鋼・化学）、**デトロイト**（自動車）、**ピッツバーグ**（かつての製鉄）など。

▶南部の大都市は**ダラス・フォートワース**（エレクトロニクス）、**ヒューストン**（石油化学・宇宙開発）、**ニューオーリンズ**（ミシシッピ川河口）、**マイアミ**（フロリダ半島南部の保養都市）など。

▼アメリカン=メガロポリス

▶西海岸の大都市は北から**シアトル**（航空機）、**サンフランシスコ**（機械・化学）、**サンノゼ**（エレクトロニクス）、**ロサンゼルス**（国内人口第2位）など。

[ 民族 ]➡p.256

▶ヨーロッパ系移民は、初期にはイギリス系（いわゆる**WASP**）、19世紀にはドイツ系・アイルランド系・イタリア系などが増えました。

▶**ヒスパニック**（スペイン語を話すラテンアメリカ系移民）が増えたのは、第二次世界大戦以降です。メキシコ系はカリフォルニア州を中心としたアメリカ南西部、プエルトリコ系はニューヨーク、キューバ系はフロリダ州に多くなっています。

▶西海岸を中心にアジア系移民が増加傾向です。

補足　2017年の移民のうち、約37％がアジアからの移民です。主な出身国は、中国・インド・フィリピン・ベトナムなど。

▼アメリカ合衆国の人口増加と人口移動

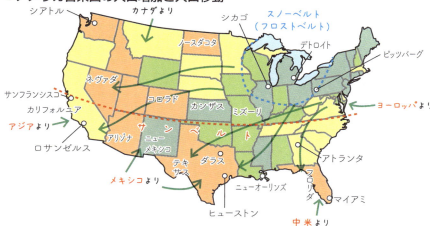

The United States Census Bureau

## [ 経済の動き ]

**世界最大の経済大国**です。政府のもとに産業界・軍部・大学（研究機関）・マスコミが結び付いた巨大な複合体が、この国を動かしています。軍事支出・国内消費が非常に大きく、**財政**と**貿易収支**がともに**赤字**という状態が続いています。

生産・販売などの拠点を複数の国に置いている巨大企業を**多国籍企業**といいます。アメリカ合衆国に本社があるものが多く、世界中に影響力を持ちます。多国籍企業は、ゼネラル・モーターズ（米）、トヨタ自動車（日本）などの自動車関連企業が代表的です。

## [ 農牧業 ] ➡p.94 参照。ここでは近年の変化についてまとめます。

▶西部の**グレートプレーンズ**の放牧地では、牧草で育てた肉牛を東部の**トウモロコシ地帯**（**コーンベルト**）に輸送し、穀物飼料を与えてから出荷していました。しかし、近年では西部に**フィードロット**（➡p.95）が増えています。フィードロットとは、出荷前の肉牛を放牧せずに大量の飼料で太らせて出荷するための施設です。そのため、混合農業だったコーンベルトは、飼料作物栽培に専門化しつつあります。

**補足** ＊ BSE 問題

2003年、BSE（牛海綿状脳症＝狂牛病）に感染した牛がアメリカ合衆国で発見され、日本や韓国などで合衆国産牛肉の輸入が禁止されました。05年には禁輸措置が解除されましたが、輸入条件や国内検査体制の強化といった対策がはかられています。

▶西部のグレートプレーンズでは、**センターピボット方式**の農法（➡p.95）もみられます。この農法は、約200年前の西部開拓時代に実施された**タウンシップ制**の名残りです。

▼センターピボットのしくみ

補足　＊タウンシップ制

西部開拓のために、広い公有地を碁盤の目のように分割する制度。18世紀後半から19世紀前半にかけて実施されました。この制度による集落は散村になっています。

1862年、自作農を育成するために、入植地に5年間定住して開拓した農民にその土地を無償で与える**ホームステッド法**が成立。これにより、中央平原の開拓が促進されました。

▶**酪農**地帯は**五大湖周辺**が中心ですが、サンベルトへの人口移動にともない、カリフォルニア州などでの購入飼料による企業的な大規模飼育が増加しています。

▶**綿花地帯**（**コットンベルト**）では、連作障害や土壌の侵食がひどく、綿花栽培の中心は西部のテキサス州から、東はジョージア州、西はカリフォルニア州にいたる南部一帯で行われています。

▶**アグリビジネス**（農業に関するさまざまな事業）主導で**企業的**に拡大してきたアメリカ合衆国の農業は、**大規模化・機械化**が進んだ結果、**土壌侵食**や農地の荒廃に直面している地域もあります。

補足　メキシコに近い州では、**ヒスパニック**が農場での**賃金の安い労働力**として利用されています。

## [ 工業 ] ➡p.130

　ここでは南部の**サンベルト**が成長し、北東部の**スノーベルト**がおとろえた理由を整理します。

▶歴史の古いスノーベルトでは、鉄鉱石や石炭などの資源が枯れ、設備が時代おくれになる一方で、労働運動がさかんなため労働賃金は高く、鉄鋼・自動車などの産業が日本やヨーロッパに対する競争力を失いました。

▶石油資源に恵まれた南部には、第二次世界大戦をきっかけに軍事産業が集まり、戦後の冷戦下でも軍需は高まりました。**宇宙開発**でも、気候条件に恵まれた南部は有利で、いずれの分野にも政府の巨額な予算が投じられました。

▶南部諸州も、財政上の優遇措置で企業の進出を誘いました。労働組合の組織率が低く、移民を含めた低賃金労働者が多かったことも工業立地には有利な条件でした。

▶温暖で晴天の多い快適な気候は技術系労働者を惹きつけ、**シリコンヴァレー**に代表される**エレクトロニクス（電子）工業**の集積地が次々と生まれました。

### 主な州の製造業

(2016 年)

| 州名 | 製造品出荷額(億ドル) | 主な製造品 |
| --- | --- | --- |
| テキサス | 5231 | 石油・化学薬品・コンピュータ |
| カリフォルニア | 4932 | 石油・航空宇宙産業・精密機械 |
| オハイオ | 3125 | 自動車・石油・プラスチック |
| ミシガン | 2613 | 自動車・プラスチック・金属加工機械 |
| イリノイ | 2525 | 食料品・石油・プラスチック |
| インディアナ | 2415 | 自動車・製鉄・医薬品 |
| ペンシルベニア | 2178 | 石油・医薬品・プラスチック |
| ノースカロライナ | 2100 | 運輸・たばこ・医薬品 |

「データブック　オブ・ザ・ワールド 2019」

**補足**　**スノーベルト**は、**フロストベルト**（霜の降りる地帯）、**ラストベルト**（錆びついた地帯）などとも呼ばれます。

▼工業のさかんな州

## [ 貿易 ]

主な輸出品は、機械類・自動車などの工業製品です。相手国はNAFTAの**カナダ・メキシコ**が上位ですが、近年は**中国**との貿易が伸びています。輸出額に比べ、圧倒的に輸入額が大きい**貿易赤字国**です。

補足　アメリカ合衆国の2017年の貿易額は、輸出が約1.5兆ドル、輸入が約2.4兆ドルで輸入超過となっています。

### アメリカ合衆国の貿易統計

(2017年)

|   | 輸出品 | 輸入品 | 輸出相手国 | 輸入相手国 |
|---|---|---|---|---|
| 1 | 機械類 | 機械類 | カナダ | 中国 |
| 2 | 自動車 | 自動車 | メキシコ | メキシコ |
| 3 | 石油製品 | 原油 | 中国 | カナダ |
| 4 | 精密機械 | 医薬品 | 日本 | 日本 |
| 5 | 医薬品 | 衣類 | イギリス | ドイツ |

「世界国勢図会 2019/20」

## [ 交通 ]

▶旅客は、近くなら**自動車**、遠くなら**航空機**を利用します。

▶貨物の運搬は、**鉄道**の割合が高くなります。内陸の資源や農畜産物が沿岸に運ばれます。

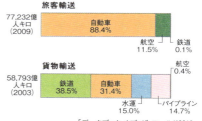

▼アメリカ合衆国の交通機関の利用割合

旅客輸送　77,232億人キロ(2009)　自動車 88.4%　航空 11.5%　鉄道 0.1%

貨物輸送　58,793億人キロ(2003)　鉄道 38.5%　自動車 31.4%　水運 15.0%　パイプライン 14.7%　航空 0.4%

「データブック オブ・ザ・ワールド2019」

## 確認問題に挑戦！

金融・保険業の立地状況は、その地域の都市化や産業の状況を知る手がかりとなる。次の図は、アメリカ合衆国（アラスカ州とハワイ州をのぞく）の各州における、金融・保険業の総生産額を示したものである。図から読みとれることがらとその背景について述べた文として下線部が適当でないものを、下の①〜④のうちから１つ選べ。

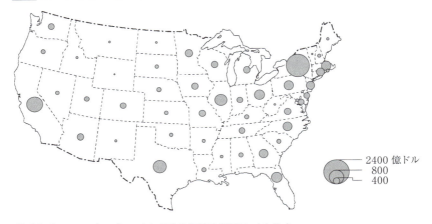

統計年次は 2018 年。『アメリカ商務省経済分析局』により作成。

① 五大湖南岸の中西部にある 800 億ドルを超える州には、大規模な製造業地帯や農産物取引市場がある都市が立地している。
② 西部に多くみられる 200 億ドル未満の州は、山地などの存在によって人口密度が国内諸州の中で最低位のグループに属する。
③ 南部に多くみられる 400 億ドル未満の州は、農業の総生産額が国内諸州の中で最低位のグループに属する。
④ 北東部にある 3000 億ドルを超える州には、国際的な経済や文化の中心である世界都市が立地している。

正解は③　農業の総生産額が低いのは、1)北東部の寒冷で面積の小さい州　2)西部や東部の山岳地帯の州　3)寒冷なアラスカ州　など。南部は綿花地帯にあたり、上位とまではいえないが最低位ではない。①農産物取引市場があるのは、イリノイ州のシカゴ。②ロッキー山脈中のワイオミング州など。④世界都市とはニューヨーク州のニューヨーク。

次の各文の正誤を答えなさい。

**1** コロラド高原では、自然環境を保全するために多くの区域が国立公園に指定され、観光客が多数訪れている。

**2** 五大湖周辺は、気候が冷涼で、市場に近いという条件を生かし酪農がさかんである。

**3** グレートプレーンズにおけるフィードロットでは、帯水層から地下水をくみあげて飼料作物などを栽培している。

**4** アメリカ合衆国やカナダでは、アグリビジネス企業などにより遺伝子組み換え作物がいち早く導入された。

**5** ニューオーリンズは、ミシシッピ川河口部に位置する港湾都市であり、メキシコ湾岸で採掘される石炭の積出港として重要である。

**6** アトランタでは、住宅地が郊外へ拡大し、都心と郊外を結ぶ幹線道路沿いに大型ショッピングセンターが立地するようになった。

**7** 都市観光がさかんなアメリカ合衆国の都市では、城壁に囲まれた旧市街地の歴史的建造物が、多くの観光客を集めている。

**8** アメリカ合衆国のインナーシティでは、流入した移民が出身地域ごとに集住する地区が形成され、低賃金労働者が多い。

**9** ロサンゼルスでは、ヒスパニックなどの居住地区が都心付近に形成されており、これらの地区では高い失業率や犯罪率が問題となっている。

**10** アメリカ合衆国のグレートプレーンズでは、農業用水としての揚水で地下水の枯渇が問題視されている。

---

**1**○（大渓谷のグランドキャニオンなどの観光地が有名。） **2**○（酪農は冷涼湿潤で、土地がやせており、都市に近い地域で発達する〈ほかにヨーロッパの北海沿岸など〉） **3**✕（フィードロット〈大規模な肉牛肥育施設〉⇒センターピボット方式。世界最大のオガララ帯水層の水位低下が進んでいる。） **4**○（穀物メジャーなどのアグリビジネスは、農薬耐性の高さなどから生産性の向上が期待されている。） **5**✕（メキシコ湾岸は油田地帯。） **6**○（アトランタは南部の主要都市。文の内容はアメリカ合衆国の多くの大都市に共通する。） **7**✕（城郭都市〈囲郭都市〉は、古代〜中世のアジアやヨーロッパで発達した。アメリカ合衆国には存在しない。） **8**○（ニューヨークには黒人街やヒスパニック地区などがみられる。チャイナタウンも同様の例である。） **9**○（カリフォルニア州など合衆国南西部にはヒスパニックが多い。） **10**○（センターピボット農法による灌漑農業がさかん。土壌の塩性化も起きている。）

# 第26講
# ラテンアメリカ

## >> ラテンアメリカの自然
### ❶ ラテンアメリカの位置
▶かつてラテン系ヨーロッパ人に支配された中部アメリカ（メキシコ・中央アメリカ・カリブ海）と南アメリカを合わせた地域です。

▶南アメリカ大陸を流れる**アマゾン川**河口に赤道が通り、太平洋側には**エクアドル**（「赤道」という意味の国名）があります。

▶北アメリカ大陸の中央を通る西経100度線は、南アメリカ大陸の西方の太平洋上を通ることに注意しましょう。

補足　中部アメリカとは、**メキシコ**、**中央アメリカ**（北アメリカ大陸のメキシコより南の部分）と**カリブ海諸国**の総称です。

## ❷ ラテンアメリカの地形

▶中部アメリカから南アメリカ大陸西部にかけては**新期造山帯**です。大陸西部には、世界で最も長い**アンデス山脈**が南北に走ります。大陸東部は**安定陸塊**で、**ブラジル高原**や**ギアナ高地**は**楯状地**にあたります。

▶2つの高原の間の**アマゾン盆地**を流れるのが、**流域面積が世界最大**の**アマゾン川**です。この川の流れはとても広くゆるやかで、河口から 1,500 km の**マナオス**（アマゾン盆地最大の都市）はもちろん、河口から 3,700 km も離れた河港都市**イキトス**（ペルー）まで、大型の船がさかのぼることができます。

▶南に流れるいくつかの河川が合流した**ラプラタ川**の河口は、**エスチュアリー**になっています。入り江の奥にはアルゼンチンの首都**ブエノスアイレス**が立地します。

> [!補足]
> **＊ラプラタ川**
> パラナ川・ウルグアイ川の合流地点から河口（エスチュアリーを形成）までのよび名がラプラタ川です。
>
> **＊イグアス滝**
> パラナ川の支流にあるイグアス滝は世界三大瀑布の一つです（ほかは北米・五大湖のナイアガラ滝とアフリカ・ザンベジ川のヴィクトリア滝）。

## ❸ ラテンアメリカの気候

▶赤道上のアマゾン川流域は、**熱帯雨林気候（Af）**と**熱帯モンスーン気候（Am）**で、セルバとよばれる密林が広がっています。その南北には**サバナ気候（Aw）**が広がり、丈の長い草原の中にまばらに樹木が生えています。このような植生を、オリノコ川流域では**リャノ**、ブラジル高原では**カンポ＝セラード**、パラグアイでは**グランチャコ**といいます。

▶アルゼンチンの**温暖湿潤気候（Cfa）**から**ステップ気候（BS）**に広がる草原を**パンパ**とよびます。東の温帯側は湿潤パンパ、西の乾燥帯側は乾燥パンパといいます。大陸南部の**パタゴニア**は、アンデス山脈の偏西風の風下に広がり、**砂漠気候（BW）**となっています。

▼南緯40度付近の断面

▶アンデスの高山地域では、赤道に近い低緯度でも温和で、**年較差が非常に小さい、常春の気候**になります。ただし、1日のうちの気温差は大きく、昼は暑く、夜は急に冷えこみます。ケッペンの気候区分を修正して、このような気候を高山気候（H）とすることがあります。

▶アンデス西麓の、南北の帯状に伸びる太平洋岸には、北からAf→Aw→BS→BW→BS→Cs→Cfb→ETと並びます。

▶南アメリカには亜寒帯（冷帯）気候がありません。高緯度地帯の陸地がわずかなため、海水の影響を受けて気温の年較差が小さいのです。とくに南北に細長い**チリ**は、緯度帯による**気候のちがいが大きい**ので注意しましょう。

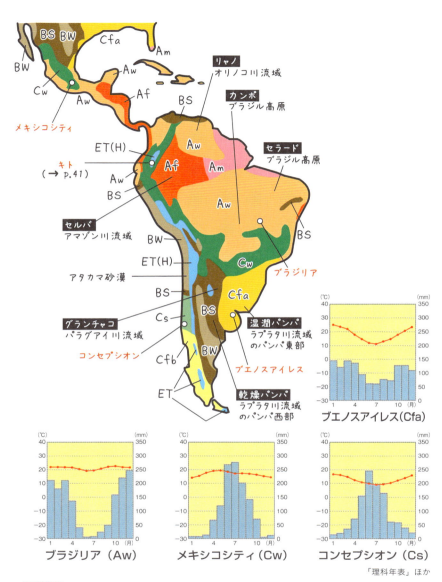

**補足** ＊アタカマ砂漠

　チリ北部のアタカマ砂漠は、寒流の**ペルー海流**の影響で大気が安定してできた**海岸砂漠**です。上昇気流が起こらないので、雨は降りにくいですが、海水温が上昇する**エルニーニョ現象**が起きると雨が降ります。

## >> ラテンアメリカの産業・社会

### ❶ ラテンアメリカの農牧業

▶熱帯の**焼畑農業**と**プランテーション**、温帯〜乾燥帯の**混合農業**や**企業的農牧業**が中心です。

▶アンデスの斜面では、高度別の気温に応じた農業がみられます。

> 補足　高冷地でも育つアンデス原産の**じゃがいも**は、夜に外で凍らせて水分を抜き、チューニョという保存食にします。

▶先住民から土地を奪ったヨーロッパ人は、自らは都市に住んで、地主として**大農園**・大牧場を経営しました。そして実際の耕作は貧しい農業労働者（時代により先住民・奴隷・移民など）が行いました。このような**大土地所有制**に基づく大農園を総称して**ラティフンディオ**とよびますが、ブラジルでは**ファゼンダ**（労働者はコロノ）、メキシコやペルーなどでは**アシエンダ**、アルゼンチンの大牧場は**エスタンシア**（労働者はガウチョ）といいます。

> 補足　古代ローマ帝国の大土地所有制をラティフンディアといいます。奴隷を利用して商品農作物を大量生産しました。この制度がスペイン人らによってラテンアメリカに持ちこまれたのです。

▼ラテンアメリカの大農園

※メキシコのアシエンダは、土地改革により解体されている

## ❷ ラテンアメリカの資源

古期造山帯がわずかなため石炭はあまりとれませんが、**新期造山帯**では**原油**や**銅・銀**、**安定陸塊**では**鉄鉱石**が豊富です。

## ❸ ラテンアメリカの工業・経済

▶アメリカ合衆国との結び付きが強いメキシコや、資源の豊富なブラジルで工業化が進んでおり、両国は**ラテンアメリカNIEs**とされています。

▶ブラジル・アルゼンチンなどの国々は、**MERCOSUR**（南米南部共同市場）を結成し、地域の経済統合をめざしていますが、その経済規模はEUやNAFTAなどには遠くおよびません。

▼メルコスール加盟国

補足 アメリカ合衆国が提案する、南北アメリカ全体を含んだFTAA（米州自由貿易地域）の構想もありますが、合衆国に主導権を握られることを避けたいブラジルなどは消極的です。

## ❹ ラテンアメリカの交通・開発

▶アマゾン川流域は密林に覆われているため、陸上交通が発達せず、**河川交通**が主でした。

▶**アマゾン横断道路**（トランスアマゾニアンハイウェイ）沿いで開発が進んでいますが、**熱帯林破壊**の原因にもなっています（➡p.283）。

## ❺ ラテンアメリカの人種と民族

▶人種・民族については➡p.257〜258参照。

▶侵入したスペイン人らにより先住民の生活は破壊され、ヨーロッパからの入植者が流入したので、発展途上地域の中では**都市人口率**が比較的**高く**なっています（➡p.178のグラフ）。

# >> ラテンアメリカの国々

## ❶ メキシコ

[ 国土 ]…北アメリカ大陸の南部にあり、大部分が**新期造山帯**の高原の国です。

[ 人口と都市 ]…人口は約 1.3 億人（2019 年）。首都の**メキシコシティ**については➡p.272

[ 民族 ]

▶古代の**マヤ文明・アステカ文明**はスペイン人の侵略によって滅びました。

▶現在、先住民は人口の３割で、混血の**メスチソ**（先住民とスペイン系白人の混血）が６割を占めています。

▼メキシコの民族構成

ヨーロッパ系　その他 1%
9%
インディオ 30%
メスチソ 60%

「データブック オブ・ザ・ワールド 2019」

[ 経済の動き ]

▶いち早く土地改革や**石油産業の国有化**を進めましたが、インフレや先進国からの多額の借金（累積債務）に悩まされています。

▶隣国アメリカ合衆国との経済格差がはげしく、英語の話せない多くの人々がアメリカ合衆国に職を求めて移り住んでいます（➡p.256 **ヒスパニック**参照）。近年は中央アメリカ諸国の人々がアメリカ合衆国を目指して、経由地としてメキシコに押し寄せています。

▶1970 年代以降、アメリカ合衆国との国境付近には、合衆国から輸入した原材料や部品を製品化する、電気機械などの組立工場が多く立地しました。

▶メキシコは、NAFTA のほかに EU とも **FTA（自由貿易協定）**を結んで、企業の進出を受け入れました。

> **補足** ＊マキラドーラ
>
> 　メキシコにある工場がアメリカ合衆国から原料・部品を輸入し、製品を再輸出するときの関税をタダにするしくみ。この制度によって、賃金の安いメキシコの労働力を利用したいアメリカ企業をたくさん受け入れました。しかし、自由貿易を推進する NAFTA の結成で以前のマキラドーラの意味はなくなりました。

> **補足** ＊日本とメキシコのFTA
>
> NAFTAや、メキシコ＝EU間のFTAが結ばれると、メキシコに進出した日本企業だけが関税を払うことになり、大変な損失を被りました。そこで、日本の産業界は政府に働きかけて、メキシコとのFTA締結を求めました。「メキシコの安い農産物の流入は日本の農家を苦しめる」という反対意見もありましたが、2004年にFTAが結ばれ、今では日本のスーパーでメキシコ産の安い豚肉が売られています。また同年、両国間でEPA（経済連携協定）も結ばれました。

[ **農牧業** ]…**さとうきび・コーヒー豆**などの**プランテーション農業**と主食の**とうもろこし**（トルティーヤなどにして食べる）が中心です。**レモン・ライム**は**世界第2位**（2016年）の生産量です。また、**サイザル麻**の原産地でもあります。

[ **鉱工業** ]…**タンピコ油田**などの原油開発が工業の発展を支えました。**銀**の生産は**世界第1位**（2015年）です。

[ **貿易** ]…自動車などの工業製品や原油を輸出。輸出額の8割、輸入額の5割を**アメリカ合衆国**が占めています（2017年）。

## ❷ 中部アメリカの国々（メキシコ以外）

▶南北アメリカ大陸を結ぶ地域にあるエルサルバドルやニカラグア、パナマなどは、**メスチソ**の割合が高い国が並んでいます。産業は**コーヒー豆**や**バナナ**の輸出が中心ですが、その流通はアメリカ合衆国の多国籍企業に支配されています。政治的にもアメリカ合衆国の影響力が強い地域です。

▲中南アメリカの国々

▶**社会主義国キューバ**はアメリカ合衆国と対立していますが、ソ連崩壊により経済成長はマイナスになり、産業の中心である**さとうきび**の生産も減っています。

> **補足** アメリカ合衆国の**フロリダ半島**には、**キューバ系移民**がたくさん住んでいます。

▶カリブ海の島々には、**ハイチ**や**ジャマイカ**など**黒人**の割合が高い国がみられます（➡p.258）。

▶パナマ海峡に建設された**パナマ運河**は、スエズ運河と並ぶ世界の2大運河です。2016年に拡張し、輸送力が高まりました。

| 補足 | パナマ運河は、水門の操作により運河水位を調整しています（閘門式運河）。運河地帯は1999年にアメリカ合衆国からパナマに返還されました。通行料はパナマにとって重要な収入源の一つです。なお、パナマは便宜置籍船国（p.348）です。 |

## ❸ アンデスの国々

多くの国で先住民の割合が高くなっています。**新期造山帯**の地域で、**原油や鉱産資源が豊富**であることに注意。

**[ ベネズエラ ]**…原油埋蔵量世界一の **OPEC加盟国**。**鉄鉱石**も豊富。米国を中心に輸出します。

**[ エクアドル ]**…**赤道上の国**。首都**キト**は常春の高山都市（➡p.41）。**原油**や**バナナ**を輸出します。

**[ ボリビア ]**…アンデス高地に位置し、先住民の割合が高い内陸国。ウユニ塩原には豊富なリチウム資源が眠っています。

▲**常春気候のアンデス** 写真：Design Pics/アフロ
（ペルーのマチュピチュ遺跡）

[ **コロンビア** ]…首都**ボゴタ**は高山都市。**原油・石炭**などの資源輸出のほか、**コーヒー豆**の輸出は世界第3位（2016年）です。

[ **ペルー** ]…スペイン人に滅ぼされた**インカ文明**のあった先住民の国です。**ペルー海流**の流れる沖合では**アンチョビー**（かたくちいわし）漁がさかんで、飼料・肥料用として魚粉に加工して輸出します。

[ **チリ** ]…南北約 4,300 km の細長い国土に、砂漠からフィヨルドまで多様な自然環境が分布します。**銅鉱**の生産は**世界一**です（2015 年）。フィヨルドの入り江では**さけ・ます**の**養殖**がさかんです。

### ❹ ブラジル

[ **国土** ]…**赤道**が通り、**世界第 5 位の面積**を持つ国です。

[ **人口と都市** ]…人口も**世界第 6 位の約 2.1 億人**（2019 年）。首都**ブラジリア**は、内陸の開発のために建設された計画都市です。最大都市の**サンパウロ**はコーヒー豆栽培の拠点、第 2 の都市で旧首都の**リオデジャネイロ**はリオのカーニバルで有名です。**マナオス**は天然ゴムで栄えたセルバの中心都市です。

> 補足　カーニバル（謝肉祭）はカトリック文化圏の伝統的な祭りです。有名な**リオのカーニバル**では、黒人文化に起源を持つ**サンバ**（ダンス音楽）が演奏され、多様な文化の融合が現れています。

[ **民族** ]…**ラテンアメリカで唯一**、**ポルトガルの植民地**となった国。公用語は**ポルトガル語**、宗教は主に**カトリック**（74％）です。人口の半分以上はポルトガル系白人ですが、混血が 4 割、黒人奴隷の子孫もいます。人種的偏見は少なく、各文化の融合が進んでいます。

**[ 経済の動き ]**…ブラジルの**商品作物**には、時代ごとのブームがあります。

**ブラジルのモノカルチャー**

| | |
|---|---|
| さとうきび | 北東部のノルデステ地方でプランテーションがさかんでした。インディオの人口が減ると、黒人奴隷が働き手として導入されました。現在は**バイオエタノール**原料としても需要が高いので栽培地域を拡大して、ブラジルは**生産量世界一**を誇っています。 |
| 天然ゴム | アマゾン原産で、20世紀前半にさとうきびに代わってブームになりました。その後、主産地はマレーシアに移りました（現在はタイ・インドネシアが中心）。 |
| コーヒー豆 | 紫色の土壌**テラローシャ**の広がるサンパウロ州で生産が拡大しました。奴隷制廃止後は、**日系人**などの移民労働力をコロノとして利用しました。1929年に発生した世界恐慌の影響で、嗜好品のコーヒー豆の価格は暴落し、モノカルチャー経済に大きな打撃を与えました。今も世界貿易の4分の1を占めます。 |

**[ 農牧業 ]**…モノカルチャー経済から抜け出すため**多角化**（さとうきび・とうもろこし・**大豆**・カカオ豆・綿花など）が進んでいます。ブラジル高原上のサバナであるカンポセラードは不毛の地でしたが、日本の援助などにより開拓と土地改良が行われ、ここに米国のアグリビジネスが遺伝子組み換え大豆を導入しました。

近年は、経済成長が著しい中国をはじめ、世界各国で植物油（大豆油ほか）原料や家畜の飼料としての需要が増えており、ブラジルやアルゼンチンで大豆の生産・輸出が急増。

**補足** ＊**バイオエタノール燃料**

最近、地球温暖化への対策として、植物からつくる**バイオエタノール**燃料が注目されています。エタノールも燃やせば$CO_2$（二酸化炭素）は出ますが、原料の植物が育つとき$CO_2$を吸収するので「チャラ」というわけです。ブラジルでは1970年代の石油危機をきっかけに自動車用の代替ガソリンとして導入されました。

現在、**ブラジル**では**さとうきび**、**アメリカ合衆国**では**とうもろこし**を原料にしていますが、農産物の価格高騰を招き、食料輸入国を苦しめています。

[ **鉱工業** ]…生産量世界第 2 位の**鉄鉱石**（2015 年）を背景に、日本などの資本をとり入れて**鉄鋼業**が成立しました。ほかに、自動車・小型航空機工業なども発達し、**輸入代替型**から**輸出指向型**に移りました。電力は、水力発電が中心（約 7 割）です。

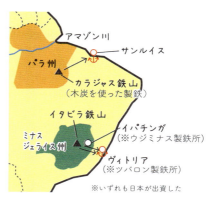

> **補足** 南部の国境を流れるパラナ川には、世界最大級の**イタイプダム**があり、サンパウロをはじめとする大都市に電力を供給しています。

## ❺ アルゼンチン

▶ 1982 年に、マルビナス（フォークランド）諸島をめぐるイギリスとの紛争（**フォークランド紛争**）に敗れました。

▶ スペイン・イタリア系を中心とする**白人が 86 %** を占めています。公用語は**スペイン語**です。

▶ 年降水量 550 mm 線の東側の**湿潤パンパ**では**混合農業**（大豆・とうもろこし・アルファルファ・牛）や**企業的穀物農業**（小麦）、西側の**乾燥パンパ**では**企業的牧畜**（羊）が行われています。近年は、**大豆**や**とうもろこし**などを生産する企業的穀物農業が、企業的牧畜地域で拡大してきています。

> **補足** ＊南半球の牧牛
> 　消費地から遠い南半球における牧牛の発達については、有刺鉄線の利用、新鮮な食肉を輸送する**冷凍船**や内陸鉄道の整備などが要因となりました。

## 確認問題に挑戦！

次のア〜ウの文章は、図中のA〜Cで示された、南アメリカ大陸のいずれかの河川の流域の特徴について述べたものである。ア〜ウにあてはまるものを、それぞれA〜Cから1つずつ選べ。

ア 上流部にはグランチャコとよばれる草原があり、粗放的な牧畜が行われている。下流部のパンパとよばれる草原では、農牧業がさかんである。

イ 流域の大部分が森林で覆われ、流域面積は世界最大である。本流や主な支流沿いに農産物や鉱産物などの輸出港があり、大型船舶が航行している。

ウ 流域にはリャノとよばれる草原がある。下流部では牧畜業に加え、鉄鉱石の採掘などが行われている。

正解は**ア＝C　イ＝B　ウ＝A**　アは、熱帯草原グランチャコと乾燥〜湿潤草原のパンパを流れるラプラタ川（上流ではパラグアイ川やパラナ川など）。主な流域国はパラグアイ・アルゼンチン。イは、流域面積最大のアマゾン川（ブラジル）。中流のマナオスは外航船が遡航できる河港・工業都市。ウは、流域に熱帯草原リャノが広がり、鉄鉱石の生産がさかんなベネズエラのオリノコ川。

次の各文の正誤を答えなさい。

1 南アメリカ大陸は、中部から東部は主に安定陸塊からなるが、西海岸沿いに新期造山帯の山脈が連なり地震・火山活動が活発である。

2 熱帯草原のカンポ゠セラードにはエスタンシアとよばれる大農園が開発されて、コーヒー豆栽培がさかんである。

3 ブラジル北部では大規模な炭鉱が開発され、南東部から計画的な移住が行われた。

4 ラテンアメリカでは、豊富な自国資本や技術により急速に工業化が進んでいる。

5 中央アメリカには専門的知識を持ったガイドが森林などを案内するエコツーリズムのさかんな地域がみられる。

6 ブラジルの首都は内陸開発の拠点として建設された計画都市で、人口は首位ではない。

7 メキシコシティでは、所得による住み分けがみられ、市街地を取りまく山地の斜面には高級住宅地が広範囲に形成されている。

8 リオデジャネイロでは、農村部から流入する人々が多く、十分な収入を得ることができない人々もおり、不良住宅地区が形成されている。

9 南アメリカ大陸では、インディオとヨーロッパ系移民の混血はメスチソとよばれている。

10 ブラジルでは、かつて工業労働者として受け入れた日本人の子孫が、出稼ぎ労働者として日本に移動する例も多い。

1〇（安定陸塊にはブラジル高原などがあり、西の新期造山帯はアンデス山脈である。） 2✕（カンポ゠セラードはブラジル高原に広がる熱帯疎林で、大豆栽培が急増。エスタンシアはアルゼンチンの大農園。ブラジルのコーヒー農園はファゼンダとよばれる。） 3✕（安定陸塊で鉄鉱石は豊富だが、石炭は乏しい。南東部ではなく北東部からの移住は多いが、主に農地開発のため。） 4✕（自国資本は少なく、外国資本の導入を進める。） 5〇（自然の観光資源が豊富なコスタリカの例が知られる。） 6〇（ブラジリア。オーストラリアの首都キャンベラも計画都市。） 7✕（高級住宅地⇒スラム） 8〇（ブラジルでは不良住宅地区〈スラム〉をファベーラという。） 9〇（ヨーロッパ系〈白人〉と黒人の混血はムラート、インディオ〈先住民〉と黒人の混血はサンボという。） 10✕（工業労働者⇒農業労働者）

# 第❷⃣7⃣講
## オセアニア

### ≫ オセアニアの自然
#### ❶ オセアニアの位置

　オーストラリア大陸と、太平洋の島々を合わせた地域です。大陸のほぼ中央に**南回帰線**と**東経135度線**（＝日本の標準時子午線）が通っています。太平洋地域は次の3つに大別されます。

▶東経180度線より西側の北半球は**ミクロネシア**。「小さい島々」の意味です。

▶東経180度線より西側の南半球は**メラネシア**。「黒い島々」の意味です。

▶東経180度線より東側は**ポリネシア**。「多くの島々」の意味です。

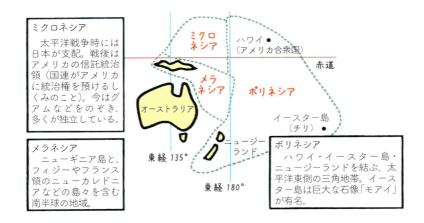

補足　太平洋に浮かぶ小さな島々は、火山島とサンゴ礁の島に分類されます。ハワイ諸島はホットスポット（プレート中央部でプレートを貫いてマグマが上昇する場所）によってできた火山島です。

## ❷ オセアニアの地形

▶オーストラリア大陸は、西の**安定陸塊**と東の**古期造山帯（グレートディヴァイディング山脈）**からなります。その間の低地には、構造平野の**グレートアーテジアン（大鑽井）盆地**が位置しています。

▶この大陸には新期造山帯がありません。ニューギニア島からニュージーランドにかけて、新期造山帯の**環太平洋造山帯**が走ります。

> 補足　他の大陸から離れているオーストラリア大陸には、コアラやカンガルー、カモノハシなどのユニークな動物がみられます。

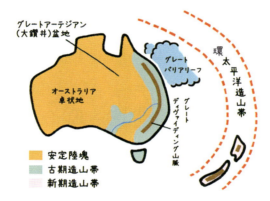

写真：John Warburton-Lee/アフロ

**◀グレートバリアリーフ**
世界最大のサンゴ礁であるグレートバリアリーフは、陸からやや離れた位置にある堡礁です。

### ❸ オセアニアの気候

▶大陸では、**等降水量線**が**同心円状**になっています。中央には**砂漠気候（BW）**が広がり、その周辺に**ステップ気候（BS）**が分布します。

▶大陸別では、乾燥気候の割合が約6割と最大です。これに対し、沿岸の狭い範囲が湿潤な気候です。

▶北部は**サバナ気候（Aw）**で、赤土のラトソルが分布しています。

▶東岸には北から**温暖冬季少雨気候（Cw）**、**温暖湿潤気候（Cfa）**、**西岸海洋性気候（Cfb）**が並びます。

▶大陸南岸には**地中海性気候（Cs）**がみられます。

（気候グラフは➡p.427 参照）

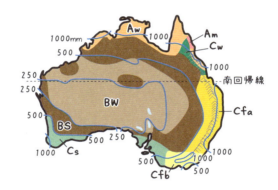

## ≫ オセアニアの産業・社会

### ❶ オセアニアの農牧業 ➡ p.97
### ❷ オセアニアの資源・工業

　大陸西部の**安定陸塊**では**鉄鉱石**、東部の**古期造山帯**では**石炭**が豊富です。しかし、両者は砂漠で切り離されており、人口が少なく、またほかの市場からも遠いためオーストラリア国内では工業に結び付きません。そのため、ほとんどが中国や日本・韓国など東アジアをはじめとする海外に輸出されています。

▼オセアニアの資源・工業

### ❸ オセアニアの開発

大陸南東の乾燥する**マリーダーリング盆地**を流れるマリー川流域での灌漑をめざした地域開発計画が実施されました。これを**スノーウィーマウンテンズ計画**といいます。東岸のスノーウィー川に貯水ダムをつくり、この水を導水トンネルでマリー川に引く大工事です。難工事の結果、盆地の西方に**小麦**地域が拡大しました。

しかし、マリーダーリング盆地や**グレートアーテジアン（大鑽井）盆地**では、灌漑水に含まれる塩類や地下水位の上昇などの要因から、水の蒸発によって残された塩類が地表を白くする**土壌の塩性化**の被害が深刻化しています。

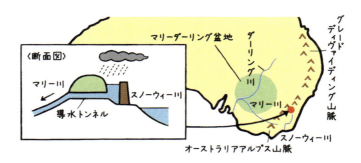

## ❹ オセアニアの人種と民族

▶オーストラリアには狩猟民族の**アボリジニー**、ニュージーランドにはポリネシア系の農耕民族**マオリ**という先住民がいます。

▶18世紀以降、両地域は**イギリス**に領有され、白人社会がつくられました。先住民は居住地を奪われ、病気を持ちこまれ、人口を減らしました。

▶近年では、少数民族としての権利保障が進み、人口も回復しつつあります。

> 補足 　かつてのオーストラリアでは先住民の伝統的文化が否定され、アボリジニーの子どもを親元から奪い、白人社会で「文化的」に育てるという非人道的な政策もありました。

## ❺ オセアニアの国家

　ミクロネシアは、かつて日本が統治した地域です。第二次世界大戦後は、アメリカ合衆国の統治を経て、大部分が独立しましたが、グアムやサイパンは今も合衆国領です。

> 補足 　ポリネシア西部の**サンゴ礁の島国ツバル**では、地球温暖化などにともなう**海面上昇**によって国土が水没する恐れがあり、島民はニュージーランドなどに移住する計画を進めています。

# >> オセアニアの国々

## ❶ オーストラリア

### [ 国土 ]

　**面積は世界第6位**です。北東岸の**グレートバリアリーフ**は世界最大の堡礁（海岸から離れて発達するサンゴ礁）で、観光地としても有名です。

### [ 人口 ]

　人口は約2,500万人（2019年）。オセアニアの人口密度はアジアの30分の1です。しかし、大都市はイギリスからの入植者が開発の拠

点とした東南沿岸部に集中しているため、都市人口率は約86％（2018年）ときわめて高くなっています。

[ 都市 ]

最大都市**シドニー**と、第2の都市**メルボルン**の中間に位置する首都**キャンベラ**は、**放射環状路型**の計画都市（政治都市）です。

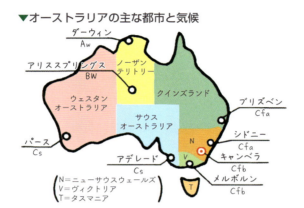

▼オーストラリアの主な都市と気候

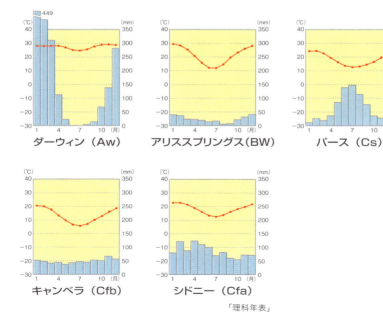

「理科年表」

## [ 民族 ]

▶ 1970 年代、オーストラリアは、白人を中心とする国家建設をめざした**白豪主義**（➡p.259）を撤廃しました。これは旧宗主国のイギリスの経済的地位が低下したうえ、1973 年にはそのイギリスが EC（今の EU）に加盟したため、オーストラリアにとって地理的に近いアジア太平洋地域の重要性が高まったからです。

▶現在は**多文化主義**をとっており、世界中からの移民を受け入れ、住民の４分の１が海外出身者です。また、先住民アボリジニーの言語を学校で教えるなどの取り組みも行われています。

> **補足**　＊移民の出身国
>
> 　1949 ～ 54 年には、オーストラリアへの移民の 85.5％がイギリスをはじめとするヨーロッパ系でした。しかし、近年は多様化し、**アジア系**（とくに中国・東南アジア・インド）の流入が増えています。

## [ 農牧業 ]

▶非常に**大規模な農業経営**が行われています。農民１人あたりの耕地面積は、アメリカ合衆国の５倍以上にもなります。

▶イギリス植民地時代から**牧羊**が発達し、「羊の背に乗る国」といわれます。スペイン原産の毛用羊メリノ種を飼育します。

▶**グレートアーテジアン**（**大鑽井**）**盆地**では被圧地下水をくみ上げて利用しています。しかし塩分濃度が高いので灌漑には使えず、羊の飲み水になっています。

▶**羊よりも低緯度の地域**で放牧されている**肉牛**は、「オージービーフ」というブランドで日本向けに輸出されています。**BSE 問題**（➡p.402）で**米国産の牛肉の輸入がストップ**した 2003 ～ 05 年以降、オーストラリアは日本の牛肉輸入相手国のトップになっています。

▶北東岸では**さとうきびのプランテーション**、南部では**地中海式農業**によるぶどうや柑橘類などの果樹栽培も行われています。

| 補足 | ＊日本向けの牛とマグロ |

　オーストラリア産牛肉の日本への輸出が増えています。もともと牧草の飼育を中心とするオーストラリアですが、霜降り好きの日本人向けにフィードロット（➡p.95）で穀物飼料を与えて太らせるようになりました。
　同じくオーストラリアの漁港では、漁獲したマグロを餌で太らせてから日本へ輸出する**畜養**が行われています。

## [ 鉱工業 ]

▶鉄鉱石・石炭以外にも**地下資源が豊富**で、「ラッキーカントリー」とよばれます。

▶**安定陸塊**では、**鉄鉱石・金・ダイヤモンド・鉛**などを産出します。また、東部の古期造山帯で産出される**石炭**の輸出量は近年、世界第１位を続けています。これらの資源は主に中国や日本に輸出されています。

### オーストラリアの輸出品 (%, 2017 年)

| | | (%, 2017 年) |
|---|---|---|
| 1 | 鉄鉱石 | 21.1 |
| 2 | 石炭 | 18.8 |
| 3 | 液化天然ガス | 8.5 |
| 4 | 金(非貨幣用) | 5.9 |
| 5 | 肉類 | 3.9 |

「世界国勢図会 2019/20」

### オーストラリアの日本への輸出品 (%, 2018 年)

| | | (%, 2018 年) |
|---|---|---|
| 1 | 石炭 | 34.3 |
| 2 | 液化天然ガス | 33.2 |
| 3 | 鉄鉱石 | 10.1 |
| 4 | 肉類 | 4.4 |
| 5 | 銅鉱 | 2.9 |

「日本国勢図会 2019/20」

▶北部のサバナのラトソル地域、ケープヨーク半島の**ウェイパ**は**ボーキサイト**の大産地です（➡p.425 図）。

▶東ティモールに近い北の海域などでは**海底油田・天然ガス田**の開発も進んでいます。

## [ 貿易 ]

▶以前は、イギリスをはじめとするヨーロッパが中心でした。

▶現在は、中国・日本・アメリカ合衆国を中心とするアジア太平洋地域が中心で、主に資源や農畜産物を輸出しています。

**補足** ＊APEC の提唱

**APEC（アジア太平洋経済協力会議）** は、この地域を重視する**オーストラリアの提唱**によって 1989 年に設立されました。

### オーストラリアの貿易相手国

輸出 (%、2017年)

| 1 | 中国 | 33.4 |
|---|---|---|
| 2 | 日本 | 14.6 |
| 3 | 韓国 | 6.6 |
| 4 | インド | 5.0 |
| 5 | (香港) | 4.0 |

「世界国勢図会 2019/20」

輸入 (%、2017年)

| 1 | 中国 | 22.9 |
|---|---|---|
| 2 | アメリカ合衆国 | 10.8 |
| 3 | 日本 | 7.5 |
| 4 | タイ | 5.1 |
| 5 | ドイツ | 4.9 |

「世界国勢図会 2019/20」

**補足** ＊日本との交流

オーストラリアにとって、日本は重要な貿易相手国（**輸出相手国の 2 位、輸入相手国の 3 位**、2017 年）ですが、人的な交流もさかんです。オーストラリア東海岸のリゾート地である**ゴールドコースト**では、日本企業によるホテルやマンションの開発が進み、日本からの観光客だけでなく定年後の生活を楽しむ移住者も増えています。逆にオーストラリアからの観光客は、北海道などの**スキーリゾート**を求めて来日します。また、1980 年に両国間で結ばれた**ワーキングホリデー制度**によって、両国の若者が相手国で働きながら互いの生活や文化を体験しています（制度の対象は他国にも広がっています）。

## ❷ ニュージーランド

▶**北島**と**南島**に分かれています。両島の間を分けるクック海峡付近を**南緯 40 度線**が通ります。偏西風の影響が強い**西岸海洋性気候（Cfb）**です。

▶首都はウェリントン、最大都市はオークランド。先住民**マオリ**はポリネシア系の農耕民族です。オーストラリア同様、イギリスからの移民によって先住民の彼らは絶滅の危機にひんしましたが、現在は人口が

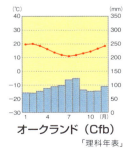

オークランド（Cfb）

「理科年表」

回復してきており（約14％）、彼らの伝統的文化を保存するための取り組みが行われています。

▶北島には都市が発達し、**酪農**がさかんです。乳製品や畜産品が重要な輸出品となっています。また、火山があり、地熱発電が行われています。

▶南島では、**偏西風**の影響を受け、降水量の少ない東側で**牧羊**がさかんです。西側は降水量が多く、森林地帯となっています。山岳地域や南西海岸のフィヨルドなど、氷河地形がみられます。

> 補足　＊ニュージーランドのカボチャ
> 　近年、日本向けに野菜の輸出が行われています。南半球にあり日本と季節が逆なので、**日本では季節はずれで品薄なときに出荷できる**のです。

432

# 確認問題に挑戦!

次の表は、オーストラリアの国別輸出額の上位5カ国とそれぞれの輸出総額に占める割合を1960年、1990年、2017年について示したものであり、A〜Cは、アメリカ合衆国、中国*、日本のいずれかである。A〜Cと国名との正しい組合せを、下の①〜⑥のうちから1つ選べ。
　*台湾、ホンコン、マカオを含まない。

(単位:%)

| 順位 | 1960年 | | 1990年 | | 2017年 | |
|---|---|---|---|---|---|---|
| 1位 | イギリス | 23.9 | A | 27.4 | C | 33.4 |
| 2位 | A | 16.7 | B | 11.0 | A | 14.6 |
| 3位 | B | 7.5 | 韓　国 | 6.2 | 韓　国 | 6.6 |
| 4位 | ニュージーランド | 6.4 | シンガポール | 5.3 | インド | 5.0 |
| 5位 | フランス | 5.3 | ニュージーランド | 4.9 | (香港) | 4.0 |

オーストラリア外務・貿易省などの資料により作成。

| | A | B | C |
|---|---|---|---|
| ① | アメリカ合衆国 | 中　国 | 日　本 |
| ② | アメリカ合衆国 | 日　本 | 中　国 |
| ③ | 中　国 | アメリカ合衆国 | 日　本 |
| ④ | 中　国 | 日　本 | アメリカ合衆国 |
| ⑤ | 日　本 | アメリカ合衆国 | 中　国 |
| ⑥ | 日　本 | 中　国 | アメリカ合衆国 |

正解は⑤　　Aは一貫して主要輸出先で、1990年ころには最大の相手国であった日本(90年は日本のバブル景気崩壊の直前)。Bはかつて主要輸出先であったが、近年は地位が低下したアメリカ合衆国。オーストラリアのアジア重視政策の反映である。旧宗主国イギリスの地位低下とともに注意。Cは近年急速に輸出額が増加している中国。中国における鉄鉱石などの資源需要の増大が要因。

次の各文の正誤を答えなさい。

**1** オーストラリアのタスマニア島では、火山活動がさかんである。

**2** ニュージーランド北島は、主に安定陸塊からなるが、南島は新期造山帯に属し地震・火山活動が活発である。

**3** オーストラリア東南部の盆地を流れる河川では、流域外の降水をダムにため、トンネルで流域内に導き、灌漑面積を拡大した。

**4** オーストラリアのマリー川・ダーリング川流域では、灌漑によって小麦の栽培がさかんになったが、一方で、土壌の塩性化（塩類化）が問題となっている。

**5** オーストラリアでは国内のウラン産地に原子力産業が立地し、発電用にウラン濃縮などの加工処理が行われている。

**6** オーストラリアの先住民アボリジニーの中には、一部に土地の返還を求める動きがある。

**7** オセアニアでは、スペインやポルトガルから独立した国が多く、現在でも公用語としてスペイン語やポルトガル語を使用している国が多い。

**8** オセアニアの島々は、人種・民族などのちがいによってポリネシア・ミクロネシア・メラネシアの3つの地域に分けられ、ニュージーランドはメラネシアに属する。

**9** オーストラリアでは森林面積が減少しているが、これは主に景観の保全に必要な火入れが行われているためである。

**10** 南極大陸では、南極条約の規制もあって、鉱産資源の商業的採掘は行われていない。

**1×**（グレートディヴァイディング山脈の延長上にある古期造山帯なので、火山活動はみられない。）
**2×**（北島も新期造山帯の環太平洋造山帯の一部で、火山もあり地熱発電がさかん。ちなみに両島の気候も西岸海洋性Cfbで共通。）　**3○**（マリーダーリング盆地のスノーウィーマウンテンズ計画のこと。小麦栽培が拡大した。）　**4○**（スノーウィーマウンテンズ計画により、導水トンネルによる灌漑が行われた。）
**5×**（ウランは輸出向けで、原子力産業は立地していない。石炭生産量の多い国は、石炭による火力発電が中心。）　**6○**（かつてヨーロッパ系白人に迫害され人口が激減したが、近年は保護策がとられている。）
**7×**（イギリスからの独立国が多く、英語が用いられる。）　**8×**（ニュージーランド・ハワイ諸島・ラパヌイ〈イースター〉島を結ぶ三角地帯はポリネシア。）　**9×**（干ばつによる森林火災の影響。森林面積を減らす火入れでは景観の保全にはならない。）　**10○**（南極条約は、非領土・非軍事化、科学調査の自由を規定。資源開発などの経済活動は規制している。）

Section-9 日本

# 第❷❽講
# 日 本 (1)

## ≫ 日本の自然環境
### ❶ 領域と位置

日本列島はユーラシア大陸の東岸に位置し、南北 3,000 km にわたる、大小約 6,800 の島々からなる島国です。国土面積は **37.8 万 km²** で、**世界で 61 番目**ですが、周辺の**排他的経済水域（EEZ）**は広大です。領土問題については➡p.220 ～ 221 参照。

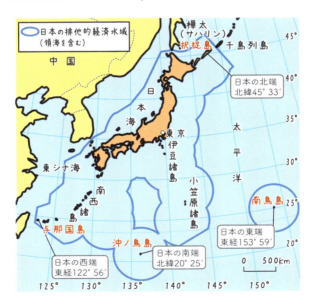

[ 経緯度 ]

▶南端の**沖ノ鳥島**は北緯約 20 度、北端の**択捉島**は北緯約 46 度になります。

▶西端の**与那国島**（東経約 123 度）と東端の**南鳥島**（東経約 154 度）

では太陽の南中が約2時間ちがいますが、**日本標準時は東経135度**で決められています。

▶秋田県大潟村で北緯40度線と東経140度線が交わります。

 **北緯40度線**の通る位置は頻出です。北緯40度線上には、世界の主要都市がたくさんあります。ところが、同じ緯度でも、それぞれの都市の気候は異なります。

▼北緯40度線上にある世界の主な都市

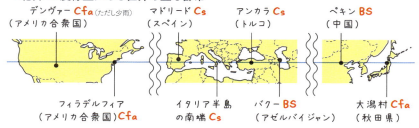

### ❷ 地形

[ 大地形 ]

▶日本列島は、**新期造山帯**の環太平洋造山帯に位置する**弧状列島**（島弧）です。この造山帯は地震帯・火山帯と一致しており、**火山活動が活発**で、**地震もよく発生**します。

▶プレートの**狭まる境界**にあたり、ユーラシア・北アメリカの**大陸プレート**と、太平洋・フィリピン海の**海洋プレート**の、合わせて**4枚のプレートが重なる**複雑な位置（→次ページの図）です。

▶沈みこむ海洋プレートに引きこまれた大陸プレートが反発して跳ね上がると、巨大地震が発生します。2011年の**東北地方太平洋沖地震**（東日本大震災）は、このメカニズムで発生しました。近い将来に発生が予想される東海地震や東南海、南海地震も同じメカニズムです。

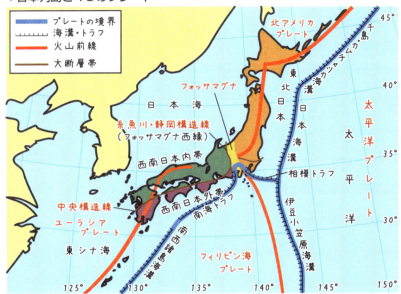

▼日本列島と４つのプレート

## [ 地形区分 ]

　全体的に**山地の多い地形**です。丘陵地と山地を合わせると国土の４分の３になります。とくに、中部地方の飛騨山脈・木曽山脈・赤石山脈は**日本アルプス**とよばれる高山地帯で、一部には山岳氷河の痕跡もみられます。

| 日本の地形区分 | （単位＝％） |
|---|---|
| 山地 | 61.0 |
| 丘陵地（300m以下の山地） | 11.8 |
| 台地（洪積台地など） | 11.0 |
| 低地（扇状地・三角州など） | 13.8 |
| その他（内水域や北方領土） | 2.4 |

「日本国勢図会 2019/20」

## [ 断層帯・断層 ]

　**フォッサマグナ**（**大地溝帯**）は、東北日本と西南日本を分ける断層地帯です。小規模な断層地形も多く、山地や盆地をつくっています。無数に存在する地下の活断層は、1995年に起きた**兵庫県南部地震**（阪神・淡路大震災）のような**直下型地震**の原因となります。

## [河川]

長さは短いのですが、流れが急で、**侵食・堆積作用**がさかんです。山地では深いＶ字谷を刻み、谷口には小規模な**扇状地**がたくさんつくられます。日本の低地はすべて河川の堆積作用によるもので、大規模なものはありません。

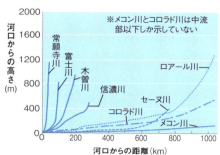

▲**日本の河川と世界の主な河川の縦断曲線**
グラフが垂直になるほど、流れが急だということ。日本の河川がいかに急かがひと目でわかります。

**季節による流量の差が大きい**のも日本の河川の特徴です。太平洋側では7〜9月、日本海側では雪どけ水の多い4〜6月の流量が大きくなります。

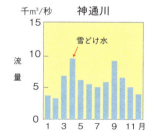
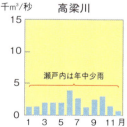
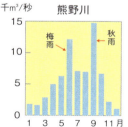

## ❸ 気候

### [ 気候区分と植生 ]

▶**亜寒帯（冷帯）湿潤気候**（Df）…**北海道**と**東北**の一部に分布。梅雨がなく、台風の影響も小さいので降水量が少なく、気温の年較差が大きい気候です。針葉樹と広葉樹の混合林がみられます。

▶**温暖湿潤気候**（Cfa）…**本州**の大部分と**四国・九州**に分布。季節風の影響で**太平洋側**は夏に高温多雨、**日本海側**は冬に雪が多くなります。海から遠い**中央高地**や、山地に挟まれた**瀬戸内地方**は比較的少雨です。東北日本には落葉広葉樹林、西南日本には常緑広葉樹林（照葉樹林）が広がります。

▶**亜熱帯気候**（年中温暖な温帯）…**南西諸島**に分布。台風の通り道で降水量がきわめて多く、気温の年較差が小さい気候です。

### [ 気団 ]

以下の気団（大気の塊）が日本の四季（次ページ）を形作ります。

▶**シベリア気団**…**寒冷・乾燥**。冬に大陸で強まる高気圧です。
▶**揚子江気団**…**温暖・乾燥**。春秋に移動性高気圧として東進。
▶**オホーツク海気団**…**冷涼・湿潤**。初夏と秋に強まります。
▶**小笠原気団**…**高温・湿潤**。夏に太平洋上で強まります。

## [ 気候の特徴 ]

日本はユーラシア大陸の東岸に位置し、**季節風（モンスーン）**の影響を強く受け、**四季の変化**に富んでいます。

**日本の四季の特徴**

| | |
|---|---|
| 春 | 高気圧と低気圧が交代でやってくるので、**天気は周期的に変化**します。そこから、この季節の気温を「**三寒四温**」といいます。 |
| 初夏 | **オホーツク海気団**と**小笠原気団**の間にできる梅雨前線が停滞し、**北海道以外は梅雨**になります。 |
| 夏 | **小笠原気団**からの南東季節風により**高温多湿**です。北海道もある程度高温になります。 |
| 初秋 | 初夏の梅雨と似たメカニズムで「**秋の長雨（秋霖）**」が降ります。また、**発達した熱帯低気圧が台風としてやってくる**ため降水量が多くなります。 |
| 冬 | **シベリア気団**からの北西季節風によって寒さは厳しくなります。この北西季節風は、日本海上を渡るとき、暖流の対馬海流から水蒸気をたっぷり受け取ってくるので、**日本海側に大雪**をもたらします。 |

## [ 地方風（局地風） ]

▶ **やませ**…北日本の太平洋岸に、初夏のころに吹く冷湿な北東風です。稲作などに被害（**冷害**）をもたらします。

▶ **からっ風**…関東平野を吹き抜ける、乾燥した冷たい冬の北西風です。地域によって赤城颪・筑波颪など、吹き降ろしてくる山の名前を付けてよばれます。農家の周囲には、防風のための屋敷林が植えられています。このような屋敷林は関東平野に限らず、富山（**砺波平野**➡p.172）や岩手、島根などの散村にもみられます。

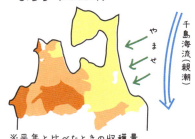

▼**青森県における冷害の被害のようす**（2003年）

※平年と比べたときの収穫量  高 中 低

やませの影響で太平洋側の収穫量が低下したことがわかる。

## >> 人口と都市

### ❶ 人口と人口分布

[ 人口の推移 ]

▶日本の人口は、1920年には5,600万人でしたが、終戦時の1945年には7,200万人、**高度経済成長期の後期には1億人を突破**しました。

▶現在は**約1.27億人**（2019年）で**世界11位**ですが、人口減少が進んでいます。

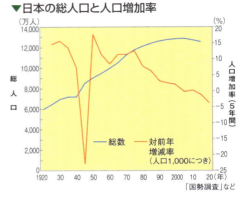
▼日本の総人口と人口増加率

▶**人口密度の340人/km²**はフィリピンやベルギーと同程度で、かなり高いほうです。

[ 人口の分布 ]

▶**総人口の約2分の1**が東京・大阪・名古屋の**三大都市圏**に住み、**約4分の1**が**東京から50km圏**に集中しています。

▶都市人口率も、1950年53.4%→1970年71.9%→2018年91.6%と上昇してきました。

▶産業別の人口構成（2017年）では、第一次産業3.4%、第二次産業24.1%、第三次産業72.5%となっています。

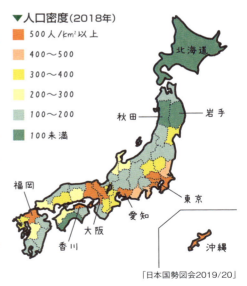
▼人口密度（2018年）

▼世界の主な国の産業別の人口割合(2016年)

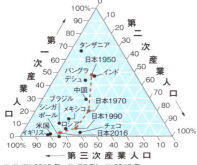

※インドは2012年、バングラデシュは2013年、タンザニアは2014年、中国は2015年
ILO資料

3つの産業人口の割合を示すグラフです。たとえば、第一次産業人口の矢印（→）が示す方向（ピラミッドの頂点）に向かえば向かうほど、第一次産業人口の割合は高いことを意味します。このグラフでいえば、第一次産業人口の割合が最も高いのは、タンザニア、第三次産業人口の割合が最も高いのは、イギリスというのがわかりますよね。
そして、日本は、戦後から徐々に第一次産業人口が減り第二次・第三次産業人口が増えていったのもわかるはずです。

## ❷ 人口動態

▶日本は出生率7.4‰、死亡率11.0‰、自然増減率−3.6‰（2018年）で、**2008年ごろから日本の人口は減少**に転じています。

▶自然増減率がプラスの都道府県は、伝統的に出生率の高い**沖縄**だけです。その他の都道府県の**自然増減率はマイナス**（2017〜18年）です。

▶**社会増減率**では、**東京**がトップで、その周辺の首都圏（埼玉、千葉、神奈川など）、大阪圏（大阪、滋賀など）、名古屋圏（愛知）のほか、九州の中心都市・福岡などがプラスです。

▼人口増加率(2008〜15年)

- 1.0%以上
- 0.0〜1.0
- −2.0〜0.0
- −4.0〜−2.0
- −4.0未満

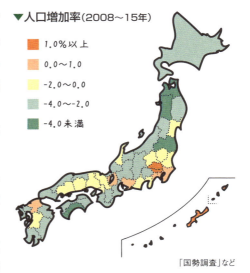

「国勢調査」など

**人口移動の移り変わり**

| | |
|---|---|
| 1960年代 | **高度経済成長期**に、三大都市圏を中心とする太平洋側の工業地域に人口が集中し、東海道メガロポリス・太平洋ベルトが形成されました。急激な向都離村（農村から都市へ人口が移動すること）により、**農村では過疎、都市では過密**が問題化しました。都市の人口過密は地価上昇をまねき、都市の**ドーナツ化現象**、都市郊外の**スプロール現象**（➡p.180）が進みました。 |
| 1970年代 | **石油危機**以降の**不景気**により、三大都市圏への人口の集中がにぶりました。生活環境の悪化した大都市圏から脱出した人々が、地方へ戻っていく**Uターン・Jターン現象**がみられました。 |
| 1980年代 | **バブル経済**によって都心部の地価が急騰したため、都市周縁部まで住宅地開発が進み、**郊外人口が増加**しました。 |
| 1990年代以降 | **バブル崩壊**以降は、地価の下落や都心部での市街地再開発によって高層マンションなどが建設され、**人口の都心への回帰現象**がみられるようになりました。この傾向は現在も続き、いわゆる**東京一極集中**は進行中です。 |

# ❸ 人口構成と人口問題➡p.273

# >> 日本の都市

## ❶ 三大都市圏

### ［東京圏］

　東京は中枢管理機能が集中し、世界都市の役割も持ちます。**ドーナツ化**によって周辺部の人口が大きく、50km圏に日本全人口の約25％が住んでいます。そのため**昼夜間人口比率**（昼間人口÷夜間人口）**が高く**なっています。周辺部には多摩ニュータウンのような**ベッドタウン**、筑波研究学園都市などの**衛星都市**が建設されています。**一極集中**による問題点も多く、首都機能の移転・分散も検討されたことがありました。

> **補足**　**衛星都市**とは、都市周辺部に位置し、中心都市の機能の一部を分担している都市。

> **補足**　多摩ニュータウンや千里ニュータウン（大阪）などは、高度経済成長期に建設され、一時期に同世代の人々が入居したため、近年急速な高齢化に見舞われており、コミュニティの維持が難しくなっています。

## [ 大阪圏 ]

西日本の中心となる商業都市ですが、大企業の東京移転が相次ぐなど、地位が低下し、東京圏との差が開いています。

## [ 名古屋圏 ]

**中京工業地帯**を背景に、**自動車産業**の発達にともない成長しました。ほかの2都市圏に比べると、都市域の範囲が狭いです。

> 補足　＊大都市のつながり
>
> ①**東海道メガロポリス**…東京から大阪・神戸までの都市域が連続した地域。高速道路・新幹線などの高速交通や情報網によって強く結び付いています。
> ②**太平洋ベルト**…関東から九州北部までの各工業地帯・地域（京浜・京葉～東海～中京～阪神～瀬戸内～北九州）の連なりを指します。

### ❷ 地方中核都市

▶**地方中核都市**とは、周辺の県にも影響力を持つ、各地方の中心都市のことです。**札幌**（北海道）・**仙台**（東北）・**広島**（中国・四国）・**福岡**（九州）などで、官公庁の出先機関、大企業や銀行の支社・支店が集まっています（「支店経済」と呼びます）。

▶都道府県庁所在地の多くは、かつての城下町です。東京一極集中にともない、地方経済の地盤沈下が進んでおり、駅前商店街の「**シャッター通り**」などが問題になっています。

> 補足
>
> ＊政令指定都市
> 　政令で指定され、都道府県と同格の扱いを受ける人口50万人以上の大都市。（人口順に）横浜・大阪・名古屋・札幌・福岡・川崎・神戸・京都・さいたま・広島・仙台・千葉・北九州・堺・新潟・浜松・熊本・相模原・岡山・静岡（2019年）このうち、横浜・川崎・相模原、静岡・浜松、大阪・堺、福岡・北九州はそれぞれ同一の府県にあります。
>
> ＊各県の人口最大都市
> 　人口が最も多い都市が、県庁所在地とは限らないので注意しましょう。
> （例）いわき＞郡山＞福島、高崎＞前橋、浜松＞静岡、四日市＞津、下関＞山口。

## 確認問題に挑戦!

1　日本列島は、新期造山帯に属しており、降水量も多いため、さまざまな自然災害が起こる。日本で発生する自然災害とその原因について述べた文として最も適当なものを、次の①〜④のうちから1つ選べ。

① 日本の太平洋沿岸では、沖合のプレート境界であるフォッサマグナで発生する地震により、津波被害が生じる。

② 日本列島では、海溝に直交する向きに火山が列状に分布しており、噴火による災害がたびたび発生する。

③ 日本列島では、前線が停滞しているときに台風が接近すると集中豪雨が発生することがあり、地すべりなどの土砂災害が生じる。

④ 日本の東北地方では、冬に寒冷な季節風が吹くと、日本海側では雪害、太平洋側では冷害が生じる。

2　日本の都市の景観と機能について述べた文として最も適当なものを、次の①〜④のうちから1つ選べ。

① 企業の本社・本店や営業拠点が集中しているところは、C.B.D（中心業務地区）とよばれており、その面的な広がりは、市街地の範囲と一致している。

② 第二次世界大戦後の市町村合併によって市域が広がった行政市では、市街地が市域全体に拡大し、農地はみられなくなった。

③ 大都市周辺の計画的に建設されたベッドタウンでは、住宅地に隣接して大規模な工業団地が造成され、職住近接が実現されている。

④ 都市圏は、中心となる都市およびそれと密接に結び付いた周辺地域によって構成され、その面的な広がりは、通勤・通学・買い物など人々の行動によってとらえることができる。

1　正解は③　　停滞する梅雨前線に湿った空気が流れこむと、積乱雲が発生して短時間に局地的な大雨が降り、土砂災害や水害が発生する。①フォッサマグナ（大地溝帯）は、東北・西南日本を分ける断層帯。②海溝も火山帯・弧状列島も、プレート境界に平行して形成。④冷害は夏に低温が続く自然災害。東北地方の太平洋側に、北東から冷涼な局地風「やませ」が吹くと発生する。

2　正解は④　　都市圏の広がりは、通勤圏・通学圏・買い物圏などの指標で示される。①C.B.Dは都心部に位置し、市街地の一部にすぎない。②市町村合併の結果、行政上は「市」でも農村的景観を持つ地域は多い。③日本のニュータウンは住宅都市＝ベッドタウンの性格が強い職住分離型で、都心のオフィス街に通勤する。

次の各文の正誤を答えなさい。

**1** 日本の火山地域では、火口の東側よりも西側に火山灰が厚く堆積することが多い。

**2** 日本の火山地域では、噴火後の泥流や土石流によっても災害が発生する可能性がある。

**3** 日本の北海道地方では、オホーツク海高気圧の影響が大きく夏季も冷涼であり、針葉樹と広葉樹の混合林が広くみられる。

**4** 日本人の海外旅行先は、1990年代まではフランスが1位だったが、2000年代に韓国がフランスを抜いて1位を続けている。

**5** 日本の大都市圏において、広大な面積を有して立地する郊外の大規模商業施設では、買い物に訪れる人のほとんどが、公共交通を利用している。

**6** 日本の大都市圏において、衰退する港湾地区を再開発することによって誕生した商業施設では、主に港湾労働者向けの商品を扱っている。

**7** 日本では1970年代後半になると、大企業による本社機能の地方都市への移転が活発化した。

**8** 就労目的でブラジルやペルーから来日する人々は、自動車などの機械工業都市やその周辺に居住することが多い。

**9** 1950年代後半から1960年代には、労働力需要の増大により、東京・名古屋・大阪の三大都市圏への大幅な転入超過がみられた。

**10** 1990年代後半から2000年代には、三大都市圏のうち東京圏のみが大幅な転入超過を示したが、これは経済のグローバル化にともない、東京が世界都市になってきたことと関連する。

**1**✕（上空には年中偏西風が吹いているので、火山灰は東側に堆積する。）　**2**〇（土石流や泥流は豪雨により起きるが、火山噴火後の豪雨でも発生する可能性がある。）　**3**〇（北海道は亜寒帯〈冷帯〉湿潤気候Df。針葉樹と落葉広葉樹の混合林となる。）　**4**✕（1990年代まではハワイやアメリカ本土。近年は中国や韓国が増加。）　**5**✕（幹線道路沿いに立地し、大型駐車場があり、自動車での来訪を前提としている。）　**6**✕（ウォーターフロントとして、娯楽施設・レストランなどを併設した商業施設が整備される。）　**7**✕（石油危機による不景気で、人口の三大都市圏流入は鈍化したが、大企業の本社機能は変わらず東京都心部に集中し、C.B.D〈中心業務地区〉を形成している。）　**8**〇（1990年の入管法改正で日系人の就労制限をなくしてから急増。太田〈群馬〉、浜松〈静岡〉に多い。）　**9**〇（この時期は高度経済成長期の始まりにあたる。）　**10**〇（東京には国際金融センターとしての機能や情報が集積しており、東京一極集中が進行している。）

# 第❷⓽講
# 日本 (2)

## ≫ 日本の農業
### ❶ 日本の農業の特徴
▶**農家1戸あたりの耕地面積が小さく**（販売農家平均 2.5 ha、2018年）、家族労働に依存する**零細経営**が中心です。

▶高度な技術を用い、狭い耕地に肥料・農薬を多量に使用し、1 ha あたりの農業生産額が大きい**土地集約的**な農業です。

▶生産コストが高いため国際競争力は低く、農産物輸出額は輸入額の10分の1以下。農業を副業とする農家が多く、農業所得が中心の主業農家の戸数は販売農家の22％（2018年）にすぎません。

▶米作に依存する農業でしたが、近年は食生活の変化にともない、畜産物や野菜の生産割合が高くなっています。

---

補足　＊農家の分類

右の図のように、統計上の分類方法が変化しています。かつては「専業農家・兼業農家（第1種は農業収入が主、第2種は農業以外の収入が主）」という分類でした。現在は「販売農家・自給的農家」、さらに販売農家を「主業農家・準主業農家・副業的農家」と分けています。

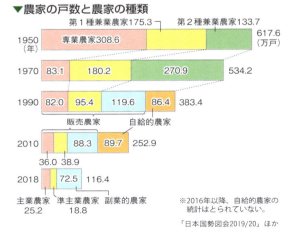

▼農家の戸数と農家の種類

※2016年以降、自給的農家の統計はとられていない。

「日本国勢図会2019/20」ほか

## ❷ 戦後の日本の農業

▶第二次世界大戦前は**地主・小作制**でしたが、戦後の農地改革により、多くの**自作農**が生まれました。

▶農家のつくった米をすべて政府が買い取るという**食糧管理法**は、戦時中に不足する米を公平に配給するために制定されました。ところが、食糧管理制度は戦後も目的を農家の保護に変えて残されたため、日本の農業は米作に偏ってしまいました。

▶**食生活の欧米化**と**多様化**により米の消費は伸び悩み、政府米の在庫が増大しました。また、食糧管理制度による政府の赤字が大きく増えました。

▶そこで、政府は1970年から休耕や**転作**による米の生産調整＝**減反**政策を始めます。冷涼で降水量の少ない北海道では、転作による小麦の生産が増えました。減反政策は2018年まで続きました。

> 補足　＊農業基本法
>
> 1961年の農業基本法は、高度経済成長で広がった都市と農村の所得格差を背景として、農業の構造改善と農民の生活水準向上を目的に制定されました。野菜や果物の特産地化を進めたり、経営規模の拡大や機械化により自立的な農家を育てようとしたのですが、「コメ頼み」の日本の農業はなかなか変わりませんでした。

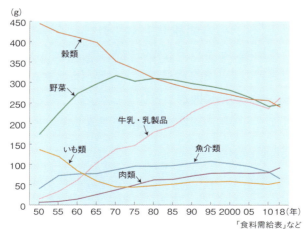

▲1人1日あたり供給純食料

## ❸ 農産物輸入と日本の農業

### [ 自由化の進行 ]

▶貿易摩擦が問題化する中で、米国などの要求により、**農産物の輸入自由化**が進みました。1991年に実施された**牛肉**と**オレンジ**の輸入自由化は、国内の農家・畜産家に打撃を与えました。

▶近年は輸送手段・保存技術が発達し、以前は規制するまでもなかった中国産野菜などの生鮮品の輸入が増大しています。

> **補足** ＊自由化の歴史
> 競争力の弱い麦類・大豆・とうもろこしなどは、早くから輸入に依存していました。1963年にはバナナ、翌年にはレモン、71年には豚肉・グレープフルーツなどが自由化されました。

### [ 米の自由化 ]

農産物の輸入自由化が進む中で、米だけは食糧管理制度の存在もあって、高い自給率を維持しました。「米は一粒たりとも輸入させない」という強硬な意見が幅を利かせていたからです。しかし、自由貿易をめざすGATT（関税と貿易に関する一般協定）の話し合いでは、**「例外なき関税化」**の方針が打ち出されました。日本は関税化の例外として、国内消費量の4〜8％の最低輸入義務（ミニマムアクセス）を受け入れ、米の部分的市場開放を行いました。同じころに、食糧管理制度が廃止され、米の国内流通も自由化されました。

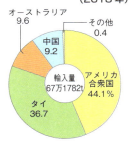
▼日本の米の輸入相手国（2018年）
「日本国勢図会2019/20」

> **補足** ＊米の関税化の意味
> 関税化すれば輸入量は制限できず、その後の交渉次第で関税率は引き下げられ、競争力のない日本の米づくりは窮地に陥ります。しかし米の「関税化の例外」を求め続ければ、さらに不利な条件を課せられかねないため、1999年に関税化をスタートさせました。米の国際価格は40〜50円/kg（タイ米）ですが、これに341円/kgの関税がかかるため、今のところ米自給率は高いままです。

## [ 現状と展望 ]

▶ 現在、GATT を受けついだ WTO（世界貿易機関）の交渉は難航していますが、今後もアメリカ合衆国などによる関税の引き下げ・輸入自由化の要求は続くと予想されます。

▶ WTO のゆきづまりとは対照的に、2 国間を中心とした **EPA・FTA が増加**しています（➡p.145）。また、多国間の貿易自由化をめざす、**TPP**（環太平洋経済連携協定）や米国との貿易協定などが結ばれて輸入自由化が進んでいます。

### ④ 今後の問題

▶ **農業人口が減少**し、高齢化も進んでいるため、次の世代の担い手が不足しています。

▶ **カロリーベースの食料自給率**は**38％**（2017 年）ですが、生産額ベースでは 66％ になります。安い穀物は海外から輸入し、国内の農業は高価格の畜産品や野菜・果物などを生産するからです（➡次ページの図参照）。自給率が低いと、異常気象や自然災害などにより外国の産地で生産量が減ったとき、食料不足や価格高騰などの影響を受けます。そのため「**地産地消**」の考え方が注目されています。

▶ 輸入農産物の**安全性**に対する不信が高まっています。遺伝子組み換え作物、残留農薬、BSE（狂牛病）、鳥インフルエンザなど、数多くの問題があります。

---

補足

**＊フードマイレージ**
　食料の輸入量に輸送距離をかけた値を「**フードマイレージ**」といいます。遠い国から重い食料をたくさん輸入すれば、輸送によるエネルギー消費や環境への負荷が大きくなります。日本はフードマイレージが著しく高い国です。

**＊バーチャルウォーター**
　輸出国で農畜産物の生産のために使われた水は、間接的に日本に輸入されていることになります。これを「**バーチャルウォーター（仮想水）**」といいます。世界的な水不足や水資源の争奪が起きており、日本による大量のバーチャルウォーター輸入が問題となっています。

▼日本の食料自給率の推移

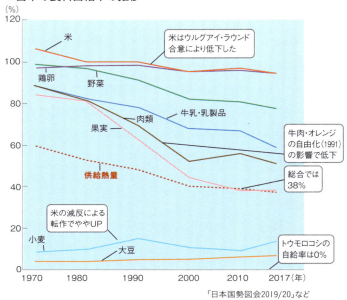

「日本国勢図会2019/20」など

▼主要国の食料自給率（2013年、日本は2017年度）

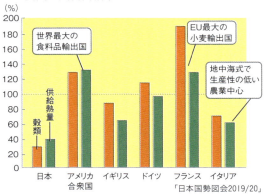

「日本国勢図会2019/20」

## ❺ 主要産地のまとめ

米・野菜・果物など日本国内の主要産地をまとめておきましょう。

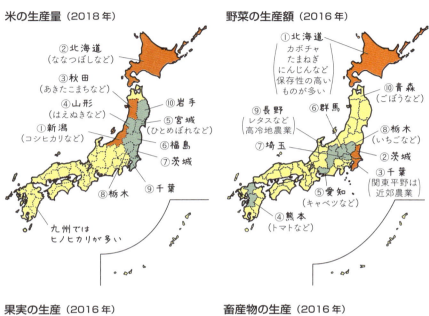

米の生産量（2018年）

野菜の生産額（2016年）

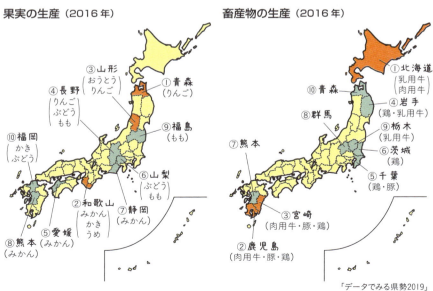

果実の生産（2016年）

畜産物の生産（2016年）

「データでみる県勢2019」

## >> 日本の林業・水産業

### ❶ 林業

▶**国土の3分の2は森林**ですが、ロシア・カナダなどのような平地の森林は少なく、ほとんどが山地林なので、生産コストが高く、価格も高くなります。

▶そのため、海外の安い木材の輸入が多くなっています。戦後に国内林が乱伐されたこともあり、日本の**林業は衰退**し、労働者の減少・高齢化が進んでいます。

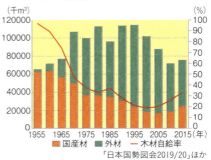
▼日本の木材供給
国産材 / 外材 / ─ 木材自給率
「日本国勢図会2019/20」ほか

▶針葉樹と広葉樹の割合は7：3。森林の7割以上が私有林です。

> 補足　近年、新興国での木材需要増加、資源保護のための丸太輸出規制などの影響で木材の国際価格が上昇する一方、長引く不景気で日本国内の木材需要は低迷しています。そのため、2000年代に入り、日本の木材自給率は上昇傾向にあります。

### ❷ 水産業

日本は世界有数の水産国ですが、漁獲量・漁家数は減少の一途をたどっています。そのため「育てる漁業（養殖業や栽培漁業）」「買う漁業（水産物輸入）」が増加しています。

> 補足　養殖では、ほたて貝（サロマ湖・陸奥湾）、かき（広島・宮城）、のり（有明海）、ぶり類（はまちなど、瀬戸内海）、うなぎ（鹿児島・愛知）、真珠（宇和海・大村湾）などが重要です。

**沿岸漁業**は小規模で、農業との副業的漁家が多いのが特徴です。日本の漁業の中心である**沖合漁業**では、いわしなどの獲れ高が大きく減少しています。**遠洋漁業**は、石油危機による燃料費の値上がりと排他的経済水域の**200海里問題**の影響で衰退しています。

> 補足　主な漁港は、焼津（静岡）・銚子（千葉）・境（鳥取）・石巻（宮城）・釧路（北海道）・八戸（青森）などです。

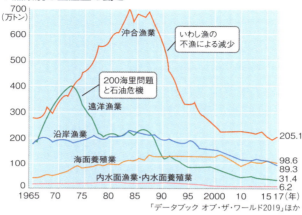

ほかにも、海の汚れや水産資源の減少などで、日本の漁業全体が低迷しています。このため**日本は世界一の水産物輸入国**になっています。これに関連して、日本向けの**えび**養殖池の開発が、熱帯アジアの海岸部の**マングローブ林を破壊**している、といった環境問題が起きています。

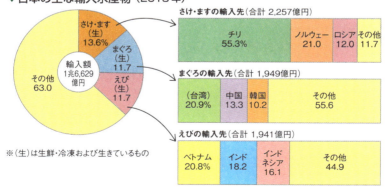

補足　ほかにたこを西アフリカのモーリタニアやモロッコから輸入しています。

また、2010 年には**ワシントン条約**（絶滅のおそれのある動植物の貿易を規制する）の締結国会議で、大西洋・地中海の**くろまぐろ**の取引禁止が議論されました。回遊魚であるまぐろは、経済水域での規制だけでは資源の管理が難しく、乱獲されやすい魚種です。日本は世界一のまぐろ輸入・消費国であるため、この課題に責任を負っており、現在、**完全養殖技術**の確立に努めています。

> **補足** 2011 年の東北地方太平洋沖地震（東日本大震災）によって、東北地方の太平洋側の漁港はいずれも大きな被害を受けました。また、事故を起こした福島第一原子力発電所からは大量の放射性物質を含む汚染水が海に流出しており、水産物への影響が心配されています。

## >> 日本の工業と貿易

### ❶ 戦後の工業発展の流れ

▶第二次世界大戦によって壊滅した日本の工業生産は、1950 年ごろから**繊維工業**などを中心に復興し始めました。

▶ 1950 年代末からの**高度経済成長期**には、基幹産業（鉄鋼などの基礎素材産業や石油精製などのエネルギー産業）を中心とした**重化学工業**が発達しました。海外から原料・燃料を大量に輸入し、消費していたのです。

▶ 1970 年代の**石油危機**（**オイルショック**）以降は、資源消費型の工業から、**技術や知識を集約した**、**高度に加工し組み立てる工業へのシフト**が始まりました。**重厚長大型**産業から、**軽薄短小型**産業への構造転換です。家庭電気製品や自動車、産業用ロボットやコンピュータなどが生産され、アメリカ合衆国を中心に大量に輸出されるようになりました。その後の**貿易摩擦**については➡p.150 参照。

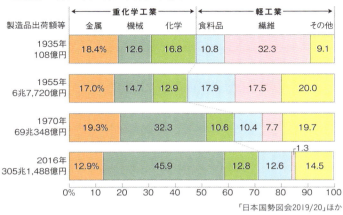

▼重化学工業と軽工業の割合の変化

「日本国勢図会2019/20」ほか

▶ 1985年以降は、**円高が進行**したうえ、国内では金融業や不動産業・サービス業を中心とした**バブル経済**に沸き、製造業における労働コストが上昇したため、安い労働力や用地を求めて**アジア諸国への企業進出**が増加しました。移転先は、賃金水準の高くなった韓国から、より安い賃金を追って中国（沿岸から内陸へ）、タイ、ベトナムなどと立地移動しています。

▶ 1990年代には、上のような移転による**産業の空洞化**が進み、**バブル崩壊後の長い不景気**もあって、国内の製造業は縮小・合理化を余儀なくされ、正規雇用が減少して、**非正規雇用**労働者（パートや契約社員など）や間接雇用（派遣労働者など）に置き換えられていきました。その一部には、出入国管理法の改正によって就業可能となった**日系ブラジル人**などの外国人労働者も含まれます。

▶一方で、新しい知識や技術をもとに、創造的なビジネスを行う**ベンチャー企業**が増えています。

## ❷ 工業地域

関東から北九州にかけての**太平洋ベルト**とよばれる帯状の地域は、交通機関によって結ばれ、工業が集積し、人口が集中しています。ここには、**四大工業地帯**とその間を埋めるいくつかの工業地域が連続しています（近年では生産比率の下がった北九州工業地帯をのぞいて、**三大工業地帯**といいます）。

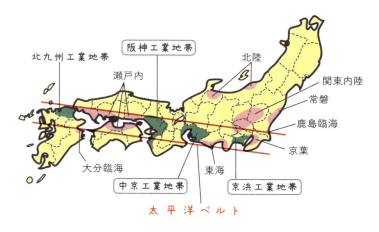

### 四大工業地帯

| | |
|---|---|
| 京浜工業地帯 | 首都周辺に広がる総合工業地帯。とくに、機械工業や印刷業のほか、近年はエレクトロニクスが発達。 |
| 中京工業地帯 | 豊田市（愛知県）を中心とする自動車工業の発達により、**日本最大の生産額**となっている。 |
| 阪神工業地帯 | 明治期からの綿工業の発達で戦前は日本一の工業地域。中小工場の割合が高くなっている。 |
| （北九州工業地帯） | 明治期に官営製鉄所が立地（九州の筑豊・三池炭田と中国からの輸入資源が結合）した。 |

**補足** ＊移り変わる「北九州」

　北九州工業地帯の地位低下にともない、かつて百万都市だった北九州市の人口も減少していますが、このような沈降・衰退の理由にはどのようなことが考えられるでしょうか。
①国内の炭田が閉山し、輸入石炭が中心になると、資源産地という立地条件を失った。
②資源輸入相手の中心が、戦前の中国からオーストラリアに移り、地理的に不利になった。
③東京など大都市圏からの距離が遠い。
④基礎素材産業から高度加工組立産業へのシフトに乗りおくれた。
　しかし最近では、九州全域にIC工場が立地したり（**シリコンアイランド**）、福岡県内に自動車組立工場が集積したりするなど、豊富な用地や労働力が注目されています。

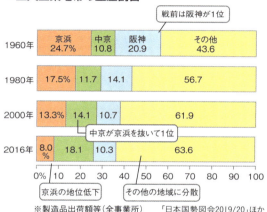
▼三大工業地帯の生産割合

注　2002年以降、東京都の主要産業である出版業・新聞業が工業統計から外されたため、京浜工業地帯の出荷額は大きく低下した。

※製造品出荷額等（全事業所）　「日本国勢図会2019/20」ほか

## その他の工業地域

| | |
|---|---|
| 関東内陸工業地域 | 京浜工業地帯が内陸へ延長。自動車部品など労働集約的な機械工業が中心で、三大工業地帯に次ぐ地位を占めている。群馬県では、南米からの日系人の出稼ぎ労働者も多く働いている。 |
| 京葉工業地域 | 千葉県。鉄鋼・石油化学・食品などが中心。 |
| 東海工業地域 | 静岡県。浜松の楽器・オートバイ・自動車などが特徴的。 |
| 瀬戸内工業地域 | 化学工業がさかん。 |

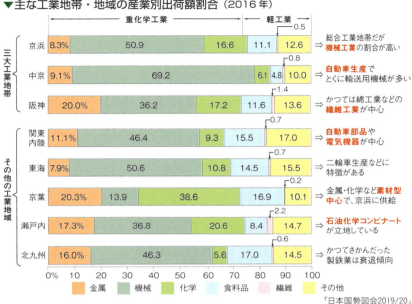

### ❸ 日本の貿易の特徴

▶貿易額は2003年までドイツ・アメリカ合衆国に次いで世界第3位でしたが、近年は**中国**に追い抜かれています。

▶2010年まで輸出額が輸入額を大きく上回る**貿易黒字国**でした。そのため、アメリカ合衆国やEU諸国との間で、たびたび深刻な**貿易摩擦**が起こりました。

> **補足** 中東の産油国・オーストラリア・インドネシアなどの資源国との貿易は、輸入が大きく上回っています。

▶日本は、基本的には**資源を輸入**して、**工業製品を輸出**する**加工貿易**国ですが、近年は中国をはじめとするアジア諸国からの**工業製品の輸入が増え**ています（➡p.149）。

▶背景には、アジアにおける新しい**国際分業**体制があります。電子機器・通信機器などについて、日本やアジアNIEs（韓国・台湾など）

で生産した部品を、中国やASEAN諸国の安い労働力で組み立てて、日本やアメリカ合衆国、EUに輸出するのです。

▼世界の輸出貿易に占める主要国の割合

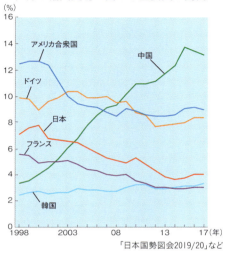

「日本国勢図会2019/20」など

▼日中・日米貿易総額の推移

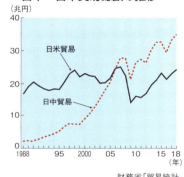

財務省「貿易統計」

## 確認問題に挑戦！

次の図は、中部国際空港と名古屋港における輸出入品目別*の金額割合を示したものである。X〜Zに該当する空港・港湾と輸出品・輸入品との正しい組合せを、下の①〜⑥のうちから1つ選べ。

*品目名は金額上位3品目のみ示した。

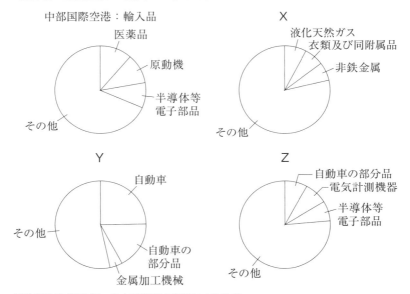

統計年次は2018年。名古屋税関の資料により作成。

|  | ① | ② | ③ | ④ | ⑤ | ⑥ |
|---|---|---|---|---|---|---|
| 中部国際空港：輸出品 | X | X | Y | Y | Z | Z |
| 名古屋港：輸入品 | Y | Z | X | Z | X | Y |
| 名古屋港：輸出品 | Z | Y | Z | X | Y | X |

正解は⑤　Xは名古屋港の輸入品。大消費地の名古屋大都市圏を後背に持ち、衣類などの消費財が含まれる。液化天然ガス(LNG)も消費財としての性質を持つ。

　Yは名古屋港の輸出品。豊田市を中心に、自動車工業の盛んな中京工業地帯が後背に広がり、自動車やその部品の割合がきわめて高い。

　Zは中部国際空港の輸出品。航空機輸送は軽量小型で付加価値の高い品目に限られるため、電気機器や半導体などのハイテク製品が中心となる。

次の各文の正誤を答えなさい。

1 オレンジなどの輸入量の増加や、農業就業者の高齢化、後継者不足によって、柑橘類の国内生産量は低下した。

2 日本では諸外国からの輸入自由化要求にも関わらず、食料自給の観点から米の輸入禁止措置は堅持されている。

3 産業の地方分散で工場が進出した日本の農村では、農家の兼業化が進んでいる。

4 埋め立てで漁場が縮小した日本の漁村では、ほとんどの漁民が新しい漁場を求めて転出し、人口が減少している。

5 日本の内陸地域では、減反政策で水田から桑畑への転換が進んで養蚕農家が増え、製糸工場が多く立地している。

6 日本では1970年代以降に産業構造の転換がすすみ、電機・電子などの加工組立型工業が豊富な労働力を持つ地方圏に進出した。

7 日本では1980年代に入ると、貿易摩擦問題が顕在化したため、自動車関連の企業が北アメリカやヨーロッパにおいて現地生産を行うようになった。

8 水島港・鹿島港では、輸入・輸出ともに集積回路・精密機械が多い。

9 名古屋港・横浜港では、輸入は衣類・石油が多く、輸出は自動車が多い。

10 日本では1990年代半ば以降には、原料輸送費の削減のため、鉄鋼関連の工場が南アメリカやオーストラリアに進出した。

1○（1991年の牛肉・オレンジの輸入自由化後、たとえばみかんの生産は半分以下に低下した。） 2×（1995年からはミニマムアクセス〈最低輸入量〉を受け入れ、99年には関税化により輸入が自由化された。ただし現在は超高率の関税がかけられている。） 3○（新しい収入を求めて工場などに勤務するため兼業農家となることが多い。） 4×（漁民の多くは、兼業化や都市部への転出により漁業以外の生業を求めている。） 5×（減反は休耕や小麦などへの転作による。化学繊維の普及で養蚕業・製糸業は衰退している。） 6○（太平洋ベルトにおける基礎素材型工業から転換した。しかし、80年代後半以降は円高の影響で海外に移転し、産業空洞化が進んだ。） 7○（1980年代後半からは、円高の影響を避けることも大きな要因となった。） 8×（それぞれ倉敷〈岡山〉・鹿嶋〈茨城〉の臨海型の重化学工業地域を背景に持つため、鉄鉱石・石油などの資源を輸入し、鉄鋼・化学製品などを輸出。） 9○（それぞれ自動車工業のさかんな豊田市・横浜市を背景に持っている。） 10×（国内で設備過剰から不況となっていた日本の鉄鋼業は、経済協力以外での海外進出をしなかった。ただし、今後は新興国への進出が考えられる。）

# Index さくいん

## あ

| | |
|---|---|
| アーリア系 | 242、326 |
| アイスランド | 373 |
| IT革命 | 141 |
| IT産業 | 123、313 |
| アウトバーン | 137、366 |
| アウンサンスーチー | 321 |
| 青いバナナ | 128、360 |
| アオザイ | 321 |
| 亜寒帯（冷帯）湿潤気候 | 52 |
| 亜寒帯（冷帯）冬季少雨気候 | 52 |
| アグリビジネス | 94、403 |
| アグロフォレストリー | 284 |
| アジア式稲作農業 | 81、86、295、311 |
| アジア式畑作農業 | 81、295 |
| アジア通貨危機 | 313 |
| アジアNIEs | 122、150、297、303、304、313、318 |
| アスワンハイダム | 65、344 |
| アゼルバイジャン | 387 |
| アタカマ砂漠 | 411 |
| アッサム地方 | 67、88、324 |
| アネクメーネ | 262 |
| 亜熱帯（中緯度）高圧帯 | 42 |
| アパラチア山脈 | 27、105、390、394 |
| アパラチア炭田 | 130 |
| アパルトヘイト | 249、351 |
| アフガニスタン | 337 |
| 油やし | 80、87、317、347 |
| アフリカ大地溝帯 | 340、348 |
| アフリカの年 | 216、345 |
| アボリジニー | 259、426 |
| アマゾン横断道路 | 137、413 |
| アマゾン川 | 138、409 |
| アメダス | 198 |
| アメリカ合衆国 | 130、256、399 |

| | |
|---|---|
| アラビア語 | 234 |
| アラビア半島 | 330 |
| アラブ首長国連邦（UAE） | 336 |
| アラブ人 | 236、333 |
| アラブの春 | 333 |
| アラル海 | 386 |
| アルジェリア | 346 |
| アルゼンチン | 96 |
| アルタイ諸語 | 233 |
| アルパカ | 68、163 |
| アルプ | 367 |
| アルプス＝ヒマラヤ造山帯 | 28 |
| アルミニウム | 109、116 |
| アンチョビー | 101、417 |
| 安定陸塊 | 26 |
| アンデス山脈 | 68、409 |

## い

| | |
|---|---|
| 硫黄酸化物 | 278 |
| イギリス | 124、252、362 |
| 育児休業制度 | 273 |
| イスタンブール | 334 |
| 出雲平野 | 172 |
| イスラーム | 234、235 |
| イスラエル | 237、245、337 |
| 緯線 | 21 |
| イタリア | 127、368 |
| 一次エネルギー | 104 |
| 一次産品 | 146 |
| 一極集中 | 183、442 |
| 一国二制度 | 217、299 |
| 一般図 | 196 |
| 稲作 | 76、88、295、311、320、321、326、369 |
| イヌイット | 161、255、398 |
| 移牧 | 67、367 |
| いも | 75 |
| イラク | 336 |

| | |
|---|---|
| イラク戦争 | 336、337 |
| イラン | 334 |
| イラン・イラク戦争 | 336 |
| インターネット | 141 |
| インダス川 | 329 |
| インディオ | 255、258 |
| インティファーダ | 245 |
| インド | 123、242、271、327 |
| インド＝ヨーロッパ語族 | 233 |
| インドネシア | 87、242、318 |
| インナーシティ問題 | 180、183 |
| インフォーマルセクター | 179 |
| インフラストラクチャー | 180 |

## う

| | |
|---|---|
| ヴィクトリア湖 | 348 |
| ウォーターフロント | 182、183 |
| 浮稲 | 86、316 |
| ウクライナ | 385 |
| 牛 | 67、77、166、237、328、358、419、428、448 |
| ウズベキスタン | 386 |
| 宇宙船地球号 | 285 |
| ウバーレ | 36 |
| ウラル語族 | 233 |
| ウラル山脈 | 27、378 |
| ウルグアイ・ラウンド | 145 |

## え

| | |
|---|---|
| 永久凍土 | 63、69 |
| 衛星都市 | 442 |
| エーヤワディー川 | 309、321 |
| エクアドル | 416 |
| エクメーネ | 262 |
| エコツーリズム | 160、286 |
| エジプト | 65、346 |
| エスキモー | 161、255 |
| エスチュアリー | |

·················· 34、174、355、409
エチオピア·············· 90、348
エネルギー革命·············· 103
えび·················· 453
エラストテネスの世界地図
·················· 188
エルサレム·············· 337
エルニーニョ現象··· 101、411
エレクトロニクス
·············· 113、117、130、328
塩害·············· 282、344
沿岸漁業·············· 100、452
園芸農業··· 78、91、95、357、366
円村·················· 172
円高·············· 150、455
遠洋漁業·············· 100、452

## お

オアシス農業
·············· 76、85、89、295、331、
334、342、346
オイルサンド·············· 394
オイルシェール·············· 394
オイルショック··· 104、227、454
オーストラリア
·········· 97、108、109、259、426
小笠原気団·············· 438
沖合漁業·············· 100、452
沖ノ鳥島·············· 221、434
オゾン層の破壊·············· 279
オゾンホール·············· 280
オホーツク海気団·············· 438
親潮·············· 44、101
オランダ·············· 127、366
オリーブ··· 64、78、92、358、369
温室効果·············· 280
温室効果ガス·············· 280
温暖湿潤気候·············· 49
温暖冬季少雨気候·············· 49

## か

カースト制··· 237、243、327、328
ガーナ·············· 90、347
カール·············· 35、210
海外旅行·············· 159
改革開放政策··· 120、222、300
海岸砂漠·············· 341、411
海岸段丘·············· 34、213
海岸平野·············· 34
回帰線·············· 22
階級区分図·············· 197
海溝·················· 24
外食店·············· 156
塊村·············· 172
外的営力·············· 23
開放経済体制·············· 328
海洋性気候·············· 45
海洋プレート·············· 435
外来河川··· 36、89、331、386
海嶺·············· 24、26
カイロ·············· 346
カカオ豆··· 80、90、347、418
化学工業··· 106、112、127
河岸段丘·············· 33
華僑·············· 238、268、314
かけがえのない地球·············· 285
過耕作·············· 282
加工貿易·············· 148、458
火砕流·············· 30
カザフスタン·············· 385
火山·············· 29
火山灰·············· 30
カシミール地方··· 220、244、327
華人·············· 238、241
過疎·············· 174、442
家族計画·············· 271
カタルーニャ·············· 252、369
褐色森林土··· 62、64、72
活断層·············· 26
カッパーベルト·············· 343

カトリック···234、252、258、320
カナート·············· 89、331、334
カナダ·············· 255、397
過伐採·············· 282
カフカス諸国·············· 254
過放牧·············· 282
過密·············· 180、442
カリフォルニア油田·············· 394
火力発電·············· 104
カルスト地形·············· 36
カルデラ·············· 210
カルトグラム·············· 197
カレーズ·············· 88
カンアルチン·············· 88
灌漑·············· 65、76
柑橘類··· 78、358、428
環境基本法·············· 287
環境省·············· 287
環境庁·············· 286
韓国·············· 304
環礁·············· 37
緩衝国·············· 315
岩石砂漠·············· 36
乾燥パンパ·············· 96、410、419
間帯土壌·············· 63
環太平洋造山帯·············· 28
カンポ＝セラード·············· 410
漢民族·············· 238

## き

気温の逓減率·············· 66
機械工業·············· 112
企業的穀物農業·········· 79、419
企業的農牧業·············· 94、97
企業的牧畜業
·············· 79、96、342、351、419
気候·············· 40
気候因子·············· 40
気候変動枠組条約·············· 281
気候要素·············· 40

希少金属······109
季節風······43
北大西洋海流······44、357
キプロス······252
キャッサバ······90、164、347
旧ユーゴスラビア······253、375
共通農業政策······91、225
京都議定書······281
極圏······22
極東ロシア······69、378、383
裾礁······37
ギリシャ······370
キリスト教······234
切り花······349
キリマンジャロ山······349
キルナ······372
銀······415
近郊農業······78
金属工業······112

### く
クアラルンプール······317
グード図法······192
グランドキャニオン······391
グリーンツーリズム······160
グリーンベルト······181
グリニッジ標準時······186
クリミア危機······385
クルド人······246、333
グレートアーテジアン（大鑽井）盆地······79、97、425、428
グレートディヴァイディング山脈······105、423
グレートバリアリーフ······37、426
グレートプレーンズ······391、402
黒潮······44、101

### け
計画経済······120、129、222、300
軽工業······112、114、148
経済技術開発区······120
経済特区······120、300

経線······21
軽薄短小型······114、454
ケスタ······30、355
ケッペン······45
ケニア······90、348
ケベック州······255、394
ゲル······167、239、305
ゲルマン語······233、250
原子力発電······104、359、395
減反······447
原油
······129、317、334、336、
347、384、416
原料指向型······115

### こ
高緯度地方······21
黄河······293
紅海······332、346
公害······286
公害対策基本法······286
航空機······138
合計特殊出生率······273
黄砂······37、279、293
高山気候······53、410
降水量······41
構造平野······30
郷鎮企業······120、300
高度経済成長期······273、442、454
後背湿地······32、212
広葉樹······58
硬葉樹林······59
高齢化······174、270
コーカソイド······232
コートジボワール······90、347
コーヒー豆
······64、80、87、90、96、321、348、
415、417、418
ゴールドラッシュ······396
コーンベルト······95、402
古期造山帯······27、105
国際河川······360

国際石油資本······106、227、331
国際分業······458
穀物メジャー······94
国連環境開発会議······285
国連人間環境会議······285
小作農······74
弧状列島······24、435
語族······233
五大湖······130、219、391、396、403
国家······216
コットンベルト······95、403
コナーベーション······178、183
小麦
······76、77、78、85、88、93、94、
97、163、164、326、328、329、
331、346、351、358、364、
375、381、385、398、419
米
······67、85、88、163、316、319、
321、328、329、346、447、451
コルホーズ······92、381、384
コロンビア······417
コワンチョウ（広州）······300
混合農業
······77、91、96、342、351、
357、374、412
コンゴ民主共和国······350
コンテナ船······138
コンビナート······129
コンビニエンスストア······155

### さ
サーミ······233、372
再開発······182
サイクロン······49、325、329
栽培漁業······100
サウジアラビア······335
砂丘······36
砂嘴······35
砂州······35
雑穀······67、75、164
さとうきび

…67、80、85、87、96、320、
328、415、418、428
砂漠…………………36、48、330
砂漠化………………282、344
砂漠気候……………48、335
サバナ…………………59、61
サバナ気候……………46、310
サハラ砂漠……………341
サヘル…………………283、344
サリー…………………161
三角州…………………32、356
三角点………206、208、209
山岳氷河………………35
産業革命
………103、124、262、359、360
産業の空洞化…130、151、455
サンクトペテルブルク……129
さんご礁………………37
サンシャ（三峡）ダム……298
酸性雨………………278、298
散村…………………172
サンソン図法…………192
サンベルト………130、400、404
三圃式農業………77、91、357

**し**

シーア派………236、334
Jターン………………442
シェールガス…………394
シェンゲン協定………360
ジェントリフィケーション
………………182、183
シオニズム運動………245
潮目…………………100
時間距離…134、138、140、154
資源ナショナリズム…227、331
時差…………………186、199
自作農…………………74
市場…………………73、116
市場経済………222、300、305
市場指向型……………116
自然増加………………264

自然堤防………………32
自然的国境…………218、399
持続可能な開発………285
湿潤パンパ……96、410、419
自動車……112、122、131、136
自動車工業…………316、456
地主制…………………74
シベリア………69、378、383
シベリア気団…………438
シベリア鉄道…………135
社会増加………………264
じゃがいも
……67、68、92、93、164、358、
381、412
ジャワ島………………87、318
シャンハイ（上海）……300
シュヴァルツヴァルト（黒森）
………………364
重化学工業…112、114、148、454
褶曲…………………23、29
褶曲山脈………………29
重工業…………………112
重工業三角地帯………128
重厚長大型…………114、454
集水域…………………205
集積…………………117
集村…………………172
集団制農業………80、92
ジュート………………88、328
自由貿易………………144
集約的稲作農業………76
集約的農業……………73
集約的畑作農業………76
集落…………………170
儒教…………………240、304
縮尺…………………202
主権…………………216
主題図…………………196
シュツットガルト……365
準平原…………………30
省エネルギー…………104
上座部仏教…………234、314

少産少死型……………267
少子高齢化……267、270、300
鍾乳洞…………………36
消費財工業……………113
商品作物………90、347、358
照葉樹林………………59
条里集落………………171
常緑樹…………………58
ジョージア……………387
植生…………………45
植物帯…………………58
植民地…………………217
ショッピングセンター……155
シリア…………………337
シリコンアイランド…117、457
シリコンヴァレー……130、404
シリコンロード………117
シロンスク炭田………374
人為的国境……219、345、399
シンガポール……147、241、318
新幹線…………………135
新期造山帯……………28、106
人口移動………………268
人工衛星………140、198
新興工業経済地域……122
人口増加率……………264
人口転換………265、267
人口爆発………262、266
人口ピラミッド………265
人口密度………………264
人種…………………231
侵食平野………………30
新大陸…………………190
薪炭材…………………102
新田集落………171、213
人民公社………………84
針葉樹…………………58

**す**

水準点………206、212
スイス…………251、367
垂直貿易（垂直分業）……146

水平貿易（水平分業）······ 147
水力発電
　······ 65、104、371、373、395
スウェーデン ·········· 272、372
スーダン ·············· 248、346
数理的国境 ················ 219
スエズ運河 ······ 138、332、346
スカンディナヴィア半島 ··· 356
スクオッター ··············· 183
図形表現図 ················· 197
ステップ ·············· 60、61
ステップ気候 ··············· 48
ストリートチルドレン
　······················· 179、183
砂砂漠 ······················ 36
スノーウィーマウンテンズ計画
　························· 425
スノーベルト ········· 130、404
スプロール現象 ·· 180、183、442
スペイン ·············· 252、369
スペイン語 ················· 258
スマトラ沖地震 ······ 26、309
スマトラ島 ················· 318
スラブ語 ············· 233、250
スラム ··············· 179、183
スリランカ ······ 88、244、330
ずれる境界 ················· 25
スワヒリ語 ·········· 246、349
スンナ派 ············· 236、335

### せ

正角図法 ··················· 193
西岸海洋性気候 ······· 50、357
西岸気候 ··················· 45
政教分離 ··················· 335
正距方位図法 ··············· 194
生産財工業 ················· 113
生産責任制 ·········· 84、300
製紙・パルプ工業 ··········· 115
正積図法 ··················· 192
製鉄業 ···················· 112
西部開拓 ··················· 396

西部大開発 ················· 302
正方位図法 ················· 194
世界遺産条約 ··············· 286
石炭 ······ 103、105、296、319、359
赤道 ·············· 19、21、340
赤道低圧帯 ················· 42
石油 ············· 106、359、382
石油化学 ··················· 117
石油化学工業 ······· 112、366
石油危機 ····· 104、227、442、454
狭まる境界 ············ 24、435
セメント工業 ··············· 115
セルバ ······· 59、61、283、410
繊維工業 ············· 113、454
尖閣諸島 ············· 221、296
扇状地 ···················· 31
先進国 ·············· 222、223
前線 ······················ 42
センターピボット方式
　························· 95、402
先端技術産業（ハイテク産業）
　················· 113、130、131
専門スーパー ··············· 156
専用船 ···················· 137

### そ

ソビエト社会主義共和国連邦
　························· 253
ソフトウェア産業 ··········· 326
ソフホーズ ······· 92、381、384
粗放的農牧業 ··············· 73
村落 ····················· 170

### た

ダーチャ ············· 93、384
タイ ············ 86、122、316
タイガ
　····· 60、61、69、102、379、397
大気の大循環 ··············· 42
大圏航路 ··················· 193
大航海時代 ················· 190
第3のイタリア ··· 127、360、369

大乗仏教 ········· 234、298、314
大豆 ················ 418、419
対蹠点 ···················· 20
堆積平野 ·············· 30、32
代替エネルギー ············· 104
大地溝帯 ·········· 24、26、341
大土地所有制 ······ 74、96、412
太平洋ベルト ··············· 456
大陸移動説 ················· 23
大陸横断鉄道 ········· 135、396
大陸性気候 ················· 45
大陸棚 ············· 100、296
大陸氷河 ······ 35、355、391
大陸プレート ··············· 435
大ロンドン計画 ······· 181、183
台湾 ····················· 303
タウンシップ制 ······· 171、402
高潮 ······················ 49
滝線都市 ············· 175、400
卓状地 ···················· 26
竹島 ····················· 221
蛇行 ·············· 31、212
多国籍企業 ······· 87、130、402
多産少死型 ················· 266
多産多死型 ················· 265
タジキスタン ··············· 386
楯状地 ·············· 26、409
棚田 ················ 87、311
谷口集落 ············ 33、175
多文化主義 ··· 255、259、398、428
ダム ······················ 66
タリバーン ················· 337
ダルフール地方 ············· 248
タロいも ············· 90、164
タワーカルスト ··············· 36
単一栽培 ·············· 94、96
団塊の世代 ················· 274
ダンケルク ················· 126
タンザニア ············ 90、349
タンザン鉄道 ········· 135、344
断層 ·············· 23、29
断層山地 ··················· 29

## ち

| | |
|---|---|
| チェコ | 374 |
| チェチェン共和国 | 254、384 |
| チェルノーゼム | 62、64、79、380、385 |
| チェルノブイリ | 359、385 |
| 地球サミット | 285 |
| 地球の温暖化 | 280 |
| 地形図 | 202 |
| 地産地消 | 449 |
| 千島海流 | 44、101、296 |
| 地図記号 | 205 |
| 地中海式農業 | 78、95、334、342、334、346、357、369、428 |
| 地中海性気候 | 50、78、334、357、368 |
| 窒素酸化物 | 278 |
| 地熱 | 30 |
| 地熱発電 | 24、373、431 |
| チベット高原 | 67、68、76 |
| チベット仏教 | 238 |
| 茶 | 72、80、85、88、90、326、328、330、349 |
| チャオプラヤ川 | 86、309、316 |
| 中国 | 84、120、238、270、299 |
| 中国語 | 234 |
| 沖積平野 | 31、76 |
| 中東戦争 | 245 |
| チューネン | 73 |
| チューリヒ | 367 |
| 長距離越境大気汚染条約 | 279 |
| 長江 | 293 |
| 朝鮮戦争 | 299、304 |
| 朝鮮半島 | 240 |
| チリ | 108、417 |
| 沈水海岸 | 34 |
| チンリン山脈 | 84、295 |

## つ

| | |
|---|---|
| ツチ人 | 248 |
| 津波 | 26 |
| ツバル | 426 |
| つぼ型 | 267 |
| 梅雨 | 438 |
| 釣鐘型 | 266 |
| ツンドラ | 60、63、68 |
| ツンドラ気候 | 53、69 |
| ツンドラ土 | 63 |

## て

| | |
|---|---|
| TOマップ | 189 |
| 低緯度地方 | 21 |
| ティグリス川 | 89、331、336 |
| 出稼ぎ労働 | 269、300、320、332、370 |
| デカン高原 | 88、325 |
| 適地適作 | 94 |
| デジタルデバイド | 141 |
| 鉄鋼 | 112、117、121 |
| 鉄鋼業 | 115、126 |
| 鉄鉱石 | 107、115、126、131、372、413、429 |
| 鉄道 | 135 |
| デパート | 156 |
| テラローシャ | 63、64、73 |
| テラロッサ | 63、64、73 |
| デリー | 327 |
| デルタ | 32、356 |
| 典型7公害 | 286 |
| 電子地図 | 198 |
| 天井川 | 31、211 |
| 天然ガス | 107、127、129、317、371、385、394 |
| 天然ゴム | 80、87、316、317、417、418 |
| デンマーク | 372 |
| 電力 | 104、116 |
| 電力指向型 | 116 |

## と

| | |
|---|---|
| ドイツ | 125、271、364 |
| ドイモイ（刷新） | 123、222、321 |
| 銅 | 343、349、350、413 |
| トゥールーズ | 126、364 |
| 東欧革命 | 365、374 |
| 東岸気候 | 45 |
| 統計地図 | 196 |
| 銅鉱 | 108、417 |
| 等高線 | 204 |
| 等時帯 | 186 |
| 等値線図 | 197 |
| 東方正教 | 235、380、383 |
| 東北地方太平洋沖地震 | 26、435 |
| とうもろこし | 68、85、94、96、351、402、415、419 |
| ドーナツ化現象 | 180、183、442 |
| 独立国 | 216 |
| 土壌 | 61、72 |
| 土壌帯 | 61 |
| 土壌の塩性化 | 425 |
| 土地生産性 | 74、81 |
| ドットマップ | 197 |
| ドナウ川 | 138、219、356、360 |
| となかい | 69、93、372、381 |
| 砺波平野 | 172、439 |
| ドラビダ系 | 242、326 |
| ドリーネ | 36 |
| トルコ | 334 |
| 奴隷貿易 | 255、268 |
| トンボロ | 35、213 |

## な

| | |
|---|---|
| ナイジェリア | 247、343、347 |
| 内的営力 | 23 |
| 内陸河川 | 36 |
| ナイル川 | 65、89、344、346 |
| 中継貿易 | 122、138、147、318 |
| なつめやし | 76、331、346 |
| ナミビア | 350 |
| 南沙群島 | 220、309 |

南南問題 …………… 223
南北問題 …………… 223
難民 ………………… 245
南洋材 ……………… 311

## に

肉牛 ………… 77、79、428
二酸化炭素 …… 280、395
二次エネルギー …… 104
200海里 … 100、218、452
日較差 ………… 41、45
日系人 …… 270、275、418
ニッケル …………… 109
二圃式農業 ………… 91
日本海流 …… 44、101、296
ニュージーランド … 259、430
ニュータウン …… 181、183
乳幼児死亡率 ……… 266
ニューヨーク ……… 400

## ね

ネイティブアメリカン
 ……………… 255、256
ネグロイド ………… 232
熱帯雨林 …………… 59
熱帯雨林気候 …… 46、310
熱帯収束帯 ………… 42
熱帯低気圧 …… 42、439
熱帯モンスーン気候 … 46、310
熱帯林の破壊 … 283、318、413
ネルソン＝マンデラ … 249
年較差 ………… 41、45

## の

ノルウェー ………… 371

## は

パークアンドライド … 137、366
バーゼル …………… 367
バーチャルウォーター … 449
バーツ ……………… 316
バイオエタノール ……… 418

バイオテクノロジー …… 113
バイオマス発電 …… 359
バイカル湖 ………… 379
ハイサーグラフ …… 54
排他的経済水域 … 100、218、434
パイプライン
 …… 107、139、332、336
パオ ………… 85、167
バカンス …………… 158
パキスタン ………… 329
白豪主義 ……… 259、428
ハザードマップ … 196、198
バスク ………… 252、369
畑作 … 76、84、88、295
発展途上国 …… 222、223
バナナ
 …… 87、90、320、347、415、416
パナマ運河 …… 138、416
バビロニアの世界地図 … 188
ハブ空港 …… 139、313、361
バブル経済 …… 442、455
パリ ………………… 363
パリ協定 …………… 282
ハリケーン ………… 49
バルト3国 …… 253、373
パルプ工業 ……… 115
パレスチナ問題 … 237、245
バレンシア地方 …… 369
ハンガリー ………… 375
バンガロール ……… 328
漢江の奇跡 ………… 304
バンク …………… 100
バングラデシュ …… 329
ハングル …… 240、304
バンコク …………… 316
パンジャブ地方 … 88、329
半導体 ………… 113、149
パンパ …… 79、96、410
氾濫原 ………… 31、212

## ひ

BSE問題 ……… 402、428

BTCパイプライン …… 387
ビール ……………… 374
東ティモール …… 242、319
ヒスパニック … 256、401、414
日付変更線 ………… 187
羊
 …… 67、79、85、93、97、
 334、358、419、428
ピッツバーグ ……… 130
一人っ子政策 ……… 270
ヒマラヤ山脈 …… 24、66
白夜 ………… 22、354
ビュート …………… 30
氷河地形 ……… 35、210
標高 ………………… 206
兵庫県南部地震 …… 26
氷雪気候 …………… 53
広がる境界 ………… 24
浜堤 ………… 34、213
ヒンディー語 …… 243、326
ヒンドゥー教
 …… 166、237、242、243、327

## ふ

ファストフード …… 156
V字谷 …… 31、34、209
フィードロット … 95、402
フィヨルド … 34、356、371、431
フィリピン …… 87、241、320
フィン人 …… 233、250、372
フィンランド ……… 372
フードマイレージ …… 449
風力発電 ……… 359、372
フェアトレード …… 146
フォガラ …………… 88
フォッサマグナ …… 436
福祉国家 …… 272、371
富士山型 …………… 265
豚 …… 77、166、235、358
仏教 ………… 234、314
フツ人 ……………… 248
ぶどう

　　　　　　……… 78、92、358、364、
　　　　　　　365、369、428
プトレマイオスの世界地図
　　　　　　　……… 189
ブミプトラ政策……… 241
プライメートシティ
　　　　　　……… 179、183、316
ブラジル……… 108、131、417
プランクトン……… 100
フランクフルト……… 365
フランス……… 126、363
プランテーション……… 412
プランテーション農業
　　　　　　……… 79、86、87、90、
　　　　　　　311、342、347
フランドル地方……… 366
プルドーベイ（ノーススロープ）
油田……… 394
ブルンジ……… 248
プレート……… 24、435
プレーリー……… 60、79、392
プレーリー土……… 62、64
フロストベルト……… 130
フロン……… 279
分散……… 117
分水界……… 205

## へ

ペキン（北京）……… 300
ベドウィン……… 89、335
ベトナム……… 123、321
ベトナム戦争……… 321
ベネズエラ……… 416
ベネルクス3国……… 224
ベビーブーム……… 274
ペルー……… 101、417
ペルー海流… 44、101、411、417
ベルギー……… 251、366
ペルシア湾……… 330、331
ベルリン……… 365
便宜置籍船……… 348
偏西風……… 43、279、357、431

ベンチャービジネス… 151、455
変動帯……… 24

## ほ

貿易風……… 43
貿易摩擦…… 147、150、225、458
放牧……… 68、95、334
ボーキサイト…… 61、109、429
ホームステッド法……… 403
ホームレス……… 179
ポーランド……… 374
保護貿易……… 144
堡礁……… 37
北海油田
　　　……106、124、359、362、371
北方領土……… 220、385
ポドゾル…… 62、64、72、379
ポリネシア……… 422
ボリビア……… 416
ポルダー……… 366
ポルトガル……… 370
ホワイ川……… 84、295
ホワイトハイランド……… 349
ホンコン……… 147、217
本初子午線……… 21、186、354

## ま

マーストリヒト条約…… 224
マオリ…… 259、426、430
マキラドーラ……… 414
マジャール人…… 233、250、375
マスツーリズム……… 158
マダガスカル……… 350
マナオス……… 131
マニラ……… 320
マラッカ海峡……… 313
マルセイユ……… 126
マレーシア…… 87、122、240、317
マングローブ林
　　　……… 59、284、314、453

## み

三日月湖……… 31、212
ミクロネシア……… 422
緑の革命…… 86、88、271、311、328
水俣病……… 287
南アフリカ共和国…… 249、351
南回帰線……… 422
南スーダン……… 248
ミャンマー……… 321
ミュンヘン……… 365
民族……… 231
民族衣装……… 162

## む

麦……… 67、358
ムスリム
　　　……235、319、333、361、384
ムハンマド……… 235
ムラート……… 257
ムンバイ……… 327

## め

メガロポリス…… 178、183、400
メキシコ……… 131、414
メキシコシティ……… 272、414
メキシコ湾岸油田……… 394
メコン川……138、219、309、313
メサ……… 30
メサビ……… 394
メサビ鉄山……… 130、394
メジャー…… 106、227、331
メスチソ…… 257、258、415
メッカ……… 335
メッシュマップ……… 197
メトロポリス……… 178、183
メラネシア……… 422
メルカトル図法……… 193
綿……… 328
綿花
　……76、80、85、88、93、326、328、
　　　346、347、381、385、386、
　　　403、418

## も

モータリゼーション……… 154
モスクワ………………… 383
モノカルチャー……… 94、317
モノカルチャー経済… 96、147
モルワイデ図法………… 192
モレーン……… 35、210、355
モンゴル………………… 239
モンゴロイド…………… 232
モンスーン
…… 43、66、86、310、324、439
モンスーンアジア
………… 43、76、163、294

## や

やぎ……………… 67、358
焼畑農業
……75、90、318、342、347、412
ヤク………… 67、85、134、163
やませ…………………… 439
ヤムいも………… 90、164、347

## ゆ

ユーゴスラビア……… 253、375
U字谷…………………… 210
Uターン………………… 442
ユーフラテス川… 89、331、336
遊牧
……………… 75、76、81、85、
295、331、342
ユーロ…………………… 224
ユーロスター…………… 136
ユーロトンネル…… 136、360
ユーロポート……… 127、366
輸出加工区… 122、303、312、317
輸出指向型
……… 114、122、123、131、
312、419
輸送園芸農業…………… 78
ユダヤ教………………… 237
油田地帯………………… 343
ユニバーサル横メルカトル

（UTM）図法……………… 202
輸入自由化……………… 448
輸入代替型…… 114、312、419

## よ

溶岩………………………… 30
用材……………………… 102
溶食……………………… 36
養殖業…………………… 100
ヨーロッパ共同体……… 224
ヨーロッパ石炭鉄鋼共同体
………………………… 224
ヨーロッパのサンベルト
………………… 128、360
ヨーロッパ連合………… 224
余暇活動………………… 157
四大公害病……………… 286

## ら

ライ麦
…… 77、92、93、358、365、381
ライン川
………126、138、219、356、360
ラグーン…………………… 35
酪農
……… 77、91、95、357、372、
381、403、431
落葉樹…………………… 58
ラテンアメリカ諸国……… 257
ラテン系………………… 375
ラテン語…………… 233、250
ラトソル…… 61、64、72、109
ラムサール条約………… 286
ラワン…………… 102、311
ランカシャー地方……… 124

## り

リアス海岸………… 34、304
陸繋島…………………… 213
離水海岸…………………… 34
リゾート………………… 158
リビア…………………… 346

リベリア………………… 348
リモートセンシング……… 198
リャマ…………… 68、134
流線図…………………… 197
領域……………… 216、218
領海……………………… 218
領空……………………… 218
領土……………………… 218
臨海指向型……………… 117
臨空指向型……………… 117

## る

ルーマニア……………… 375
ルール炭田……………… 126
ルール地方………… 126、365
ルックイースト政策…… 317
ルワンダ………………… 248

## れ

レアアース……………… 221
レアメタル……… 109、343、351
冷害……………………… 439
冷戦……………………… 222
冷凍船……… 79、96、419
レグール土……… 63、64、325
レジャー………………… 157
レス……… 37、63、293、355

## ろ

労働生産性……………… 74、81
労働力指向型…………… 116
老年人口…………… 272、273
ローマ…………………… 368
ロシア……… 92、129、254、383
路村……………………… 172
ロンドン………………… 362

## わ

ワーキングホリデー制度… 430
ワークライフバランス…… 273
ワジ……………………… 36
輪中集落………………… 170

ワシントン条約……… 286、454
湾岸戦争…………………… 336

## A

AFTA（ASEAN 自由貿易地域）
………………………………… 226
APEC（アジア太平洋経済協力
会議）………………………… 430
ASEAN（東南アジア諸国連合）
………………… 226、315、321

## B

BRICs（BRICS）（ブリックス）
……… 129、131、249、328、384

## C

C.B.D（中心業務地区）
………………………… 177、208
CIS（独立国家共同体）
………………………………… 380
COP3 ………………………… 281

## E

EC（ヨーロッパ共同体）… 224
ECSC（ヨーロッパ石炭鉄鋼共
同体）………………………… 224
EEZ（排他的経済水域）
………………… 100、218、434
EPA（経済連携協定）
………………… 145、318、449
EU（ヨーロッパ連合）
………………………… 224、227

## F

FAO（国連食糧農業機関）
………………………………… 283
FTA（自由貿易協定）
………………… 145、318、449

## G

GATT（関税と貿易に関する一
般協定）……………… 145、448

GDP（国内総生産）……… 223
GIS（地理情報システム）
………………………………… 198
GMT（グリニッジ標準時）
………………………………… 186
GNI（国民総所得）……… 223
GNP（国民総生産）……… 223
GNSS（全地球測位システム）
………………………………… 198
GPS…………………………… 198

## I

IC（集積回路）…………… 117
ICT（情報通信技術）
………… 123、141、303、328、371

## L

LCC（格安航空会社）…… 361
LNG（液化天然ガス）…… 107

## M

MERCOSUR（南米南部共同市
場）…………………………… 413

## N

NAFTA（北米自由貿易協定）
………………………………… 227
NGO（非政府組織）… 283、285

## O

OAPEC（アラブ石油輸出国機
構）…………………………… 227
ODA（政府開発援助）
………………………… 151、345
OPEC（石油輸出国機構）
……… 104、106、227、331、416

## T

TPP（環太平洋経済連携協定）
………………………………… 449
TVA（テネシー川流域開発公
社）…………………………… 396

## U

UNEP（国連環境計画）…… 283

## W

WASP（ワスプ）…… 256、401
WTO（世界貿易機関）
………………………… 145、300

[著者]

**山岡信幸** Nobuyuki Yamaoka

東進ハイスクール・東進衛星予備校の地理科講師。ベーシック講座や共通テスト対策から難関国公立大・早慶大対策の演習まで、多くの主要講座を担当。「地理は暗記科目ではない」をモットーに、「なぜそうなるのか」という因果関係や背景の理解を中心とした講義を展開。論理的かつ実社会でも役に立つ講義は、受講生の信頼も厚い。主な著書に『山岡の地理B教室』『地理B一問一答　完全版』（東進ブックス）、『忘れてしまった高校の地理を復習する本』（KADOKAWA）などがある。

きめる！　共通テスト地理

## staff

| カバーデザイン | 野条友史（BALCOLONY.） |
| --- | --- |
| 本文デザイン | 石松あや（しまりすデザインセンター）　石川愛子 |
| 図版作成 | 斉藤明子　株式会社 四国写研　有限会社 熊アート |
| イラストレーション | 斉藤明子 |
| 写真 | 株式会社 アフロ |
| 編集協力 | 稲葉友子　中屋雄太郎　粕谷佳美 |
|  | 株式会社群企画（松岡美根子）　株式会社 シナップス |
|  | 株式会社 U-tee（石田美月、佐々木悠太、篠原玄） |
| データ作成 | 株式会社 四国写研 |
| 印刷所 | 株式会社 廣済堂 |

※「確認問題に挑戦！」には、1990年度から2019年度までのセンター試験の本試験・追試験の問題に一部改変を加え掲載しています。（一部、想定問題も含みます。）

読者アンケートご協力のお願い
※アンケートは予告なく終了する場合がございます。

この度は弊社商品をお買い上げいただき、誠にありがとうございます。本書に関するアンケートにご協力ください。右のQRコードから、アンケートフォームにアクセスすることができます。ご協力いただいた方のなかから抽選でギフト券（500円分）をプレゼントさせていただきます。

アンケート番号：　305178

**GE**

Gakken

きめる！ KIMERU SERIES

［別冊］
地理 Geography

# 重要キーワード
# チェック

この別冊は取り外せます。矢印の方向にゆっくり引っぱってください。 ➡

# contents
# もくじ

**1** 系統地理編 ……………………………………… *2*
**2** 地誌編 ……………………………………………… *23*

## 1 地形のなりたち

① 地球の全周は、約 ___ km である。

② おおよその地球の表面積は ___ km² である。

③ 地球の表面積に占める陸地：海洋の比率は ___ である。

④ 世界標準時子午線はイギリスの ___ を通る。

⑤ 地球上のある地点に対する真裏の地点を ___ という。

⑥ 地殻変動など地形の起伏を大きくする、地球内部からの作用を ___ という。

⑦ 海陸の分布を、地球表面の岩盤の水平な動きによるものと考える学説は ___ とよばれる。

⑧ アイスランド島は ___ の一部が海上に出現して島となったものである。

⑨ プレートが衝突する部分は「 ___ 境界」とよばれ、地震の発生が多い。

⑩ 海溝に沿って、大小の島々が弓なりに分布する列島を ___ という。

⑪ 「ずれる境界」とは、プレートどうしが横にずれる部分であり、カリフォルニアの ___ 断層やトルコの北アナトリア断層がそれにあたる。

⑫ 先カンブリア時代以後、地殻変動がほとんどない大陸地殻を ___ という。

⑬ アフリカ大陸やオーストラリア大陸などは、古生代以前は ___ の一部であった。

⑭ 良質な石炭は ___ 造山帯での産出が多い。

⑮ ___ 造山帯とは、太平洋を取り巻くように分布する新期造山帯を指す。

① 4万

② 5.1億

③ 3：7

④ 旧グリニッジ天文台

⑤ 対蹠点

⑥ 内的営力

⑦ プレートテクトニクス

⑧ 海嶺

⑨ 狭まる

⑩ 弧状列島（島弧）

⑪ サンアンドレアス

⑫ 安定陸塊

⑬ ゴンドワナランド

⑭ 古期

⑮ 環太平洋

⑯ パリ盆地周辺などの非対称の丘陵を◻◻◻という。

⑰ 扇状地の◻◻◻は、水はけがよく、畑や果樹園が多くみられる。

⑱ 河床が周辺の平野よりも高い川を◻◻◻という。

⑲ 氾濫によって河川の両岸に形成された帯状の微高地を◻◻◻という。

⑳ 河口に砂や泥などが堆積して形成された地形を、◻◻◻という。

㉑ ◻◻◻は、洪水時にあふれた水による土砂堆積で形成された低地である。

㉒ 河川に沿って階段状に分布する地形を、◻◻◻という。

㉓ 氷河の侵食を受けたU字谷が海面上昇などで浸水し、奥深い入り江になった海岸を◻◻◻という。

㉔ 海面の上昇や地盤沈降により、河口部がラッパ状の入り江になった海岸を◻◻◻という。

㉕ 沿岸流の堆積作用による先端のとがった砂州を◻◻◻という。

㉖ 砂州の形成によってできた湖を◻◻◻という。

㉗ 山岳氷河の侵食によって山頂付近に取り残されたとがった峰を◻◻◻という。

㉘ 氷河によって運搬された砂礫が、末端部に堆積して形成された丘を◻◻◻という。

㉙ 石灰岩が溶食を受けた地形を◻◻◻という。

㉚ 石灰岩地帯で最も小さな凹地を◻◻◻という。

㉛ 湿潤地方から乾燥地方へ流れ込む河川を◻◻◻という。

㉜ サンゴ礁の発達において、最終段階にあたるものは◻◻◻である。

---

⑯ ケスタ

⑰ 扇央

⑱ 天井川

⑲ 自然堤防

⑳ 三角州（デルタ）

㉑ 氾濫原

㉒ 河岸段丘

㉓ フィヨルド

㉔ エスチュアリー（三角江）

㉕ 砂嘴

㉖ 潟湖（ラグーン）

㉗ ホーン（ホルン）

㉘ モレーン

㉙ カルスト地形

㉚ ドリーネ

㉛ 外来河川

㉜ 環礁

## 2 気候のなりたち

① 気温・降水量・風など、気候を構成する指標を ☐☐☐☐☐ という。

② 1日の内の最高気温と最低気温の差は気温の ☐☐☐☐☐ とよばれる。

③ 年間を通じてほぼ一定の方向に吹いている風は、☐☐☐☐☐ とよばれる。

④ 亜熱帯（中緯度）高圧帯から亜寒帯低圧帯に向かって吹く風は ☐☐☐☐☐ とよばれる。

⑤ 亜熱帯（中緯度）高圧帯から赤道低圧帯に向かって吹く風は ☐☐☐☐☐ とよばれる。

⑥ 高気圧や低気圧の発生により、季節によって風向が異なる風は ☐☐☐☐☐ とよばれる。

⑦ 北半球では貿易風の風向きは ☐☐☐☐☐ である。

⑧ ケッペンは ☐☐☐☐☐ に着目し、気候区分を行った。

⑨ 熱帯で、雨季と乾季が明瞭なのは ☐☐☐☐☐ 気候。

⑩ アフリカ南西部に広がる ☐☐☐☐☐ 砂漠は、沖合を流れる寒流であるベンゲラ海流の影響を受けて形成されている。

⑪ 温帯で、夏乾燥・冬湿潤となるのは ☐☐☐☐☐ 気候。

⑫ 偏西風と海流の影響で年中温和で湿潤となるのは ☐☐☐☐☐ 気候。

⑬ ユーラシア大陸の東部内陸だけに分布する、極めて年較差の大きいのは ☐☐☐☐☐ 気候。

⑭ 南北両半球それぞれの最寒地点を ☐☐☐☐☐ という。

⑮ 冬季に凍結し、夏季のみ地衣類や蘇苔類が生育する気候を ☐☐☐☐☐ 気候という。

---

① 気候要素

② 日較差

③ 恒常風

④ 偏西風

⑤ 貿易風

⑥ 季節風（モンスーン）

⑦ 北東

⑧ 植生

⑨ サバナ

⑩ ナミブ

⑪ 地中海性

⑫ 西岸海洋性

⑬ 亜寒帯（冷帯）冬季少雨

⑭ 寒極

⑮ ツンドラ

## 3  環境と生活

① アマゾン川流域に広がる熱帯雨林は[    ]とよばれる。

② 熱帯の沿岸や河口に生育する、海水に強い樹木の総称を[    ]という。

③ オリーブやコルクがし、ユーカリやアカシアは耐乾性の強い[    ]に属する。

④ 亜寒帯（冷帯）の植生はマツ類などの[    ]である。

⑤ 寒帯の土壌は永久凍土に覆われ、短い夏の間だけ表層が溶けてコケ類が生育する[    ]がみられる。

⑥ 熱帯地域に分布する、酸化した赤色の土壌は、[    ]とよばれる。

⑦ [    ]とは、ウクライナ～ロシア南部に分布する肥沃な黒色の土壌を指す。

⑧ 森林の役割には、[    ]の防止・土壌流出の防止・二酸化炭素の吸収などがある。

⑨ 世界最長の河川は[    ]、日本最長の河川は信濃川である。

⑩ 1970年、ナイル川に[    ]が完成し、農業用地の拡大などの成果をもたらした。

⑪ [    ]は、亜寒帯・寒帯地域に分布し、年間を通じてほぼ凍結している土壌である。

⑫ 気候や植生の影響を強く受けて生成された土壌は[    ]とよばれる。

⑬ 局地的な母岩や地質の影響を強く受けて生成された土壌は[    ]とよばれる。

⑭ 北極圏では少数民族により[    ]の遊牧や、アザラシの狩猟、漁業が行われている。

① セルバ

② マングローブ

③ 硬葉樹

④ 針葉樹林
　（タイガ）
⑤ ツンドラ土

⑥ ラトソル

⑦ チェルノーゼム

⑧ 洪水

⑨ ナイル川

⑩ アスワンハイダム

⑪ 永久凍土

⑫ 成帯土壌

⑬ 間帯土壌

⑭ となかい

## 4 農牧業のなりたち

① デカン高原に分布し、綿花の栽培に適する土壌は [　　　] とよばれる。

② ブラジル高原に分布し、コーヒー豆の栽培に適する土壌は [　　　] とよばれる。

③ 休閑期の後に森林に火入れをして、灰を肥料に自給的作物を栽培する農業を [　　　] という。

④ 牧草と水を求めて、家畜とともに草原を移動する牧畜業を [　　　] という。

⑤ 自給的で集約的な稲作農業は、主に降水量に恵まれた [　　　] で行われる。

⑥ 混合農業は、主要穀物と [　　　] を栽培するとともに肉用家畜を飼育する農業である。

⑦ 北西ヨーロッパやアメリカの五大湖周辺、アルプス山脈の山岳地域などでは、[　　　] が行われている。

⑧ 耐乾性の強い樹木作物や冬に自給用の穀物を栽培する農業を [　　　] 農業という。

⑨ 都市への出荷・販売を目的とする [　　　] 農業は、野菜・果樹・花卉などを、合理的・集約的に栽培する。

⑩ 小麦・とうもろこし・大豆などを大規模に栽培する国際競争力の高い農業を [　　　] という。

⑪ アメリカ合衆国西部・乾燥パンパ・オーストラリアの半乾燥地域などで行われる大規模な牧畜は、[　　　] という。

⑫ 欧米の資本や技術を現地の労働力と結合し、輸出向け商品作物を栽培する農業は [　　　] という。

---

① レグール（土）

② テラローシャ

③ 焼畑農業

④ 遊牧

⑤ モンスーンアジア（湿潤アジア）

⑥ 飼料作物

⑦ 酪農

⑧ 地中海式

⑨ 園芸

⑩ 企業的穀物（・畑作）農業

⑪ 企業的牧畜

⑫ プランテーション農業

## 5 世界の農牧業

① 一般に年降水量250mm以上で牧畜、500mm以上で畑作、1,000mm以上で▭が可能である。

*① 稲作*

② 砂漠などの乾燥地域では、広大な草地でやぎ・らくだ・馬・▭などの遊牧が行われている。

*② 羊*

③ アジアでも降水量の少ない地域であるインドのデカン高原では、▭が栽培される。

*③ 綿花*

④ イランにみられる地下水路は▭とよばれる。

*④ カナート*

⑤ 外来河川・湧水地・地下水路など、乾燥地方で水が得られる場所を▭といい、そこではなつめやし・小麦・綿花などが栽培されている。

*⑤ オアシス*

⑥ 熱帯地域では、森林や草原を焼いて耕地をつくり、陸稲・雑穀・▭（根からデンプンを取る）・タロいもなどを栽培する。

*⑥ キャッサバ*

⑦ 旧ソ連時代には、土地や工場などの生産手段が国有化され、▭（集団農場）やソフホーズ（国営農場）がつくられ、農業の集団化が進められた。

*⑦ コルホーズ*

⑧ 単一の農作物を栽培する農業を▭という。

*⑧ モノカルチャー（単一耕作）*

⑨ アメリカ合衆国の▭州を中心とする地中海性気候が分布する太平洋側の地域では、ぶどうやオレンジなどの栽培がさかんであり、世界最大規模の商業的果樹栽培地域を形成している。

*⑨ カリフォルニア*

⑩ 夏冷涼で年中湿潤な五大湖沿岸からセントローレンス川流域にかけては▭がさかんであり、五大湖の周辺では、バターやチーズなどの乳製品が生産されている。

*⑩ 酪農*

⑪ グレートアーテジアン（大鑽井）盆地など、オーストラリア内陸の乾燥地域では▭による灌漑が行われ、大規模な牧羊が展開されている。

*⑪ 掘り抜き井戸*

8

## 6 水産業・林業・鉱業など

① ▭とは、暖流と寒流の接する海面上の境界を指す。

② 陸地の周辺に分布し、およそ 200 mより浅い海域を▭という。

③ 1970 年代後半、沿岸諸国は、200 海里の▭を設けて水産資源を保護するようになった。

④ ペルー沖では▭がみられ、プランクトンが豊富で、アンチョビーの漁獲量が多い。

⑤ ▭現象とは、ペルー沖から太平洋南東部で水温が平年より高くなる現象を指す。

⑥ 日本の林業は、1960 年ごろまでは自給率が 90％を超えていたが、高度経済成長期に入り安価な木材が▭や北アメリカから大量に輸入されるようになった。

⑦ シベリアの▭は、亜寒帯（冷帯）に広がる針葉樹の純林である。

⑧ 現在、多くの木材を輸出しているのは、広大な針葉樹林が広がる▭やロシアなどである。

⑨ 日本のエネルギー資源は、かつては、国内供給が豊富な▭が中心だった。

⑩ 1960 年代には、石炭に代わって▭が主力となるエネルギー革命が起こった。

⑪ ノルウェー・ブラジル・カナダは、▭発電の割合が高い。

⑫ 資源に恵まれないフランスや韓国では、▭発電の割合が高く、フランスでは 8 割近くを占める。

⑬ 製鉄や火力発電の燃料として重要なエネルギー源である石炭の多くは、▭造山帯で産出する。

① 潮目

② 大陸棚

③ 排他的経済水域（EEZ）

④ 湧昇流

⑤ エルニーニョ

⑥ 東南アジア

⑦ タイガ

⑧ カナダ

⑨ 石炭

⑩ 石油

⑪ 水力

⑫ 原子力

⑬ 古期

⑭ 西アジアなどの産油国は、_____や OAPEC（アラブ石油輸出国機構）を結成し、石油価格に大きな影響を与えるようになった。

⑭ OPEC
（石油輸出国機構）

⑮ 1973 年と 1979 年には、産油量と輸出量の制限によって原油価格が急騰し、_____が起こった。

⑮ 石油危機
（オイルショック）

⑯ 中国では、ターチン・ションリーで_____、フーシュン・カイロワンで石炭、西部内陸で天然ガスが多く産出される。

⑯ 石油

⑰ _____油田の開発により、イギリスやノルウェーは石油輸出国になった。
注）イギリスでは近年原油生産量が減少し、輸入が輸出を上回っている。

⑰ 北海

⑱ 鉱産資源のうち、安定陸塊の楯状地に分布するのは_____である。

⑱ 鉄鉱石

⑲ 銅鉱は、埋蔵・産出とも_____が世界最大で、次いで産出量が多いのは中国・ペルーである。

⑲ チリ

⑳ 銅鉱では、アフリカのコンゴ民主共和国やザンビアの銅鉱脈である_____も重要な産地である。

⑳ カッパーベルト

㉑ ニッケル・コバルト・マンガン・クロムなどの埋蔵量が限られた鉱物を_____という。

㉑ レアメタル
（希少金属）

## 7 工業のなりたち

① 機械・金属・石油化学などの工業を総称して、_____という。

　① 重化学工業

② _____（電子工学）、バイオテクノロジー（生物工学）などのハイテクを用いる産業が成長している。

　② エレクトロニクス

③ 発展途上国では、工業化の初期に輸入製品を国産でまかなおうとする_____工業化をめざす。

　③ 輸入代替型

④ 工業化の初期段階を経た発展途上国では、次に外国企業の資本や技術を導入し、国内の安い労働力を利用した_____工業化を進める。

　④ 輸出指向型

⑤ _____型工業は原料産地に立地する、原料輸送コストの高い製紙・セメント・陶磁器などの製造業である。

　⑤ 原料指向

⑥ 大量に消費され、製品に対して原料の重量が小さい工業、どこでも手に入る普遍原料を用いる工業、流行を重視する工業は、_____型工業で、大都市に立地する。たとえば、清涼飲料水やビールの製造業、出版・印刷業などである。

　⑥ 市場指向

⑦ _____型工業は、安価な労働力が得られる郊外や発展途上国、あるいは高度な知識・技術を持つ人材を得やすい大都市周辺などに発達しやすい。

　⑦ 労働力指向

⑧ 日本の鉄鋼業の場合、原料や製品の輸送コストを下げるために、製鉄所は_____部に立地する。

　⑧ 臨海

⑨ 交通指向型工業とは、交通の利便性を求める工業で、高速道路のインターチェンジや_____の近くに立地する。たとえば、集積回路を製造する工場である。

　⑨ 空港

## 8 世界の工業地域

① 中国は、外国の資本導入を目的に華南地区に5つ
　の□□□を設けて輸出産業の発達を推進している。　　① 経済特区

② 鉄鋼の生産は、1990年代後半からは□□□の生　　② 中国
　産量が増加し、急成長した。

③ 東南アジア諸国は、□□□とよばれる工業団地を　　③ 輸出加工区
　設けて輸出指向型工業化を図った。

④ ASEANでは、シンガポールに次いで、タイは自動車、　④ マレーシア
　□□□は電気機器の製造で工業化を進めた。

⑤ インド南部の□□□では、ソフト開発・コールセン　　⑤ バンガロール
　ター業務などのICT産業が発達している。

⑥ EU最大のルール工業地域は、ルール炭田の資源　　⑥ ライン川
　と□□□の水運を結合して成立した。

⑦ フランスでは、鉄鋼業の立地が内陸から北部の　　⑦ ダンケルク
　□□□、南部のフォスなど臨海部へと移動した。

⑧ 旧ソ連時代につくられた、計画的に配置された工　　⑧ コンビナート
　業地域を□□□という。

⑨ 近年は、航空宇宙産業などの先端技術（ハイテク）　　⑨ IT（情報技術）
　産業、コンピュータやソフト開発などの□□□産業
　が発達している。

⑩ エレクトロニクス（電子）工業が集積している例は、　　⑩ シリコンヴァレー
　カリフォルニア州のサンノゼ周辺の□□□やインドの
　バンガロールが有名である。

## 9 交通と通信

① 広大な熱帯林の開発を目的につくられたアマゾン横断道路（ _____ ）では、道路に沿って大規模な開発が進行している。

② 都心部での渋滞を解消する目的で、郊外の駅周辺で自家用車を停めて、公共交通機関に乗り換えて移動する _____ が推進されている。

③ ヨーロッパで複数の国を流れる _____ や運河では、国境を越えた船舶の自由航行が認められている。

④ 航空路網を自転車の車輪にたとえ、車輪の中心の軸にあたる空港を _____ という。

① トランスアマゾニアンハイウェイ

② パークアンドライド

③ 国際河川

④ ハブ空港

## 10 貿易・産業の国際化

① 世界経済を活発化するため、 _____ の主導で自由貿易が推進されている。

② GATT の _____ により、日本では米などの農作物の輸入制限が緩和された。

③ 貿易相手国との貿易収支が不均衡になるなどして起こる利害の対立を _____ という。

④ ホンコンやシンガポールでは _____ 貿易が発展している。

⑤ 1980 年代には市場や安価な労働力を求め日本企業が中国などへ進出し、国内では産業の _____ 化が起こった。

① WTO
（世界貿易機関）

② ウルグアイ・ラウンド

③ 貿易摩擦

④ 中継

⑤ 空洞

## 11 生活文化

① 買い物圏は、 [____]（車社会化）の普及とともに広がる。

② 先進国では家計全体に対して食費の占める割合が低く、余剰分を[____]にあてることが可能である。

③ 大型ショッピングセンターは、 地価が安くて広いスペースが確保可能な都市圏の[____]に立地するようになった。

④ 日本では、 大型商業施設が急速に発展したため、都市の中心部や交通に便利な駅近くに立地する[____]の衰退がみられるようになった。

⑤ 日本の労働時間は減ってきたが、 欧米と比べると夏季のまとまった休日や[____]取得日数がまだ少ない。

⑥ ヨーロッパの[____]沿岸には、 夏季の豊かな陽光を求める観光客や冬季の避寒客が訪れる。

⑦ 自然豊かな農村や農家に滞在し、 自然や文化を通じて、そこに暮らす住民との交流や農作業を楽しむ余暇活動を[____]という。

⑧ アンデス山脈では、リャマや[____]の飼育が行われ、その上質な毛は主に織物の原料となる。

⑨ メキシコでは、 粉にした[____]を焼いたトルティーヤなどを主食としている。

⑩ シベリアの[____]の上に建物を建てるときは、 熱が伝わらないように高床式にする。

① モータリゼーション

② 消費生活（消費活動、余暇活動）

③ 郊外

④ 商店街

⑤ 有給休暇

⑥ 地中海

⑦ グリーンツーリズム

⑧ アルパカ

⑨ とうもろこし

⑩ 永久凍土

## 12 村落と都市・都市問題

① 古代の律令制度のもと、班田収授法を実施するため、格子状の区画を持つ◻◻◻◻集落が成立した。

① 条里

② 江戸時代に幕府や藩の奨励により農地の開拓が進んだ結果、◻◻◻◻集落が形成された。

② 新田

③ アメリカ合衆国東部の山脈東麓にはピードモント台地が広がり、水運と水力を利用して発展した◻◻◻◻都市が分布する。

③ 滝線

④ 都市の内部には、大企業の本社・本店など管理中枢機能が集中する地区がみられ、◻◻◻◻とよばれる。

④ 中心業務地区（C.B.D）

⑤ 生活基盤が未整備の郊外に、市街地が無秩序に拡大する現象を◻◻◻◻現象という。

⑤ スプロール

⑥ ドーナツ化現象により都心内部が空洞化し、建物が荒廃したり、犯罪が増加したりする、◻◻◻◻問題がみられるようになった。

⑥ インナーシティ

⑦ 大ロンドン計画では、過密解消と人口分散を進めるため、市街地の周辺に設置されたグリーンベルトの外縁部に◻◻◻◻を建設した。

⑦ ニュータウン

⑧ 日本のニュータウンが職住分離であるのに対し、ロンドンのニュータウンは◻◻◻◻を特徴とする。

⑧ 職住近接

⑨ 1970年代のロンドンでは、インナーシティ問題が深刻化し、かつての倉庫・造船所跡地である◻◻◻◻の再開発が進められた。

⑨ ドックランズ

⑩ 人工熱の発生によって周辺より高温となった都市地域が島状に分布する現象は◻◻◻◻現象とよばれる。

⑩ ヒートアイランド

## 13 地図と地理情報

① 経度□□□度につき、１時間の時差が生じる。

② 日本標準時子午線は、東経□□□度である。

③ 人類最古の地図は□□□の世界図である。

④ □□□はエルサレムを中心とした、円盤状の世界図である。

⑤ 1492年に□□□が西インド諸島に到達し、以後、ヨーロッパ人の北アメリカ大陸への移住がさかんに行われた。

⑥ □□□は、1519年にセビリア港を出発し、フィリピンで死亡したが、彼の船団は世界周航を達成した。

⑦ □□□は、わが国最初の実測図である『大日本沿海輿地全図』を作成した。

⑧ □□□とは、面積が正しく表されている地図を指す。

⑨ グード（ホモロサイン）図法において、高緯度部分は□□□図法が用いられている。

⑩ メルカトル図法において、図中の任意の２地点間を結ぶ直線は□□□を示す。

⑪ 正距方位図法において、図の中心から任意の地点を結ぶ直線は□□□を示す。

⑫ ２万５千分の１地形図のように実際に測量をして作成した地図を□□□という。

⑬ 地形・道路など、多くの情報を表現した地図を□□□という。

⑭ □□□とは、災害時を予想して、発生しうる災害の状況や避難場所を示した地図を指す。

① 15

② 135

③ バビロニア

④ TO（OT）マップ

⑤ コロンブス

⑥ マゼラン

⑦ 伊能忠敬

⑧ 正積図

⑨ モルワイデ
（低緯度部分は
サンソン図法）

⑩ 等角航路

⑪ 大圏航路
（最短ルート）

⑫ 実測図

⑬ 一般図

⑭ ハザードマップ
（防災地図）

⑮ ある事象の数量や分布を、点の疎密で表現した地図を▢という。

⑮ ドットマップ

⑯ 降水量など、ある現象の量や密度が等しい値の地点を線で結び表現した地図を▢という。

⑯ 等値線図

⑰ 地球観測衛星を用いて、離れた位置から地表のさまざまな状態を把握する技術を▢という。

⑰ リモートセンシング（遠隔探査）

⑱ ▢は、植生や土地利用など、さまざまな分野から地球を観測しているアメリカ合衆国の地球観測衛星である。

⑱ ランドサット

⑲ 人工衛星が発する電波を地表の受信機で受け、自分の位置を確認する技術を▢という。

⑲ GNSS（全球測位衛星システム）

⑳ ⑲のうち、アメリカ合衆国が開発・運営する▢は、日本のカーナビゲーションシステムなどにも利用されている。

⑳ GPS（全地球測位システム）

㉑ コンピュータに多くの情報を入力し、蓄積されたさまざまなデータを地図上に表現する方法を▢という。

㉑ GIS（地理情報システム）

## 14 地形図の読み方

① 現在のわが国の地形図は、 _____ により作成されている。

① 国土交通省
国土地理院

② 現在のわが国の地形図は、 _____ 図法を用いて作成されている。

② ユニバーサル横メルカトル（UTM）

③ 2万5千分の1地形図において、地形図上の6cmは、実際には _____ km である。

③ 1.5

④ 5万分の1地形図において、地形図上の縦3cm、横5cmの広さは、実際には _____ km² である。

④ 3.75

⑤ 2万5千分の1地形図において、主曲線は標高差 _____ mごとに引かれる。

⑤ 10

⑥ 位置を測量する際は、 _____ を基準とする。

⑥ 三角点

⑦ 土地利用や施設を統一的に表現するために用いる記号を _____ という。

⑦ 地図記号

⑧ [ ˇˇ ] は _____ を表す記号である。

⑧ 畑

⑨ [ ∧∧ ] は _____ を表す記号である。

⑨ 針葉樹林

⑩ [ ☼ ] は _____ を表す記号である。

⑩ 工場

⑪ [ ◎ ] は _____ を表す記号である。

⑪ 市役所

⑫ [ 🏠 ] は _____ を表す記号である。

⑫ 老人ホーム

⑬ [ ⊥⊥⊥⊥⊥⊥ ] は _____ を表す記号である。

⑬ 土堤（土の堤防）

⑭ _____ とは、大規模な噴火活動で地下が空洞になった結果、陥没してできた巨大な凹地形を指す。

⑭ カルデラ

## 15 国家と国家機構

① 2011年、アフリカのある国では、民族紛争と資源争奪の末に、南部が[    ]として独立した。

② 沿岸国が、水産資源・海底資源の開発に限り独占できる海域を[    ]という。

③ フランスとスペインの国境は、[    ]による自然的国境となっている。

④ 南シナ海の[    ]は、中国・フィリピン・ベトナム・マレーシアなどが領有権を主張している。

⑤ 第二次世界大戦後、ベルギー・オランダ・ルクセンブルクの[    ]3国による結びつきが、ヨーロッパの共同体の手本となった。

⑥ ECSC・EEC・EURATOMは、1967年に統合され[    ]となった。

⑦ 1999年、EUでは共通通貨[    ]が導入された。

⑧ 1967年に結成された[    ]は、東南アジア全体の協力を推進するために活動している。

⑨ アメリカ合衆国・カナダ・メキシコの北アメリカ3カ国間による自由貿易圏は[    ]とよばれる。

⑩ 1973年にはOAPECが、1979年にはOPECが、一方的に原油の大幅な値上げを要求するなどしたため、世界経済が大混乱し、[    ]を引き起こした。

① 南スーダン

② 排他的経済水域（EEZ）

③ ピレネー山脈

④ 南沙群島

⑤ ベネルクス

⑥ EC（ヨーロッパ共同体）

⑦ ユーロ

⑧ 東南アジア諸国連合（ASEAN）

⑨ NAFTA（北米自由貿易協定）

⑩ 石油危機（オイルショック）

## 16 人種と民族

① 仏教は紀元前5世紀頃にガンジス川の中流域でおこり、インド・スリランカ・東南アジアへは上座部仏教、中国・朝鮮半島・日本へは□□□□が伝播した。

② イスラームはムハンマド（マホメット）が、聖地である□□□□で、唯一神アッラーから啓示を受けて始めた宗教である。

③ イスラームは、西アジアから北アフリカを中心に世界に広がる□□□□派と、イランやイラク南部を中心とするシーア派に分けられる。

④ 北アフリカには、イスラームを信仰する□□□□民族が多く居住する。

⑤ マレーシアでは、マレー人を優遇する□□□□政策が実施されている。

⑥ イスラエル建国に反発する周辺のアラブ国家とイスラエルの間で、4回の中東戦争が勃発した。第3次中東戦争の結果、ヨルダン川西岸地区・ゴラン高原・□□□□・シナイ半島などがイスラエルの支配下に置かれた。

⑦ イラク・トルコ・イランの国境をまたいで居住する□□□□人への、抑圧政策が問題となっている。

⑧ ケニアでは主に、英語と□□□□語が使用されている。

⑨ 1967〜70年にナイジェリアで□□□□戦争が起こった。

⑩ スーダン（2011年に南スーダン独立）は人種・民族・宗教が混在しており、西部の□□□□地方では激しい紛争が勃発した。

① 大乗仏教

② メッカ

③ スンナ

④ アラブ

⑤ ブミプトラ

⑥ ガザ地区

⑦ クルド

⑧ スワヒリ

⑨ ビアフラ

⑩ ダルフール

⑪ ヨーロッパ北西部の人々はゲルマン系で、主に□□□□を、南部の人々はラテン系で、主にカトリックを、東部の人々はスラブ系で、主に東方正教を信仰している。

⑫ スイスではドイツ語・フランス語・イタリア語・ロマンシュ語、ベルギーでは□□□□（フラマン）語、フランス（ワロン）語というように、1つの国家の中でも複数の言語を使用する国がある。

⑬ カナダの多くの州は英語が公用語であるが、東部の□□□□州の公用語はフランス語のみである。

⑭ 中南アメリカの多くの地域では□□□□語が使用されている。

⑮ アメリカ合衆国では、□□□□とよばれるスペイン語を話すラテンアメリカから来た人々が、メキシコとの国境や西海岸に多く居住する。

⑯ 中南アメリカの先住民インディオと、スペイン・ポルトガルから入植したヨーロッパ系白人との混血を□□□□という。

⑰ ヨーロッパ系白人とアフリカ系黒人との混血は□□□□とよばれる。

⑱ 中南アメリカの多くの地域では、キリスト教の□□□□が信仰されている。

⑲ オーストラリアの先住民は□□□□である。

⑪ プロテスタント

⑫ オランダ

⑬ ケベック

⑭ スペイン

⑮ ヒスパニック

⑯ メスチソ

⑰ ムラート

⑱ カトリック

⑲ アボリジニー

## 17 人口と人口問題

① 世界総人口の約[ ]割はアジアに集中している。

② 世界の地域のうち、[ ]の人口増加率はおよそ年25‰（2019年）と突出している。

③ ヨーロッパ・日本とも、以前は出生率も死亡率も高い多産多死型であった。その後、医学の進歩・衛生状況の改善によって死亡率が低下し、多産少死型を経て[ ]型へ移った。

④ 日本は、少子高齢化が進み、現在の人口ピラミッドは人口減少型の[ ]型となっている。

⑤ 少子高齢化が進んで人口が静止した状態から、さらに出生率が低下・死亡率が上昇し、人口減少にいたる過程を「第二の[ ]」という。

⑥ 日本において少子化社会とは、[ ]率が約2.1以下で、15歳未満の子どもの数が65歳以上の高齢者人口より少ない社会をいう。

⑦ 1990年以降、最大の日系人社会を持つ[ ]から日本の工業地域への労働移民が増加した。

⑧ 中国では、[ ]による人口抑制に成果がみられたが、急速な高齢化などの弊害も懸念される。

⑨ [ ]では、かつて強制的な人口政策に失敗したが、女性の地位の高い地域では家族計画が普及しつつある。

⑩ 日本では、1947〜49年の[ ]に生まれた人々が老年人口に達し、高齢化が急速に進んでいる。

① 6

② アフリカ

③ 少産少死

④ つぼ

⑤ 人口転換

⑥ 合計特殊出生

⑦ ブラジル

⑧ 一人っ子政策
（2016年廃止）

⑨ インド

⑩ 第一次ベビーブーム

## 18 地球環境問題

① 酸性雨の原因物質は、硫黄酸化物（SOx）や、
　　□□□である。

② オゾン層破壊の主な原因は□□□である。

③ オゾン層が破壊され、大気圏内に紫外線が増加することによって、白内障や□□□の増加が懸念される。

④ 南極大陸の上空では、フロンガスにより□□□が拡大した。

⑤ 1997年に開催された地球温暖化防止京都会議では、□□□の削減目標が定められた。

⑥ 近年砂漠化が進行している、サハラ砂漠の南縁地域は□□□とよばれる。

⑦ 1972年、ストックホルムで「かけがえのない地球」をスローガンに、□□□が開催された。

⑧ 1992年にリオデジャネイロで開催された地球サミット（国連環境開発会議）では、行動計画として□□□が採択された。

⑨ 1971年に締結された、湿地の保全を目的とした条約は□□□である。

⑩ 世界的に重要な自然・文化遺産を保護することを目的として、1972年に□□□条約が締結された。

⑪ 市民が開発前の土地を買い取り、保全する運動は□□□とよばれる。

⑫ 渡良瀬川流域で発生した鉱毒事件は、□□□である。

⑬ 有機水銀は□□□病の原因である。

⑭ 神通川流域で発生した公害病は□□□である。

① 窒素酸化物（NOx）

② フロンガス

③ 皮膚がん

④ オゾンホール

⑤ 温室効果ガス

⑥ サヘル

⑦ 国連人間環境会議

⑧ アジェンダ21

⑨ ラムサール条約

⑩ 世界遺産

⑪ ナショナルトラスト運動

⑫ 足尾銅山鉱毒事件

⑬ 水俣

⑭ イタイイタイ病

## 19 東アジア

① 中国では、1982年に人民公社が解体され、以後農家には□□□□制を導入し、生産を奨励している。

② 黄河の中流は黄土が厚く堆積したホワンツー（黄土）高原で、長江の中流には広大な□□□□盆地がある。

③ 中国東部では、チンリン山脈と□□□□川を結ぶ線を境に、南北で稲作地域と畑作地域に分かれる。

④ 日本列島を中心とした海域は□□□□漁場で、大陸棚が広く、海流がぶつかる潮境（潮目）が多いため、世界一の好漁場となっている。

⑤ 東アジアでは北伝の□□□□仏教を信仰している人が多い。

⑥ 中国は社会主義国だが、□□□□・マカオでは資本主義経済を容認する一国二制度を採用した。

⑦ 中国の農村部では、改革開放政策によって、余剰労働力を利用した多くの□□□□が設立された。

⑧ 中国は2001年に□□□□に加盟し、貿易・投資が拡大している。

⑨ 韓国では、1970年代に都市と農村の格差が拡大し、農村の近代化をめざす□□□□運動が起きた。

⑩ 韓国南東部の□□□□は、コンテナ設備が整備された東アジアのハブ港湾である。

① 生産責任

② スーチョワン（四川）

③ ホワイ

④ 北西太平洋

⑤ 大乗

⑥ ホンコン

⑦ 郷鎮企業

⑧ WTO（世界貿易機関）

⑨ セマウル

⑩ プサン（釜山）

## 20 東南アジア

① 1990 年代までは、 [_____] やインドネシアに広がる
熱帯林の輸出量が多かった。

① マレーシア

② マレー半島とスマトラ島の間には [_____] 海峡、スマ
トラ島とジャワ島の間にはスンダ海峡があり、交通
の要衝となっている。

② マラッカ

③ ベトナム・インドネシア・タイのマングローブ林では
森林を伐採し、日本向けの [_____] を養殖している。

③ えび

④ 東南アジアの経済発展などを目的に 10 カ国が加盟
する組織を [_____] という。

④ 東南アジア諸国連合
（ASEAN）

⑤ [_____] は農村人口比率が高いが、首都バンコクに
は人口が集中し、首位都市（プライメート＝シティ）
となっている。

⑤ タイ

⑥ [_____] では、日本や韓国を工業化の手本とするルッ
クイースト政策がとられた。

⑥ マレーシア

⑦ [_____] では、中国語・マレー語・タミル語のほか、
英語も公用語としている。

⑦ シンガポール

⑧ インドネシアでは、 [_____] 島に人口が集中し、他の
島への移住政策が行われた。

⑧ ジャワ

⑨ 2013 年、 [_____] のレイテ島などでは台風「ハイエン」
の強風と高潮によって大きな被害が生じた。

⑨ フィリピン

⑩ ベトナムでは、1980 年代から始まった [_____] 政策
に基づく対外開放・市場経済導入によって、経済
成長が著しい。

⑩ ドイモイ（刷新）

## 21 南アジア・西アジア

① インド半島の中部〜南部は広大な玄武岩質の溶岩台地□□□□で、綿花の栽培に適したレグール土が分布する。

① デカン高原

② ベンガル湾やアラビア海では□□□□と称される熱帯低気圧が発生する。

② サイクロン

③ 茶の栽培が多いのは、ダージリンや□□□□地方、セイロン島などである。

③ アッサム

④ 南アジアがイギリスから独立し、主にヒンドゥー教徒はインド、ムスリム（イスラム教徒）は□□□□とバングラデシュ、上座部仏教徒はスリランカに分かれた。

④ パキスタン

⑤ インドの大工業都市は、アラビア海側の□□□□、ベンガル湾北西岸のコルカタ、インド半島南東岸のチェンナイなどである。

⑤ ムンバイ

⑥ □□□□は、人口密度が高く、毎年のようにサイクロンの被害を受ける最貧国のひとつである。

⑥ バングラデシュ

⑦ ペルシャ湾岸の石油はタンカーで□□□□海峡を通って搬出される。

⑦ ホルムズ

⑧ 西アジアの主要言語は、アラブ語、□□□□語、トルコ語の3つである。

⑧ ペルシア（イランの言語）

⑨ トルコは□□□□の多い国だが、宗教と政治は切り離された世俗国家である。

⑨ ムスリム（イスラム教徒）

⑩ アラブ首長国連邦の□□□□では、都市開発を進めて観光業をさかんにするほか、金融・サービス業の育成にも努めている。

⑩ ドバイ

## 22 アフリカ

① アフリカ大陸東部には、プレートの広がる境界に相当する□□□が走っている。

　　① アフリカ大地溝帯

② □□□は、アフリカ最大の産油国であり、OPEC（石油輸出国機構）に加盟している。

　　② ナイジェリア

③ 南部に位置する□□□山脈は古期造山帯に属し、石炭の産出が多い。

　　③ ドラケンスバーグ

④ アフリカ大陸は地下資源の宝庫で、□□□とよばれる希少金属の産出も多い。

　　④ レアメタル

⑤ タンザニアの首都ダルエスサラームは□□□鉄道の終点であり、銅鉱の積出港でもある。

　　⑤ タンザン

⑥ サハラ砂漠南縁の□□□地方では、人口増加にともなう過耕作や過放牧、薪炭材の過伐採が原因となり、砂漠化が進行している。

　　⑥ サヘル

⑦ 中南アフリカに居住する人種の大部分は□□□である。

　　⑦ ネグロイド（黒人）

⑧ □□□は 1962 年にフランスより独立を果たした産油国である。

　　⑧ アルジェリア

⑨ ガーナの□□□川流域では総合開発が進められ、アコソンボダムが完成した。

　　⑨ ヴォルタ

⑩ ギニア湾岸諸国では□□□や油やし、東アフリカ諸国ではコーヒー豆や茶などのプランテーションが農業の中心である。

　　⑩ カカオ豆

⑪ リベリアは船舶の登録税が安く代表的な□□□国である。

　　⑪ 便宜置籍船

⑫ 南アフリカ共和国では、少数派である白人の特権を維持するために、□□□とよばれる極端な人種差別政策が実施された。

　　⑫ アパルトヘイト

## 23 ヨーロッパ

① □□□□□半島の西側には、氷河の侵食によるU字谷が沈水してできたフィヨルドが発達し、世界最大のソグネフィヨルドもみられる。

② 海岸部から内陸部へと進むにつれて気温の年較差が大きくなり、□□□□（西岸海洋性気候）→ Df（亜寒帯湿潤気候）と変化する。また地中海沿岸はCs（地中海性気候）である。

③ ヨーロッパの気候に大きな影響を与えているのは西岸を北上する暖流の□□□□海流と偏西風である。

④ 中世の三圃式農業から発展した、穀物・飼料作物・家畜の生産を結合させた農業を□□□□という。

⑤ スペイン・デンマーク・ドイツでは、安定した□□□□を利用した風力発電がさかんである。

⑥ イギリス南東部からベネルクス3国、ドイツ中部を経て北イタリアにかけての各種工業が集積している地域は、その形から□□□□とよばれる。

⑦ □□□□川やドナウ川は条約により自由に航行が認められている国際河川である。

⑧ 1994年、□□□□の海底にユーロトンネルが開通し、ロンドン～パリ間を結んでいる。

⑨ ヨーロッパ諸国間では、□□□□協定によって国境を越えた人の移動が自由化されている。

⑩ □□□□では、公的な場での宗教的シンボルの着用を禁止しており、ムスリムからの反発がある。

⑪ EU最大の農業国はフランス、酪農がさかんな国はデンマーク、園芸農業がさかんな国は□□□□である。

① スカンディナヴィア

② Cfb

③ 北大西洋

④ 混合農業

⑤ 偏西風

⑥ ブルーバナナ（青いバナナ）

⑦ ライン

⑧ ドーヴァー海峡

⑨ シェンゲン

⑩ フランス

⑪ オランダ

⑫ ライン川河口に位置するロッテルダムには EU の玄関口として[      ]が建設され、重要な貿易港となっている。

⑬ フランス南部の[      ]には、EU の国際分業を背景にした大型航空機の組立工場が立地している。

⑭ [      ]は、干拓地ポルダーが国土の 4 分の 1 を占める低地国で、酪農や園芸農業がさかん。

⑮ イタリアでは、アパレル・皮革などのファッション関連の中小企業が集積した「[      ]」が新たな成長地域となっている。

⑯ ヨーロッパには新期造山帯（アルプス = ヒマラヤ造山帯）の一部である、[      ]山脈・アルプス山脈・アペニン山脈があり、高くて険しい山々がみられる。

⑰ スペインでは、バレンシア地方の[      ]栽培など、EU 市場向けの園芸農業が発達している。

⑱ 2010 年、[      ]やポルトガルの財政悪化が EU 全体の経済および統一通貨の信用に影響を与えた。

⑲ スウェーデンは EU 最大の鉄鉱石産出国である。かつては、夏季はボスニア湾のルレオから、冬季はノルウェーの不凍港の[      ]から輸出していた。

⑳ 石炭は、[      ]のシロンスク炭田が主要な産出地である。

⑫ ユーロポート

⑬ トゥールーズ

⑭ オランダ

⑮ 第 3 のイタリア

⑯ ピレネー

⑰ オレンジ

⑱ ギリシャ

⑲ ナルヴィク

⑳ ポーランド

## 24 ロシアと周辺諸国

① ロシアは[　　　]山脈によって西側のヨーロッパロシアと東側のシベリア・極東ロシアとに区分される。

① ウラル

② 北極海沿岸には、短い夏の間だけ永久凍土の地表が溶けてコケ類などが育つ[　　　]気候がみられる。

② ツンドラ

③ シベリアからヨーロッパロシア中部にかけての亜寒帯（冷帯）気候の地域には、[　　　]とよばれる灰白色の土壌がみられる。

③ ポドソル

④ シベリアからヨーロッパロシア中部にかけて分布する針葉樹の純林を[　　　]という。

④ タイガ

⑤ ステップ気候が分布するウクライナから中央アジアの北部にかけては肥沃な黒土である[　　　]がみられ、小麦の生産がさかんである。

⑤ チェルノーゼム

⑥ 北極海沿岸では少数民族が[　　　]の遊牧を行っている。

⑥ となかい

⑦ ロシアの人口の約80％は[　　　]系民族が占めている。

⑦ スラブ

⑧ 1991年に、ロシアを中心として[　　　]とよばれる国家連合が結成された。

⑧ CIS
（独立国家共同体）

⑨ ロシアの人口の大半はキリスト教の[　　　]を信仰している。

⑨ ロシア正教

⑩ 1986年ウクライナの[　　　]原子力発電所で原子炉が爆発して建物が崩壊し、放射性物質が飛散した。

⑩ チェルノブイリ

⑪ カザフスタンやウズベキスタンでは、小麦や[　　　]の栽培が大規模に行われている。

⑪ 綿花

⑫ アムダリア川・シルダリア川を流れる水を灌漑用水として取水したため、下流の[　　　]海では水域面積が減少した。

⑫ アラル

## アングロアメリカ

① アメリカ合衆国東部の_____山脈は古期造山帯に属し、周辺では石炭の産出が多い。

① アパラチア

② 北アメリカ大陸の太平洋岸には、環太平洋造山帯の一部である_____山脈や海岸山脈、シエラマドレ山脈などが南北に連なる。

② ロッキー

③ ロッキー山脈の東麓には_____や中央平原、プレーリーなど中央低地が広がる。

③ グレートプレーンズ

④ 西経_____度線は年降水量 500 mm 線とほぼ一致し、西部は乾燥地域、東部は湿潤地域となる。

④ 100

⑤ カナダ東部に広がる_____は安定陸塊に属する地形であり、周辺では鉄鉱石の産出もみられる。

⑤ カナダ楯状地

⑥ 五大湖周辺の地域では、_____鉄山から産出する鉄鉱石と、アパラチア炭田の石炭を五大湖の水運で結び、早くから工業が発達した。

⑥ メサビ

⑦ _____は、ニューディール政策の一環として設立され、のちに世界の総合開発のモデルとなった。

⑦ TVA（テネシー川流域開発公社）

⑧ カナダの人口の約 60％は英語系住民で占められるが、_____語系住民も約 20％を占める。

⑧ フランス

⑨ カナダ北部には、遊牧や狩猟生活を営む少数民族である_____が生活している。

⑨ イヌイット

⑩ フランス系住民が人口の大部分を占める東部の_____州では、カナダからの分離・独立を求める動きもみられる。

⑩ ケベック

⑪ アルバータ、サスカチュワン、マニトバの平原三州では_____の栽培がさかんに行われている。

⑪ 春小麦

⑫ アメリカ合衆国・カナダ・メキシコは_____を締結し、関税を撤廃するなど貿易の拡大をめざしている。

⑫ NAFTA（北米自由貿易協定）

⑬ 五大湖沿岸の工業都市の中心は、自動車産業の中心地である[　　　]、鉄鋼業衰退ののち先端技術産業が立地したピッツバーグ、機械・食品加工などの産業が発展したシカゴである。

⑬ デトロイト

⑭ 早くから北アメリカ大陸に移住し、社会の形成に大きな影響を与えたイギリス系の白人でプロテスタントの人々を[　　　]とよぶ。

⑭ WASP

⑮ メキシコなど中南アメリカからの移民で、スペイン語を使用する[　　　]とよばれる移民が近年急増している。

⑮ ヒスパニック

⑯ アメリカ合衆国の企業的穀物農業では、グレートプレーンズを中心に[　　　]方式による灌漑が行われており、乾燥地域にも耕地が拡大している。

⑯ センターピボット

⑰ アメリカ合衆国では、[　　　]とよばれる農業関連企業が発達し、穀物の流通を穀物メジャー（巨大穀物商社）が独占している。

⑰ アグリビジネス

⑱ 温暖な気候や広くて安価な土地・豊富な労働力を利用して、北緯 37 度以南の[　　　]とよばれる工業地帯が形成され、1970 年代以降、先端技術産業が進出した。

⑱ サンベルト

⑲ ⑱に対し、重工業の衰退がみられる北東部・五大湖周辺を[　　　]とよぶ。

⑲ スノーベルト（フロストベルト、ラストベルト）

# ラテンアメリカ

① 流域面積が世界最大の河川は□□□□である。

① アマゾン川

② 太平洋側を南北に走る山脈は環太平洋造山帯に属する□□□□山脈である。

② アンデス

③ アルゼンチンのラプラタ川の河口には□□□□が形成されている。

③ エスチュアリー（三角江）

④ アマゾン川流域には□□□□とよばれる熱帯雨林が広がっている。

④ セルバ

⑤ ベネズエラのオリノコ川流域には□□□□とよばれる熱帯草原がみられる。

⑤ リャノ

⑥ ブラジル高原には□□□□とよばれる熱帯草原がみられる。

⑥ カンポセラード

⑦ ラプラタ川流域には□□□□とよばれる温帯〜乾燥帯の草原がみられる。

⑦ パンパ

⑧ ペルーやチリでは、沖合の海面水温が上昇する□□□□が発生した年にアンチョビーの漁獲量が減少傾向にある。

⑧ エルニーニョ現象

⑨ アンデス山脈の高所は□□□□気候である。

⑨ 高山

⑩ アマゾン盆地では、□□□□とよばれる、森林を焼き払ってその灰を肥料として利用する農業が行われている。

⑩ 焼畑農業

⑪ 中南アメリカには、特定の一次産品に依存した□□□□の国が多い。

⑪ モノカルチャー経済

⑫ ブラジルでは□□□□とよばれる大土地所有制による大農園がみられる。

⑫ ファゼンダ

⑬ 1995年に□□□□が結成され、アルゼンチン・ブラジル・パラグアイ・ウルグアイ・ベネズエラ（資格停止）・ボリビアが加盟している。

⑬ MERCOSUR（南米南部共同市場）

⑭ ヨーロッパ系白人と先住民（インディオ）との混血は[　　　]とよばれる。

⑮ ブラジル・メキシコ・コロンビアなどでは、[　　　]が多く生産されており、ブラジルでは燃料にも加工されている。

⑯ ブラジル・コロンビアでは[　　　]が多く生産されており、それぞれ世界第1位と3位の産出量・輸出量をほこる。

⑰ エクアドル・ブラジルなどでは[　　　]が多く生産されているが、エクアドルは世界一の輸出国でもある。

⑱ 13〜16世紀にかけてペルーのアンデス山中には[　　　]文明が成立した。

⑲ ブラジルでは[　　　]語が公用語とされている。

⑳ ブラジルにおける鉄鉱石の主な産地として、[　　　]やイタビラがあげられる。

⑭ メスチソ

⑮ さとうきび

⑯ コーヒー豆

⑰ バナナ

⑱ インカ

⑲ ポルトガル

⑳ カラジャス

# オセアニア

① 安定陸塊が分布するオーストラリア西部では、□□□□の産出が多く、ピルバラ地区のマウントホエールバックがその中心である。

① 鉄鉱石

② オーストラリア東部のグレートディヴァイディング山脈は古期造山帯に属するため、周辺では□□□□の産出が多く、ニューカースルがその中心である。

② 石炭

③ オーストラリアでは、20世紀初頭、ヨーロッパ系白人を中心とする国家建設を掲げた□□□□主義が確立したが、1970年代までに撤廃された。

③ 白豪

④ オーストラリア北東岸のグレートバリアリーフは海岸から離れて発達する世界最大の□□□□。

④ 堡礁

⑤ マリーダーリング盆地では、導水トンネルによる灌漑で□□□□栽培と集約的牧羊が発達した。

⑤ 小麦

⑥ グレートアーテジアン（大鑽井）盆地では、不透水層にはさまれた□□□□を利用して牧羊が行われる。

⑥ 被圧地下水

⑦ オーストラリアの最大の貿易相手国は、かつてのイギリスや日本から、□□□□へと移り変わった。

⑦ 中国

⑧ オーストラリア北部のサバナ気候区にあるウェイパは、□□□□の世界的産地である。

⑧ ボーキサイト

⑨ 太平洋西側の赤道以南には、フィジーや仏領ニューカレドニアを含む□□□□地域が広がる。

⑨ メラネシア

⑩ ニュージーランド北島には火山が分布し、□□□□発電も行われている。

⑩ 地熱

⑪ ニュージーランドでは、国土全体が□□□□気候で、偏西風の影響で西岸が多雨となる。

⑪ 西岸海洋性

## 28 日本（1）

① 日本の最北端は択捉島、最西端は与那国島である。最南端の[＿＿＿]島は侵食が激しいため護岸工事を行い、経済水域を守っている。

① 沖ノ鳥

② 日本列島は本州中央を[＿＿＿]が縦断し、東北日本と西南日本に分けられる。その西縁には、プレートの境界、糸魚川・静岡構造線が通る。

② フォッサマグナ

③ 2011年東北地方太平洋沖地震は、太平洋プレートが[＿＿＿]プレート下に沈みこむ場所で生じた。

③ 北アメリカ

④ 東北地方の太平洋岸では、6月から8月に[＿＿＿]が卓越すると、冷害が起こる可能性が高い。

④ やませ

⑤ [＿＿＿]気団からの北西季節風が日本海で水蒸気を受け取り、日本海側に大雪をもたらす。

⑤ シベリア

⑥ 日本の産業別人口構成は、第[＿＿＿]次産業中心。

⑥ 三

⑦ [＿＿＿]県では、伝統的に自然増加率が高く、また第三次産業就業者の割合が比較的高い。

⑦ 沖縄

⑧ バブル崩壊以降、東京都心部では再開発が進み、人口の[＿＿＿]現象がみられる。

⑧ 都心回帰

⑨ 北海道の札幌、東北の[＿＿＿]、九州の福岡などは地方中核都市とよばれる。

⑨ 仙台

⑩ 東京一極集中の一方で、地方の駅前商店街では廃業した店舗が並ぶ「[＿＿＿]通り」がみられる。

⑩ シャッター

## 日本（2）

① 戦後の食生活の多様化にともない、米が余るようになったため、政府は1969年以降＿＿＿政策による米の生産調整を行ったが、2018年に廃止した。

① 減反

② メキシコ（2005年）、オーストラリア（2015年）などとの＿＿＿発効によって、さまざまな農畜産物の輸入自由化、関税引き下げが進んでいる。

② 経済連携協定（EPA）

③ 日本の工業は高度経済成長期には＿＿＿業や石油化学工業などの重化学工業が発展し、その後、自動車・電気機械などの加工組立型工業へと移行した。

③ 鉄鋼

④ 1980年代後半まで日本の漁獲量は世界で最も多かったが、200海里問題や乱獲の影響で遠洋漁業や＿＿＿が衰退し、減少している。

④ 沖合漁業

⑤ 200海里の排他的経済水域が設定されて漁獲量が減少したため、養殖業や＿＿＿漁業などがさかんになった。

⑤ 栽培

⑥ 日本は、中国からはうなぎを、ベトナムやインドネシアからは＿＿＿を輸入している。

⑥ えび

⑦ 生産費に占める輸送費の割合が低い加工組立型工業の発達により、工業地域を臨海部から高速道路沿いや空港周辺の＿＿＿部へと拡大した。

⑦ 内陸

⑧ 2000年代に入ると、国内ではパートや契約社員などの＿＿＿労働者の割合が高まっている。

⑧ 非正規雇用

⑨ 2002年に東京都の主要産業である＿＿＿が工業統計から外れ、京浜工業地帯の出荷額は減った。

⑨ 出版業（新聞業）

⑩ アジアの新しい＿＿＿体制を背景に、日本の部品輸出・製品輸入が増加している。

⑩ 国際分業